Groot Mandala Basisboek

Ook verkrijgbaar van Danka en Hans Hüsken

- *De mandala als helend beeld*
  door Danka Hüsken (1995)

- *Edelstenen en hun helende werking*
  door Hans en Danka Hüsken (1997)

- *Numerologie in woord, beeld en getal*
  door Danka en Hans Hüsken (1998)

Danka Hüsken

Groot Mandala Basisboek

Een boek dat de veelzijdigheid
van de mandala weergeeft
en tot zelfwerkzaamheid
en groei inspireert

Uitgeverij Akasha Eeserveen

Uitgever
Uitgeverij Akasha
Brammershoopstraat 8/16
7858 TB Eeserveen
Telefoon (0599) 28 72 45
Telefax (0599) 28 72 28
E-mail: 101576.2026@compuserve.com

Vertegenwoordiging in België
Intersentia Uitgevers NV, Schoten

Tekeningen
Danka Hüsken

Fotografie
Hans Hüsken

Kleurenlithografie
Reproscan BV, Deventer

Omslagontwerp
In Ontwerp, Assen

Akasha-vignet
Marjan Groeneveld-Lambeck

Druk- en bindwerk
Drukkerij Wilco B.V., Amersfoort

ISBN 90 73798 45 0
NUGI 626

Inhoud

Voorwoord *9*

Inleiding *11*

1 **Van magische cirkel naar mandala** *13*
1.1 De magische cirkel *13*
1.2 Magie in de volkskunt *14*

2 **De oorsprong van de mandala** *19*
2.1 Mandala's in diverse culturen *19*
2.2 Het diamanten pad *22*
2.3 De mandala als ritueel gebruik *24*
2.4 Mystiek van de boeddhistische symbooltaal *28*
2.5 De Navajo-, Pima- en Hopi-indianen en de mandala *30*
2.6 Indiaanse zandmandala's *32*

3 **Van ornament naar mandala: historie van de Europese kunst** *36*
3.1 Oude Griekse kunststijlen op Kreta *36*
3.2 De 'nieuwe' Grieken *37*
3.3 Ornamentkunst rond de Middellandse Zee *39*
3.4 Vroege doolhoven en labyrinten *40*
3.5 De middeleeuwse mandala van West-Europa *43*
3.6 Westerse visie versus het boeddhisme *47*

4 **Nieuwe tijden - nieuwe kunst** *49*
4.1 Opkomst van de Art Nouveau en Jugendstil *51*
4.2 Het symbolisme in de kunst *52*
4.3 Grafische kunst van Escher en Van Kruiningen *54*
4.4 Mandalatekenen: een innerlijke beleving *57*
4.5 De boeddhistische benadering van de mandala *58*

5 **Mandala's van de twintigste eeuw** *61*
5.1 Nieuwe kunst of nabootsing? *61*
5.2 De wetmatigheid van de mandala *62*
5.3 De inzichten van Steiner *63*
5.4 De mandala's van dr. C.G. Jung *65*
5.5 Het statische en dynamische principe van de mandala *67*
5.6 Mijn eerste kennismaking met de mandala *68*
5.7 De mandala als helend beeld *70*

6 De geschiedenis van de mandala in een notendop *72*
6.1 Traditionele kunstvormen *77*
6.2 De mandala gezien vanuit de traditionele en westerse visie *73*

7 De mandala: een uitdrukkingsmiddel voor zelfontplooiing *76*
7.1 Het zelfhelend vermogen in de mens *77*
7.2 Hoe creëer en beoordeel je een mandala? *77*
7.3 Welke factoren bepalen je mandala? *79*
7.4 Je eerste kennismaking met de mandala *79*
7.5 De werkplek, je gereedschap en materialen *83*

8 Elf thema's als basis voor tekenen in het platte vlak *86*
8.1 De golf als oervorm van beweging *86*
8.2 De wetmatigheid van de oervormen *92*
8.3 Stromingsbeelden *95*
8.4 Lemniscaten: ritmisch-dynamisch bewegen *97*
8.5 Lijn, ritme en dynamiek *100*
8.6 Symmetrie in spiegelbeelden en rozetten *104*
8.7 Metamorfose en vormverandering *108*
8.8 Spiraalstelsels in de natuur *110*
8.9 Kruispunten in je leven *113*
8.10 Knopen en vlechten *116*
8.11 Doolhoven en labyrinten *122*

9 Westerse rozetmandala's *126*
9.1 Mandala borduurkunst *126*
9.2 Het borduren van de traditionele statische en dynamische mandala *130*
9.3 Een geborduurde procesmandala om tot inzicht te komen *131*
9.4 Het begrip statische en dynamische mandala *133*
9.5 Rozetmandala's op wit papier *136*
9.6 De geboortegetallen in de mandala *143*
9.7 Het tekenen van mandala's als helend proces *150*
9.8 Over welke processen spreken we hier eigenlijk en hoe breng je in jezelf zo'n proces op gang? *152*

10 De mandala anders gezien *155*
10.1 Vrij bewegen op je blad of in je mandala *156*
10.2 Herinneren wie je bent *164*
10.3 Terug naar de bron *168*
10.4 Energie in je mandalatekening brengen *171*

11 Mandala's met wit potlood op zwart papier en dan in kleur... *177*
11.1 Wat heb je nodig voor het tekenen op zwart papier? *177*
11.2 Waarom tekenen op zwart papier? *179*
11.3 Kenmerken van het tekenen op wit en zwart papier *179*
11.4 Intuïtief en meditatief mandalatekenen *181*
11.5 Meditatie: herinneren wie je bent *183*
11.6 Meditatie: het tekenen van de contourlijnen van de handen *189*
11.7 En nu het kleurenspel *192*

12 Andere materialen - nieuwe ervaringen *202*
12.1 Ambachten en handvaardigheidsvormen in de mandala *203*
12.2 Tekenen met pen en inkt *205*
12.3 Schilderen met penseel en inkt: de Sumi-e techniek *207*
12.4 Afdekken van papier met vetkrijt *210*
12.5 Naaien met stiksteek op papier of stof *211*
12.6 Schilderen met zand *214*
12.7 Schilderen in de ei-tempera techniek *216*
12.8 Schilderen op zijde *219*
12.9 Collages *229*
12.10 Mozaïek van papier en zijde *234*

13 Mogelijkheden en beperkingen in de tweedimensionale mandala *238*
13.1 De suggestie van diepte: hol en bol, dichtbij en veraf, boven en onder *238*
13.2 Perspectief, beweging en energie *245*
13.3 Geometrie als uitgangspunt voor de mandala *248*
13.4 Intuïtie en meditatie in de mandala *251*
13.5 Ontwikkeling van je persoonlijke beeldtaal in de tekenkunst *254*

14 Het leren toepassen van het driedimensionale in de mandala *256*
14.1 Boetseren en vormen... *257*
14.2 De historie van het masker *258*
14.3 Het masker vanuit een basisvorm: de vrouwelijke methode *262*
14.4 Maskers van gipsverband op een gezichtsvorm *263*
14.5 Maskers van modelleerpoeder op houtbasis en zelfhardende klei *265*
14.6 Zijdepapier en -vilt, een proces op zich *268*
14.7 Vervilten van wol en zijdevezel *270*
14.8 Vormen en verharden... *277*
14.9 Vormen en vouwen... *279*
14.10 Vrij in de natuur gevonden materialen *281*

15 Naaldkunst in de driedimensionale mandala *282*
15.1 Borduren, naaldkunst en kruissteekmotieven *282*
15.2 Mola-applicatie *285*
15.3 Patchwork *288*
15.4 Van patchwork naar quilt *297*
15.5 Draaien, knopen, vlechten en weven als basis voor een mandala *300*

16 Speciale thema's voor de intuïtieve en meditatieve mandala *305*
16.1 Woordspel als gebaar en teken: een helend symbool in je mandala *306*
16.2 Energiecentra als mandala *309*
16.3 Het afbeelden van de zeven energiecentra *310*
16.4 Goden en godinnen in de mandala *314*
16.5 De godin Aphrodite: de alchimiste *317*
16.6 De grote oergodin en haar archetypen *320*
16.7 De godinnen Demeter, Perséphoné en Hera: de kwetsbaren *321*
16.8 De godinnen Athena, Artemis en Hestia: de maagdelijken *323*
16.9 Het aanroepen van de godinnen *327*
16.10 Het masker in het teken van de mandala *328*
16.11 De mooiste maskers vormen ons eigen gelaat! *329*
16.12 Mandala-aspecten in het werken met gelaatsmaskers *335*
16.13 Presentatie van de mandala *336*

Bijlagen
Overzicht van de kleurenpagina's *339*
Om verder te lezen... *345*
Waar vind je de benodigde materialen? *347*

Trefwoordenregister *348*

plus: zestien kleurenpagina's verspreid door het boek

Voorwoord

Dit boek is ontstaan door teamwerk van velen: ikzelf als auteur, daarnaast mijn echtgenoot Hans Hüsken, Uitgeverij Akasha met haar medewerkers, leerlingen, vrienden en vriendinnen. Dankzij de onvermoeibare inzet van iedereen ligt het boek zoals het er nu uitziet, voor u.

Mijn enthousiasme voor het werken met de mandala kent nauwelijks grenzen en ik vind het een grote eer om u via dit boek uit te nodigen mee te doen. Tijdens het schrijven, tekenen en uitwerken van de vele mogelijkheden werd ik mij bewust van het feit dat de beschermende ruimte van de mandala eigenlijk al sinds ik een klein meisje was een innerlijke betekenis voor mij heeft. Zo leeft in mij nog steeds het beeld van een vijfjarig kind dat samen met haar moeder op een schaduwrijk bospad staat, omringd door witte bosanemonen. Voor ons, op enige afstand, staat in een kring van licht een ree naar ons te kijken. Dat beeld van intense schoonheid is nooit meer van mijn netvlies geweken en is misschien wel de aanleiding geweest voor mijn zoektocht in de mandalakunst.

Mandala's zijn voor mij de ideeën achter mijn beelden en niet slechts de beelden zoals zij in bestaande tradities worden getekend en verklaard. Door het proces in de mandala en de dialoog met jezelf aan te gaan ontstaat er een reeks van beelden die de 'mandalakenner' misschien niet het predikaat 'mandala' zou willen meegeven maar die voor de tekenaar zelf van het grootste belang zijn op weg naar het innerlijke centrum in de mandala.

Zoals gebruikelijk in mijn boeken wil ik graag een persoonlijk contact met de lezer bereiken en vervang daarvoor het woord 'u' door 'jij'. Zo kunnen we elkaar beter 'verstaan', zonder het wederzijds respect uit het oog te verliezen.

Met alle verschillende tekenideeën en werkvormen in dit boek wil ik je nieuwe mogelijkheden aanreiken om een eigen ingang in het beleven van de mandala te vinden. Creativiteit en plezier in de door jou gekozen uitwerking is in eerste instantie voldoende om de mandala te ervaren; haar helende kracht zal zij, al doende en door je persoonlijke inzet, ongetwijfeld na verloop van tijd aan je tonen. Ik wil er dan ook voor pleiten de mandala in haar ruimste zin te zien en als je dat wilt uit te diepen. Pas dan zal ze haar ware unieke aard aan jou openbaren.

In de beginfase van dit boek was het leven van ons kleine gezin volop in beweging: we verhuisden naar een andere stad en het duurde even voor ik mij volledig aan dit boek kon wijden. Mijn dank gaat uit naar mijn broer, zusters en hun echtgenoten, die ons door hun hulp in staat stelden zo snel mogelijk met dit boek verder te gaan, maar ook naar mijn echtgenoot, die ondanks de soms moeilijke omstandigheden, prachtig plaatwerk voor dit boek heeft 'gecomponeerd' en die altijd maar weer mijn teksten redigeert en bijslijpt... Hetty wil ik hierbij danken voor haar hulp bij het lezen van de kunsthistorische kant van dit boek. Marijke, lieve vriendin, dank voor het 'invoelen' van de tekenoefeningen en de 'vlinderdocumentatie'.

Adrienne, Geertje, Shirley, Corri en niet te vergeten Elly, dank voor jullie trouw door de jaren heen en voor de ondersteuning bij de verschillende mandalabeelden, door jullie uitgewerkt. Jullie hebben de uitstraling van dit boek met je werk zeer verrijkt!

Dank wil ik hier ook uitspreken naar mijn ouders: mijn moeder, die altijd geloofde in mijn creatieve vermogen en niets naliet om dat te helpen ontwikkelen, maar ook mijn vader, die er op stond dat ik daar een basis onder legde in de vorm van een opleiding in het onderwijs.

De opleiding Genezend Tekenen onder leiding van Lisa Borstlap, waar ik tot tekentherapeute ben opgeleid, vormde een belangrijk beginpunt voor mijn verdere ontplooiing en persoonlijke zoektocht naar míjn mandalacentrum.

Vanzelfsprekend dank ik hier alle lieve mensen van Uitgeverij Akasha. Mariët, Harry en Carmijn, jullie waren deze anderhalf jaar een grote steun voor ons! Jullie geloof en vertrouwen in het proces rond dit boek liet niets te wensen over.

Tot slot wil ik alle goede geesten, leermeesters, wegwijzers en dwarsliggers, bedanken voor hun inzet, hulp en welwillende tegenwerking, waardoor ik in staat was tot volle ontplooiing te komen.

Alle lieve mensen die dit boek in hun handen nemen en er zin in hebben om er mee te gaan werken, wens ik heel veel plezierige uren toe bij het zoeken naar de weg naar het centrum van hun persoonlijke mandala.
De weg die tot 'leben aus der Mitte' leidt, de reis in jezelf...

Arnhem, november 1999 — Danka Hüsken

Inleiding

Ideeën worden uitgedrukt in beelden,
beelden worden uitgedrukt in woorden.

Als we vasthouden aan de woorden,
dan begrijpen we de beelden niet.
Als we vasthouden aan de beelden,
dan begrijpen we de ideeën niet.

Als we de beelden hebben begrepen,
dan kunnen we de woorden vergeten.
Als we de ideeën hebben begrepen,
dan kunnen we de beelden vergeten.

Wang Pi (226-249)

In de creatieve beleving van veel mensen in de westerse wereld heeft de mandala zich een eigen plaats veroverd. Dat is vooral te danken aan de manier waarop de mandala als creatief proces wordt aangereikt en aan de grote behoefte die in mensen leeft om zich uit te drukken op een persoonlijke en individualistische wijze in onze wereld van technologie, wetenschap en industrialisatie. De tijd waarin wij leven is zeer hectisch, de mensen lijken onderling steeds meer te verharden. Velen hebben de behoefte om gezien en gehoord te worden en zelf scheppend bezig te zijn; men wenst een nieuw soort creatieve beleving in zichzelf wakker te maken.

De mandala is een middel bij uitstek om dit gevoel, vanuit een eigen creatief vermogen, vorm te geven. Door op een zeer eigen manier om te gaan met je scheppende - goddelijke - kracht van binnenuit, zonder daarin belemmerd te worden door technische teken- of schilderkennis, kan nieuwe vormkracht in jezelf tot ontplooiing komen. Daardoor kan je mensbeeld veranderen, hetgeen kan bijdragen tot het ontwikkelen van nieuwe zienswijzen ten opzichte van jezelf, je naasten en je verdere omgeving. Je zoekt de zin van het leven opnieuw in alle facetten en daarmee openen zich wellicht nieuwe perspectieven.

Evenals de kunstenaars uit de vroegere perioden die zich steeds weer een nieuw doel stelden, is er ook in de mandalakunst steeds weer verandering gaande. De mandalakunstenaar moet stevig in de schoenen staan en telkens nieuwe inzichten en ideeën toelaten. Ook in onze tijd bestaat er nog steeds verschil van mening over de manier waarop kunst bedreven moet en mag worden. De auteur staat voor de mandalakunst, die het meest creatieve element in de mens wakker maakt, en ondanks alle kritiek die er mogelijk over ons heen zal gaan, is het proces zelf onomkeerbaar. De aarde zal ondanks alle tumult gewoon doordraaien en zo zal ook de mandalakunst haar weg wel vinden. Is de liefde voor de mandala eenmaal gewekt - dat geldt zowel voor vrouwen als voor mannen en vanzelfsprekend ook voor kinderen -, dan laat zij zich niet meer stuiten en in afzondering opsluiten. De weg die zich voor je geestesoog opent, dient gegaan te worden... alles is voorbereid en je hoeft haar alleen nog maar te volgen. In jou ontrolt zich de rode draad van Ariadne en deze leidt je door je eigen labyrint van jouw leven...

Vaak wordt er bij het kijken naar mandalakunst gezegd: 'Dat kan mijn kind ook.' Toegegeven: voor jonge kinderen is deze tekenvorm buitengewoon aantrekkelijk en ligt als het ware binnen handbereik. Maar juist wanneer de poorten van die eerste kinderjaren zijn gesloten, als we de deur in het duister niet meer kunnen vinden en de sleutel onvindbaar lijkt te zijn, wordt het belang van de mandala ook voor de volwassen mens zichtbaar.

HOOFDSTUK 1

Van magische cirkel naar mandala

Om de 'ronde' mandalakunst te kunnen begrijpen, moeten we ons er bewust van worden dat er niet altijd 'kunst' heeft bestaan zoals wij die heden ten dage zien. Het is belangrijk dat we ons iets 'her-inneren' van onze oudste geschiedenis en de manier waarop onze voorouders leefden, zodat we er opnieuw ontzag voor kunnen voelen, want het is de bron van het leven zelf. Deze zelfde scheppende vormkracht leeft in de moderne mens en deze kunnen wij, als wij dat wensen, opnieuw tot leven brengen.

De hele geschiedenis is zo veelomvattend dat dit boek slechts facetten daarvan kan belichten. Het is de bedoeling om de grote lijn ervan – voor wat voor ons van belang is in het kader van de mandalakunst – te beschrijven. Deze kan dan als leidraad dienen die in het gehele boek steeds weer wordt opgepakt. Die 'rode draad' vind je in de Samenvatting in hoofdstuk 6. Zo krijg je er een beetje zicht op hoe het mensbeeld én de mandala door de culturen heen verandert: in rust is en weer in beweging komt. Chaos wordt steeds weer gevolgd door perioden van intense vrede.

Laten we van start gaan en ons bezinnen op de betekenis die het begrip mandala *op dit moment* in de eenentwintigste eeuw voor ons kan hebben.

1.1 De magische cirkel

Het woord 'mandala' is afkomstig uit het Sanskriet – de taal die aan de meeste Indogermaanse talen ten grondslag ligt – en betekent *magische cirkel*. Deze cirkel, het woord magisch zegt het al, heeft een speciaal karakter. Ze stelt de ruimte voor waarbinnen de mens zelfstandig en zonder inmenging van buitenaf zichzelf als eenheid beleven kan en mag. Ze beschermt en geeft ons een gevoel van veiligheid en afgrenzing, een gevoel van rust, een eigen plek om mens te zijn...

Wanneer we ons voorstellen dat we ons met alle levende wezens en planeten in een grote baarmoeder – het heelal – bevinden, dan hebben we enigszins besef van wat er bedoeld wordt met de uitdrukking 'magische cirkel'. Wie kent niet het 'magische gevoel' bij het beleven van een zonsopgang of zonsondergang? Wie heeft nooit in het zilveren en soms regenboogkleurige licht van de maan gestaan? Ook de wisselende krachten van eb en vloed, de jaargetijden en organische groeivormen in de natuur doen ons steeds weer in verwondering verzinken wanneer we daar even tijd voor nemen.

Dit baarmoedergevoel begint al bij het eerste moment van wezenlijk leven... In de moederschoot neemt het wonder vorm aan en laat ons delen in deze grote bronkracht. Zo boven-zo beneden hoor je vaak zeggen. De grote baarmoeder van het heelal kun je daarom ook vergelijken met de baarmoeder van Moeder Aarde en met die van elke vrouw die zwanger wordt. Allen dragen het wonder in zich van het ontvangende en het uitgroeien tot volwaardig leven. Het heelal is eigenlijk een grote oermandala, waarin wij samen leven. De beweging van deze oermandala is er een van uitdijende en samentrekkende krachten, zij is exploderend en tegelijkertijd imploderend van aard.

Hoe de mens deze krachten in het tijdsbeeld beleeft, hangt af van de tijd waarin hij leeft en de denkwijzen die dan gelden. Zo zal de primitieve mens een geheel ander mensbeeld hebben gehad dan de mens van nu. Afhankelijk van milieu, leefwereld en contingent kan zelfs binnen eenzelfde tijdsbestek zeer veel verschil bestaan tussen het mensbeeld en het beeld van de mandala. Maar de magie zal in beide gevallen sterk aanwezig zijn, want dromen doet ieder mens en dansen is bij veel volkeren nog steeds onderdeel van hun cultuur en samenleving.

1.2 Magie in de volkskunst

In de oudste geschiedenis bestaat er nog geen reguliere vorm van kunst, wel een begin van gerichte versieringen op werktuigen en gebruiksvoorwerpen. Er is sprake van jachtmagie waarvoor men maskers, totems en amuletten vervaardigt die dienen voor ceremoniën en rituelen. Symbolen van dieren als wolf, raaf, kikvors en vlinder worden gebruikt als totem (heilig symbool). Zogenoemde 'machtsbuidels' werden van heilige kleuren en patronen voorzien. Ook deze dienden voor rituelen en wonnen door gebruik aan kracht. De beelden werden niet gemaakt om te 'behagen' of 'mooi' gevonden te worden. Het zijn oerbronnen die hun bestaan te danken hebben aan de cultuur waaruit zij zijn ontsproten.

Bij de oude indianenvolkeren kon door een symbool, bijvoorbeeld door een adelaarssnavel of adelaarsveer, een gehele adelaar worden uitgebeeld en daarmee wérd die mens een adelaar. Een klein deel van het dier bracht voor hen dus het gehele dier tot uitdrukking.

Dromen en visioenen hebben altijd een groot deel van het handelen van mensen bepaald. Zij waren de voornaamste scheppende en vormende creatieve krachten waarover de mens kon beschikken. Sinds de eerste mensen het land betraden, namen zij het leven op Moeder Aarde in bezit. Zo zegt de overlevering van de indianen: 'Ze zóngen en droomden door hun dansen en rituelen, ingebed in hun ceremoniën, de toekomstige wereld omhoog.'

Kringdansen en magie, het vormen en versieren van ronde gebruiksvoorwerpen waren, zonder dat deze mensen zich daarvan bewust waren, de eerste vormen van 'ronde' kunst, die wij tegenwoordig 'mandalakunst' noemen.

In de pre-Columbiaanse tijd leefden in Midden- en Zuid-Amerika rond 10 500 voor Chr. de Maya's, Inca's en Azteken. De Maya's en de Azteken beoefenden astronomie en ontwikkelden tijdberekeningen. We zien in deze culturen veel maskerkunst en tijd- en ruimtemandala's, zoals kalenderstenen in mandalavorm.

Naar een Azteekse kalendersteen

Ook de priesterorden van de Azteken waren bekend met de astronomie en numerieke stelsels, al waren hun tijdsindelingen niet zo nauwkeurig als die van de Maya's. Zij voorspelden kleine en grote cycli en verzamelden deze in geschriften. Gelukkig zijn veel documenten gevonden en bewaard gebleven. Ook hier zien we veel vormen van maskerkunst en tijd- en ruimtemandala's.

In deze periode breekt er een gouden eeuw aan. Helaas stuurt de 'God van de Wind' na deze periode van bloei orkanen naar de aarde en wordt deze cultuur vernietigd, zo leert de overlevering.

In de Balkan rond de Kaspische Zee leefde omstreeks 2000 voor Chr. een volk dat zich 'het volk met de strijdbijl' noemde. Uit dit volk stammen naar het schijnt de Kelten en de Hindoes. Zij hebben zich gesplitst en zijn in verschillende richtingen getrokken. De Keltische stam trok via Griekenland naar West-Europa, de Hindoes trokken naar Perzië en India. Hun taal ontstond uit dezelfde bron: het klassieke Sanskriet, waaruit de Indo-europese taal van de Kelten voortkwam. In de afbeeldingen van de Keltische goden vinden we dezelfde meditatiehoudingen terug als in die van de hindoeïstische goden. Beide volkeren ontwikkelden zich anders: de Kelten waren groot van postuur, hadden blond haar en blauwe ogen en waren goede strijders. De Hindoes daarentegen waren klein, hadden donker haar en donkere ogen en waren spiritueel gericht. Zij werden over het algemeen overheerst door andere volkeren.

Het Keltische volk had grote invloed op het Europa van 1400 tot 400 voor Chr. Zij waren goede metaalbewerkers en maakten prachtige sieraden en mantelspelden met spiraalmotieven. Hun 'fibulae' (mantelspelden) worden zelfs in onze Maasvlakte gevonden. Voor ons is de La Tènecultuur en de Hallstatt-cultuur belangrijk. Deze Keltische invloeden vond men veelal terug langs de kusten van West-Europa en in het Britse Koninkrijk, met name in Ierland.

Daarna volgden verschillende culturen en ontwikkelingen elkaar in een snel tempo op. Zo ontwikkelde zich tijdens de bloei van het Perzische wereldrijk omstreeks 330 voor Chr. de Griekse - hellenistische - kunst die tot de 'beeldspraak' werd voor bijna de halve wereld.

In de Romeinse tijd liet men de kunst over aan de Etrurische kunstenaars, die er een eigen oriëntaalse stijl op nahielden. Zij waren in staat de invloeden van kunst uit andere culturen te verwerken en op een zeer eigen en fantasierijke wijze vorm te geven. De Etruriërs waren ongeëvenaard in metaalbewerking en pasten ingewikkelde technieken als granulering en filigrein toe in 'ronde kunst' als gespen, spiegels, rondsculpturen en reliëfs. De 'ronde kunst' ging vanuit dit gebied haar verspreiding tegemoet en de kunst vierde hoogtij...

Rond de zevende eeuw wordt deze weer gevolgd door de Longobarden die de vele invloeden van verschillende culturen bundelen en uitdragen naar Europa en rond de Middellandse Zee. Bekend zijn in deze tijd de oeroude motieven in mozaïeken van oude kerken zoals de kathedraal van Florence, waar nog tien vloerpanelen de tand des tijds hebben doorstaan. Deze vondst is voor ons belangrijk omdat er hier duidelijk sprake is van de invloeden van andere oude culturen, die hun afspiegeling vinden in het cultuurgoed van de landen waar zij worden ingevoerd. Hier kan men spreken over de 'rode draad' in de kunst, die van het ene continent over de grens van het andere reikt.

Mozaïek naar een Gallo-romeinse vloer. Deze vloeren vertonen oeroude motieven en de opbouw doet denken aan de Indiase tempels.

De invloeden vanuit Italië bereiken ook de oosterse landen, waarvan een reliëf uit omstreeks de derde eeuw getuigt. Daarop is een uitbeelding te zien van het verhaal van Prins Gautama, die de wildernis intrekt om boeddha te worden. Het culturele erfgoed in India wordt voornamelijk bepaald door de boeddhistische invloeden die er heersten en de religie nam er een grote plaats in. Er waren veel kloosters waar monniken tot priester werden opgeleid, zodat zij hun meditatief en filosofisch wereldbeeld konden uitdragen. Hún kunst bestond voornamelijk uit het meditatief gebruik van de mandala en het reciteren van de mantra. Een *mantra* wordt gevormd door een reeks klanksymbolen. Door het steeds opnieuw reciteren of zingen van de reeks wordt kracht aan het mandalabeeld verleend.

HOOFDSTUK 2

De oorsprong van de mandala

Het idee van de mandala is oorspronkelijk ontwikkeld in de gnosisscholen van India waar de mandala tot een meditatiemiddel werd: een symbool en middelpunt van overdenking. Een gnosisschool is een instituut waar over godsdienstige en wijsgerige vraagstukken wordt nagedacht. Door de jaren heen werd dit idee steeds duidelijker omschreven; het kreeg uiteindelijk vorm in een schema, dat men *mandala* noemde en dat een met een cirkel afgebakend gebied voorstelde. Dit gebied was een heilige ruimte, waarbij de gesloten cirkel degene die er plaats in nam, beschermde voor vernietigende krachten van de buitenwereld.

Bij de boeddhisten van Oost-Azië en Tibet is de mandala een gebruikelijk medium dat tevens een met grote precisie uitgewerkt oeroud intuïtief idee vormgeeft. Door innerlijke ervaring en beschouwingen van buitenaf werd dit gegeven later opnieuw verrijkt.

2.1 Mandala's in diverse culturen

In het oude India en in Tibet hadden de woonsteden en de tempels eveneens de vorm van een centrum, een mandala, waarin een as die het middelpunt doorsneed, de drie levenssferen symbolisch met elkaar verbond: de onderste sfeer, de aardse sfeer en de hemelse sfeer. Ook in de koninklijke paleizen is dit idee terug te vinden, evenals in de tenten van de nomadenstammen. De tenten van de herders van deze stammen in Klein-Azië en die van de Tibetanen hadden in het midden een rookkanaal waarvan de opening de hemel uitbeeldde. De mensen stelden zich in die tijd de kosmos en het heelal voor als een reuzentent.

Datzelfde idee over de kosmos en het heelal vind je terug in de boeddhistische tempel die een ingang heeft die de mensen toegang verschaft tot het zogenoemde 'mysterium magnum': het geheimzinnige heelal. Als je de *Borobudur*, de beroemde en grootste boeddhistische tempel op Java (Indonesië), binnentreedt, ga je in een rondgang door het mystieke centrum van dit voor boeddhisten heilige gebouw. Je doorloopt als in een ritueel het inwendig labyrint en zult, mits je de weg in zuiver bewustzijn aflegt, als getransformeerde ziel in het Heilige der Heiligen aankomen. Wie deze heilige ruimten betreedt, zo zegt men, identificeert zich met de oorspronkelijke eenheid van het heelal: de eenheid van het universum die de basis vormt van al wat leeft.

De Borobudur is in de achtste en negende eeuw ontstaan en is een afspiegeling van de visie van het mahayana-boeddhistische wereldbeeld. Het stelt een magische afbeelding voor van de kosmische wereld en de hemelordening: in haar geheel voorgesteld als een mandala.

De afzonderlijke galerijen van de tempel symboliseren de verschillende sferen (territoria) in de ontwikkeling van de mens op weg naar verlichting (de toestand van volmaaktheid) die als een bergtop wordt voorgesteld door drie opeenvolgende stoepa-ringen. Iedere galerij, te beginnen bij de onderste, die zich aan de basis bevindt en die van zeer wereldlijke voorstellingen is voorzien, laten een aantal voorstellingen zien van de weg die de mens moet afleggen om zijn boeddha-natuur 'aan het licht te brengen'. Iedere rondgang om de tempel is versierd met reliëfs, die naarmate ze hoger gelegen zijn de weg van de mens tot volmaaktheid, gesymboliseerd door Gautama Boeddha, weergeven. Zie onderstaande tekening en toelichting.

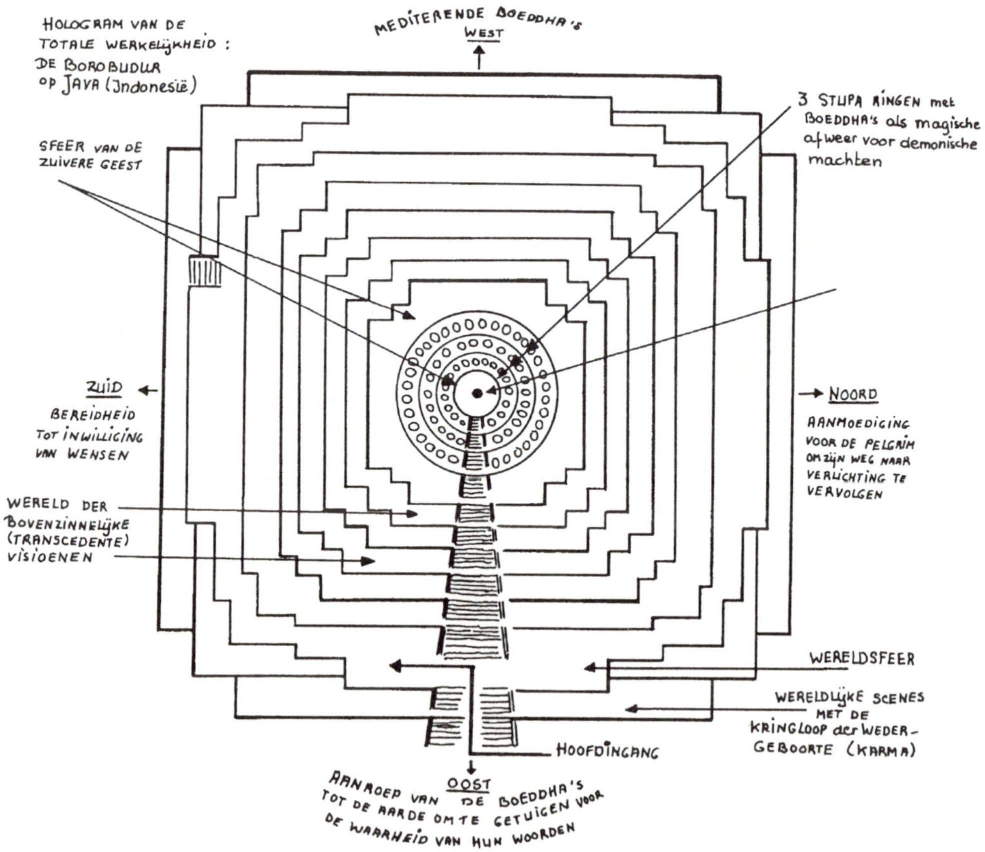

Door een vulkaanuitbarsting en het daarbij optredende natuurgeweld ging de verbinding tussen Hemel en Aarde verloren: de bovenste stoepa's met de boeddha's dreigden uit elkaar te breken. Van 1907 tot 1911 vond er een eerste restauratie plaats door de Nederlander Theodor van Erp. Dit was echter niet genoeg om het tij te keren en in 1975 besloot men opnieuw om tot restauratie over te gaan, ditmaal onder de vlag van Unesco. Wederom waren er een aantal Nederlanders bij het project betrokken. Het duurde tot 1983 voordat de restauratie tot een goed einde werd gebracht. Helaas mocht dit niet van lange duur zijn... Amper twee jaar later werd er door islamitische beeldenstormers een aanslag op de hemelsfeer van de tempel gepleegd, waardoor negen stoepa's (de omgekeerde klokbekers op de drie stoepa-ringen) opnieuw werden vernietigd.

Maar ondanks of juist door deze beschadiging wordt de Borobudur nog steeds door veel mensen bezocht en gezien als 's werelds prachtigste monument. Veel pelgrims gaan er naar toe en zoeken hier de toestand van heelheid in zichzelf, de mandala in hun eigen hart.

Voor ieder mens die zich identificeert met het centrum van de mandala zal vanzelfsprekend transformatie het gevolg zijn, zo zegt de boeddhistische leer. Dat nu is de wezenlijke aard van de mandala en hierdoor openbaart zij haar diepste waarde. Zo heeft de mandala niet slechts betekenis als kosmogram maar toont zij ons ook haar waarde als psychogram van de mens. Zij is tegelijkertijd een beeld van 'Al wat is', maar ook een symbool voor wat de mens is: een weerspiegeling en een deel van dat 'Al'. Door het centrum van de mandala binnen te gaan plaatst de mens zichzelf in het centrum van de verborgen zin van het eigen leven: de goddelijke kern en de geheimzinnige eigen essentie.

In India was het gebruikelijk om voorstellingen van een innerlijk mandalavisioen als een lotusbloem uit te beelden. Men gaf de lotus vier, acht of meer symbolisch uitgewerkte bloembladeren, die de ruimtelijke uitzetting van het 'ene in het vele' verzinnebeeldden.

De lotusbloem bracht in India een dubbele symboliek tot uitdrukking: de wereld van het heelal met haar naar buiten uitdijende krachten, maar tegelijkertijd ook de innerlijke wereldordening, die de mens ertoe aanzet zich naar binnen te keren, zich te spiegelen aan het eigen innerlijke beeld van zichzelf. Hierdoor kan hij zich zien zoals hij werkelijk is, volgens het eigen innerlijke wezen.

De eerste symboliek van de lotus heeft volgens de Indiase ideeën betrekking op de schepping in de ruimste zin van het woord en dankt haar ontstaan aan het zaad van kosmische oceanen. De tweede betekenis van de lotusbloem stoelt op de duizendjarige religieuze ervaring van India en is van geestelijke aard. Zij staat symbool voor een gebied dat zich in het midden van de geheimzinnige ruimte van de mandala openbaart. Men noemt haar *akasha* en zij heeft haar plaats in het innerlijk: het hart van ieder mens.

Naast het symbool van de lotus kan men ook klank en zang gebruiken om het mystieke wezen van een godheid aan te roepen. Door op deze klanken te mediteren en deze steeds weer te herhalen helpt de mens zichzelf om tot concentratie te komen en de goddelijke kracht waar te nemen. Je kunt je deze klanken voorstellen als vlammende zaadjes in je hart, die je, door ze steeds weer te herhalen, als het ware begiet en tot ontkieming brengt. Zo'n bewerkt zaadje ontspringt aan de vlam van inzicht en goddelijke liefde en zal je helpen tot zelfverwerkelijking te komen: het plaatst dat beeld in het centrum van je hart en wordt daar sterk en krachtig waardoor er een nieuwe beleving van deze klanksymbolen kan ontstaan. Door de klank AUM... (spreek uit: óóóm) meerdere malen te zingen of te reciteren kun je deze beleving intensiveren.

Dit AUM geeft vorm aan de stilte, het stelt de open ruimte voor tussen twee gedachten en is symbolisch bedoeld als middel om energie op te wekken en te richten. Als we dit symbool AUM van elke betekenis bevrijden, kan de vrijgekomen energie worden benut voor het verwezenlijken van de *boeddha-natuur*, die in het hart van ieder mens aanwezig is. Dit is de leer van het *mahayana-boeddhisme*: de weg die naar zelfverwerkelijking leidt: *het diamanten pad*.

De boeddhistische leer zegt dat door het vele malen reciteren van deze gewijde klank de vlam in je hart vanzelf zal ontbranden en tot volle kracht zal komen. Zo zal de transformatie naar kracht door liefde vanzelf plaatsvinden.

2.2 Het diamanten pad

Het hierboven genoemde *diamanten pad* is gebaseerd op de filosofie van de weg van het midden: *madhyamika*. Zoals de horizontale en verticale draden in een weefsel elkaar nodig hebben om het weefsel gestalte te geven en tastbaar te maken, zo is ook de mens genoodzaakt in zichzelf de tegengestelde krachten te herkennen en erkennen. Om vanuit het midden te kunnen leven is het nodig om het donker en het licht in jezelf tot samenwerking te brengen. Daarvoor moeten we echter eerst onderzoek doen naar onze weefseldraden, zoals wij die gedurende ons leven hebben 'verweven' en tot een uniek weefsel hebben 'gevormd' of juist 'vervormd'. Wanneer we inzien dat vervorming door onszelf is aangebracht, kunnen we ons van deze vervormde patronen bevrijden. Door die 'vervormde' patronen in ons weefsel voorzichtig los te maken en niet langer te bekrachtigen, is het mogelijk het weefsel opnieuw te weven.

Het diamanten pad, of de weg van het midden, is een zeer verfijnde methode van spirituele groei en transformatie. Er wordt gesteld dat personen die dit pad betreden, meerdere groeiprocessen zullen ondergaan, alvorens de weg van het midden te vinden. Op de weg naar het midden zul je zeker de volgende punten passeren:

- het terugkoppelen van lichamelijke en geestelijke energie naar jezelf, zodat je je krachten weer kunt bundelen;
- het bevrijden van vastgezette patronen en het vrijmaken van energie om tot zelfontplooiing te komen;
- de verwezenlijking van je hoogste vorm van menszijn, waardoor je volledig mens kunt zijn en vanuit je nieuwe innerlijke kracht zelf kunt kiezen voor je levensvervulling.

In het concept van het diamanten pad is de polariteit van het mannelijke en vrouwelijke principe een fundamenteel uitgangspunt. De vereniging van deze beide krachten in ieder mens is het doel van het diamanten pad.

Ook in de christelijke religie vinden we dit principe terug. Jezus zei: 'Als gij de twee één maakt en dat wat binnen is als buiten en dat wat buiten is als binnen en dat wat boven is als onder en als gij het mannelijke en het vrouwelijke een en hetzelfde maakt... dan zult gij 'het koninkrijk' binnen gaan.'

De weg van het diamanten pad (de middenweg) wordt zo genoemd omdat hij vrij is van uitersten. Deze weg wordt ook wel het achtvoudige pad genoemd en verwijst naar gedragsregels voor het denken, spreken en handelen die tot innerlijke bevrijding leiden. Deze gedragsregels zijn:

1 het bereiken van inzicht;
2 het nastreven van goede gedachten;
3 het beoefenen van zuiver spreken;
4 het beoefenen van goede daden;
5 het voorzien in je eigen levensonderhoud;
6 het leveren van juiste inspanningen;
7 het oefenen in oplettendheid, gewaarzijn;
8 het beoefenen van concentratie en meditatie.

Deze acht genoemde regels vormen de basis van het boeddhisme en haar scholing die, wanneer ze op de juiste manier worden toegepast, leiden tot een harmonieus leven, dat niet alleen het individu ten goede komt maar de gehele samenleving. Het is de bedoeling dat de regels aansluiten bij ieder individu met dat unieke karakter dat juist hem of haar tot die persoonlijkheid maakt, afhankelijk van de achtergrond waaruit men voortkomt. Vanuit dit standpunt gezien zal dezelfde lering nooit voor iedereen gelijk zijn. Wat voor de één goed is, zal voor de ander niet werken.

In de vorm van de mandala beoefenen we ook het principe van de weg van het midden. Op de kleurenpagina tegenover pagina 96 zie je dit principe in een achtvoudige geborduurde mandala uitgewerkt.

In het boeddhisme ziet men intuïtieve wijsheid als centrale kracht. Dit is de hoogste spirituele realiteit die de mens op weg naar verlichting kan bereiken. In ieder mens is een vonk van innerlijk licht aanwezig. Als het je lukt om dit licht tot stralen te brengen, wint het aan overtuigingskracht en zal het de gehele persoonlijkheid vervullen van de mens die de weg van het midden bewandelt.

2.3 De mandala als ritueel gebruik

In de oude Indiase cultuur wordt al heel lang gebruik gemaakt van de mandala als het idee van midden en heelheid. Door het psychische blikveld tot de cirkelvorm te beperken, gebruikt men daar de 'lamaïstische' mandala onder andere ter ondersteuning van de concentratie. Hierdoor richt men zich tot het eigen centrum van de persoonlijkheid met als doel: het ervaren van de mens als totaliteit, in wezen een onderdeel van de goddelijke kracht. Het werken in de mandalavorm betekent volgens die traditie: werken aan de terugkeer tot de universele heelheid en liefde ontwikkelen voor jezelf en al wat leeft. Dit is de goddelijke natuur waar de gehele mensheid deel van uitmaakt.

Er bestaan voorschriften voor een dergelijke tekening of schildering. Hierbij wordt uitgegaan van de zogenoemde wortelvormen: de punt, de cirkel, de driehoek, de zeshoek, het vierkant en de lotus.

We spreken in dit geval over *yantra's*, waarbij het gaat om vastgestelde lineaire vormen waaraan ook klank - in de vorm van een *mantra* - verbonden is.

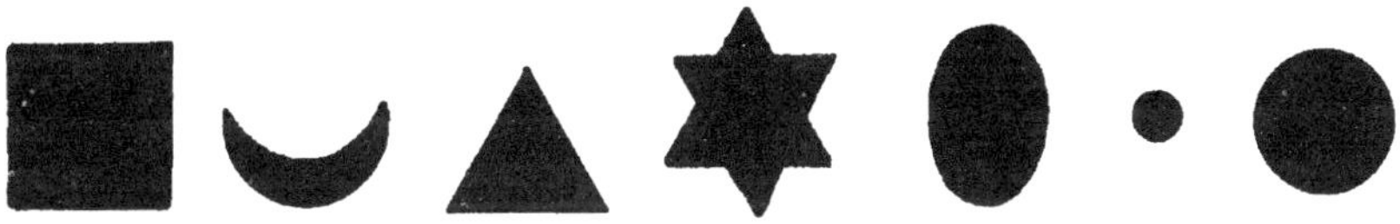

Wortelvormen en symbolen voor de elementen:
Vierkant = aarde; halve maan = water; driehoek = vuur; hexagram = lucht; ovaal = ether; de eerste kleine cirkel = bindu (of ook ether) en de grote = heelal (of ook lucht), afhankelijk van de stroming waar ze uit voortkomen.

De bijzondere geometrische grondvormen van de yantra hebben ook archetypische waarde; hun werking kan van fysieke, psychische en spirituele aard zijn. Het energiepatroon van de schildering zou je een krachtendiagram kunnen noemen. Men hoopte dat de mens die deze schilderingen of tekeningen in zich zou opnemen, geïnspireerd zou raken en daardoor boven zichzelf kon uitstijgen.

De *mandala* is een door een cirkel omsloten figuur, met daarbinnen weer cirkelvormige motieven: een kosmogram in mandalavorm. Zie onderstaande tekening van een Indo-tibetaans kosmogram.

Indo–tibetaans kosmogram, grondvorm voor de boeddhistische tempels.

De *yantra* bestaat in de regel uit in en door elkaar gevlochten driehoeken, vierkanten en cirkels, die onbewuste archetypische psychische structuren rechtstreeks kunnen aanspreken. Het geheel van de geometrische vormen wordt omsloten met cirkels en lotusbladeren. Het kader van de yantra is vaak kwadratisch van vorm en op de vier kardinale punten voorzien van vier poorten. De yantra dient ter meditatie over eenheid binnen de polariteit van tegenstellingen en tracht de mediterende boven de problemen van voorbijgaande aard op te heffen.

Chakra-mandala, een yantra die bij inwijdingsceremoniën wordt gebruikt (Zuid-India, uit traditionele grondvormen opgebouwd).

Opmerking:
In de middeleeuwse kunst is er sprake van een *mandorla*: die is van een geheel andere strekking en toont ons een uit twee cirkelbogen gevormde ovale of amandelvormige *nimbus* (aureool of heiligenschijn). Het staat symbool voor de 'maiestas domini' – de met een stralenkrans omgeven Christus of de Maagd Maria. De amandcl – van hct Grickse woord amygdale – is een oud symbool van de insluiting van een waardevolle inhoud. De mandorla is een mysteriebeeld van het van binnenuit stralende licht, de ware aard van Christus. In de Middeleeuwen werd de amandel ook opgevat als de in de baarmoeder besloten menselijke kiem.

In de christelijke kerken treft men de mandorla aan:
een amandelvormige stralenkrans omlijst de 'heilige' figuur
en een stralenkrans (nimbus) straalt af van het hoofd.

2.4 Mystiek van de boeddhistische symbooltaal

Volgens de boeddhisten was de geboorte van de taal de geboorte van de mensheid. Binnen dit langdurige creatieve proces, dat veel inspanning kostte, heeft de mandalakunst zich een plaats veroverd. De creativiteit die in de mandala in beeld en taal wordt vormgegeven, dient de mens om zich uit te drukken in symbooltaal.

Symbolen dienen de mens als hulpmiddel om vorm te geven aan de beelden binnen je eigen ervaringswereld. In de wereld der vormen openen zij deuren en brengen zij beelden in beweging. Is de deur eenmaal geopend, dan dienen zich steeds weer nieuwe 'mandalabeelden' aan die tot uitdrukking willen worden gebracht. Door middel van de symbooltaal worden krachten gebonden, leren we ze te beheersen en verkennen we de oneindige hoeveelheid mogelijkheden in vormkracht die in ons onbewuste ligt opgeslagen. Geven we deze innerlijke symboliek in onszelf een plaats en leren we ze als een stuk van onszelf te zien, dan brengen ze ons tot inzicht en ontwikkelen we liefdevolle aandacht voor wat in ons en in anderen leeft.

Als we zorgvuldig met onze innerlijke symbooltaal omgaan, dan staat deze ons ten dienste en is ze een kostbaar instrument. Een van de mogelijkheden is om je persoonlijke symbolen te tekenen en ze een plaats te geven binnen een mandala. Door die symbolen die aan ons innerlijk oog verschijnen, een plaats te geven brengen ze ons, door voortdurende herhaling, tot herkenning en erkenning van wat zich in onze psyche afspeelt en wat gezien wil worden. Door vele malen vorm te geven aan deze innerlijke beelden brengen we angsten en patronen aan het licht, krijgen we inzicht in wie we zijn en bevorderen we, binnen de magische en beschermende vorm van de mandala, onze innerlijke groei. Mystiek laat zich echter niet in een paar woorden vatten en dat wat niet gezegd kan worden moet 'tussen de regels door' worden gelezen. Juist vanwege haar non-verbale karakter is de mandalakunst heel goed in staat te dienen als medium om dat onzichtbare zichtbaar te maken.

In Tibet zijn de mandala en de mantra springlevend gebleven en hebben ze niets aan kracht verloren. Het woord is het brandpunt van die energieën waarin transformatie van de werkelijkheid plaatsvindt. De trillingen van de menselijke stem geven uitdrukking aan de vitale expressie van de menselijke ziel. Door gebruik te maken van 'machtswoorden', zoals dat in veel culturen in de oudheid en ook nu nog gebeurt, neemt de mens de wereld in bezit en ontdekt het een nieuwe dimensie: een wereld in zijn eigen innerlijk. Deze ontdekking geeft toegang tot het visioen van een hogere bestaanswereld, een hogere vorm van leven. De ervaring van dit visioen drukken we uit in symbolen.

Je kunt ook machtswoorden gebruiken als *affirmatie*. In een affirmatie worden woorden tot een krachtige zin gevormd en omgezet in een symbool dat in een mandalabeeld haar plaats vindt. Oefeningen hiervoor vind je in paragraaf 16.1. Deze symbolen zijn niet zomaar bedacht, maar bezitten het karakter van spontane uitdrukkingsvormen die aan de essentie van de menselijke geest ontspringen. Hierbij wordt het grootste belang gehecht aan de eigen geesteshouding die in het handelen tot uitdrukking komt. Dat stoelt op de onderkenning van een eeuwig aanwezige hogere werkelijkheid.

Zo heeft de ziener zijn visioen die in de mandala een magische vorm krijgt; de zanger zijn klank die hij verwerkt in de magische vorm van de mantra, die de macht van de schepper tot uitdrukking brengt. Het woord mantra is samengesteld uit het woord 'man' en 'tra'. Man = denken, tra = werktuig. Het woord 'man' is afkomstig van het Griekse woord 'memos' en het Latijnse 'mens'. Mantra betekent dus: werktuig van het denken van de mens, oftewel: kracht. Deze kracht is weer het principe dat door de mantra tot uitdrukking wordt gebracht en dat door middel van klank tot werkelijkheid wordt.

De mandala en de mantra staan ieder mens ten dienste als hulpmiddel tijdens de unieke reis naar het vinden van zijn waarheid. Daarom beëindigen we dit onderwerp met een reisverhaal:

Reisverlangen

Ik kwam thuis van een verre reis en vertelde de meester mijn belevenissen. Ik had de gebruiken van vreemde volkeren bestudeerd, ik had schitterende landschappen gezien en veel vrienden gemaakt. Ik bracht tekeningen mee van wonderlijke dieren en gedroogde bloemen.

Met een glimlach hoorde de meester mij aan toen ik zei: 'O, kon ik morgen maar weer op reis gaan. De wereld is zo groot, het leven zo kort. Zelfs als ik steeds onderweg blijf, zal ik veel moeten missen.'

Hij gaf mij ten antwoord: 'Het duurt niet lang meer. Binnenkort zul je begrijpen dat slechts één reis belangrijk is: de reis naar jezelf.'

Uit: Gesprekken met de meester van Carla Krüger (1947)

2.5 De Navajo-, Pima- en Hopi-indianen en de mandala

In de culturen van de Navajo-, Pima- en Hopi-indianen wordt gebruik gemaakt van de cirkel vanuit haar helende kwaliteiten. Uit deze cultuur stamt het *medicijnwiel*, dat uit vier stokken bestaat die als een kruis worden neergelegd, waarna er een cirkel omheen wordt getrokken. Daarna bouwt men in de binnenruimte van de cirkel een ritueel op, dat meestal uit natuurlijke bestanddelen bestaat zoals stenen, veren, hout, schelpen, enzovoort. Alles wat kan helpen om genezing te bereiken wordt gebruikt.

Bij de indianen geldt de mens als spiegel van de Grote Geest en daardoor is ze in staat visioenen te ervaren. Deze ervaring vormt de basis van waaruit een 'genezer' helen kan en in staat is mensen te helpen bij het interpreteren van hun eigen visioenen. De mens zelf vormt het spiegelbeeld van alles wat is en van de kracht die ons geschapen heeft: de Grote Geest. De boodschap die bijvoorbeeld wordt uitgedragen door de genezers van de Stam van de Beer kan in één zin worden samengevat: *Wandel in evenwicht met Moeder Aarde*.

De grondprincipes van de indianenstammen lijken op die van het boeddhisme en hindoeïsme, maar men gebruikt andere methoden om zich voor te bereiden en men heeft andere bedoelingen met de mandala. De boeddhisten gebruiken de mandala als medium voor meditatie, terwijl bij de indianen het helpen van mensen met problemen of met vragen door middel van het medicijnwiel voorop staan. Wel gebruikt men in de traditie van de indianen het schema van de mandala om de verschillende symbolen een plaats te bieden.

In tegenstelling tot de boeddhisten wordt in de indiaanse traditie meer gebruik gemaakt van symbolen uit het dieren-, planten- en mineralenrijk, waarbij vooral de zon- en maankrachten in bepaalde perioden van het jaar een belangrijke rol spelen. Ook de wisseling van dag en nacht en de vier dagindelingen - nacht, ochtend, middag en avond - spelen een rol, evenals de vier levensperioden van de mens. Verder worden de seizoenen en de windrichtingen gebruikt, alsmede de oerelementen, die men verbindt met een levensvorm uit de dierenwereld. Zo staat voor:

- het element aarde: de schildpad;
- het element water: de kikvors;
- het element lucht: de vlinder;
- het element vuur: de dondervogel.

Onder de indiaanse volkeren zijn verschillende scheppingsverhalen bekend, waarbij echter dezelfde principes worden gebruikt. Bij de Navajo-indianen bijvoorbeeld spreekt men van de 'Grote Geest' die uit het midden van de aarde vier fakkels liet uitstralen om de vier delen van de wereld te verlichten. Dit kruis wordt voorgesteld door witte balken, wat het wezen en de zuiverheid van de lichtgeesten belichaamt, terwijl de kleur geel, die aan de uiteinden van de witte balken de vorm van kruisen aanneemt, de toestand van inwijding aangeeft, aldus het verhaal.

Ook de gebruiken van de verschillende stammen lijken op elkaar. We vinden dezelfde symboliek terug, al zijn de kleuren die gebruikt worden soms verschillend. De kringvorm is bij alle indianenstammen een veel gebruikt symbool, dat men terugvindt in tenten, wigwams en hogans.

De vorm van het medicijnwiel is voor de indianenvolken ook een magische kring die de hele wereld insluit. Deze magische kring werd door de gehele inheemse bevolking gerespecteerd en gebruikt in de dingen van alledag: zo gebruikte men in een ronde tent een rond stoombad. Deze tent en het bad stelde de baarmoeder van Moeder Aarde voor en diende als reinigingsritueel.

Als muziekinstrument gebruikte men een ronde trom en de ceremoniële dansen vonden plaats in de cirkel: de kringdans. De kringvorm van hun heilige bouwsels en medicijnwielen herinnerde in hun ogen de mens steeds weer aan de kringloop van het leven; men legt er de nadruk op dat je je moet voorstellen dat je gedurende je gehele leven rond deze eeuwige kringloop reist. Het is daarom van belang te weten wat de verschillende richtingen betekenen en wat deze je over het leven vertellen, zodat je er zoveel mogelijk van kunt leren.

Men werkt in de cultuur van de indianen met verschillende totemdieren, die allen een bepaalde kwaliteit bezitten en uitdragen. Daarnaast is er per drie 'manen' een 'hoeder van de geest': voor het noorden, oosten, zuiden en westen, de vier windrichtingen dus.

Voor de dieren en windrichtingen gaat men uit van:

- Waboose - witte bison; de hoeder van de geest van het noorden; ook winter en nacht. Eigenschappen: vernieuwing en zuiverheid.

- Wabun - arend of adelaar; de hoeder van de geest van het oosten; ook lente en morgen. Eigenschappen: wijsheid en verlichting.

- Shawnodese - prairiewolf; de hoeder van de geest van het zuiden; ook zomer en middag. Eigenschappen: overleven en onderricht.

- Mudjekeewis - grijze of zwarte beer; de hoeder van de geest van het westen; ook herfst en avond. Hoofd van de raad der dieren.

De machtige vier dieren helpen de hoeder van de geest en leveren zo een bijdrage aan de harmonie van de schepping. Om dat te bewerkstelligen smelt de Grote Geest de macht van elk afzonderlijk dier samen met een van de vier richtingen. Zo helpen zij de macht van het medicijnwiel sterk te maken en werken ze met elkaar samen om de Grote Geest te dienen.

2.6 Indiaanse zandmandala's

Naast de kring kennen de indiaanse volken ook de vorm van de *zandmandala's*. Dit zijn grote, uit zand opgebouwde zandschilderingen die bij ceremoniële en rituele handelingen, huwelijksinzegening of bij het oplossen van problemen hun dienst bewijzen. Meestal worden ze aangewend door de medicijnmannen en -vrouwen. Rituelen als winter- en zomerzonnewende worden ermee aangegeven, dansen worden er door geïnspireerd. Zij worden opgebouwd, vervolmaakt en weer afgebroken binnen een tijdsbestek van twaalf uren.

Er zijn twee vastliggende vormen van zandschilderingen: één die het ritme van de nacht volgt, en één die bij het ritme van de dag hoort. Een dagmandala bouwt men op bij zonsopgang; deze wordt dan bij zonsondergang weer teruggegeven aan de vier richtingen, aan Moeder Aarde en Vader Hemel. Een nachtmandala wordt aangevangen bij zonsondergang en op dezelfde wijze weer teruggegeven bij zonsopgang. Door de grote energie die aan het beeld wordt toegekend, is de tijdsduur van twaalf uren voldoende om het ritueel volledig tot uitdrukking te brengen.

De voorbereidingen voor het aantrekken van deze energieën duren tenminste drie dagen. Ze worden door middel van speciale reinigingsrituelen, gebeden, zang en dans opgeroepen. De medicijnman of -vrouw treedt hierbij op als bemiddelaar om de zandmandalaceremonie te 'verwerkelijken'. Evenals bij de boeddhisten is ook hier de juiste intentie en concentratie belangrijk. Zowel bij de indianen als de Tibetanen worden de mandala's, na hun ontstaan en het dienen van het doel waarvoor zij gemaakt zijn, weer aan de natuur teruggegeven.

In de symboliek van een zandmandala afkomstig uit het zuiden van Californië vinden we een in zand uitgebeeld ritueel - gebruikt bij begrafenisceremoniën - dat veel gelijkenis vertoont met een albasten broche uit onze tijd, afkomstig uit Italië, die weer een imitatie is van de Etruskische stijl.

Links een albasten broche uit Toscane (twintigste eeuw), aan de hand van oude motieven. Als we deze broche vergelijken met het rechts afgebeelde motief dat werd nagetekend van een ceremoniële zandmandala, zie je overeenkomsten. De zandmandala werd gebruikt bij begrafenisrituelen en is afkomstig van de uit Zuid-Californië afkomstige Navajo-indianen.

Er zijn bijna geen beelden van zandmandala's te vinden, enerzijds omdat ze na gebruik aan de natuur worden teruggegeven, anderzijds omdat ze slechts gemaakt zijn voor diegenen waarvoor het beeld bedoeld is. De rituele handelingen zijn vaak heilige ceremonies waarbij een buitenstaander geen toegang heeft.

De van de Otomi-indianen afstammende kunstenaar David V. Villaseñor heeft een procédé gevonden waardoor een zandmandala op een triplex plaatje houdbaar kan worden gemaakt. Dit procédé kon de goedkeuring wegdragen van de nog praktiserende medicijnmannen en zo ontstond er een nieuwe vorm van zandmandala's die ten behoeve van de toeristen worden gemaakt. Men wil hierdoor de betrokkenheid van de indiaanse mens met de natuur symboliseren, zodat de mensheid zich 'her-innert' wat bijna verloren is gegaan. Een cursiste bracht eens een dergelijke zandmandala voor mij mee (zie de foto). Om de heilige rituelen te behoeden voor ontwijding, zijn ze gewijzigd ten opzichte van de oorspronkelijke zandmandala's. Soms mogen bezoekers ook deelnemen aan het ritueel van een zandschildering. Het moge duidelijk zijn dat dit afhangt van de mate van heiligheid waarmee de ceremonie is omgeven.

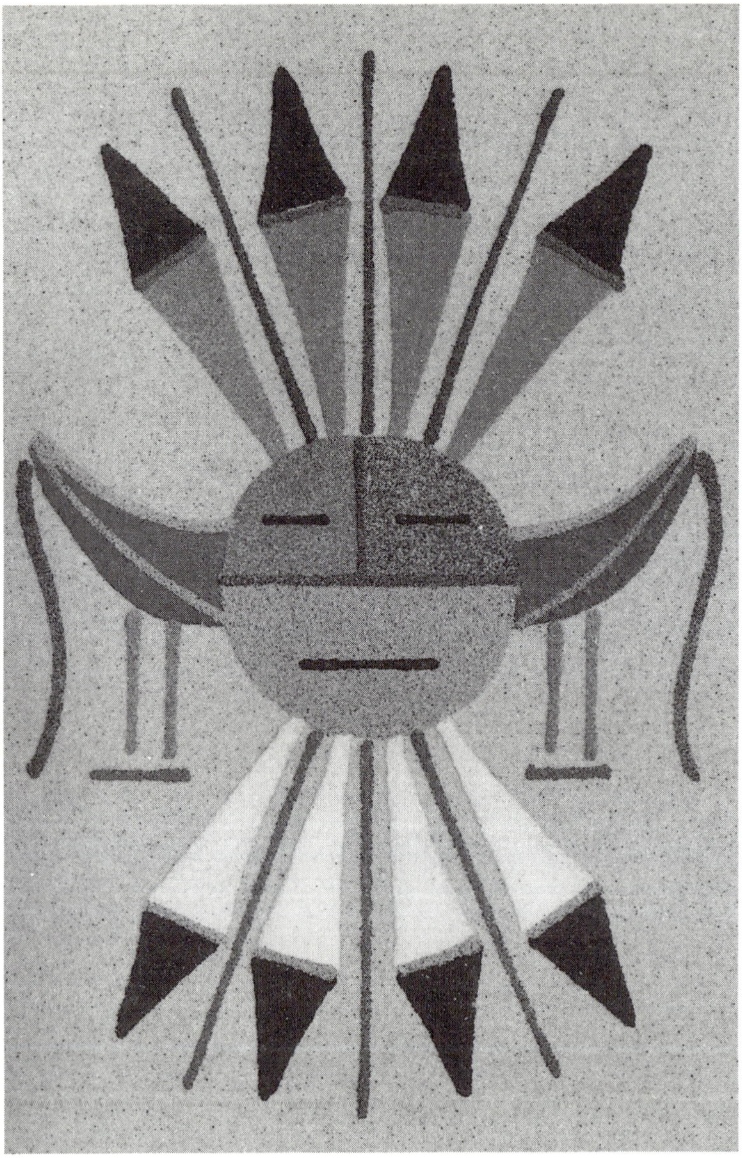

Een zandmandala zoals ze tegenwoordig worden gemaakt voor toeristen.

De volgende legende kreeg ik toegezonden van een vriendin vanuit datzelfde gebied:

Legende van de zanddollar

Zanddollars hebben geen innerlijke waarde, ze zijn slechts
herinneringen aan de Grote Geest, vanuit de Grote Oceaan.
Vier kleine gaten voor de nagels die hem vasthielden om te sterven;
en nog een andere ook, waar de speer zijn zijde doorboorde.
Een ster voor de kribbe en een klok om te luiden en binnenin vijf duiven
om zijn gebeden te zingen.

Naar V.L. Little

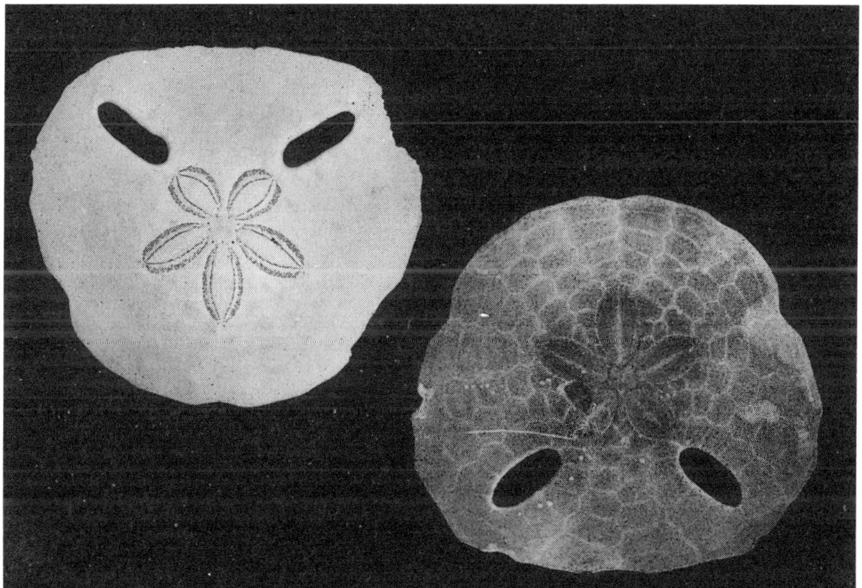

De 'zanddollars' zijn niet alleen te vinden in San Francisco.
De foto laat zanddollars zien die van de stranden van Indonesië afkomstig zijn. De prachtige 'bewerking' op deze zandschelpen zijn exclusief vervaardigd door Moeder Natuur.

HOOFDSTUK 3

Van ornament naar mandala: historie van de Europese kunst

Om de ontwikkelingen in de kunst te kunnen begrijpen is het voor ons van belang kennis te nemen van onze eigen historische tijd. Dan kunnen we verbanden leggen tussen deze kunst en onze tegenwoordige mandalakunst.

Er bestaat wel degelijk samenhang tussen kunst en de verschillende culturen. Immers: leerlingen leren van hun meesters en geven de kunst zelf weer door aan hun volgelingen. De kunstenaar ziet beelden uit vroegere perioden en doet er het zijne mee. Daardoor ontstaat er een traditie van leren en geleerd worden, eigen ervaringen en ideeën toevoegen en weer doorgeven. En... de cyclus herhaalt zich. Zo is het ook gegaan met de Egyptische cultuur en de Griekse meesters, die werden geschoold bij de joodse geleerden en de Perzen. Later werden de Europeanen weer leerlingen van de Grieken.

In de bloeitijd van de Egyptische cultuur zag men de koningen - *farao's* - als goddelijke wezens. Rituelen waren dagelijkse handelingen die men vooral toepaste in de grafkamers van overleden koningen.

Uit de nalatenschap van de piramides (de graftombes) leren we dat de Egyptische kunst geometrisch en meetkundig strak is. De koning, als belangrijkste personage, werd groter afgebeeld dan zijn vrouw. Zijn dienaren, die als minst belangrijk golden, beeldde men weer kleiner af. De magische bestemming en de rituele handeling die het tafereel kracht verleende, stonden altijd voorop en werden consequent toegepast. In kindertekeningen komen we dit principe ook tegen, zij het dan dat het kind dat onbewust doet.

3.1 Oude Griekse kunststijlen op Kreta

In de tijd van de oude Grieken tekenen zich de eerste stijlen in de kunst af met als belangrijkste centrum het eiland Kreta. In de Griekse (geometrisch georiënteerde) cultuur speelden twee stromingen uit het verleden een rol: de Kretenzische en de Myceense kunst. De heersers van de gebieden rond de Middellandse Zee stuurden in tijden van grote rijkdom gezantschappen uit naar de omringende landen. De Kretenzische en Myceense kunst maakte grote indruk op de gezanten, die vaak kunstenaars waren, en zo werd op het vaste land rond de Middellandse Zee deze Kretenzische kunst nagebootst. Het was een vrolijke en beweeglijke kunstvorm die zeer aansprak, met veel ritme en golvende belijningen. Veel van die kunstuitingen vinden we terug in de Griekse kringdansen, die ook nu nog bestaan.

Men ging er in deze stromingen vanuit dat het heelal was opgebouwd uit eenvoudige geometrisch geordende patronen die uit lijnen, meanders en halve cirkels bestonden. Meanders zijn aan de spiraal verwante patronen, bestaande uit in elkaar overlopende vierkanten of cirkels, die ter versiering op schalen en kleding werden aangebracht. De dansers uit die tijd volgden ook deze meanderende 'stromende' beweging.

Onder Minoïsche invloed vormt zich vanaf 1600 voor Chr. een later door Homerus verbreide adelreligie, waarbij de mythe van de Olympische goden de cultuur bepaalt en het tot dan geldende matriarchaat doet omslaan in het patriarchaat. De Oudmediterrane voorstellingen over vruchtbaarheids- en moedergodinnen werden vervangen door hun mannelijke tegenpolen uit de Indogermaanse culturen. In de volksreligie blijft desondanks de personificatie van natuurkrachten, hemellichamen, zon, maan en abstracte begrippen als hoop en strijd haar plaats behouden.

3.2 De 'nieuwe' Grieken

Rond 1000 voor Chr. drongen oorlogszuchtige stammen uit Europa door tot Griekenland en de kusten van Klein-Azië en overmeesterden de vroegere bewoners. De nieuwaangekomenen noemden zich 'Grieken'. De kunst van deze stammen was in die eerste eeuwen van de machtswisseling nog enigszins ruw en primitief van aard. Ze verdrong de vrolijke en beweeglijke stijl van Kreta, die werd opgevolgd door een stijl van strakke ritmen. Het Griekse aardewerk vanaf die tijd werd versierd met geometrische patronen; het waren meestal ornamentachtige tekeningen die op mandala's lijken. De eenvoudige strakke stijl maakt echter eerder de indruk verwant te zijn aan de Egyptische stijl dan aan de kunst van de Kretenzers.

De kunst van deze nieuwe Grieken bereikte haar hoogtepunt rond 500 voor Chr. Dit was de periode van de wetenschap en wijsbegeerte waarin de grondslag ligt voor onze eigen historie. Voor het eerst ontwaakte bij de mensen het idee dat er verschillende denkwijzen konden bestaan. In deze periode ontstonden ook de theaters waar men mysteriespelen ter ere van de goden kon opvoeren. Dit leidde tot een grote bloeiperiode van de Griekse cultuur, die men ook wel de Griekse Gouden Eeuw noemt. Het blijkt een keerpunt in de beschaving te zijn en er wordt een rijk gevormd waarbij de stad Athene een belangrijke rol speelt. De stad wordt het centrum van de kunsten waar wijsgeren als Aristoteles en Plato een belangrijke rol krijgen. De mysteriescholen, theaterkunst en de beeldhouwkunst komen tot volle bloei en vormen de grondslag voor onze moderne cultuur.

In de theaters werden de verschillende goden uitgebeeld met behulp van maskers. Men vond dat mensen zelf geen goden konden uitbeelden, maar dat zij, met behulp van het masker, wel voor deze goden konden spreken.

De oude Grieken gebruikten maskers voor hun theaterspelen. Zo konden de goden voor hen spreken.

Een beroemd kunstenaar in de vierde eeuw voor Chr. was Praxiteles, die een beeldhouwwerk gestalte gaf dat de godin van de liefde Aphrodite voorstelt terwijl zij in haar bad stapt. Ook van zijn hand is het beeldhouwwerk van de god Hermes met de jonge Dionysos op zijn arm. Van het eerste werk kennen we alleen nabootsingen.

Voor ons zijn de godinnen en goden van grote waarde, omdat we er binnen de mandala een nieuwe betekenis aan toekennen. Vooral vrouwen vinden in het thema van de godinnen veel kracht en steun gezien in het perspectief van het vrouwzijn in onze tijd. In de beleving van die tijd was de vruchtbaarheidsgodin en de moedergodin immers een belangrijke figuur. Later moest zij haar plaats afstaan aan haar mannelijke tegenpolen: de goden. In paragraaf 16.4 komen we hierop terug.

Aphrodite was de godin die alle eigenschappen van haar zusters in zich verenigde. Zij is de godin van de Liefde...

3.3 Ornamentkunst rond de Middellandse Zee

Inmiddels was door Alexander de Grote rond 330 voor Chr. het Perzische wereldrijk gesticht. De hellenistische kunst was tot grote bloei gekomen in de rijken die door Alexanders opvolgers op oosterse bodem waren gesticht. Kunst werd nu volgens de tradities van de oosterse rijken toegepast.

De ornamentkunst is onder invloed van de hellenistische en byzantijnse kunst rond het Middellandse-Zeegebied tot bloei gekomen. Er waren invloeden over en weer tussen de landen rond de Middellandse Zee, India en China.

De latere christelijke kunstenaars in Italië onderhielden ook betrekkingen met kunstenaars uit de gebieden boven de Alpen, zodat in deze streek alle verschillende vormen van kunst samenstroomden.

Omdat de ontwikkeling in de landen van het Midden-Oosten steeds meer mohammedaanse en moorse invloeden ondergingen, was het vanzelfsprekend dat deze invloed ook in de landen rond de Middellandse Zee merkbaar werd...

De mohammedaanse religie was strenger dan het christendom. Zo was het de kunstenaars verboden beelden en afbeeldingen van mensen te maken. Er ontstond een nieuw soort kunstenaars: de sierkunstenaars, die hun fantasie in allerlei prachtige patronen en siervormen gestalte gaven. Deze ornamenten, die ragfijn als kant zijn en onder andere in hun tapijten voorkomen, noemt men *arabesken*. De kunstenaar kon in deze kunst door lijnen en kleuren volop de weg van en naar zijn dromen weergeven. Hoewel deze ornamenten geen mandala's zijn, inspireren ze ons wel bij het tekenen van mandala's.

Later werd dit gegeven minder streng toegepast en werden illustraties met figuren toegestaan, mits die niets te doen hadden met de religie. Uit deze tijd stammen de prachtige abstracte majolicategels met hun geometrische patronen. De Nederlandse grafisch kunstenaar *Escher* kwam deze in Spanje tegen en gebruikte de patronen van deze tegels in zijn latere werk. In tegenstelling tot deze sierkunstenaars gebruikte Escher wel de opbouw ervan maar werkte hij ze uit met dier- en mensfiguren.

De graficus Escher liet zich inspireren door de oude majolicamotieven. Hier zie je zo'n motief. Je kunt ze op vele manieren laten kruisen: zo onder–zo boven...

3.4 Vroege doolhoven en labyrinten

In de vorm van doolhoven en labyrinten vinden we meestal een herkenbaar mandala-achtig patroon. We kunnen het *labyrint* zien als een model van de kosmos. Voorzover wij weten is het oudst bekende labyrint te vinden in de graftombe van de Egyptische farao Per Absen, ongeveer 3400 jaar voor Chr. Het labyrint gold als 'memento mori': als symbool voor de dood en wedergeboorte van de ziel. Men bedoelde daarmee: wie het labyrint betreedt en in het middelpunt aankomt, zal ook de weg terug kunnen gaan en opnieuw geboren kunnen worden.

In de overlevering van de Pima-indianen uit Arizona wordt gesproken over een spiraalvormige tunnel waardoor zij door de God Tcuhu uit de onderwereld zijn geleid. Op een eiland van de Nieuwe Hebriden treffen we een labyrintpatroon van de Malekula's aan, dat zij de 'weg' noemden.

Op oude munten die uit Kreta en Knossos stammen, trof men oude vormen van labyrintpatronen aan. Deze verwijzen naar het gebruik van de cirkel als kunstvorm om religieuze aspecten aan ons te verduidelijken van 'de weg door het leven' die door ieder mens begaan dient te worden.

Het Kretenzisch labyrint was ook te vinden in de nog oudere Griekse mythe over de draad van Ariadne dat de Romeinen later gebruikten ter illustratie van de mythe van Theseus:

> *Koning Minos van Kreta had het moeilijk. Om te beginnen werd zijn vrouw de geliefde van een stier. De vrucht van die verhouding was de Minotaurus, een mensenkind met een stierenkop. Enige tijd daarna werd ook nog zijn zoon Androgeus op een van zijn tochten vermoord. Toen sloeg de koning hardvochtig terug. De Atheners die hij voor de moord aansprakelijk stelde, moesten hem ter verzoening negen jaar lang zeven knapen en zeven jonge maagden leveren. Een voor een werden de kinderen op Kreta in een groot en ingewikkeld labyrint gestuurd, ontsproten aan het brein van Daedalus, de bouwmeester van de verbolgen koning. In het labyrint vielen zij ten prooi aan de inmiddels groot geworden Minotaurus.*
>
> *Theseus, de Atheense koningszoon, wist volgens de mythe een einde te maken aan die gruwel. Hij ging vrijwillig mee in een groepje van Atheense slachtoffers, vastbesloten de Minotaurus te verslaan. Hij had geluk. Ariadne, de dochter van Koning Minos, werd verliefd op hem. Zij gaf hem een kluwen garen die hij op zijn weg door het labyrint moest ontrollen om zo de uitgang weer te kunnen vinden.*

De overwinning van Theseus op de stiermens is door de eeuwen heen een dankbaar gegeven geweest voor schrijvers en schilders. Dit labyrint van de mythe van Theseus is terug te vinden in de mozaïekvloer van Cremona in Italië.

In Engeland en Ierland (New Grange) vinden we grafkamers van Keltische oorsprong met labyrintpatronen. In deze oude labyrinten vinden we dan ook nog de spiraalvorm. Het doel van deze labyrinten was het begeleiden van de gestorvenen op hun weg door het dodenrijk.

Twee labyrinten, of is deze eerste nu toch nog een doolhof?
Voor labyrinten geldt: je kunt in één beweging de wel zeer lange weg doorlopen.
Loop deze beide labyrinten eens na.
Wat is je conclusie?

Een oud labyrint is te vinden in het plaveisel in de kathedraal van Algiers. Het stamt uit de vierde eeuw. Nog een ander oud labyrint vind je uitgehouwen in de muur van de kathedraal te Lucca; het meet slechts 50 cm in het vierkant. In de parochiekerk van St. Quentin kun je een labyrint vinden dat je nog kunt doorlopen. Voor christenen was het labyrint een symbool voor de weg naar verlossing.

3.5 De middeleeuwse mandala van West-Europa

We kunnen in dit tijdsbeeld twee ontwikkelingen waarnemen. De eerste is die van de mens die zijn innerlijke beelden – het ongeziene, zijn angsten – tot uitdrukking brengt. De tweede wordt gevormd door de mystici die de mens een nieuw idee over religie willen aanreiken.

Als voorbeeld voor de eerste ontwikkeling noemen we hier een Nederlandse schilder uit die tijd, die ook in de mandalavorm werkte: de kunstenaar *Jeroen Bosch*. Hij gebruikte de cirkel om uitdrukking te geven aan zijn visioenen. Zo zien we in zijn schilderijen zijn angsten omtrent het leven na de dood in de hellen en hemelen, zoals hij die waarnam (De zeven doodzonden, ca. 1500). Hij was een kunstenaar die tradities en schildervaardigheid toepaste om juist dat weer te geven wat een menselijk oog nog nooit had aanschouwd.

Jeroen Bosch woonde in 's Hertogenbosch en werd in 1488 als meester geïnstalleerd. Hij schilderde angstaanjagende beelden, die hogelijk werden gewaardeerd door de somber ingestelde koning van Spanje, Philips II, die een speciale voorliefde voor deze fantasieën aan de dag legde. Het lijkt wel of Bosch als enige de vreesaanjagende heldere beelden, waarin de geest van de mens in die tijd gevangen scheen te zijn, om kon zetten in tastbare schilderijen. Uit het werk van Jeroen Bosch krijg je de indruk dat hij deze angsten aan den lijve heeft ondervonden.

Jeroen Bosch stierf in 1516.

Belangrijke vertegenwoordigers van de tweede ontwikkeling waren de non *Hildegard von Bingen* en Bruder *Klaus von Flüe*. Wanneer we naar de visioenen in mandalavorm van deze mystici uit de Middeleeuwen kijken, zien we dat ook zij zich op een speciale ontdekkingsreis hebben begeven en zich daarbij lieten aanraken door een goddelijke vonk. Hun reis was er een van spirituele aard die ook uitging van de gedachte van leven na de dood en het zoeken naar het goddelijke in de mens. Zij zagen mogelijkheden voor veranderingen binnen de religieuze beleving en offerden hun ziel om de mensen de weg te wijzen.

Hildegard von Bingen, die leefde van 1098 tot 1179 in de orde van Benedictus en gezien werd als de eerste vrouwelijke arts, hield zich ook bezig met mandala's. Zij was zowel theologe, musicus, poëet, dramatist, fysicus als zieneres. Zij was bedreven in het genezen door middel van kruiden en edelstenen. Voor veel vrouwen en mannen binnen de kloosterorde der Benedictijnen was zij een groot voorbeeld. Al op zeer jonge leeftijd kreeg Hildegard visioenen met thema's van kosmologische aard, die op latere leeftijd, angstig als zij was om deze tot uitdrukking te brengen, tot ziekte zouden leiden. Zij genas pas van haar ziekte nadat zij de moed had gevonden haar visioenen in woorden en geschilderde mandala's om te zetten. Hiervoor riep zij de hulp in van haar secretarissen, die haar zeer toegenegen waren. Hildegard zag zichzelf slechts als een kanaal waardoor het goddelijke kon stromen. Zij was ervan overtuigd door God geleid te worden om de goddelijke genade aan de mensheid door te geven.

Twee engelen laten de sterren wentelen (naar een oude Provençaalse prent uit de veertiende eeuw).

Een citaat van Hildegard von Bingen:

> *... In de mensheid brengt God al zijn scheppend vermogen tot volheid. God schiep de mensheid, zodat deze zijn stoffelijke aard cultiveert en daarbij het hemelse gebied schept. De Mensheid zou de goddelijke bannier moeten zijn. Goddelijkheid is het doel van het Mensdom.*

Hildegard von Bingen was niet geschoold in het maken van mandala's zoals de Tibetaanse monniken dat zijn. Maar haar onorthodoxe gebruik van de mandalavorm toont ons even duidelijk als de traditionele Tibetaanse mandala's, de potentie om een spirituele visie uit te drukken. Dit innerlijk afstemmen op innerlijk licht en innerlijke klank om geestelijke realiteiten te beschrijven loopt parallel aan de Tibetaanse en hindoeïstische opvattingen hierover.

Iemand die ook een brug trachtte te slaan tussen het leven van de mysticus en de gewone mens, was de Zwitserse *Bruder Klaus von Flüe* (1417-1487). Deze kluizenaar leefde teruggetrokken in het Liestal maar kwam later terug naar zijn geboortestreek, waar zijn landgenoten voor hem een kleine kapel hadden gebouwd. Ze waren in de overtuiging dat Bruder Klaus von Flüe daar zijn domicilie moest kiezen en zijn goddelijke werk moest uitdragen. Veel mensen, zowel uit kerkelijke kring alsook leken, zochten Bruder Klaus op en vroegen hem om raad. Zij zagen in hem een persoon die in staat was liefdevolle aandacht te schenken aan de mens in nood die leefde in verbondenheid met Gods woord.

Bruder Klaus van Flüe heeft een aantal mandala's gestalte gegeven met de titel 'Aus der Mitte leben', waarvan één beeld bijzonder treft: 'Gottes Einstrahlen und Ausstrahlen'. Uit de brieven van Johannes 4:10 werd het thema voor dit mandalabeeld gekozen:

> *Hierin bestaat de liefde, NIET dat wij God lief hebben gehad, maar dat HIJ ONS LIEF HEEFT... U Heer... bent de dichtbijzijnde Vader, die ons met stralen van liefde omringt. Schenk ons uw stralen van vreugde en dankbaarheid, opdat we u kunnen antwoorden.*

In veel van zijn meditatiebeelden zien we de kringvormige structuur van de mandala terug, evenals die bij de afbeeldingen van Hildegard te vinden zijn.

'Aus der Mitte Leben' is een beeld dat Bruder Klaus von Flüe gebruikt wanneer hij 'Gottes Einstrahlen und Ausstrahlen' tot uitdrukking wil brengen (naar een goudsmidwerkstuk van Josua Bösch).

In de middeleeuwse kerken vinden we het fenomeen van de mandala in de zogenoemde *roosvensters*. In deze overwegend rond van vorm zijnde vensters zijn geometrische verdelingen te vinden. In de Middeleeuwen wilde men de mens inspireren tot het spirituele: de beelden in de vensters waren bedoeld ter lering en om ontzag voor God en de kerk aan te kweken.

De oude kathedralen met hun roosvensters zijn van belang voor onze westerse mandalabeleving, omdat zij golden als spiegel voor de ziel en als vensters waarmee de gelovige in verbinding kon treden met God. Hierin ligt ook het grote verschil met de westerse beleving van de goddelijke kracht en die van de boeddhisten. Waar de christelijke wereld spreekt over het goddelijke, bedoelt men altijd een kracht die buiten ons ligt, een kracht - God - die wij kunnen aanroepen. De meeste boeddhistische stromingen daarentegen gaan ervan uit dat het goddelijke in onszelf bestaat - zij het als een kleine vonk - en dat wij deze kracht in onszelf kunnen en dienen te doen ontwaken.

Nog een andere vorm van de mandala vinden we in de al eerder genoemde *labyrinten* (zie paragraaf 3.4) als mozaïekpatronen op de vloer van de kerk. Een mooi voorbeeld hiervan is het labyrint van Chartres, dat helaas niet meer te belopen is. De belangrijke inwijding die het labyrint voor ons kan betekenen, gaat hierdoor grotendeels verloren. Kinderen holden graag over de paden van het labyrint: men vond dit teveel lawaai voor Gods huis!... en heeft er daarom stoelen op geplaatst.

De betekenis van het middeleeuwse labyrint kunnen we zien als de weg die de mens langs diverse kruispunten in het leven leidt naar de dood, die tegelijkertijd ook weer de wederopstanding symboliseert en waarvoor ieder mens in zijn hart de sleutel bij zich draagt. De sleutel staat symbool voor de liefde, die in het hart haar woonstee heeft en tijdens het leven gevonden dient te worden.

3.6 Westerse visie versus het boeddhisme

In het Vietnamese *mahayana-boeddhisme* is boddhicitta een baby-boeddha die in ons hart huist en die we de kans moeten geven geboren te worden. Hier gaat men ervan uit dat de mens beschikt over twee bewustzijnsvormen: het 'opslagbewustzijn' en het 'dagbewustzijn'. Alles wat we ooit gedaan of ervaren hebben, ligt in zaadvorm opgeslagen in ons opslagbewustzijn. Geven we die zaadjes water, dan manifesteert zich ons dagbewustzijn. Door onszelf bewust te worden van de aanwezigheid van onze baby-boeddha, kunnen we door alles wat we doen deze zaadjes van inzicht en liefde voeden en worden we van deze energie van inzicht en liefde vervuld. Wanneer onze boddhicitta, het vermogen tot liefde en begrip, ontwaakt, begint voor ons de oefening die 'leven' heet.

De 'boddhicitta' is de baby–boeddha die als een kiemzaadje in ons hart woont. Voeden we deze zaadjes met inzicht en liefde, dan groeit ons vermogen tot liefde en begrip voor alle wezens om ons heen.

Vanuit de Indiase leer is er altijd de noodzaak van inzicht, kennis en initiatie - inwijding - aanwezig. Niet alleen mystiek maar ook toegewijd zijn is de leer van de Indiase volkeren. Het gaat dus om een persoonlijke verovering bij het zoeken naar de waarheid, die via de weg van de mystiek loopt. God is slechts als vonk in de mens aanwezig, zo zeggen veel meningen in India. Hij moet nadrukkelijk worden aangeroepen, als het ware gedwongen worden, naderbij te komen. Het ware inzicht dat tot begrip van onszelf leidt en het verloren evenwicht weer herstelt, laat zich slechts uit ervaring winnen, terwijl kennis, die geen daad stelt, niet voor ons maar tegen ons werkt. Zolang de inzichten omtrent het leven ons niet veranderen en deze zich niet tot harmonie verwezenlijken, hebben we dus niets gewonnen.

Onze stoffelijke wereld is inmiddels nogal veranderd en neemt hierdoor een andere plaats in. De bijbel kan ons veelal niet meer voldoende motiveren en inspireren. We gaan dus op zoek naar nieuwe inspiratiebronnen... en zullen deze ook vinden, passend bij ons veranderde leefniveau.

Zo zul je veel waarheden ont-dekken, die jouw persoonlijke waarheden zijn en door je ervaring tot dat wat op dit ogenblik goed voor jou is, zullen uitkristalliseren. Met nadruk wil ik hier stellen dat er vanuit dit aspect gezien veel waarheden naast elkaar kunnen bestaan, zonder daarmee tekort te doen aan het feit dat wij allen deel uitmaken van dezelfde bron.

De zinsnede *Wat men zaait, zal men ook oogsten* geldt zowel voor het christendom, het hindoeïsme, het boeddhisme, het jaïnisme en het Japanse Amida-boeddhisme. In de oosterse denkwijze heeft deze uitdrukking een andere betekenis dan in het christendom, omdat men uitgaat van de gedachte dat de vruchten, voortgekomen uit het zaaigoed, niet alleen in dit leven maar ook in volgende levens kunnen worden geplukt: de leer der wedergeboorte. Ieder mens zal dus, volgens deze leer, gedurende veel levens slechts op zijn eigen menszijn kunnen vertrouwen, wil hij de goddelijke vonk vinden en in zichzelf tot leven brengen. De mens kan volgens de reïncarnatiegedachte het hoogste in zichzelf aan het licht brengen door reïncarnatie tijdens zijn leven als zodanig te herkennen.

Afhankelijk van hun ontwikkeling is het voor kinderen tot ongeveer tien jaar als vanzelfsprekend dat ze meerdere levens hebben geleefd. Wanneer we willen luisteren, zullen ze ons daarover vertellen. Wat ouderen in hun leven op moeizame wijze moeten verwerven, is voor het kind iets dat gewoon klopt en dat het 'weet'. De ongelovige Thomassen zijn de volwassenen, die zich niet meer kunnen identificeren met dat kind in zichzelf, dat later dan weer met moeite naar boven gehaald moet worden... Want de scheppende kracht leeft in jezelf, juist in dat kind in jou, dat nog onbevangen en vanuit zichzelf deel heeft aan dat grote geheel waartoe wij allen behoren. Het is van belang voor de mens van nu om dat kind in zichzelf een plaats te bieden. Geef je fantasie en creativiteit een nieuwe kans, zodat de mandala jou nieuwe groeimogelijkheden biedt.

HOOFDSTUK 4

Nieuwe tijden - nieuwe kunst

Nieuwe zienswijzen werden zichtbaar in het werk van de Engelse dichter, mysticus en schilder *William Blake* (1757-1827). Hij leefde in een eigen religieuze wereld en verachtte de officiële kunst van de pas opgerichte academies. Hij weigerde de normen daarvan te accepteren. Zijn schilderij 'Europa, een profetie' schept een beeld van een oude man die zich voorover buigt om met een passer de aardbol op te meten. Blake zegt zelf hierover: 'Dit beeld is als een visioen aan mij verschenen, zwevend boven mijn hoofd, boven aan de trap.' Het stelt een droomachtige en fantastische gestalte voor die Blake 'Urizen' noemde, de Schepper van de Wereld.

Bij het creëren van zijn schilderijen ging Blake volkomen af op zijn innerlijke oog en liet zich daarbij niet storen als de proporties niet juist waren. Hij vond dat onbelangrijke zaken die, als hij zich daar teveel door liet meeslepen, de werkelijke visioenen nadelig zouden beïnvloeden. Zoals we zien liep deze kunstenaar zijn tijd vooruit en ging hij geheel zijn eigen weg zonder zich wat aan te trekken van de traditie van het kunstenaarsschap.

De inzichten van William Blake zijn in dit opzicht voor ons van grote betekenis. Bij het mandalatekenen houden wij ons immers ook intens bezig met het kijken via ons innerlijke oog. Deze kunstenaar kwam bewust in opstand tegen de overgeleverde normen. Het duurde echter bijna een eeuw voordat hij werd erkend als een van de belangrijkste figuren in de Engelse kunstwereld.

Aan het einde van de negentiende eeuw veranderde er veel in de wereld van de kunst. Zo werd door een groep kunstenaars in Parijs een nieuwe vorm van kunst ontwikkeld die de naam *impressionisme* kreeg. De strijd om deze vorm van schilderkunst bij het kunstminnende publiek geaccepteerd te krijgen, duurde jaren. De kunstenaars uit deze periode, onder andere *Cézanne*, *Van Gogh* en *Gauguin*, werden lange tijd verguisd. Toch kreeg in de loop der jaren deze vorm van uitdrukking geven aan het innerlijke beeld steeds meer erkenning.

Er ontstonden andere stromingen in de kunst waarbij door invloeden uit exotische landen een geheel ander timbre en kleurkracht in de werken van de kunstenaars tot uitdrukking kwam. Kunst uit deze tijd noemde men *expressionisme* en was een uitdrukking van innerlijk beeld en beleving.

De Noorse schilder *Edvard Munch* (1863-1944) maakte in zijn werk opzettelijk gebruik van vervorming om het vóórkomen der dingen te veranderen om uitdrukking te geven aan gevoelens van liefde, bewondering, medelijden en onmacht. Zijn lithografieën druisten in tegen alle gevoel voor schoonheid van die tijd.

Edvard Munch heeft enkele uitspraken gedaan die voor de mandalakunstenaar een belangrijke bron van inspiratie zijn. In de jaren 1907-1908 schrijft hij:

Kunst is de antithese van natuur. Een kunstwerk kan slechts komen vanuit het innerlijk van een mens. Kunst is de vorm van het schilderij dat tot stand moet komen door de zenuwen-het hart-de hersenen en het oog van mensen. Kunst is de noodzaak van de mens tot uitkristalliseren, tot kristal te worden. Natuur is het enige grote koninkrijk waardoor kunst wordt gevoed. Natuur is niet slechts dat wat zichtbaar is voor het oog, het vertegenwoordigt ook de innerlijke beelden van de ziel: de beelden aan de tegengestelde, naar binnen gerichte zijde van het oog.

En in 1929 beschrijft hij een kunstwerk als volgt:

Een kunstwerk is als een kristal. Evenals het kristal moet het kunstwerk ook ziel en kracht bezitten om stralen uit te zenden...

Een goed schilderij met tien gaten is beter dan tien slechte schilderijen zonder gaten. Een houtskoollijn op een muur kan van grotere kunstzinnige waarde zijn dan tien schilderijen op een vaste ondergrond en door fijn goud omraamd. Leonardo da Vinci's beste schilderijen zijn vernietigd. Maar ze leven nog steeds. Een idee van een genie sterft nooit.

Schilders als Edvard Munch gaven het publiek aanstoot door hun pertinente weigering alleen de zonnige kant van de dingen te zien. Het expressionisme heeft bijgedragen aan het experiment om dat wat men wilde uitdrukken vorm te geven. De kunstenaars werden hierdoor aangemoedigd om verder te zoeken.

4.1 Opkomst van de Art Nouveau en Jugendstil

Terug naar de Middeleeuwen kon men niet meer. Er ontstond dan ook een tendens voor nieuwe kunst: de *Jugendstil* en de daaraan gerelateerde *Art Nouveau* vonden ingang in de tachtiger en negentiger jaren van de negentiende eeuw. Men experimenteerde met nieuwe materialen, zoals ijzer en glas en paste deze toe in nieuwe stijlornamenten zoals je die nog vindt in stations en fabrieken. Voorbeelden uit het Verre Oosten vormden hiervoor een bron van inspiratie.

De Art Nouveau won aan belangrijkheid, vooral in de decoratieve kunsten; men noemt het dan *Art Deco*.

Een balkon in Jugendstil in Chur, Zwitserland

De kunst van de Art Nouveau, het vereenvoudigen van een beeld zoals dat in deze 'decoratieve' kunst gebruikelijk was, kon treffend en elegant zijn maar er tegelijkertijd 'vlak' uitzien. Het gaf schilderijen vaak een affiche-achtige klaarheid en daardoor verlies aan tastbaarheid. Zoals zoveel kunststijlen blijven deze kunstvormen een momentopname en lopen uiteindelijk op dood spoor.

In Frankrijk is *Henri de Toulouse-Lautrec* (1864-1901) een van de belangrijkste vertegenwoordigers van deze stijl. Zijn plakkaten, affiches en lithografieën in kleur laten zien hoe deze kunstenaar een gedurfde vereenvoudiging toepast door details te offeren voor het geheel.

4.2 Het symbolisme in de kunst

Art Nouveau en Jugendstil vonden een waardige tegenhanger in het *symbolisme*, waarvan een van de belangrijkste kunstenaars *Gustave Moreau* (1826-1898) was.

Een andere kunstenaar die door deze stroming werd geïnspireerd was *Gaudi* (1852-1926). Zijn 'Inglesia de la Sagrada Familia' en ook de prachtige bouwwerken met mozaïeksculpturen en mozaïekmedaillons in het Park Güell (Barcelona) getuigen van wat men noemde 'een leven in de architectuur'. Pas in deze tijd begrijpt men iets van de visioenen van deze bouwmeester. Zijn bouwwerken zijn bedoeld als een vorm van leven - een woonidee - dat verder rijkt dan de blokken beton en glas die in de hedendaagse cultuur de benaming van wooncultuur krijgen toegedacht. Ook hier is veel te vinden van de mandala-idee, hoewel Gaudi dat niet zo benoemde.

Hierop moest wel een nieuw experiment volgen. Een in 1928 te Wenen geboren en wonende kunstenaar, genaamd *Friedrich Stowasser*, ontwikkelde - evenals Gaudi - een stoutmoedig plan... Een van Stowassers uitspraken luidde: 'Wie een kroon opzet, wordt koning. Waarom zetten mensen geen kroon op? Omdat ze te laf zijn om koning te zijn.' Friedrich noemde zichzelf *Hundertwasser Friedensreich Regentag Dunkelbunt*. Deze namenrijkdom komt overeen met zijn vele activiteiten als schilder, architect, ecoloog en als de man die probeert de mensen zich bewust te laten worden van hun eigen identiteit. Friedrich besluit om kunstenaar te worden, hetgeen doet denken aan de missie van Van Gogh of aan Mahlers jeugdige natuurbevlogenheid. In 1948 gaat hij naar de Weense kunstacademie, die uiteindelijk niets kon bijdragen aan zijn kunstzinnige ontwikkeling. Hundertwasser nam zich op drieëntwintigjarige leeftijd voor 'zich te bevrijden van de universele bluf van onze beschaving'. Tijdens een lezing in Salzburg in 1949 zegt hij: 'Art is always changing, we must be creative.'

In deze tijd werd ook de invloed van *Van Gogh* en *Gauguin*, wier werk aandacht begon te trekken, op Hundertwasser merkbaar. Hij werd daardoor aangemoedigd ronduit en direct te zijn met vormen en kleurschema's. Door schilderijen van psychiatrische patiënten te bestuderen kwam hij tot de ontdekking dat in veel werk van deze mensen de spiraal een voorname rol speelde. De spiraal leek leven en dood uit te beelden en was als snijpunt van levende en niet-levende materie in staat de gehele natuur, de gehele schepping tot uitdrukking te brengen. De Engelse kunstenaar *Victor Pasmore* was de eerste schilder die de spiraal in zijn werk gebruikte, maar ook Hundertwasser en de Oostenrijker *Gustav Klimt* lieten zich door deze natuurlijke vorm inspireren.

Als geestverwant van Hundertwasser kunnen we de schilder *Giorgio Morandi* noemen, die evenals Hundertwasser tien- tot twintigmaal een bepaald onderwerp in een doorgaand proces heeft geschilderd en uitgediept. Dit doet denken aan de procesgang binnen de mandala.

In zijn wooncomplex in Frankfurt zet Hundertwasser de idee van de spiraal om in een woonvorm. Hij gelooft in de *levende lijn* die niet ontspringt aan de liniaal en die gezond is voor het menselijk organisme in tegenstelling tot de strakke, met pen en liniaal getrokken, architectonische lijn. Hij is zich volledig bewust van één ding: 'We bestaan uit cellen en zijn organisch opgebouwd... Als die cellen iets waarnemen dat vreemd is aan hun eigen organische vormen, sturen ze een alarmsignaal naar de hersenen.' En zo ontstaan de organische gebouwen van Hundertwasser en geeft hij de wereld een alternatief.

Als Hundertwasser dromen schildert, belichamen ze voor hem een algemeen verlangen van de mens. Ieder mens kan meditatieve dromen hebben die hem een beeld tonen dat hij zich niet meer als droom herinnert, maar dat hij wel kan herkennen nadat hij het in een beeld heeft omgezet. Afschuwwekkende beelden zouden de omzetting uit het onbewuste niet overleven, aldus de kunstenaar, ze zouden hoe dan ook mooi zijn.

Ook in de mandala komen we beelden uit ons diepste wezen tegen en we geven daar vorm aan zonder dat we weten wat we eigenlijk tekenen. Pas later kunnen we 'inzien' dat we onze eigen innerlijke verwarring hebben getekend en dat wat ons in het diepst van onze ziel heeft geraakt. Altijd is een dergelijk beeld van een ongelooflijke schoonheid, terwijl we daar absoluut niet op uit zijn tijdens ons teken-, borduur- of schilderproces.

De Nederlandse kunstenaar *Pieter Dirk Torensma* ging evenals Hundertwasser al snel zijn eigen weg en gebruikt het symbolisme als inspiratiebron. Deze kunstenaar werkt het liefste in een door hem zelf ontwikkelde *ei-tempera techniek*, die ik bij hem leerde toepassen. Deze techniek heeft inmiddels ook bij mij een eigen plaats verworven, naast mijn liefde voor het tekenen en schilderen op zijde (zie paragraaf 12.7).

Torensma schildert 'mandalaheelbeelden' en spirituele onderwerpen en heeft in het buitenland naam gemaakt, vooral in Duitsland. Zijn werk is van een zuiverheid en lichtkracht die het de moeite waard maakt er meer van te zien. Hij weet mensen te inspireren om het mooiste in zichzelf naar boven te halen.

Paul Klee (1879-1940), de Zwitserse kunstenaar en musicus, beschrijft tijdens een lezing in het Bauhaus zijn 'wordingsproces' als volgt:

> *Lijnen, schaduwen en kleuren met elkaar in verband brengen - hier een accent, daar een zware toets wegnemen - om daardoor tot evenwicht en juistheid te komen. De vormen die onder mijn handen ontstonden drongen langzamerhand een bepaald gefantaseerd of werkelijk onderwerp aan mijn verbeelding op. Ik volgde deze suggestie wanneer ik voelde dat ze aan de harmonie zou bijdragen. Zo kon ik mijn beeld voltooien, dat ik waarlijk heb 'gevonden'.*

Bij Paul Klee's beelden, die ook vaak de ronde vorm aannemen, zien we een spel met vormen en lijnen en de vrijheid waarmee hij hiermee omgaat brengt hem 'als vanzelf' tot dit sprookjesachtige beeld. Je kunt zoiets niet van te voren bedenken. Evenals dat bij een mandala gebeurt, ontstaat dit wanneer wij onszelf deze vrijheid veroorloven. Het is een vorm van overgave die tot een dergelijk resultaat leidt. Dat is de eigenlijke wording in al haar schoonheid: het 'Uw Wil Geschiede' in jezelf als het proces laten plaatsvinden...

Jij en ik, wij allemaal, beschikken over een dergelijk mythisch en mystiek vermogen en kunnen, wanneer we dat echt willen, toetreden tot het rijk van de mythe en het sprookje, want ook wij zijn kinderen der natuur... Het is een zaak van temperament en smaak in hoeverre wij ons door onze fantasieën willen laten leiden. Het is wellicht goed dat wij ons bewust zijn en blijven van het spelende kind dat in ons leeft.

4.3 Grafische kunst van Escher en Van Kruiningen

Twee Nederlandse kunstenaars waren voor mij tijdens de ontwikkeling van de mandalakunst van grote waarde: *Escher* en *Van Kruiningen*. Deze beide kunstenaars hebben hun hele leven gewijd aan onderzoek naar de natuur der dingen en de evolutie van de mens. Het werk dat zij gedaan hebben is van groot belang voor de ontwikkeling van het mensbeeld van deze tijd.

Harry van Kruiningen (1906-1996), pseudoniem voor Henri A. Janssen, legde zich toe op de grafische kunst. Hij was ambachtsman en kunstenaar tegelijk en vooral bekend om zijn kleurenlitho's, die in talloze boeken zijn verschenen. Prentkunst kan zich in meerdere vormen uitdrukken: de houtsnede, kopergravure en ets horen zeker bij elkaar in hun soort. Later ontstaat de lithografie en nog later doet ook de linoleumsnede en de zeefdruk haar intrede. Vanwege de mogelijkheid tot vermenigvuldiging van al deze soorten kunstwerken noemt men het geheel *grafische kunst*, hetgeen meer te maken heeft met de vorm van druk in prenten dan met de kunst op zichzelf.

In Van Kruiningens werk uit de zeventiger jaren komen onderwerpen als evolutie, metamorfose, literatuur, mythen en filosofie tot uitdrukking. Zijn vierentwintig etsen die geïnspireerd zijn op het ontstaan van het leven, geven in een sobere maar prachtige vorm het ontstaan van de mens weer, vanaf de primitieve levensvormen tot en met de celdeling en de ei- en zaadcel. Zijn werk is een bron van inspiratie voor de mandalatekenkunst!

De in 1898 te Leeuwarden geboren graficus *Maurits Cornelis Escher* was een rasechte tekenaar en houtbewerker. Escher reisde veel en woonde lange tijd in Italië. Dit land heeft hem gevormd maar hij moest het vanwege het opkomend fascisme verlaten. Hij woonde daarna korte tijd in Zwitserland en hoopte daar het 'niet-bestaande' te tekenen, maar kon hier niet aarden. Als de gelegenheid zich voordoet om naar Spanje te reizen, grijpt hij dit met beide handen aan. Hij hoopt hier een nieuwe inspiratiebron te vinden.

In het Alhambra 'vallen hem de schellen van de ogen', zo zegt hij later. Hij ontdekt er in 1936 de moorse motieven uit majolica en kopieert deze. Zo ontstaan de eerste zwart-wit prenten uit abstracte geometrische figuren, mozaïekpatronen en de kristallografie. Ze tonen ons zijn aparte werelden van in elkaar overgaande dieren, mannetjes, vlinders, vissen en reptielen; de optimist en de pessimist die elkaar een hand geven, waarbij de witte mannetjes de optimist voorstellen en de zwarte de pessimist. Het werken vanuit de regelmatige vlakverdeling wordt zijn levenswerk.

Escher wil een heelal scheppen op een tweedimensionaal vlak. 'Wat niet kan,' zo zegt hij direct hierna. Verder zegt hij hierover:

> *Want in een driedimensionale wereld kan geen realiteit van twee, evenmin als één van vier dimensies bestaan; elke lijn splitst een eenheid in een veelheid. Elke gesloten contour wekt de indruk van binnen en buiten, terwijl ook de suggestie van dichtbij en veraf zal volgen. Laat ons een tweedimensionaal heelal opbouwen uit een oneindig groot aantal gelijkvormige maar duidelijk herkenbare bouwstenen. Wat is er bereikt? Geen oneindigheid maar wel een fragment daarvan, zoals te zien is in 'Het heelal der reptielen'.*

Wanneer je het papier tot een koker oprolt, ontstaat de indruk dat de reptielen elkaar eindeloos blijven aanvullen. Er is nu eindeloosheid in één richting bereikt, maar nog niet naar alle zijden.

Hoewel dit object niet van Escher is, geeft het een goed idee van zijn zoektocht naar harmonie tussen abstractie en herkenbaarheid...
Dit beeld bevindt zich op een plein in Davos, Zwitserland.

Hiermee is hij niet tevreden. Hij wil het oneindige vorm geven en begint zijn serie *Kleiner en kleiner* te ontwikkelen door kromming toe te passen. Hij vervormt het perspectief door rimpeling en spiegelingen. De soms moeilijk te vatten beelden vereisen veel denkwerk waarbij hij zich steeds opnieuw afvraagt: 'Wat zie ik en waarom?' Voor Escher is het van het grootste belang orde te scheppen in de chaos: daarbij moet het beeld nog net herkenbaar blijven...

In *Cirkellimieten* bereikt hij eindelijk zijn doel: de oneindigheid van het heelal in een eindeloze vermenigvuldiging van rand tot rand.

Voor ons is Escher van groot belang wanneer het gaat om het relativeren van contouren of omgrenzingen. In het dadaïsme en surrealisme staat relativering ook centraal, zij het dan dat men daar juist de meervoudigheid van de wereld interpreteert als chaotisch en absurd, terwijl Escher de meervoudigheid als zinvol neerzet; ze bevat geen chaos maar orde. Voor Escher is van essentieel belang dat een abstract principe met herkenbare principes tot een verhaal wordt gevormd. Zijn prenten zijn daarom zo gewaardeerd, omdat hij altijd werkte in herkenbare beeldtaal en niet verviel in zinloze abstracties. In 1972 sterft Escher; hij laat ons een ongekende schoonheid aan beelden na.

4.4 Mandalatekenen: een innerlijke beleving

Naast de reguliere kunstacademie is er in de afgelopen jaren een nieuwe vorm van kunstzinnige ontwikkeling ontstaan. Deze spreekt in de eerste plaats het creatieve vermogen in de mens aan. Het is voor ieder mens mogelijk deze nieuwe kunstvorm te beoefenen. Er wordt uitgegaan van beleving en uitdrukking geven aan innerlijke beelden. Deze worden omgezet in beelden met een voor dat ogenblik en voor die mens geldende individuele symboliek.

Er wordt hierbij gebruik gemaakt van eenvoudige materialen, gezocht naar oude kunstvormen en soms verloren gegane schildertechnieken om hierdoor datgene te bereiken wat in onze moderne kunstuitingen zo vaak ontbreekt: devotie en overgave, gevoeligheid en sfeer, mystieke en magische vertellingen die voedend werken op de menselijke ziel.

Elke vorm van kunst uit oude culturen die ons maar kan helpen tot uitdrukking van ons innerlijke beeld te komen, wordt dankbaar aanvaard. Meestal wordt deze 'ronde kunst' – het woord zegt het al – in de 'magische cirkel' vormgegeven. Hoe dat er uitziet en of er symmetrische ornamentachtige patronen ontstaan, hangt af van de behoefte en de situatie waarin de kunstenaar zich op dat moment bevindt. In de nieuwe aanpak is ook heel belangrijk dat de weg die gegaan wordt, ongeacht de uitkomst van het kunstwerk, door en door en met hart en ziel ervaren wordt.

Toch is de nieuwe vorm van mandalakunst waarover we in dit boek spreken, te vergelijken met de kunst zoals die zich in de voorafgaande jaren heeft ontwikkeld.

Ook in het Nederlandse taalgebied heeft de mandala zich inmiddels een eigen plaats veroverd, zoals onder meer blijkt uit de vele mandalacursussen en de diverse fraaie boeken die er de laatste jaren over dit onderwerp zijn verschenen, onder meer bij Uitgeverij Akasha. We zien hierin duidelijk een behoefte naar verinnerlijking, en er is tegenwoordig gelukkig ruimte om hieraan toe te geven. Met een beetje tijd, moed en ervaring kun je er een uitdagend kunstzinnig proces van maken. Kijk maar eens naar het plaatwerk in dit boek! Ik zou willen zeggen: laat je inspireren door wie of wat dan ook, en ga op zoek naar jouw persoonlijke voorkeur en idee, kleur en vorm. En verder: doen!

4.5 De boeddhistische benadering van de mandala

In tegenstelling tot de mandalakunst in het westen heeft de mandala in de beleving van het boeddhisme zijn traditionele vorm en plaats behouden. Een mandala tekenen volgens boeddhistische tradities is geen eenvoudige zaak. Het is een ritueel dat zich richt op de wedergeboorte van de enkeling die zich met de bijzonderheden van het ritueel binnen de mandala vertrouwd moet maken. Dit verlangt inzicht in het mystieke doel. Volgens die traditie kunnen vergissingen of iets vergeten de mandala zijn magische kracht ontnemen en daardoor onwerkzaam maken. Niet alleen omdat bij iedere magische of rituele handeling de volmaaktheid deel van het slagen is, maar omdat iedere tekortkoming een teken is van het ontbreken van de nodige concentratie. De psychologische voorwaarden die in de geest bevrijding moeten oproepen, ontbreken dan. Dat verklaart dan opnieuw de nauwgezetheid waarmee de boeddhistische meesters de regels hebben bestudeerd om de mandala te scheppen.

De Tibetaanse mandala wordt op een gewijde plaats getekend met de daarbij behorende riten. Om de lijnen te trekken gebruikt men koorden die door kalk getrokken worden en die de kalkstof afgeven wanneer men ze op de bodem neerlaat. Voor het samenstellen van mandala's gebruikt men gekleurd zand zoals men dat ook nu nog toepast. Voor de keuze van de kleuren worden vaststaande regels gevolgd. Wanneer iemand tot het centrum van de mandala (mysterium magnum) wil doordringen, moet hij deze regels opvolgen.

Aan het begin van het ritueel wordt onderzocht uit hoeveel draden het koord waarmee de mandala op de bodem zal worden afgebakend, mag bestaan. Er zijn tenminste vijf draden voorgeschreven, in de kleuren rood, groen, geel, wit en zwart. Deze gekleurde en samengedraaide koorden zijn onontbeerlijk om de enkele delen van de mandala af te grenzen. Zij worden nat gemaakt, door witte kalk getrokken en boven het oppervlak gehouden waarop de mandala zal worden uitgewerkt. De uiteinden van de draden worden strak getrokken en verankerd. Dan heft men ze met twee vingers op en laat ze vallen: het witte poeder laat een lijn ontstaan. Daardoor ontstaat de basisvorm van de mandala waar later de tekening wordt ingevoegd. De grondvorm bestaat altijd uit acht delen in de volgende verbindingen: noord-zuid, oost-west en de daartussen liggende vier punten.

Men beschouwt het proces van de mandala zelf als het belangrijkste onderdeel. Ervan uitgaande dat de werking van een zandmandala twaalf tot vierentwintig uren nodig heeft om haar bestemming vanuit de volle kracht van het ritueel te vinden, kan men het daarna rustig terugbrengen naar waar het vandaan komt. Het zand wordt zorgvuldig verzameld en naar de zee teruggebracht of men geeft het terug aan de bedding van de rivier en aan het water...

In het boeddhistisch denken gaat men ervan uit dat door de overeenstemming die er heerst tussen de macrokosmos en de microkosmos beïnvloeding plaatsvindt op het vijfvoudige schema. Hierin ligt het filosofisch denken verankerd dat samen het vijfvoudige pad vormt: de vijf richtingen, de vijf elementen, de vijf kleuren, de vijf zintuigen en de vijf zinnen. De vijf draden met hun kleuren stellen Paramasiva voor, de hoogste Shiva, het zuivere bewustzijn, die vijf gezichten met vijf verschillende kleuren aanneemt. De vijf gezichten van Shiva worden vormgegeven in vijf verschillende boeddha's.

In tegenstelling tot de christelijke leer, waar de mens zich tot God moet wenden en omhoog moet streven, vormen de boeddha's geen goddelijke gestalten die in verre hemelrijken wonen maar dalen zij af naar de mensen. Zo zegt de boeddhist:

> *De kosmos ben ik zelf, de boeddha's zijn in mij. Evenals in mij een geheimzinnig kosmisch licht aanwezig is, ook al is dat bij vergissing toegedekt, zo zijn de vijf boeddha's in mij aanwezig. Zij zijn de vijf bestanddelen van de menselijke persoonlijkheid.*

In de beleving van de westerling is het gebied van meditatie en concentratie in het algemeen nog onontgonnen terrein. Het is nodig dit meditatieve gevoel en concentratievermogen eerst op te wekken en aan te moedigen. Om die reden gaan wij in het westen bij het tekenen van mandala's uit van het principe: alles wat je doet is goed. De mandala hoeft niet direct volmaakt te zijn. In onze cultuur heerst nog een uitermate remmende structuur van perfectie en winnaar moeten zijn. Dit moet men dus eerst doorbreken alvorens men met een open geest aan de 'dieptemandala' kan beginnen. Hierbij kan de zogenaamde 'vergissing' dus juist van grote betekenis zijn, omdat er dan voor het eerst aan den lijve kan worden ondervonden wat het resultaat is van het toelaten van een 'fout' als mogelijkheid om tot nieuw inzicht te komen.

Door de mandala in jezelf als *helende ervaring* toe te laten, bewust of onbewust, volgt bevrijding van de ziel. Langzaamaan wordt dan, door een intensere ervaring met de meditatietechniek, betrokkenheid, geconcentreerd zijn en alertheid geschoold.

HOOFDSTUK 5

Mandala's van de twintigste eeuw

Mandala's zijn visioenen die we in verdichte vorm in onze herinnering vasthouden. Uit deze herinnering kunnen we ieder moment putten om ons eigen beeld te vormen. In dit licht gezien spreekt de mandala haar eigen taal, beïnvloed door de visie en ervaring van de persoon die haar gestalte geeft. Sinds ik zeer bewust het fenomeen van de mandala in mijn ervaring beleef, droom ik prachtige kristalvormige mandala's, zo mooi dat je ze niet meer kunt schilderen of tekenen... Je krijgt op zo'n ogenblik het gevoel dat alles wat gezegd of gedaan zou kunnen worden, al gezegd en gedaan is; dat er niets meer toegevoegd hoeft te worden.

Ook de fotograaf kent dit principe: in zijn gedachten of voor zijn ogen ontstaat het beeld en het is dan eigenlijk al 'gefotografeerd'. Is het dan nog nodig het in materiële zin in de wereld te brengen? Kan dat eigenlijk wel? Toch willen de meeste kunstenaars datgene wat hen beroert aan het licht brengen en dat is ook waarom er in mijn visie zoveel wegen naar de mandala in al haar vormen leiden.

5.1 Nieuwe kunst of nabootsing?

De meeste kunstenaars willen graag nieuwe kunst scheppen. Wanneer je echter hun werk nader beschouwt, zie je hoe een kunstwerk door nabootsing of tegenstelling toch verwant is aan wat is voorafgegaan. Niet altijd is verandering ook een verbetering: ieder stukje winst in een bepaalde richting brengt tegelijkertijd verlies in de andere richting met zich mee. Vernieuwing is dus een subjectief begrip dat lang niet altijd in overeenstemming is met de objectieve groei van de artistieke waarden.

Stel je voor dat je op ontdekkingsreis gaat... Je komt van de sterren en gaat naar de planeet aarde, je bekijkt haar schoonheid met ogen die voor het eerst zien... Je ziet de meest verrassende en fantastische kleuren...

Kunstenaars hebben ook vaak het gevoel dat ze op zo'n ontdekkingsreis zijn. Ook zij willen de wereld zien en alle eerder gevormde ideeën achter zich laten. Onbevooroordeeld zijn en kijken is echter niet gemakkelijk. Dat vraagt van ons een meditatieve houding: ontvankelijk zijn en wat je ziet in jezelf toelaten. Dat schept andere beelden en een andere vorm van kunst, die voor de mensen die er naar kijken niet altijd eenvoudig is. Om harmonie in het beeld te brengen zal de kunstenaar juist hier iets toevoegen of daar iets weglaten. Het is een steeds opnieuw afwegen van vormen en kleuren, van licht en donker. De kunstenaar kan en wil ook niet altijd de vraag beantwoorden *waarom* hij juist dit doet of dat nalaat; het beeld is zoals het is. Kunstenaars willen dat de beschouwers zelf op een diep niveau waarnemen, zodat zij geraakt kunnen worden door de inhoud van het beeld.

Er zijn dus geen regels op te stellen voor het creëren van een kunstwerk; zo kun je ook niet in woorden uitleggen waarom het ene beeld je aanspreekt en een diep gevoel bij je teweeg brengt en het andere niet. Of een beeld een kunstwerk is, kan men dus niet vastleggen aan de hand van regels. Wanneer je zelf met kunstvormen werkt en een beeld hebt afgerond, is het nuttig het een tijd voor zichzelf te laten spreken door het ergens op te hangen of neer te zetten. Je merkt al gauw of je er nog iets aan toe wilt voegen of veranderen; het is dan nog niet compleet en vraagt om verdieping. Houdt het na weken je aandacht nog gevangen, dan is het goed en blijvend. Je ziet dus dat het niet eenvoudig is om vast te stellen wanneer een werkstuk 'af' is en ook werkelijk 'kunst' wordt.

Door veel naar kunst te kijken ontwikkel je een gevoel voor harmonie dat zich in de loop der tijd zal verfijnen. Thema wordt dan: het genieten van kunst. Daarbij blijft het van belang je geest open te houden, fris te staan tegenover ieder kunstwerk, dus ook tegenover je eigen werk.

De schilder Rembrandt was bijvoorbeeld beroemd om zijn 'chiariscuro'. Dit is de Italiaanse vakterm voor de 'licht-donker effecten' in een schilderij. Het is echter niet de bedoeling dat we vanuit vaktermen een kunstwerk benaderen. Om ons te laten meenemen en aanraken moeten we bereid zijn vanuit onszelf waar te nemen, betrokken te zijn, werkelijk te willen 'zien' en zelf op ontdekkingsreis te gaan. Zélf te ontdekken wat het licht- en donkeraspect in een schilderij van Rembrandt voor ons betekent...

5.2 De wetmatigheid van de mandala

De verschijningsvorm van de mandala is groot. De Zwitserse arts *dr. Hans Jenny* heeft zich bijvoorbeeld met het begrip klanksymboliek bezig gehouden. Hij kon aantonen dat door bepaalde tonen (trillingen) over te brengen op een metalen plaat waarop zand met in het centrum stuifmeel (lycopodium) was gestrooid, figuren ontstaan. Deze figuren, die sterk lijken op mandalapatronen, noemde hij *klangfiguren*. Door de toonhoogte te verhogen of te verlagen veranderen deze patronen. Dit verschijnsel noemde hij *cymatica*.

Nog een ander verschijnsel van het mandalafenomeen is de *Mandelbrot-theorie*, waarbij men ervan uitgaat dat alle levensvormen er in onder te brengen zijn. Men toonde aan dat bij herhaalde invoering in de computer van dezelfde eenvoudige formules mandala-achtige patronen ontstaan. Dit noemt men *fractal geometrie*. Fractals laten ons een klein deel zien van een groter geheel.

In de natuurwetenschap was de fractal geometrie al in gebruik bij het beschrijven van een wolk. Ieder object verwijst naar zichzelf door duizenden draadjes die alles met alles verbinden, waardoor een matrix (een rooster) wordt gevormd. Natuur en cultuur worden al eeuwen doordrenkt met fractals, die op deze manier de ons bekende beelden vormen. Denk maar eens aan het kristalrooster van bergkristal dat een zesvoudige vorm heeft. Fractal geometrie is ook in het universum werkzaam. Men noemt ze wel: Gods systemen, gecreëerd met een vrije wil. De grote geleerde Einstein zei hierover: 'I believe in a God with Law and Order!'

5.3 De inzichten van Steiner

Rudolf Steiner (1861-1925) was een vooraanstaand antroposoof, theosoof en pedagoog, die ook op het gebied van de kunst veel interessant werk heeft gedaan. Steiner laat ons kennis nemen van het altijd veranderende heelal in de vorm van zijn *planetenzegels*. Voor mijzelf is het heelal met de zich daarin bevindende sterrenstelsels van dezelfde structuur en waarde als de uiterlijke vorm van de natuur zoals die om mij heen en in mijzelf tot uitdrukking komt. Zo komt de mandala in mijzelf tot leven, omdat ik in mijn lichaam en mijn cellen diezelfde structuur bezit. Ik kan dat waarnemen en voelen: in mijn bloed, in mijn ademhaling, in mijn spierweefsel, in mijn organen en in mijn huid.

Naar de ideeën van Rudlof Steiner over een nieuw soort architectuur werd in 1911 het Goetheanum in Stuttgart gebouwd, waar veel lezingen en samenkomsten gehouden werden. Met de opkomst van het nationaal socialisme werden deze bijeenkomsten verboden. Het gebouw werd gesloten en men verwijderde de binneninrichting met zijn prachtig bewerkte kapitelen.

Een nieuw Goetheanum werd gebouwd in het Zwitserse plaatsje Dornach. Dit gebouw, genoemd naar de filosoof/dichter Goethe, wiens ideeën door Steiner werden uitgewerkt en in praktijk gebracht, was bedoeld om de mensheid een weg naar een andere toekomst te wijzen. De kunstzinnige schoonheid benadrukte, in de vorm van de zeven planetenzegels, de ontwikkeling van het verleden, het nu en de toekomst.

Metamorfose van het Mercuriuszegel van Rudolf Steiner:
1 Het binnenste motief
2 Het middelste 'bemiddelende' motief
3 Het buitenste motief
4 Het nieuwe motief

In de dertiger jaren liet Steiners vrouw Marie de zeven zegels door verschillende kunstenaars vormgeven in mandala-achtige patronen. Deze zegels, die in feite afkomstig zijn van de randversieringen van de kapitelen van het eerste gebouw, kunnen heel goed bijdragen tot het leren begrijpen van de weg die wij mensen moeten gaan. Ze laten ons zien hoe wij deel uitmaken van het grote geheel dat wij heelal of kosmos plegen te noemen. Door ons te verdiepen in de opbouw van deze zegels, die een uitgesproken mandalastructuur bezitten, betreden we de binnen- en buitenwereld. Deze komen door een derde laag met elkaar in dialoog.

Deze begrippen vinden we terug in de ideeën van de psycholoog *dr. Carl G. Jung* en wel in zijn benadering van de archetypen. Tijdens mijn eigen onderzoek en uitwerking van de cursussen mandalatekenen was het kennis nemen van deze ideeën voor mij van groot belang.

5.4 De mandala's van dr. C.G. Jung

Zonder dat hij het wist, had *dr. Carl G. Jung* zich met het fenomeen van de mandala verbonden; in 1916 tekende hij zijn eerste mandala. In die periode kwam hij in een diepe psychische crisis terecht waarvan hij wist dat er maar één uitweg bestond: zich overgeven aan deze 'vreemde innerlijke wereld'. Jung wist zichzelf ertoe te brengen om deze innerlijke emoties in beelden om te zetten, waardoor hij een experiment met zichzelf aanging dat voor zijn latere leven van grote waarde bleek te zijn. Hij beschreef zijn ervaringen zo duidelijk mogelijk en maakte iedere dag een tekening, die mandala's bleken te zijn en die van een grote diversiteit blijk gaven. Hieruit vormden zich enkele grondideeën voor zijn latere werk in de psychologie. In deze periode werd tevens de grondslag gelegd voor het werken met de mandala, dat hij beschreef als een schematische ordening en algemene interpretatie van de inhouden van het onbewuste. Hij begon de wereld te melden wat hij had ontdekt.

Doordat Jung zelfanalyse toepaste en met mandala's werkte, kon hij gaandeweg zijn eigen psychologische knoop ontwarren. Dit gebeurde echter pas toen hij dag in dag uit in een zakboekje kleine spontane tekeningen maakte. Hij zag deze als 'spontane en natuurlijke uitbeeldingen van een grotere psychische totaliteit, waarvan het Ik slechts een onderdeel is'. Hij ontdekte dat deze 'cryptogrammen' hem iets konden vertellen over zijn eigen individuatie, zijn eigen weg naar het centrum die ze symboliseerden.

Zo werd het hem duidelijk dat het doel van de psychische ontwikkeling het Zelf is. Dat gaf hem houvast en daardoor kon na enige tijd zijn innerlijke rust terugkeren. Door zelf een dergelijke ervaring mee te maken kwam hij tot het besef dat hij nu ook beter in staat zou zijn mensen te helpen bij het ontwarren van hun psychische knopen. Pas jaren later maakte Jung nog twee mandala's en kreeg hij de bevestiging van zijn gedachten omtrent het centrum en het Zelf.

Jung schilderde zijn eerste grote mandala in 1928. Deze mandala heeft een typisch westerse uitstraling en ziet eruit als een stad die goudgeel van kleur is. Jung noemde deze mandala 'Das wohlbewehrte Schloss'. Er waren wallen, bastions en in het centrum een gouden tempel. De vorm en de kleur van het geheel deden echter zeer Chinees aan en Jung vroeg zich af wat dat te betekenen had.

Kort daarna ontving hij van zijn vriend, de sinoloog[1] Richard Wilhelm, de tekst van 'Het geheim van de gouden bloem', die een taoïstisch-alchemistische mystieke verhandeling was over 'de kiem van het onsterfelijke lichaam'. Jung vond in dit 'zinvolle toeval' een aanknopingspunt dat hem kon dienen bij zijn zoektocht naar de betekenis van zijn Chinees aandoende mandala. Hij vergeleek deze oude wijsheidstekst met zijn eigen psychologische ervaringen, schreef er een commentaar op en maakte op deze manier zijn mandala begrijpelijk.

Jung toonde hierin aan dat mandala's, zowel uit het oosten als uit het westen, de perfecte uitdrukking zijn van de totaliteit van het 'Zelf', waarvan zich in het centrum van het hart het kiemzaadje van het Al bevindt: het eeuwige levensbeginsel, wat in de boeddhistische leer de lotusbloem wordt genoemd. 'Uit een bed van duisternis groeit de plant met de gouden bloem, die licht draagt,' zo beschreef Jung de lotusbloem.

Het verschil met de oosterse mandala's en die van Jung is te vinden in het doel waarvoor zij dienen. Zoals reeds eerder beschreven, dienen de oosterse mandala's religieuze aspecten en zijn zij een hulpmiddel bij meditatie of bij inwijdingsrituelen. De westerse mandala's zoals Jung hier bedoelde, waren zelfhelende, therapeutische of creatieve mandala's. Toch blijkt er een universele symboliek aan ten grondslag te liggen en kunnen we ook de westerse mandala zien als een afspiegeling van de microkosmos van de menselijke geest.

Toen Jung in zijn praktijk hetzelfde fenomeen bij patiënten tegenkwam, werd zijn belangstelling eens te meer gewekt. Hij begon zich steeds meer in dit onderwerp te verdiepen. Na jaren voor zichzelf de verschillende gegevens te hebben bestudeerd, trad hij met dit onderwerp naar buiten en verschenen zijn eerste studies hierover. Inmiddels heeft zijn werk de gehele westerse wereld overtuigd van de juistheid van zijn conclusies. Dr. C.G. Jung is van grote betekenis geweest voor het herkennen en daarna erkennen van de bijzondere kracht van de mandala als hulpmiddel voor de in nood verkerende mens. Hij voerde ons de wereld der archetypen binnen, gaf ons besef van bewuste, onbewuste en onderbewuste beelden en liet ons kennismaken met het collectief onbewuste als bron waaruit wij als mens kunnen putten om onze krachten te verzamelen en te versterken. Jung leerde ons dat beelden die uit ons onbewuste naar boven komen ons kunnen helpen ons leven opnieuw te ordenen. De mandala is volgens hem een uitermate geschikt medium om de vrijkomende energieën te rangschikken, te bundelen en om opnieuw zin aan je leven te geven. Door met de mandala te werken centreer je jezelf en ontstaat er een nieuw krachtenveld.

[1] Sinologie is de wetenschap van de Chinese taal en letteren.

5.5 Het statische en dynamische principe van de mandala

In de mandala werken we met de energie die de kern van ieder levend wezen uitmaakt, dus ook van de mens. Tijdens ons levensproces zal deze energie voortdurend veranderen en ons aansporen steeds meer naar het centrum van ons hart te keren. Het hart is de innerlijke ruimte waar de liefde woont die ieder mens in zichzelf meedraagt. Daar ligt de sleutel verborgen waardoor de mens in verbinding met het kosmische plan kan komen. Dan zullen we werkelijk 'mens' worden.

De mandala wordt vaak omgeven met een cirkel die de ruimte van ieder mens in zijn leven voorstelt. Veelal wordt de cirkel verdeeld in vier segmenten die de vier seizoenen, de vier windstreken, de verbinding tussen hemel en aarde en de sociale wereld, oftewel het verleden en de toekomst symboliseren. Tijdens ons levensproces worden we afwisselend in deze vier richtingen getrokken; ieder deel op zichzelf tracht ons over zijn streep te trekken. Het is dus zaak dat ieder mens in zijn centrum een rustpunt vindt en leert dit te handhaven. Zo ervaar je een soort innerlijk midden in rust en stilte. Natuurlijk zullen we niet altijd op dit punt kunnen zijn, want dat zou onze dood betekenen. Wel kunnen we na ogenblikken van chaos trachten naar dit veld terug te keren om onze krachten te verzamelen. Daarna kunnen we weer vol vertrouwen maar zeer alert op pad gaan en moedig, onverschrokken en vol energie het leven tegemoet treden.

De volmaakte vereniging van alle energieën in de vier aspecten van de totale mandala laat ons een *statisch* mandalapatroon zien: ingebed tussen hemel en aarde, licht en donker, heerst in de cirkel intense rust. Het is de toestand van het eeuwig evenwicht: het absolute. In de Chinese alchimie wordt deze staat het bereiken van het 'diamanten lichaam' genoemd. Denk hierbij even terug aan de uitleg over de traditionele mandala, waar het volgen van onze behoefte aan evenwicht en het bereiken van verlichting het diamanten pad wordt genoemd.

We zeggen wel eens: als het muntje valt... Dat is zo'n ogenblik van evenwicht. In een dergelijk ogenblik kan het eicelletje bevrucht worden, het zaadje tot ontkieming komen en de baby geboren worden. Dit noemen we het *statische* principe van de mandala.

Omdat al wat leeft aan deze eeuwig durende verandering onderhevig is, kan de statische toestand niet lang blijven bestaan, maar moet ieder wezen, dus ook de mens, steeds weer in beweging komen. Dat is het eeuwig veranderende aspect van het leven. We noemen dit het *dynamische* principe van de mandala. Door je bestemming te volgen treedt het dynamische aspect in werking.

Het statische en dynamische principe wordt in paragraaf 9.4 bij de rozetten en roosvensters nader uiteengezet.

5.6 Mijn eerste kennismaking met de mandala

Mijn liefde voor de tekenkunst was van jongs af aan groot en al had ik graag de kunstacademie bezocht, kennelijk was dit gevoel niet sterk genoeg om door te zetten. Door mijn opleiding in het onderwijs kon ik mijn 'degelijke' baan combineren met mijn voorliefde voor tekenen, handwerken en muziek. Naast mijn werk in het onderwijs volgde ik een cursus illustratief tekenen en bezocht ik de Open Academie voor Beeldende Kunsten. Jarenlang was ik bezig met aquarelleren.

Toen ik in de tachtiger jaren een borduurboek onder ogen kreeg dat uitging van spontaan borduren in kruissteekmotieven, vanuit het middelpunt en zonder vaststaand patroon, werd ik gegrepen door dit idee. Het was een openbaring. Iedere dag borduurde ik een stukje en liet mijn naald en garen zichzelf een plaatsje veroveren...

Pas veel later besefte ik dat de cirkel en haar innerlijke beelden mij al vanaf het begin van mijn leven geïnspireerd hadden. Beelden uit de vroegste herinnering van mijn jeugd waren ook altijd rond van vorm... Mijn eerste tekeningen en schilderingen zagen eruit als glazen bollen waar je doorheen kon kijken en leken wel wat op die van Jeroen Bosch maar dan in een moderne versie: handen die naar de hemel reikten, mensen in ademnood en vragend om hulp.

Er kwam een moment waarop ik besloot eenvoudige zuivere schilderingen te maken. In een tijd waarin al zoveel negativiteit heerste, leek het me belangrijk een tegenpool daarvan in positieve beelden te laten zien. Dat werd de ommekeer in mijn leven; tegelijkertijd ook in het leven van mijn echtgenoot en de fotografie die hij als medium hanteert. We kozen om het 'pad van licht' te gaan, zoals we dat nu zouden noemen, maar waar we ons in die tijd absoluut niet bewust van waren.

Mijn allereerste mandala was een handwerk in de *molatechniek*: vier lagen stof op elkaar waar je steeds een stukje in een laag verwijdert of juist opnaait. Elk stukje kan weer geborduurd of op een andere manier versierd worden. Voor het houvast dat ik toen kennelijk nog nodig had dienden een stevig stel bamboe stokken waarop de stof werd opgespannen. De mandala zat ook nog niet in het midden van het veld, maar rond is hij wel en de ondergrond is van zwarte stof... Ziehier mijn eerste mandala:

Mijn eerste mandala: een werk in de molatechniek en borduursels.

Hierna ontstonden veel geborduurde mandala's van mijn hand; ook al verzette ik mij wel eens tegen de onherroepelijk ronde vorm, deze liet zich steeds weer gelden in alle vormen van kunstzinnige en creatieve uitingen die ik maar hanteerde. Zonder dat ik het wist, was ik dus ook bezig met mijn rituele handelingen... ook al zou ik ze toen niet hebben kunnen verklaren of duiden.

Mijn werk bestond in die tijd uit het raadgeven van mensen die, zonder zich daarvan zo bewust te zijn, geen andere keus hadden dan nieuwe wegen in hun leven uit te proberen. Uiteindelijk durfden deze mensen over de drempel van onze natuurvoedingswinkel te stappen. Onze mogelijkheden waren echter beperkt: ook de voedingsdiscipline kent haar grenzen in processen van genezing. De mensen die ons bezochten waren soms ten einde raad en wendden zich tot ons, omdat men in de reguliere sector alles al geprobeerd had maar er geen uitkomst gevonden werd. De klachten bleven, al was de cliënt niet 'ziek' verklaard. Zo ontstond er een tijd van zoeken naar kwalitatieve hulpmiddelen: de edelsteentherapie vond een plaats in onze winkel, numerologie bleek een goede hulpbron te zijn en de mandala was er in ieder geval voor mijn eigen proces...

5.7 De mandala als helend beeld

Toen de tijden rond de natuurvoedingswinkels veranderden en er gekozen moest worden voor een nieuwe richting, koos ik voor de opleiding Helend tekenen. De opleiding bracht mij in aanraking met een nieuwe manier van tekenen, die me op een ander spoor zette en tekenen tot een geheel nieuwe ervaring maakte. Na een eerste jaar van nieuwe belevenissen rondde ik het tekenjaar af en begon ik als docent mandalatekenen te werken. Daarna volgden er nog ettelijke aanvullende cursussen die tot slot afgesloten werden met een therapeutisch jaar waarin ik mijn diploma tot tekentherapeut behaalde.

Er bleek bij mijn cursisten een grote behoefte te bestaan om te werken in de cirkel en we kwamen er al gauw achter dat deze nieuwe manier van tekenen veel mogelijkheden in zich droeg. Het was een middel bij uitstek om mensen die in de maatschappij beschadigd waren, te helpen hun gevoel van zelfrespect terug te vinden. Omdat alles wat tijdens deze cursussen in de mens werd aangesproken ook door mijzelf was getest en ervaren, kreeg het een bijzonder tintje. In mijn studiejaar had ik al met kinderen gewerkt om deze ervaringen met hen te delen en te zien hoe een en ander gebruikt kon worden in de tekentherapie met kinderen. Vooral wanneer ik kinderen op hun pad volgde, bereikte ik daar goede resultaten mee. De ervaring die ik bij het onderwijs had opgedaan kwam me hierbij goed van pas.

Deze ervaring met kinderen, met wie ik heel graag werkte (en nog werk), hielp mij om deze tekenvormen om te zetten in oefeningen en thema's die ook voor volwassenen zouden kunnen werken. Maar het allerbelangrijkste bleek te zijn dat de mens achter de tekening vóór alles gerespecteerd werd in de creatieve uiting van dat ogenblik. Onvervreemdbaar zelf beslissend over de eigen cirkel, koesterend en zonder oordeel wat er ook maar te zien was, toe te laten...

Voor de begeleider geldt onder alle omstandigheden: liefde en respect voor die mens blijven voelen. Het 'er mogen zijn' werd een belangrijk begrip in mijn werk.

In het centrum waar ik mijn lessen gaf was men bereid mij alle vrijheid te geven. Door de resultaten en de vreugde die de mensen tijdens en na de cursus toonden, kregen we alle vertrouwen in de manier van werken die werd toegepast. Daardoor ontstond tussen de cursisten en mijzelf een zeer hechte band die haar duurzaamheid bewees: ook al verloren we elkaar af en toe uit het oog, de band ging niet stuk en sommige groepen zijn al jaren bij elkaar gebleven.

In mijn cursussen waren de mensen soms beschadigd door ervaringen in hun dagelijkse leven maar op een enkeling na waren ze niet ontwricht zoals dat wel het geval was met de patiënten van Jung. Mijn cursisten wilden de creativiteit in zichzelf ontwikkelen. Ook kwamen er cursisten die, aangetrokken door het begrip 'mandala', wilden weten wat het tekenen van mandala's voor de mens kon doen door het zelf te ervaren. Het was een zeer vruchtbare tijd van gezamenlijk onderzoek en kunstzinnige beleving, waarbij altijd de hele (holistische) mens voorop stond. Inmiddels zijn de cursussen qua vorm en inhoud veranderd en hebben ze de vorm van workshops aangenomen.

Zoals dit meisje naast het paard meeloopt, zo werkt ook de begeleiding bij mandalatekenen... De begeleidster 'stapt' eenmaal voor en volgt daarna de beweging van de cursist.

HOOFDSTUK 6

De geschiedenis van de mandala in een notendop

Dit hoofdstuk is een samenvatting van de hoofdstukken 1 tot en met 5.

Wanneer we terugkijken naar de oorsprong van de kunst, dan zien we het volgende beeld oprijzen: voor kunstenaars van de 'goede oude tijd' stond het onderwerp op de eerste plaats. Door het zeldzamer worden van de opdrachten die uit deze vorm van schilderen voortvloeiden, moest de kunstenaar eigen onderwerpen kiezen, waarbij hij twee mogelijkheden tot zijn beschikking had:

- Een onderwerp dat gevraagd is, in de markt ligt en dus aantrekkelijk is voor de kopers in spe.

- Een vrij onderwerp en dat tot het te bestuderen vakgebied maken; er zo professioneel mee worden dat het tot specialisatie leidt. Voor de kunstenaars die zich voor deze laatste vorm van het vrije onderwerp uitspraken, gold dat de vorm belangrijk was en dat het onderwerp moest aansluiten bij die vorm en dus op de tweede plaats kwam.

Als derde mogelijkheid is er de *mandalakunst*. Deze komt voort uit een behoefte van mensen die hun creativiteit opnieuw willen voeden en zelf gestalte willen geven.

6.1 Traditionele kunstvormen

- Men tekent en schildert wat men ziet en drukt uit wat men daarbij voelt.

- Dit doet men door uit te gaan van de natuur waarbij men religieuze wetten en regels in acht neemt.

- In de volkskunst vinden we uitingen van ambachtelijke of huiselijke aard of beoefend als kunstnijverheid.

- De kunstenaar benadert zijn object door het af te tasten met de ogen of handen en geeft weer wat daarbij wordt gezien of gevoeld.

- Kunstenaars zijn technisch bekwame handwerkslieden en zeer bedreven in hun specifieke handwerk.

- Zij komen door oefening tot beeldvorming en zijn daardoor in staat een beeld in harmonie te scheppen.

- Kunstenaars die eigen beelden en visioenen ontwikkelden of 'zagen', werden niet serieus genomen; deze middeleeuwse 'mystici' trokken zich daar echter niet veel van aan en gingen hun eigen weg. Pas later moest men erkennen dat hun beelden voor de kunst belangrijk waren geweest. (Hildegard von Bingen, Bruder Klaus von Flüe, Jeroen Bosch, William Blake en later Chagall en Klimt zijn daar voorbeelden van.)

- Pas in de tijd van de Jugendstil, Art Nouveau, het symbolisme en de non-conformistische kunst komt er verandering in deze zienswijze en krijgen innerlijke beelden meer kans van bestaan.

6.2 De mandala gezien vanuit de traditionele en westerse visie

- Traditionele mandala's in Tibet en in de Oost-Aziatische landen dienen ter meditatie en als inwijdingsritueel.

- Zij worden als *zandmandala's* door priesters tijdens rituelen volgens vaststaande regels op de bodem uitgezet; men gebruikt hierbij gekleurd zand als medium. Als het ritueel voorbij is, vernietigt men de mandala door het zand te verzamelen en terug te geven aan de natuur. Het beeld heeft zijn werk gedaan en is niet meer nodig.

- In oude Indiase lamaïstische tradities werd de mandala – naast de bestaande vorm van zandmandala's – op linnen of op zijde geschilderd om de concentratie op de symboliek mogelijk te maken en zich de opbouw en kennis van de wereld eigen te maken, zoals deze door de verschillende bevrijdingssystemen worden vereist. Dit zijn meestal de *yantra's* die in zich 'kiemzaden' van klank dragen; men noemt deze mandala's ook wel *chakra's* of levenswielen.

- Bij de oude volkeren uit Zuid-Amerika, de Maya's en Azteken, was de mandala ook in gebruik. Daar werd ze gebruikt in de astrologie en voor het weergeven van tijd en ruimte. Ook hier werden ze slechts toegepast door priesters die kennis hadden van deze stelsels. Zij werkten voor het volk en voorspelden cycli en toekomstige gebeurtenissen.

- Traditionele mandala's van de indianenvolkeren (Hopi-, Navajo- en Pima-indianen) dienen als *medicijnwiel*, worden gebruikt bij rituelen en ceremoniën, maar kunnen ook dienst doen als orakel bij voorspellingen en huwelijksinzegening. Ook deze mandala's worden samengesteld uit gekleurd zand, dat na afloop verzameld wordt en aan de natuur wordt teruggegeven. Men gaat er vanuit dat de mandala tijdens de twaalf uren van haar opbouw, verwerkelijking en afbraak, haar werk zal doen.

- In de laatste jaren hebben de indianen het idee vormgegeven dat er ook mandala's voor toeristische doeleinden mogen worden gemaakt. Hiervoor gebruikt men bepaalde symbolen; men zorgt voor een achtergrond met een lijmlaag, zodat de zandafbeelding bewaard blijft. Men wil hiermee bij bezoekers een bewustwordingsproces op gang brengen.

- Vanuit de volkskunst werd (en wordt) de mandala beleefd in mythen en sagen die handelen over magie, in volksverhalen en sprookjes, door vertellers in overleveringsrituelen tijdens feesten, dans en andere ceremoniën. In culturen over de gehele wereld vinden we dit terug, onder andere bij de Kelten, in Scandinavië en de West- en Oost-Europese landen.

- De mandala had ook een functie ter bescherming tegen boze krachten en in de vorm van ornament, versiering en sieraad. Ze had een eigen plaats in de huisvlijt en diende ter versiering van onder andere vaten, kruiken en schalen. Ze werd zowel door mannen als vrouwen gehanteerd en uitgewerkt. De mannelijke sjamaan gebruikte de mandala als medicijnwiel; de vrouwelijke sjamaan paste het mandalaritueel toe bij het bereiden van haar verven voor haar vilt- of weefkunst en het bereiden van kruidenmengsels in genezingsrituelen. We vinden deze kunst terug bij herdervolken, nomaden, steppenvolken en in de byzantijnse en moorse kunst, waar ze vaak in verschillende disciplines voorkomen.

- Ook in de *westerse visie* van de mandala zien we een behoefte om uitdrukking te geven aan innerlijke beelen, al moeten we wel de intuïtieve waarneming daarvoor aanscherpen.

- De westerse mens is niet meer gewend zich naar binnen te richten en bij zichzelf te blijven. Om deze reden wordt de mandala in de eerste plaats gebruikt om te leren je eigen plek weer opnieuw af te bakenen en jezelf alle ruimte te geven.

- Daarna kan er binnen deze voor je eigen behoeften beschikbare ruimte worden geoefend en kan de mandala langzamerhand in bezit worden genomen; pas dan is men in staat haar vanuit innerlijke rust en stilte te benaderen.

- Belangrijk hierbij is het leren 'zien' van binnenuit, zonder waarneming van buitenaf, op de tast en door oefening; je moet innerlijk leeg zijn om zo tot een zich op het netvlies aftekenend innerlijk beeld te komen en dat in de mandala vorm te geven. De eerste intuïtieve mandala wordt geboren, later gevolgd door meditatieve vormen daarvan. De weg zelf is hierbij belangrijk, niet het resultaat dat slechts een uiterlijke afspiegeling is van wat zich tijdens het proces in de mens heeft afgespeeld.

- De mandala kan ook ongeoefend worden gehanteerd; men gaat er dan mee om als het kind dat – niet gehinderd door kennis – de meest innerlijke beelden op een zuivere en ongecompliceerde manier tot uitdrukking brengt. Voor de moderne westerse kunstenaar is dit een van de mooiste te hanteren vormen van de mandala, die altijd weer een spoor van vreugde en herkenning achterlaat. Het is een kracht die, op deze wijze aangewend, in ons een eigen bron van creatief vermogen tot leven brengt en die we dankzij de vorm van de mandala leren benutten.

- De Zwitserse psycholoog *dr. Carl G. Jung* komt de eer toe als eerste te hebben onderkend dat de mandala in een bepaalde vorm in de voorstelling van de mens naar boven komt: als straal, als bloem, in ronde of vierkante vorm, maar altijd om een centrale lichtbron gegroepeerd. Nadat hij deze innerlijke aanschouwing ontdekte en erover had nagedacht, stelde hij door middel van vergelijkbaarheid met een grote mate van fijngevoeligheid regels vast. De uit een innerlijke impuls voortgekomen mandala werd voor hem van een meditatiehulpmiddel tot een instrument dat gebruikt kon worden bij individuatieprocessen.

HOOFDSTUK 7

De mandala: een uitdrukkingsmiddel voor zelfontplooiing

Zoals we in de voorgaande hoofdstukken al zagen, is het mandalatekenen een geheel andere beleving dan het tekenen op de gebruikelijke manier. Zo kan de mandala je confronteren met jezelf en je in dialoog brengen met nog onbekende delen van je persoonlijkheid. Deze confrontatie kan een dialoog teweeg brengen tussen de visuele, innerlijke en de onzichtbare wereld zoals jij die waarneemt en ervaart.

Uit die hoofdstukken is ook duidelijk geworden dat we uit verschillende belevingswerelden inspiratie kunnen putten. Zo kun je toegang vinden in de natuur, de architectuur en de verschillende vormen van ambachten, kunstnijverheid en kunst.

Houtsnijwerk op kannetje en beker uit de omgeving van Praag.

Ook je eigen ervaringen en belevingen, je gevoelens en stemmingen kunnen dienen als uitgangspunt voor het tekenen van mandala's. Het kijken, voelen en zoeken naar de structuren van materialen en 'dingen' als kristallen biedt weer een andere bron van inspiratie. Ook symbolen en het psychologisch effect van kleur en licht zijn bronnen van inspiratie. Het luchtig aanbrengen van licht en kleur op je papier, zodat het als het ware ademt, schept ruimte op datzelfde blad en dus ook in jezelf.

7.1 Het zelfhelend vermogen in de mens

Door het tekenen van mandala's wordt je innerlijke kracht gewekt waardoor het zelfhelend vermogen, dat in ieder mens aanwezig is, wordt aangesproken. Dit zelfhelend vermogen, dat door deze processen wordt opgeroepen, werkt voedend op onze ziel.

Treedt tijdens het tekenproces een gevoel van onmacht op, dan is het van belang dit onmachtige gevoel een plaats in je mandala te geven. Nu je dit gevoel voor jezelf zichtbaar maakt, kun je het niet langer ontkennen; hierdoor kan de mandala helend voor je werken. Door je gevoelens vanuit een 'innerlijk weten' – je intuïtie – in je mandala te tekenen, kun je je als mens 'heel' en in harmonie met je omgeving voelen. Een goede stimulans daarbij is het beoefenen van een dagelijkse meditatie en het tekenen van kleine 'dagmandala's'. Zelfs zonder dat je het je bewust bent, zul je merken dat door tijdens zo'n mandala-tekenprocesje dagelijks even naar binnen te keren, de inwerking en de doorwerking ervan duidelijk voelbaar zijn op je lichamelijk en geestelijk welzijn.

7.2 Hoe creëer en beoordeel je een mandala?

Ieder mens is uniek, en dat bepaalt de creatie van de mandala van juist díe mens. Hoe die mandala eruit zal zien, hangt af van normen en waarden die we hanteren, de manier van benadering en onze verbeeldingskracht. Ook de cultuur waarin we leven, het gezin en de omgeving waarin we opgroeien is mede bepalend voor onze beeldvorming. De benadering kan traditioneel of experimenteel zijn en is afhankelijk van onze gevoelens van het moment waarop de mandala vorm krijgt. Soms zal de weg van de mandala langs voorgeschreven wetten en paden gaan. Je kunt ook op intuïtieve wijze de ruimte van de mandala binnengaan, op zoek naar jouw midden: jouw centrum in de mandala. In het laatste geval gaan we nieuwe uitdagingen aan en kunnen we mandala's op een intuïtieve en meditatieve wijze laten ontstaan. Door op deze wijze met de mandala om te gaan, wordt ons voorstellingsvermogen getraind.

Door deze training ontwikkelt zich een persoonlijke symboliek in de mandala, waartoe ook de dagelijkse tekening – de dagmandala in het dagboekje – bijdraagt.

Als we de eigen kracht in de mandala leren zien en ermee leren omgaan, bevordert dit het vormen van een eigen beeldtaal en leren we deze te verstaan en te volgen. Staan we onszelf nu ook toe na te bootsen of over te nemen wat ons door anderen wordt aangereikt – dit speelt zich vooral af bij het mandalatekenen in groepsverband –, dan ontwikkelen we, door het maken van keuzen en de toepassing daarvan, een eigen visie die we weer vorm kunnen geven binnen de mandala. Zoals je al begrepen zult hebben, is de meeste kunst ontstaan uit nabootsing: van de natuur, de cultuur, de kunstenaars om ons heen, enzovoort.

Ook in onze cellen ligt een herinnering aan cultuurgoed opgeslagen. Of gezien vanuit de reïncarnatiegedachte: we hebben in alle vorige levens cultuurgoed 'verzameld' waaruit we in het heden kunnen putten. Dr. Carl G. Jung noemde dit ons archetypische en collectieve beeldmateriaal dat in ons bewustzijn ligt opgeslagen.

Over de wijze waarop we een mandala kunnen bekijken en op juiste waarde leren schatten is in een vorig hoofdstuk ook al gesproken. Hierbij is van cruciaal belang of de mandala de aandacht weet vast te houden.

De mandala kan ook positieve of negatieve gevoelens oproepen. Het is goed om te weten dat zo'n mandala ons duidelijk iets te zeggen heeft. Bepalend is hierbij meestal de instelling of houding van de beschouwer op dat moment. Je kunt jezelf altijd de vraag stellen: wat heeft deze mandala mij te vertellen?

Heeft dat te maken met het feit dat er iets belangrijks in deze mandala is 'vergeten' of is er iets nog niet af? Of vraagt deze mandala misschien om verdieping?

Andere vragen kunnen zijn:
- Hoe is het symbool, mogelijk een figuur, in de ruimte geplaatst?
- Hoe is de verhouding tussen de binnenwereld (alles wat zich binnen de cirkel afspeelt) en de buitenwereld (alles wat zich buiten de cirkel afspeelt)?
- Hoe is het kleurgebruik? Is dat luchtig, ademt het of is het zwaar, donker, enzovoort?
- Heerst er evenwicht en harmonie in de tekening? Zijn de kleuren hiermee in overeenstemming?

Als je een mandala gaat bekijken of beoordelen, is het belangrijk om:
- zo mogelijk zonder vooroordeel te kijken;
- zorgvuldig te 'beleven' wat de mandala je wil vertellen;
- gerichte vragen te stellen zoals: wat bevalt me in deze mandala, wat zou ik er aan willen veranderen, wat vind ik er afschuwelijk in, welke kleuren spreken me aan en welke niet, waarom beleef ik dat zo?

Naar aanleiding van de antwoorden kun je jezelf een nieuwe opdracht geven: in de volgende tekening gebruik ik nu juist die 'afschuwelijke' kleuren en kijk ik wat die dan met mij doen en wat ze me te zeggen hebben.

Een andere mogelijkheid is: dat stukje wat je afschuwelijk vindt als uitgangspunt voor de volgende tekening te nemen en zien wat daar uit voortkomt. Misschien niet leuk, maar wel interessant!

7.3 Welke factoren bepalen je mandala?

De persoonlijkheid en de visie van de maker zijn belangrijke factoren die bepalen hoe de mandala zal worden. Ook de behoefte om creatief bezig te zijn, de scheppingsdrang en het doorzettingsvermogen spelen mee bij het beeld dat ontstaat.

De mate waarin je kunt waarnemen (uiterlijk en innerlijk 'zien') is bepalend hoe het beeld omgezet wordt in een mandala. Daarbij is vaardigheid en techniek niet het belangrijkste. Het is natuurlijk wel erg gemakkelijk wanneer je zoveel vaardigheid ontwikkelt dat je datgene wat je voor de geest zweeft in een beeld kunt omzetten.

Een mandala kan bovendien uitgewerkt worden in felle kleuren of juist in pasteltinten, maar ook de uitwerking ervan in zwart-wit is niet te versmaden. Kijk maar eens naar de zwart-wit tekeningen in dit boek. En niet te vergeten de mandala's die getekend zijn met wit potlood op zwart papier, waaraan kleur naar behoefte kan worden toegevoegd. Die geven weer een geheel andere uitstraling.

Het werken in ruimtelijke zin is een mogelijk alternatief voor het werken in het platte vlak. Ruimtelijk werk wordt heel anders ervaren, het is driedimensionaal. Je kunt het als het ware in je handen houden, er omheen lopen, het van alle kanten bekijken... Of je in het platte vlak of ruimtelijk werkt, een thema dat jouw voorkeur geniet zal het werkstuk positief beïnvloeden. Experimenteer met verschillende werkvormen. Zo ontdek je wat het beste bij jou past. Kies dan zorgvuldig je materiaal en jouw uitdrukkingsvorm; zo schep je de optimale voorwaarden voor je mandala.

7.4 Je eerste kennismaking met de mandala

Wanneer je met mandalatekenen begint, is een van de eerste problemen die je kunt tegenkomen die ronde gesloten vorm waarbinnen je je nog helemaal niet thuis voelt. Vraag je eens af of je die cirkel eigenlijk wel wilt binnengaan en zo ja, hoe zou je deze dan willen betreden?

Is het voor jou geen probleem deze gesloten ring zonder meer binnen te gaan of moet je haar eerst nog verkennen?

Hoe dan ook, we gaan gewoon beginnen. Kijk maar eens naar de cirkel in onderstaande tekening. Vier dieren (symbolen) om haar te betreden zijn hierin afgebeeld.

- Leg een kopie van deze tekening voor je op tafel. (Als je niet met deze tekening wilt werken, mag je ook een blad wit papier voor je op tafel leggen.)

- Plak je blad met twee plakbandjes vast op tafel (afplakband is prettig); het blad kan dan niet verschuiven.

- Zet je kleurpotloden in een potje of glas voor je op tafel, zodat ze niet op de grond kunnen vallen.

- Ga nu lekker zitten en ontspan je. Adem rustig in en uit...

- Blijf zo even zitten met je ogen op je papier gericht, en neem de buitenomtrek van je papier in je op: is het groot of lijkt het klein? Heb je genoeg ruimte?

- Zoek naar de plek waarvandaan je zou willen vertrekken om je weg langs de cirkel te verkennen en daarna binnen te gaan.

- Neem je potlood in de hand en volg de omtrek van de cirkel, zodanig dat je met je potlood het papier net niet raakt. Doe dit enige malen zodat je die beweging goed in je vingers hebt en vergeet niet te ademen...

- En weet dan dat je als het ware de vorm al op je blad hebt staan...
je hoeft haar nu alleen nog maar zichtbaar te maken...

- Teken nu met je potlood deze cirkel op je blad: precies zoals het goed voelt voor jou en treed binnen in het mysterie van jouw mandala. Alles wat je doet is goed, zorg vooral dat je bij je gevoel blijft...

- Kies nu een van de symbolen die bij jou past. Geef jouw symbool binnen deze cirkel een eigen plek: waar mag dit symbool rusten? Als het niet binnen de cirkel mag blijven, kun je het dan een plaats op de rand aanbieden?

- Heb je het gevoel dat je nog iets wilt toevoegen, doe dat dan. Maak je tekening zo compleet mogelijk, maar doe jezelf geen geweld aan.

- Misschien wil je nog wat kleur toevoegen. Volg volledig je eigen intuïtie en durf te vertrouwen dat het goed is wat je doet. Niets is belangrijker dan te leren je eigen proces te volgen... het is jouw tekening, jouw ingang, jouw beleving.

- Als je het toch te moeilijk vindt om de cirkel binnen te gaan, kun je eerst enkele dikke stippen op de rand van de cirkel zetten. Probeer dan van de ene stip zoveel mogelijk langs de rand, en als het kan binnen de cirkel, een andere stip te bereiken. Zo ontdek je de innerlijke ruimte van de cirkel en kun je haar tot je eigen beleving maken.

Na deze eerste ervaring met de mandala kun je nog veel meer mogelijkheden bedenken voor het betreden van de mandala. Enkele voorbeelden:

- Teken een cirkel en ga in de ruimte binnen de cirkel op reis. Doe dit door van buiten naar binnen te tekenen.

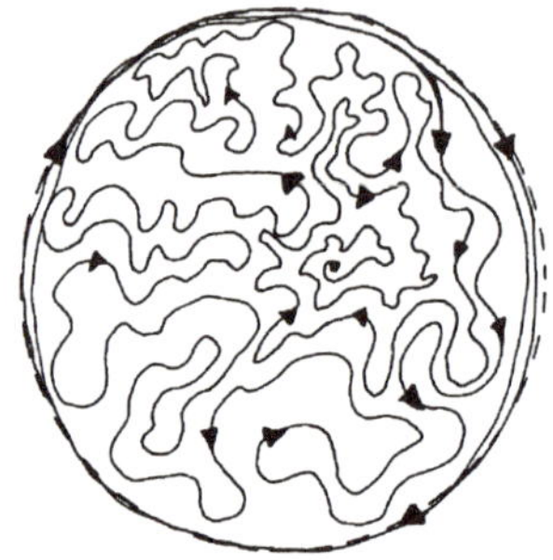

- Teken een nieuwe cirkel en begin deze keer vanuit het centrum te werken, van binnen naar buiten dus.

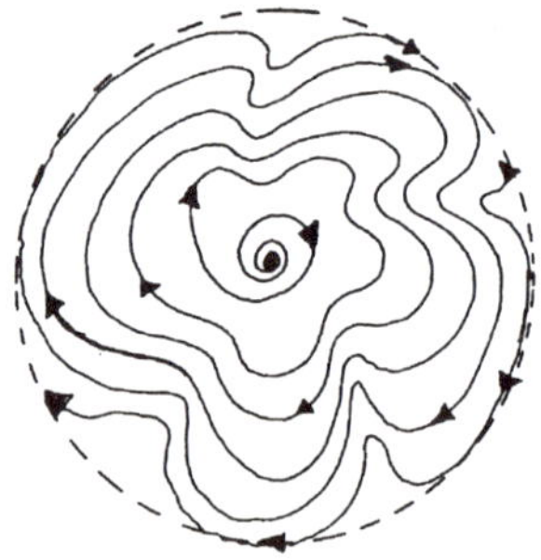

- Teken nogmaals een cirkel, zorg voor een open plek in het midden en teken daar omheen.

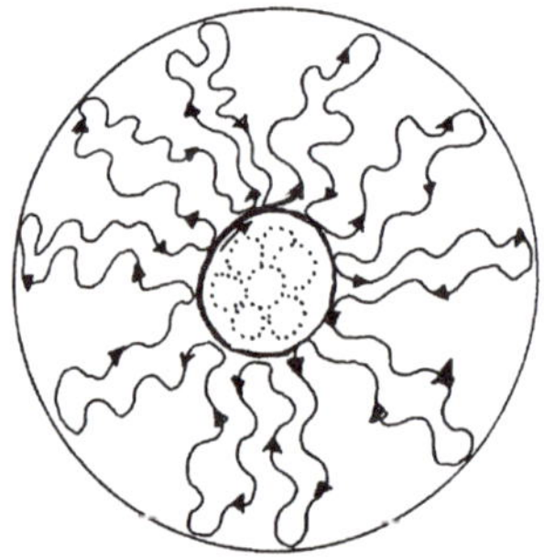

Een andere mogelijkheid: teken om die open plek een aantal segmenten en vul die als eerste met kleur, vorm of lijn. Tot slot vul je de open plek, hetzij met kleur hetzij met een symbool.

Een tip: bewaar al je tekeningen en zet op elke tekening de datum. Geef ook aan welke kant van je papier de onderzijde is. Later zul je hier veel plezier van hebben.

7.5 De werkplek, je gereedschap en materialen

Als je op deze manier met de mandala bezig bent, is het fijn als je een plekje hebt waar je rustig kunt werken. Deze plek is dan jouw speciale plaats waar je naar binnen kunt gaan, los kunt laten en tot bezinning kunt komen. Veel ruimte heb je daar eigenlijk niet voor nodig: een tafel om aan te werken, een kastje of plank voor je materialen en papier. Zorg voor voldoende licht om ook 's avonds of met donker weer te kunnen werken. Het is goed om deze plaats te beschermen tegen invloeden van buitenaf: zet je tafel en stoel zodanig dat het licht op je handen valt – voor rechtshandigen van links komend en voor linkshandigen van rechts komend. Dit voorkomt schaduw van je hand op je papier.

Wanneer je met mandalatekenen begint, is je omgeving nieuwsgierig naar je doen en laten en wil men zien hoe je vordert... Dan is het goed als je de deur kunt zien zodat je weet wie er binnen wil komen. Het is aan jou om te kiezen voor het wel of niet delen van dit proces met anderen. Het is jouw tekening, schildering of borduursel en jij bent de enige die hierover iets te zeggen heeft. Zoiets kan niet door anderen worden afgedwongen.

Een eigen plekje om te bezinnen en te werken

Probeer de mensen in je omgeving duidelijk te maken dat je deze werkplek graag voor jezelf wilt houden en dat je zult aangeven wanneer men er deel aan mag en kan hebben. Als jij dat voor jezelf kunt creëren, kun je ook de ander helpen een ruimte voor zichzelf te scheppen en dan leer je elkaar waarderen en respecteren op een diep niveau.

Dit is een belangrijk onderdeel in het omgaan met de mandala: in respect voor jezelf en met de andere mensen in je omgeving. Veel mensen hebben nog niet geleerd hoe ze duidelijkheid kunnen brengen in hun persoonlijke wensen en verlangens, zonder daar op een oneigenlijke, of, anders gezegd, egoïstische manier mee om te gaan. Egoïsme wil zeggen dat je je niets aan andere mensen gelegen laat liggen en altijd je eigen doel vooropstelt. Respectvol met je eigen ruimte en met die van de ander omgaan wil zeggen dat je ieder in zijn of haar eigen waarde laat maar wel jezelf ruimte, een plaats en tijd durft toe te kennen. Vanzelfsprekend geldt dit dan ook voor je medemens. Liefdevol blijven tijdens dit proces van gewenning en begrip tonen voor het proces van jezelf hoort hier ook bij.

Een tip: als het voor je omgeving erg moeilijk is om je je eigen plek te laten, maak dan een goede afspraak hierover. Bijvoorbeeld: als de deur van de kamer gesloten is, wil ik liever niet gestoord worden.

Altijd goed om mee te beginnen

Zet voor je begint een kaarsje neer en steek dat aan. Een bloem in een vaasje met helder en schoon water bevordert het stromen. Ook kan het helpen om er een kristal bij te leggen of een ander mooi stuk, bijvoorbeeld een schelp of een paar dennenappels... Zoek je eigen verbinding met de natuur, het licht in jou en de kwaliteit waar je voor wilt staan of datgene wat je wilt gaan uitdrukken. Probeer zo open mogelijk te blijven waardoor symbolen en beelden als vanzelf op je netvlies ontstaan en laat je meeslepen door het ogenblik...

Zet een muziekje op en ga rustig zitten, terwijl je je handen in een ontspannen houding in je schoot legt en adem in en uit... in een rustig tempo dat bij je past.

Wat heb je nodig voor het tekenen op wit papier?

- kleurpotloden van goede kwaliteit, bijvoorbeeld Caran d'Ache of Karisma Colour;
- een tekenblok van een goede kwaliteit papier zoals bijvoorbeeld Fabriano, Canson, enzovoort.
- eventueel een liniaal om je papiermaat mee vast te stellen en het midden te bepalen;
- een bordje of passer voor het tekenen van de cirkel;
- een Pentel eraser - dat is een soort gumpotlood - voor het verwijderen van hinderlijke schetslijnen;
- een puntenslijper en een bakje om het slijpsel in op te vangen.

Let op: bij het tekenen van mandala's is het gebruik van gum niet van toepassing voor zogenaamde 'fouten' in je tekening. Je kunt er juist veel plezier aan beleven als je ze integreert. Zo ontstaan er nieuwe ideeën en mogelijkheden.

Voor je begint is het goed om eerst vrij te zijn van de dingen om je heen. Ben je in gedachten nog bezig met andere dingen van de dag, maak je daar dan eerst vrij van. Dat kan bijvoorbeeld door een fysieke bewegingsoefening te doen of een rondedansje om je stuk papier... Wat jou maar helpt om los te laten, alles is goed.

Je kunt ook loslaten op papier. Neem daarvoor een groot vel en een dikke stift, potlood of krijt. En vul je blad met alles wat je niet meer wilt bewaren, ga kris-kras over je blad en ontlaad je, maak je energie vrij om iets nieuws toe te kunnen laten. Lekker doorademen is hierbij belangrijk. Even diep zuchten helpt ook. Kijk dan naar wat er op je blad staat. Heb je er nog iets van nodig? Wil je er nog iets van bewaren? Mocht dat zo zijn, dan omlijn je dat stukje en laat het als een nieuw symbool in je mandala terugkomen. Geef het een plekje en begin van daaruit te werken...

Een plaats om werkstukken op te hangen of neer te zetten

Wanneer een mandala klaar is, dan is het prettig om deze op een voor jou goed zichtbare plaats op te hangen of neer te zetten. Probeer in de omgeving van je werkplek een plaats daarvoor te bestemmen. Dat kan een deur of een zijwand van een kast zijn. Het doet er niet toe welke plek je kiest, als je maar wat afstand kunt nemen van je werk en het er rustig een tijdje kunt laten hangen om er naar te kijken. Zo kan de tekening of schildering of het borduursel op je inwerken en kun je je erop afstemmen of het nog verder uitwerken en verdiepen.

Soms werk ik ideeën uit in verschillende materialen die hetzelfde thema hebben, maar soms kan ik ook met meerdere onderwerpen tegelijk bezig zijn. Dan kun je met het ene verder terwijl het andere kan rusten. Dit hangt af van je instelling en de mogelijkheden die tot je beschikking staan. Het voordeel van deze werkwijze is dat je regelmatig je werk terugziet waardoor je vanzelf te weten komt of er nog iets aan moet gebeuren of dat het werkelijk 'af' is. Soms gaat dat heel spontaan en merk je opeens dat je een werkstuk van de kast, muur of deur hebt geplukt en er verder mee gaat... soms ook is dat absoluut niet nodig en is alles wat gedaan kon worden gedaan... dan geef je het over...

Het is ook mogelijk om een schilderij een poosje op een ezel te laten staan en er, al kijkend, steeds weer aan voorbij te lopen, waarbij je vanuit je ooghoeken ernaar kijkt. Ook dan tekent zich vanzelf het ogenblik af waarop je het nog eens zult bewerken of het als 'klaar' zult bestempelen. Dit proces ontwikkelt zich in de loop der jaren.

HOOFDSTUK 8

Elf thema's als basis voor tekenen in het platte vlak

Om je eerste kennismaking met de mandala voort te zetten kun je met behulp van een aantal thema's de ruimte van de cirkel en die daarbuiten gaan verkennen. Heb je zelf ideeën voor een thema, dan is dat vanzelfsprekend goed. Wanneer je even geen ideeën hebt, kun je je toevlucht tot de oefenthema's nemen. Zo sta je nooit met lege handen; je kunt altijd met de mandala aan de slag.

Ieder thema zal je helpen de mogelijkheden van jezelf en de mandala te ontdekken; hierdoor zullen je al snel ideeën invallen om haar te vullen en van jezelf te maken. Gebruik je deze thema's als uitgangspunt voor je mandala's, dan zul je merken dat sommige thema's heel dicht bij je liggen; die kun je als het ware in je bloed voelen. Bij andere thema's kan het zijn dat je dat gevoel totaal mist. Deze thema's zul je moeten 'voeden' met je aandacht; zij zullen pas dan vertrouwd worden wanneer ze voor je gaan leven. Doe jezelf niet teveel geweld aan: ga in eerste instantie uit van wat prettig is; later komen die thema's vanzelf aan bod. Als eerste thema ontdekken we de oervorm van de beweging.

Welke materialen heb je voor deze thema's nodig?

- enige vellen wit tekenpapier of een tekenblok van het formaat A3;
- grafiet potloden in verschillende gradaties zoals HB, B en 2B;
- kleurpotloden die goed kleur afgeven. Neem minstens zwart en de drie hoofdkleuren: karmijnrood of magenta, helderblauw of turquoise en citroen- of kanariegeel, afhankelijk van het merk dat je gebruikt;
- een ontbijtbordje of schoteltje om cirkels mee te tekenen. Je kunt natuurlijk ook een passer gebruiken;
- een rol afplakband voor het vastzetten van je blad.

8.1 De golf als oervorm van beweging

Golfbewegingen stellen de oerbeweging van de kosmos voor waaruit alles ontstaat en alles weer in verdwijnt: de golflijn (sinus), aanzwellend en weer afnemend zoals de branding van de zee, eb en vloed, en het stromende water van rivieren. In het komen en gaan van de vier seizoenen zien we deze golfbeweging ook terug. De uitdijende

spiraalstelsels van de melkweg laten ons eveneens deelnemen aan dit steeds veranderende beeld van natuurlijke cycli.

In al deze vormen vinden we de golfbeweging vanuit een eigen karakter terug. Zo kunnen we ons verbinden met die speciale aard en kracht van de daarbij behorende beweging. Na een dergelijke beweging volgt er altijd een moment van rust. In de golf kun je dat moment van verstilling waarnemen; dit noemen we uitklinken.

In de winter keert al wat groeit en bloeit zich naar binnen en verzamelt krachten voor de komende lente, wanneer alles weer opnieuw gaat ontkiemen. In volle kracht wordt de aarde opengebroken en de nieuwe loten worden zichtbaar, het blad aan de bomen ontvouwt zich... In de zomer bereikt de natuur haar volle wasdom, waarna in de herfst na het oogsten het proces van verstilling en uitklinken weer op gang komt. En de cyclus herhaalt zich weer in de winter, lente, zomer en herfst. Alles wat in beweging is gekomen resoneert mee na dit ogenblik van verstilling.

De oude natuurvolken zagen in dit soort cycli de hand van God. Zij vereerden hun goden in de vorm van rituelen die zich afspeelden in de open lucht. De Keltische volken vierden het zomerzonnewendefeest als een hoogtepunt van het jaar, waarin alle kosmische krachten waren gewekt en gebundeld. Ook kende men het winterzonnewendefeest, waarbij het licht - de geestkracht - weer zijn intrede deed. In de christelijke jaarfeesten vinden we het ritmisch verloop van de seizoenen ook terug, weliswaar op een andere wijze.

Je kunt in de mandala die verschillende golfbewegingen tekenen, stuwend en toenemend in kracht, ademend en uitklinkend, stralend als de zon, dragend zoals het water van de zee. Maar ook ontspannend zoals een bergbeekje of een bron.

Oefening 1

Zoek eens in je eigen omgeving naar een golvende beweging die je aanspreekt. Dat kan heel simpel zijn: in de krul van je haar of in een rimpeling van water. In de natuur komen we regelmatig deze golvende bewegingen tegen, je hoeft in de lente slechts om je heen te kijken om het waar te nemen... In verweerd hout, schors of een mineraal zoals de agaat (zie foto) ligt deze golfbeweging opgeslagen. Hier kun je spreken van een omzettingsproces en is de golf in een verstarde vorm bewaard gebleven.

Volg deze beweging in het gekozen object met je vingertoppen en voel dat ieder materiaal een eigen structuur heeft: bobbelig, glad, ruw, hoekig, enzovoort...

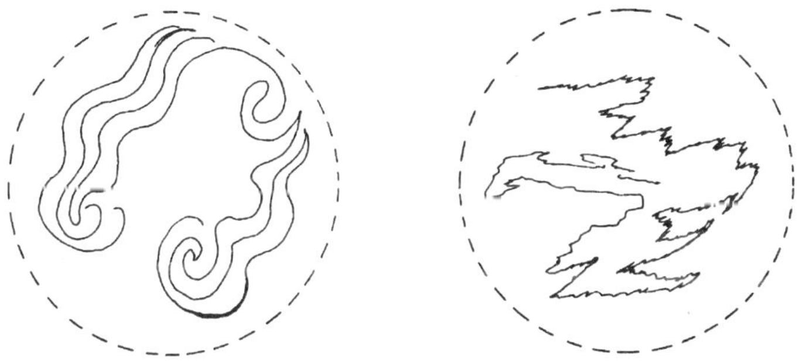

Probeer dit op je papier te tekenen met een vloeiende lijnbeweging voor een doorlopende golvende beweging, bijvoorbeeld een krul van je haar of een vezelige onderbroken lijnbeweging voor houtschors... Niet bang zijn dat je er niet in slaagt om dit gevoel weer te geven, alleen maar doen... In de loop der tijd zal dit gevoel versterkt worden en zul je het 'in je vingers' krijgen en kunnen weergeven.

Oefening 2

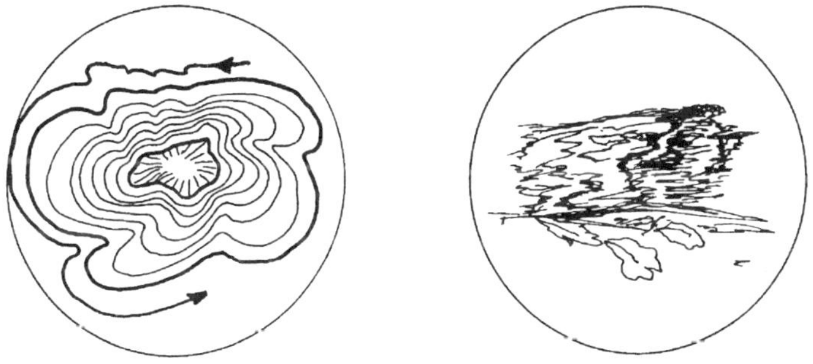

Trek uit de hand of om een bordje een cirkel. Eerst met je hand de ronde beweging 'voelen' en meedraaien, daarna tekenen. Maak de rand van de cirkel zo stevig als je denkt nodig te hebben. Het is jouw cirkel, jouw heilige plaats waar je je vrij mag voelen en waarbinnen je vrij mag bewegen. Neem de ruimte in bezit, maak haar van jou en beweeg al golvend door de gehele cirkel. Probeer de al eerder gevoelde structuur van je golfbeweging een plaats te geven binnen de cirkel; je mag er verschillende malen doorheen gaan. De cirkelrand doet dienst als stootrand en is een buffer om je veilig en beschermd te voelen. Doe dat vervolgens ook met de vezelige onderbroken lijnbeweging van bijvoorbeeld houtschors. Benut alle ruimte maar kruis de lijnen onderling niet. Later kun je deze oefening uitbreiden en ook kruisen, waarbij je wel goed moet blijven voelen: wat is er anders?

Teken eens golvende bewegingen op je papier
die elkaar overlappen en zie binnen die
bewegingen planten en dieren ontstaan...
Zie je zelf nog meer? Volg de sporen van de
bewegingen en duid hier en daar iets aan
door een oog of oor, een vin of een
uitwaaierende plant te accentueren.
Zo ontstaat je eigen beeldtaal.

Groeibewegingen in de natuur:
Door het oefenen met de golf van het eerste thema zie je als vanzelf groeibewegingen ontstaan. In de natuur kun je die groeivormen en -bewegingen ook waarnemen; kijk maar eens naar de nog in knop zittende varen die zich ontrolt. Ook blad- en bloemknoppen ontrollen zich en spreiden hun blaadjes uit naar het licht. In de knop liggen deze zo netjes opgevouwen dat je je afvraagt hoe dat in zijn werk gaat. Groeivormen zijn ook vormen waarmee we kunnen stromen en waardoor er vormen op je blad en in je mandala kunnen ontstaan. De nu volgende oefeningen laten je dit zien.

Oefening 3

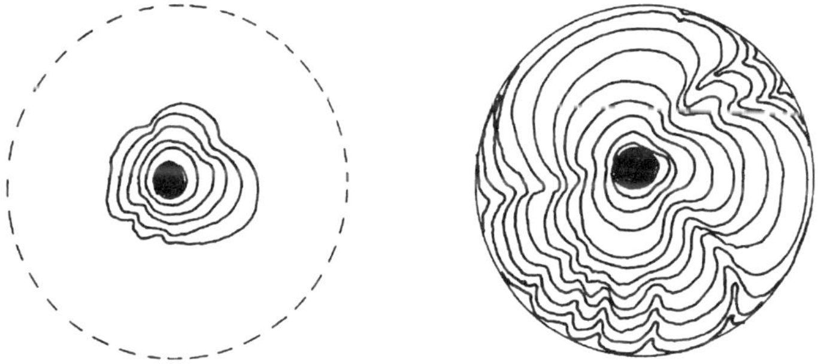

Teken een klein cirkeltje en ga daar omheen 'stromen'. Duw de volgende lijnbeweging steeds een beetje op zodat een groeivorm zichtbaar wordt. Doe deze beweging eerst in totaal vijfmaal. Stroom daarna door.

Oefening 4

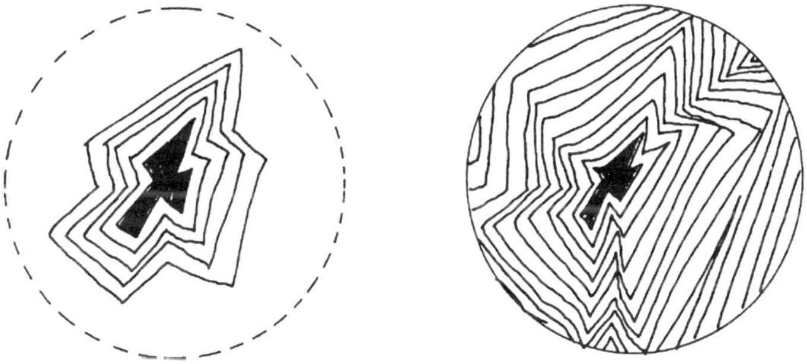

Doe hetzelfde met een spitse vorm. Is dat hetzelfde voor jou? Voelt dat anders? Wat vind je prettiger? Probeer eens of je beide bewegingen kunt afwisselen: eerst 'stromen' om een rondje, daarnaast een hoekige vorm zetten en 'omstromen'. Eerst steeds vijfmaal om de vorm heengaan, daarna vaker. Je kunt ook een dunne scherpe lijn voor de ene vorm gebruiken en een dikkere voor de andere.

Oefening 5

Bedenk eens een gecombineerde vorm, enigszins rond maar toch ook hoekig. Hoe voelt het 'omstromen' van deze vorm voor jou? Zoek nog meer mogelijkheden om te stromen. Vul eens een cirkelvorm of een vierkant met 'omstroomde' vormen. Steeds weer vijfmaal om de vormen heen gaan. Als je begint vanuit de rand laat je je vormen samenkomen in het midden. Begin je te werken vanuit het midden dan ga je door tot de gehele vorm tot aan de rand gevuld is. Je kunt ook van de onderzijde naar boven werken of van boven naar beneden, van links naar rechts, enzovoort. Probeer verschillende mogelijkheden uit.

8.2 De wetmatigheid van de oervormen

Je kunt de oervormen zien als een geometrisch spel van lijnen en vormen in de cirkel. Deze cirkel zelf is ook een oervorm, evenals de driehoek, het vierkant, de vijfster en de zesster. Waar de cirkel de eenheid en de eeuwigheid symboliseert, stelt het vierkant de aarde voor. De driehoek kun je zien als het element vuur, maar staat tegelijkertijd ook symbool voor het mannelijke en het vrouwelijke principe. In de zeshoek, die het element lucht voorstelt, zijn de beide principes van het vrouwelijke en het mannelijke verenigd. Volgens de Indiase cultuur horen daar nog de elementen water, voorgesteld door een maansikkel, en ether bij, waarvoor de ovaal of de punt - bindu - symbool staat.

Door deze oervormen te tekenen kun je met ze in gesprek komen en leren ze je iets over jezelf. Je ervaart welke vormen prettig zijn om mee te werken en welke je minder aanspreken. Je kunt spelen met de vormen in de binnenruimte van de cirkel en de ruimte daarbuiten. Hoe ga je daarmee om? Als je de binnenruimte als jouw eigen plek ervaart, hoe komt de ruimte daaromheen dan op je over?

De buitenrand van de cirkel laat de communicatie zien tussen jou (alles binnen de cirkel) in relatie tot de buitenwereld (alles buiten de cirkel).

Oefening 1: de oervormen

We gaan uit van de reeds genoemde vormen: de punt, cirkel, het vierkant, de driehoek, de zeshoek en de vijfhoek.

Zet in een cirkel op een willekeurige plaats enkele dikke stippen: maak enkele stippen zwart en omlijn andere; deze verschillende stippen stellen cellen of punten voor. Ga nu in een dansende beweging om deze stippen heen tekenen. Doe dat bij elke stip driemaal. Wat gebeurt er dan? Hoe ziet dat er uit en wat roept dat bij je op? Zijn de bewegingen rondom de twee stippen hetzelfde of verschillen ze? Goed blijven voelen en er contact mee blijven maken…

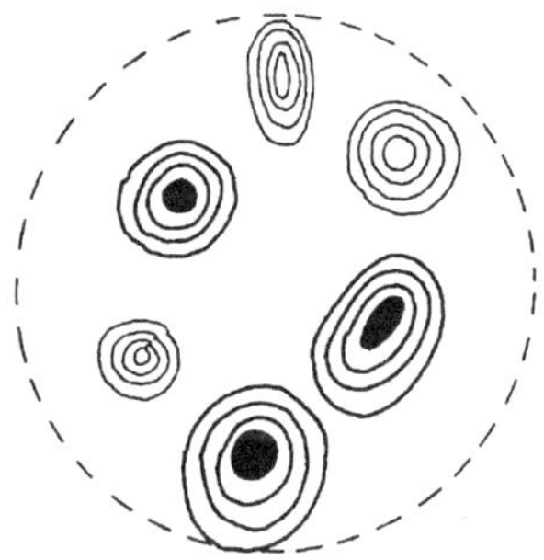

Ga nog eens om de stippen heen, maar ga niet door de ruimte van de andere stippen. Probeer er alleen contact mee te maken. Ga door tot je aan de cirkelrand bent gekomen en vul ook de kleine stukjes, net zo lang tot je hele cirkel gevuld is. Bekijk je tekening en maak deze zo goed mogelijk af.

Oefening 2

Doe ditzelfde met de andere vormen en gebruik ook eens twee tegengestelde vormen. Kijk wat er nu gebeurt: voelt dat anders als met twee vormen van gelijke aard en grootte? Probeer verschillende vormen onderling in je cirkel. Het mogen er ook meer tegelijk zijn, maar zorg er voor dat er steeds onderling een dialoog plaatsvindt... Kijk nu nog eens naar dit beeld. Met welke vorm kun je je het meest identificeren? Welke vormen spreken je absoluut niet aan? Welke zou je graag goed willen leren kennen en toepassen?

Twee tegengestelde vormen in dialoog

Oefening 3

Teken uit de hand een cirkel op je blad. Teken nu in een door jou gekozen volgorde enkele oervormen om elkaar heen binnen je cirkel. Je kunt dat doen van buiten naar binnen of juist van binnen naar buiten. Voel daarbij goed welke vorm in het middelpunt een plaats mag krijgen. Wanneer je daar nog niet voor kunt kiezen, kun je een cirkel in het midden uitsparen om die later in te vullen of leeg te laten. Als de tekening klaar is, hang je deze op een plek waar je er goed naar kunt kijken: wat doet het met je? Maak de tekening zo goed mogelijk af. Wanneer je dat wenst kun je er ook kleur in aanbrengen.

Vrije volgorde van oervormen

8.3 Stromingsbeelden

In de natuur vind je veel voorbeelden die je kunnen helpen bij het tekenen van stromingsbeelden in de mandala. Kijk maar eens om je heen als je in het bos bent: de bomen, het gras en mos onder je voeten, een helder beekje, water dat om een steen heenstroomt... Water is een van de meest stromende en helende aspecten uit de natuur; het geeft ons een gevoel van leven en beweging en is altijd - ook voor kinderen - een helende bron. Als ik in de bergen ben, kan zo'n klein sijpelend watertje me diep ontroeren, een klaterende waterval overweldigt me, terwijl ik geboeid het regenboogkleurige licht aanschouw zoals dat zich achter dat opspattende water manifesteert. Dit alles zet aan tot naar binnen gaan en meditatie.

Geef je spontaan over aan zo'n ervaring. Voel je verbonden met plant en dier, steen en wind, sneeuw en ijs. Wees er deel van, breng deze rijken in jou tot leven.

Vormen voor een stromingsbeeld kunnen zijn: water dat om een steen heen stroomt, de vorm van een blad, een slakkenhuis, een bloemvorm.

Kun je er zelf nog meer bedenken? Teken dat eens...

Oefening 1

Teken een stromingsbeeld binnen de cirkel. Begin aan de buitenrand en ga langzaam naar binnen of, als je dat prettiger vindt, begin je juist in het centrum en beweeg je naar buiten. Vul je cirkel helemaal op. Doe dat als volgt: zet willekeurige vormen aan de rand van je cirkel en volg de bewegingen daarvan naar binnen toe.

Oefening 2

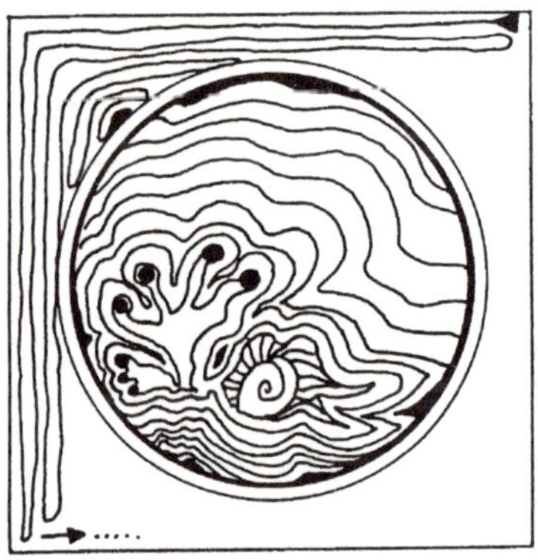

Probeer je voor te stellen dat je in een duikboot zit: door het ronde venster zie je het stromende water een schelp omspoelen of zeewier in beweging brengen of wat je maar invalt. Later kun je je beeld afmaken door stromend om de cirkel heen te bewegen, maar je kunt ook een inval gebruiken die tijdens het tekenen ontstaat. Het is belangrijk dat je je fantasie de vrije loop laat. Alles is goed, geniet van wat er gebeurt...

8.4 Lemniscaten: ritmisch-dynamisch bewegen

In de prehistorie, maar ook bij natuurvolken en later bij de Grieken, vinden we de lemniscaat als versiering op vazen, schalen en andere gebruiksvoorwerpen. De lemniscaat stond bij deze volkeren symbool voor de eeuwigdurende cyclus van leven en dood. Ook vinden we de lemniscaatbeweging terug in hun dansen. De volksdanskunst is meeslepend door het ritme van deze beweging. Veel volken gebruikten deze lemniscaten ook om hun kleding mee te verfraaien, hetgeen je in Oost-Europese landen nu nog terugvindt.

In Indonesië, in Nieuw-Guinea, bij de aboriginals in Australië en bij de indianenvolken van Zuid-Amerika vinden we mensen die hun huid versieren met tatoeages in de vorm van lemniscaten. Die mensen dachten dat zij met deze tatoeëringen door hun stamoudsten, die reeds in de andere wereld vertoefden, herkend zouden worden bij hun overgang naar die andere wereld.

Bij de oude Noorse en Keltische volken vinden we de lemniscaten in vlechtpatronen terug; bij de islamitische kunstenaars komen ze voor in de arabesken en ornamenten. De islamitische kunstenaars mochten immers geen afbeeldingen van mensen maken en zochten daarom hun toevlucht voor het uiten van hun creatieve verbeeldingskracht in abstracte en geometrische patronen. Ook moderne kunstenaars als M.C. Escher, Klimt en Klee hebben de lemniscaat toegepast. Escher bijvoorbeeld paste dit toe in zijn *möbiusband* om zo de lemniscaatbeweging als eeuwigdurende cyclus weer te geven.

In de mandalakunst maken we ook graag gebruik van deze lemniscaten en vlechtpatronen. Oorspronkelijk stelt de lemniscaat de s-beweging voor, die, eenmaal herhaald, de eeuwigdurende beweging tot uitdrukking brengt.

De möbiusband is een voorbeeld van die eeuwigdurende beweging omdat deze band bestaat uit een cirkel, waarbij de uiteinden, een slag gedraaid, aan elkaar zijn vastgezet.

Als je een lint met de twee uiteinden aan elkaar plakt, ontstaat er een cirkel. Zou je het zo bewerkte lint over de volle lengte doorsnijden, dan houd je twee ringen over.

De möbiusband kun je ook over de volle lengte doorsnijden en dan zul je zien dat er één - grotere - ring ontstaat. Zou je deze opnieuw over de gehele lengte doorsnijden, dan zou je een tweemaal zo lange ring krijgen. De band zal echter altijd aan elkaar blijven en één geheel vormen. Kijk maar eens naar de foto van een möbiusband. Het materiaal dat voor deze banden is gebruikt is handbeschilderde zijde.

Bewegingsoefening

Een goede oefening is de beweging van de lemniscaat (als een doorlopende lussende acht) met je handen boven je hoofd, voor je lichaam langs en onder je voeten door te bewegen of minstens te 'denken'. Hierdoor ervaren we zowel een vrouwelijke als een mannelijke pool en kunnen we deze polen in onszelf verenigen; tevens leren we het begrip 'zo boven-zo beneden' kennen. Het is een doorgaande beweging die symbool staat voor de cyclus van het leven: geven en nemen.

Oefening 1

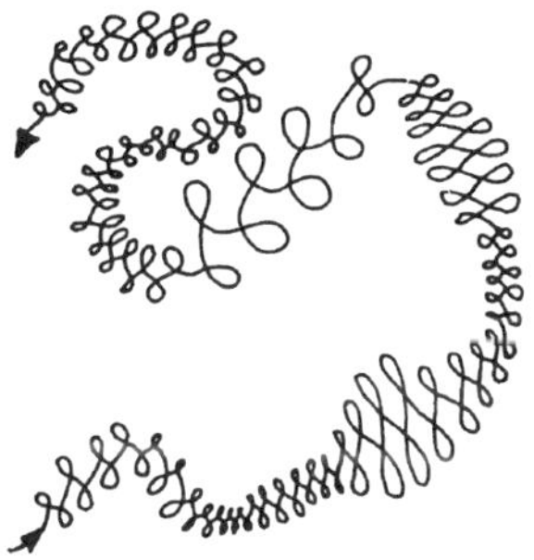

Probeer of je op je blad een achtvormige beweging kunt maken die alsmaar doorlust. Ga over je hele blad en maak de lussen groter en weer kleiner; dit voelt aan alsof je danst. Het is de beweging van de meest oorspronkelijke mandaladans.

Oefening 2

Teken een cirkel uit de vrije hand; ga hiermee door tot de cirkel stevig voelt. Ga dan vanaf die cirkelomtrek een S-vormige beweging binnen de cirkel maken. Voer dit net zo lang door tot het goed voelt. Probeer dan in de tegengestelde richting, vanuit de cirkel, de tegenbeweging van de S-vorm te maken, zodat een achtvormige lus in je cirkel ontstaat. Doe dat eerst in een beweging met je hand boven je papier, want deze tegenbeweging is veel moeilijker. Wanneer je de beweging 'in je vingers' hebt, laat je het potlood deze beweging tekenen. Blijf deze beide bewegingen herhalen tot ze binnen je cirkel zo goed mogelijk in evenwicht zijn. Wanneer je deze oefening vaak doet wordt het steeds gemakkelijker.

Oefening 3

Teken uit de vrije hand een cirkel met een stevige rand of gebruik een bordje. Zet in het midden een stevig bolletje. Ga nu om dat bolletje bewegen in een lussende beweging, van het centrum van de cirkel naar de buitenrand van de cirkel. Probeer de gehele cirkel met de lemniscaatbeweging te vullen: maak kleine bogen tegen het bolletje en grote lussen tegen de buitenrand van de cirkel. Je kunt op deze oefening veel varianten bedenken.

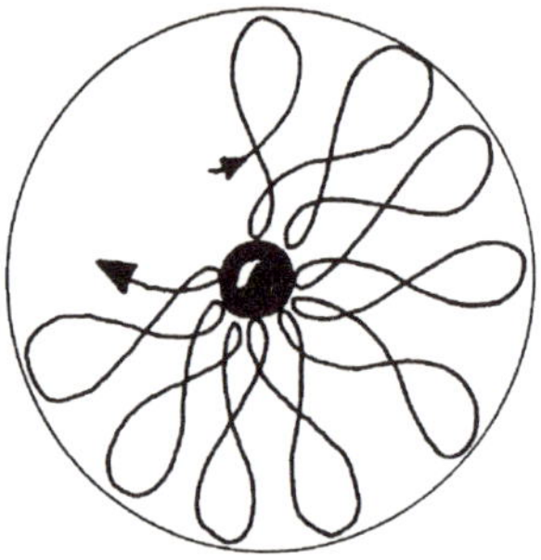

Oefening 4

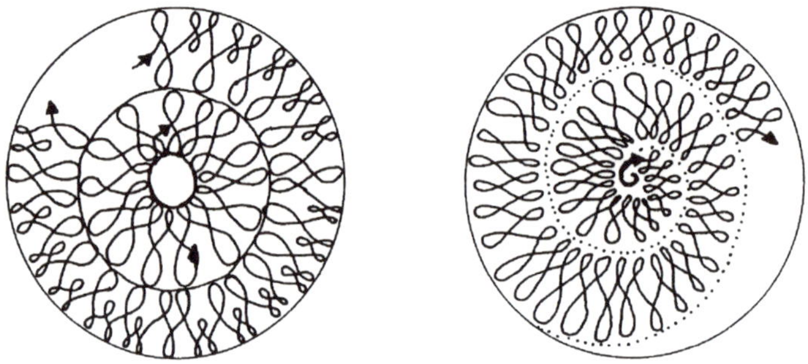

Trek binnen de cirkel nogmaals een cirkel en je kunt zo een dubbele rand van lemniscaten creëren. Je kunt ook vanuit het middelpunt beginnen met de lemniscaatbeweging en dan in een spiraalsgewijze beweging naar buiten bewegen. Trek in dat geval met dun potlood een hulplijntje. Bedenk zelf nog eens wat mogelijkheden.

8.5 Lijn, ritme en dynamiek

De beweging vanuit de lijn is een heel andere dan de golfbeweging en de spiraalsgewijze beweging. Ritme, maatvoering en dynamiek vormen de basis voor de beweging met de lijn. In de oudste versieringen die wij kennen speelt de lijn een grote rol. Deze versieringen op bekers en schalen worden ornamentbanden genoemd; naast vondsten in ons eigen land worden ze ook gevonden in landen als Peru, Mexico, Egypte, Griekenland en in de indianenculturen.

Als je je met de lijn bezighoudt, zul je ergens vandaan moeten vertrekken. Er is dus een 'punt' waarvandaan je op reis zult gaan... en een ander punt waar je aan zult of wilt komen; dat is afhankelijk van de manier waarop je 'reist'. Je kunt voor jezelf uitmaken of je 'in het wilde weg' op stap gaat of dat je van tevoren wilt weten waar je naar toe gaat. Je bewust worden van deze kleine verschillen is van belang, want het vertelt iets over jouw specifieke manier van doen. Keuzes maken dus of juist niet, alles overlaten aan wat er op je af komt of gaan staan voor wat je zelf wilt. Hier past het gezegde 'je neus achterna gaan' maar ook 'een fijne neus ontwikkelen', fijngevoelig worden... Lijn en ritme vormen de dans van ons leven, is muziek aan den lijve ondervinden.

We kunnen een lijn lineair beleven:
Van A naar B gaan. Een lijn kan echter ook plotseling ombuigen, een kromming maken. Als we aan de hemel een vliegtuig waarnemen, zien we de in eerste instantie lineaire beweging soms plotseling veranderen in een zich krommende beweging; het toestel beschrijft een curve. Stel je eens voor dat je in een rechte lijn over de aarde wandelt; het lijkt of je steeds rechtdoor loopt in een lineaire lijn, maar als je tenslotte aankomt op het punt vanwaar je vertrokken bent, moet je inzien dat je een cirkelbeweging, dus een curve, hebt gelopen. Je moet dus meebewegen met de kromming van de aarde om 'aan te komen'.

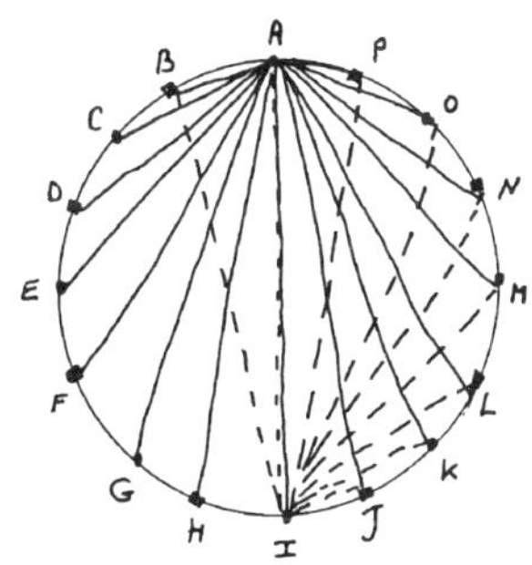

De kunstenaar Hundertwasser ging ervan uit dat in onze menselijke cellen een grote behoefte bestaat om ritmisch en op een dynamische manier om te gaan met lijn en beweging. Hij dringt er op aan dat we deze altijd uit de vrije hand tekenen. Dit soort oefeningen sterkt ons vermogen tot sturen en maakt veel energie-impulsen in ons vrij. We kunnen de lijn opduwen, laten vallen, strekken, verdikken. We kunnen kruisen, er onderdoor gaan of juist er overheen bewegen. Zo ontstaan er allerlei soorten bewegingen, vlakken en holten waar je kunt schuilen of juist kunt uitklinken. Je helpt jezelf je bewust te worden van de vele dieptes en lagen waarbinnen onze geest heer en meester is.

Oefening 1: de rechte lijn

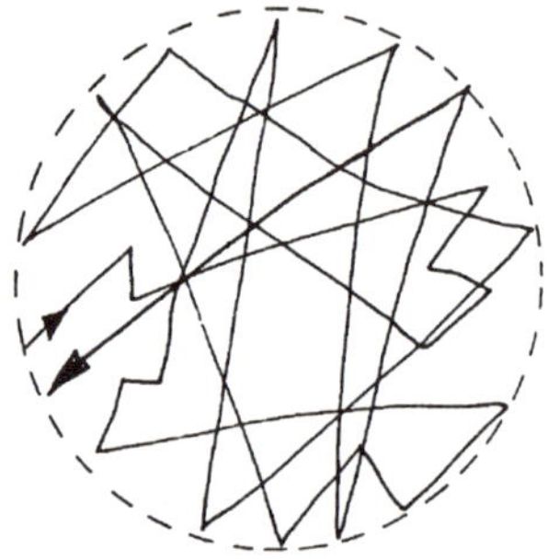

Oefen uit de vrije hand eens met de lijn. Eerst de rechte lijn, steeds opnieuw vertrekkend en aankomend. Je kunt dit doen in een cirkel maar ook in een vierkant, wat voor jou het beste voelt. Maak de cirkel of het vierkant zo stevig mogelijk, zodat je er lekker tegenaan kunt veren... het wordt dan een soort muur die meegeeft als je aankomt. Houd je potlood op het papier, niet loslaten. Als je aangekomen bent, laat je je potlood direct een andere richting inslaan en ga je opnieuw naar de rand van je cirkel of vierkant. Doe dit net zo lang tot je blad gevuld is met een aantal vlakken en het prettig blijft voelen.

Oefening 2: de ronde lijnbeweging

Nu oefen je op dezelfde manier, weer in een cirkel of vierkant met stevige omlijningen, de ronde, golvende beweging. Ook nu weer ga je zo lang door tot je cirkel of vierkant gevuld is met ronde bewegingen, vormen en vlakken.

Opmerking:
Je zult merken dat deze twee lijnoefeningen een eigen ritme en dynamiek hebben. Ze zijn heel verschillend van aard en laten een eigen bewegingsvorm zien. Dat werpt de volgende vragen op:

- Welke beweging vond je het prettigst?
- Kun je ook aangeven waarom?
- Wat liet de andere beweging je voelen?
- Wat zegt dit over jou?
- Als je er muziek bij zou draaien, naar welke muziek gaat je voorkeur dan uit bij de ronde lijnvoering en welke kies je voor de rechte lijn?

Schrijf de antwoorden in je tekenboekje bij je tekeningen of achter op je blad. Mocht een en ander je nog niet duidelijk zijn doe dan eerst de volgende oefening.

Oefening 3: de rechte en ronde lijn gecombineerd

Na deze kleine dialoog met jezelf kun je nog een volgende oefening doen. Je gebruikt nu beide lijnvoeringen ná elkaar: dus eerst rond en daarna recht. Goed voelen wat er gebeurt! Doe deze oefening dan nog eens waarbij je bijvoorbeeld vijfmaal rond beweegt en daarna overgaat in vijfmaal rechte lijnen. Beweeg zoveel mogelijk door de gehele cirkel of je vierkant. Blijf in contact met je gevoel en lichaamsbeweging.

Je kunt deze oefeningen ook samen met iemand anders doen waarbij de een voor recht en de ander voor rond kiest. Daarna wissel je van lijnvoering. Ga na deze oefeningen samen in dialoog en wissel de ervaringen uit.

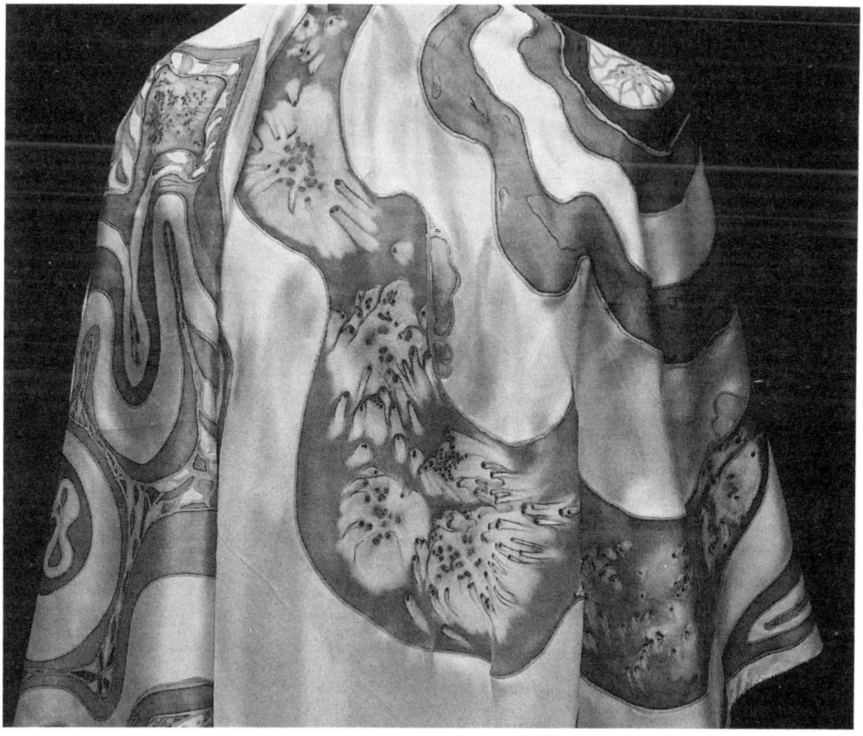

Oefening 4

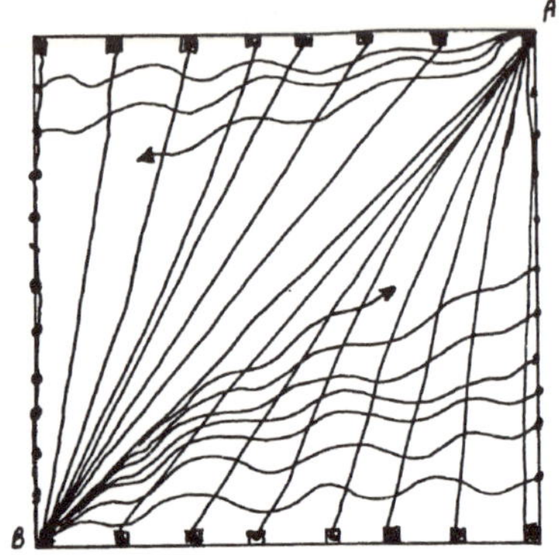

Nog een andere vorm is om in het vierkant in een diagonale beweging te werken. Zet eerst een aantal punten aan de onder- en bovenzijde van het vierkant en trek de diagonale lijn A-B. Trek daarna vanuit A en B lijnen zoals in het voorbeeld. Zet als tweede de stippen op de zijlijnen en beweeg opnieuw, maar nu met een golvende lijn, vanuit A en B naar de tegenoverliggende punten. Kijk wat er gebeurt en voel het in je lijf. Tot slot kies je voor enkele vlakken die je kleurt of structureert, net zoals dat prettig voelt voor jou. Probeer harmonie in je beeld te brengen.

8.6 Symmetrie in spiegelbeelden en rozetten

Spiegelbeeldtekeningen zijn tekeningen die getekend zijn rondom een as. Deze spiegelende beweging vinden we in de natuur heel veel terug in blad- en bloemvormen, in vruchten, bij vogels, vlinders en vissen.

In oude culturen werden symmetrische symbolen - spiegelbeelden - veel toegepast in onder andere totems en maskers. Deze maskers werden samengevoegd tot een grote totempaal. Ook beschilderden deze natuurvolken hun gezicht en lichaam met symmetrische patronen die een spiegelbeeldeffect gaven.

In het oude Europa gebruikte men de symmetrievorm in de rozetvensters van de grote kathedralen. Ook in de boeddhistische mandalakunst en in de islamitische kunst vinden we symmetrie en spiegelbeelden, evenals bij de Longobarden in Italië. In de Jugendstil en de Art Nouveau - de moderne kunst - wordt van dit effect gebruik gemaakt: men past dit in deze stijl afwisselend met asymmetrische patronen toe.

In ons eigen lichaam kunnen we deze symmetrie overigens ook heel goed ervaren. We hebben twee ogen, twee oren, twee handen en twee voeten: linker- en rechtervoet, linker- en rechterhand, enzovoort. We weten dat ook onze hersenen zijn verdeeld in een linker- en rechterhersenhelft, die de gevoelszone en de analytische zone voorstellen. Deze werken op ons lichaam in waardoor ons handelen wordt bepaald. Het is van groot belang dat beide helften goed samenwerken omdat zij ons lichaam besturen. Het tekenen van spiegelbeelden kan hier erg toe bijdragen.

Ook in de latere ornamentkunst speelde het begrip symmetrie een grote rol.

Oefening 1: het spiegelbeeld

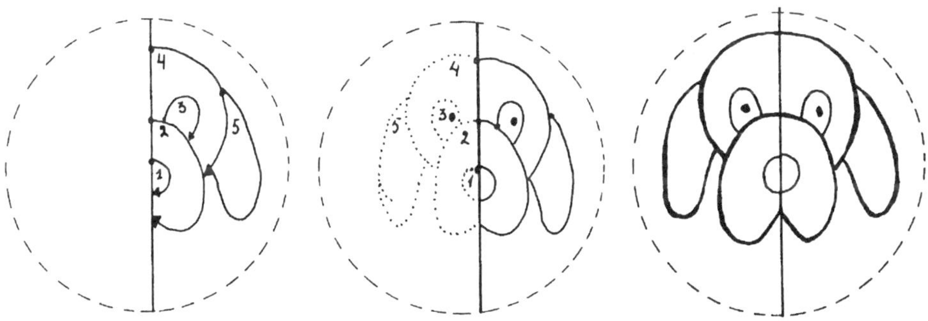

Teken een cirkel op je blad met een stevige rand; een vierkant mag ook. Trek door het midden een horizontale of een verticale lijn; dit is de as in je tekening waaromheen je gaat 'spiegelen'. Zet je potlood op een willekeurig punt van je lijn. Begin vanuit dit punt te tekenen. Teken slechts aan één kant van de lijn een willekeurige figuur; dit vormt de ene helft van je spiegelbeeld. Blijf daarbij binnen de omtrek van je cirkel, en sluit tenslotte weer aan bij de middenas.

Teken nu, aan de nog blanco zijde van de as, precies dezelfde figuur, zoals je die aan de andere zijde al hebt getekend. Denk er om dat dit beeld gespiegeld, dus tegenovergesteld, moet worden getekend!

Oefening 2

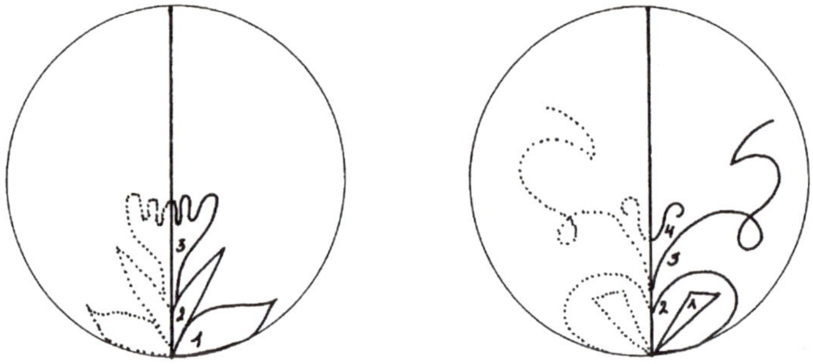

Breng in je volgende spiegelbeeldtekening variatie aan door recht en rond afwisselend te gebruiken en door te variëren op de eerste vorm die je hebt laten ontstaan. Werk deze spiegelbeeldtekening zo mooi mogelijk uit. Breng kleur in je tekening aan:

- door de buitenruimte te kleuren, of
- door je spiegelbeeld van kleur te voorzien.

Experimenteer ook eens met uitsluitend zwart-wit effecten en tracht daarbij zoveel mogelijk diversiteit aan te brengen. Kijk hiervoor eens naar de voorbeelden in dit boek.

Oefening 3: een rozet

Rozetten worden getekend langs twee assen: een horizontale en een verticale as. De in het midden kruisende assen vormen nu vier kwadranten (een kwadrant is een vierde deel van de cirkel) en vormen als het ware vier assen, vanuit het middelpunt gezien. Door nu te tekenen om die vier assen ontstaat een rozetvorm.

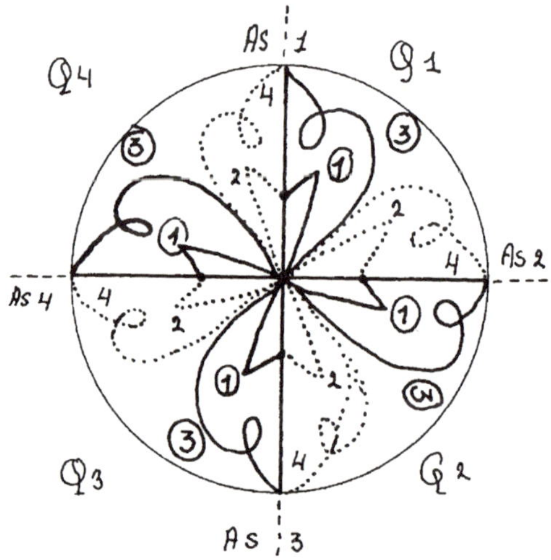

Stap 1: ook hier teken je eerst aan één kant van de as, maar nu herhaal je de vorm aan dezelfde kant van de andere assen, steeds gezien vanuit het middelpunt. In het voorbeeld is dat de rechterkant van iedere as, gezien vanuit het middelpunt. Volg iedere keer in alle vier kwadranten de als eerste gekozen vorm en sluit weer aan op de as.

Stap 2: na deze eerste vorm teken je in het tegenoverliggende kwadrant het spiegelbeeld van deze vorm, zodat symmetrie in alle vier richtingen rond de vier assen ontstaat.

Stap 3: teken om deze eerste vorm nu een tweede waarbij je probeert een variant op de eerste te maken. Begin als eerste met het volgen van het voorbeeld. Dat maakt je duidelijk hoe het werkt. Ook nu teken je weer de vorm aan één zijde van de as en ook nu herhaal je weer viermaal.

Stap 4: maak nu deze vorm symmetrisch door de figuur aan de andere zijde van de assen te 'spiegelen'.

Maak deze eerste rozet zo mooi mogelijk af door haar te kleuren of van motieven te voorzien. Laat zelf ook eens een rozet in vier stappen ontstaan. Wanneer je het 'in je vingers hebt', kun je nog meer stappen maken.

8.7 Metamorfose en vormverandering

In de natuur komen we het metamorfoseproces herhaaldelijk tegen. Dit uit zich in talrijke vormveranderingen. Kijk maar eens naar de regendruppel. Als deze in een koude omgeving terecht komt, verandert de druppel in een sneeuwvlok. Als er aan een aantal voorwaarden is voldaan, wordt de sneeuwvlok een sneeuwkristal, die op zich weer duizenden verschijningsvormen kent. Als de temperatuur gaat stijgen, ontstaat er weer een veranderingsproces: de sneeuw gaat weer over in water en er ontstaan, onder de sneeuwlagen, kleine waterstroompjes die kleine beken en later rivieren worden. Deze rivieren monden uit in zee, het water verdampt en gaat uiteindelijk over in regen. Deze vormverandering is een eeuwigdurend proces.

De cyclus van zaadje naar plant en bloem is ook een metamorfoseproces. Goethe's metamorfose-zienswijze stelt dat wij naar een plant kunnen kijken alsof het een wezen betreft dat zich uitleeft in vormverandering. Rudolf Steiner is de man geweest die deze zienswijze verder heeft ontwikkeld en het een didactische basis heeft gegeven. Ook kunstenaars, zoals onder andere Van Kruiningen en Escher, hielden zich met deze veranderingsprocessen bezig.

In de dierenwereld toont de vlinder ons een fenomenaal metamorfoseproces dat zich binnen één leven afspeelt. Voor het bereiken van de uiteindelijke vlindervorm heeft de vlinder meerdere gedaantewisselingen ondergaan. De eitjes van vlinders, die op het blad worden afgezet, worden rupsen, die zich omgeven met een cocon waaruit later de vlinder zich ontpopt die weer eitjes op het blad legt, nog een dag leeft en sterft. En de cyclus herhaalt zich...

Oefening 1

Probeer eens een vorm in enkele stapjes over te laten gaan in een andere vorm. Door met de vorm te spelen kun je in enkele opeenvolgende stapjes een vierkant veranderen in een cirkel. Probeer dat maar eens. Hoeveel stappen heb je nodig om van het vierkant naar de cirkel te komen? En hoeveel stappen van een cirkel naar een vis?

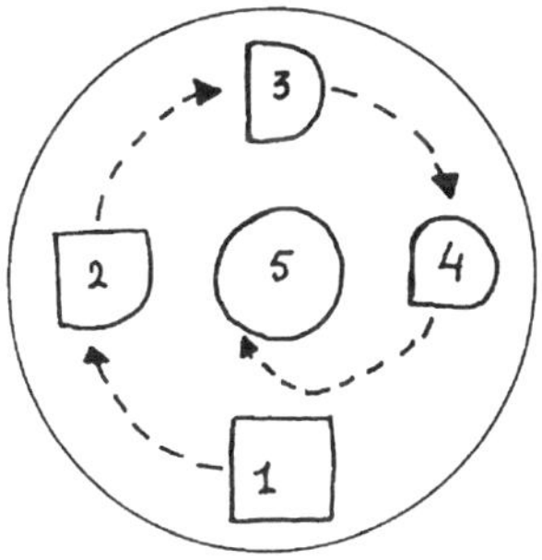

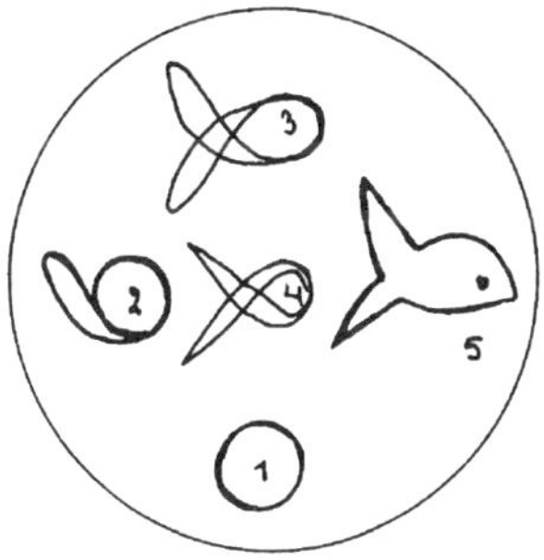

Kijk nu eens naar de volgende tekening. Hier is uitgegaan van een ruitvorm, die in vijf stappen is veranderd naar een zeshoek.

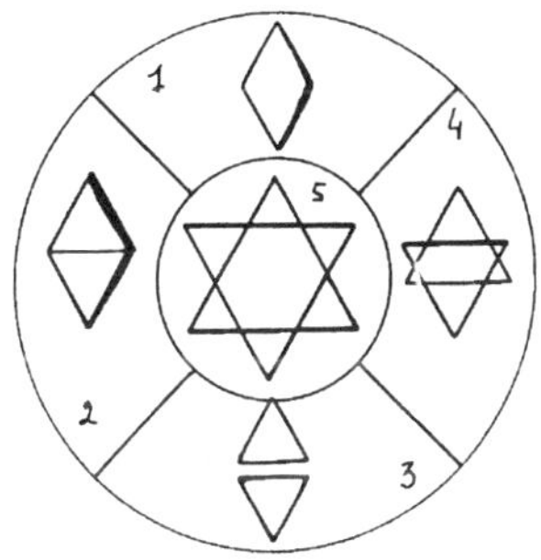

Oefening 2

Doe dit nu met een bladvorm. Kijk in de natuur hoe een blad zich ontvouwt uit een gesloten knop. Dit kun je in de lente goed waarnemen. Tast de knop eens af en voel hoe daarbinnen een samengebalde kracht aanwezig is, die, eenmaal geopend, de uiteindelijke bladvorm prijsgeeft. Alles is in die knop aanwezig om dit proces te laten plaatsvinden...

Oefening 3

Probeer zelf eens een vormverandering door van een paar streepjes naar een vierkante vorm te komen, enzovoort. Let er goed op dat je in iedere stap maar één lijn tegelijk verandert. Ga dan na hoeveel stappen je nodig had om tot een andere vorm te komen.

Werk nu eens een vormverandering uit van een bloemknop. Zie hoe deze zich uit de samengebalde vorm ontvouwt en tot stralende bloem wordt.

8.8 Spiraalstelsels in de natuur

De oorsprong van spiralen vinden we terug in de kosmos en in de natuur van het leven op aarde. De sterren van de melkwegstelsels tonen ons een spiraalvormig concept van groei. Dit zijn twee uit een middelpunt links- en rechtsom naar buiten spiraalsgewijze bewegingen. Het is een zelfvernieuwend patroon, een cyclus van ontwikkeling en terugvliedende krachten, die steeds op een andere plaats in de cirkel of ellips van het stelsel waartoe ze behoren, opnieuw geboren worden en weer sterven.

Bij draaikolken in rivieren vinden we dezelfde spiraalvormige oerbeweging terug. Hier gaat de spiraal echter, in tegenstelling tot die van het melkwegstelsel, naar binnen, instulpend dus. Bij het dagelijkse weerbericht op televisie zie je de wolkenvelden rond het lagedrukgebied formidabele spiraalsgewijze bewegingen maken; ook deze volgen een binnenwaartse beweging naar het lagedrukgebied toe. Na ontlading vloeit alles weer tezamen en begint het beeld zich opnieuw te ontrollen.

Het orgaan van Corti, dat zich in ons hoofd achter het oor bevindt, heeft ook een spiraalvorm met een naar binnen en naar buiten gaande beweging. Dit slakkenhuis vormt zo twee met vloeistof gevulde ruimten en is onder andere verantwoordelijk voor ons gevoel van evenwicht. Het vervult ook de functie van het scheiden van geluiden die we als prettig of juist als hinderlijk ervaren.

De Nautilusschelp, ook spiraalvormig.

In de oude culturen van de Kelten, Noren en islamieten komen we deze oerbeweging tegen in de vorm van versieringen. Op veel grafmonumenten vinden we de spiraal als symbool voor het eeuwige leven. Ook het zonnerad van de Azteken is een van de spiraal afgeleid symbool. Het symbool van de spiraal leeft nog steeds bij de natuurvolken in Afrika, in Australië, bij de Indianen en in de landen van het Midden-Oosten. De kunstenaars Escher, Hundertwasser, Klimt en vele anderen passen de spiraal ook nu nog steeds toe in hun kunst.

Oefening 1

Neem een blad papier en trek een groot vierkant of een cirkel vanuit de hand. Het gaat hierbij niet om mooi maar om het voelen van de beweging. Ga dan, al voelend, spiraalsgewijze bewegingen over je blad maken: eerst naar binnen en dan vanuit deze binnenwaartse beweging weer naar buiten. Speel zo met de ruimte van je cirkel of vierkant en vul haar met grote en kleine spiraalsgewijze bewegingen. Kijk hoe de naar binnen gerichte spiraal zich verhoudt met de naar buiten lopende beweging. Voel goed wat jij als prettig ervaart. Beweeg dan over je gehele veld: naar binnen... en weer naar buiten... Schommel als het ware heen en weer tijdens het tekenen en voel wat dit met je doet.

Waarschijnlijk zul je de ene beweging prettiger vinden dan de andere; verschillende factoren spelen daarbij een rol. Bij jonge mensen die nog vol in ontplooiing zijn, is de beweging naar buiten meestal vanzelfsprekend. Dit in tegenstelling tot de oudere mens, bij wie door verandering van levensomstandigheden de naar binnen kerende beweging vaak prettiger wordt ervaren.

Probeer voor jezelf te ontdekken hoe dit voelt. Welke beweging ervaar jij als prettig? Geeft de andere beweging je een onplezierig gevoel? Kun je deze beweging op een andere manier doen, zodat je hem als prettig kunt ervaren? Doe dit eens...

Oefening 2

Probeer nu beide bewegingen, de naar buiten gaande en de naar binnen kerende spiraalsgewijze beweging, eens met elkaar te verbinden.

Teken als hulp een cirkel waarbinnen je beide bewegingen met twee verschillende kleurpotloden kunt uitvoeren. Zet in het midden ook een kleine stevige cirkel. De randen van deze cirkels dienen als steunpunt om tegen aan te glijden.

Oefening 3

Een andere manier is het je in een spiraalsgewijze beweging laten meezuigen naar het centrum - het hart - van de mandala. Teken hiervoor een stevige cirkel op je blad papier, zodat je een stootrandje hebt om tegen aan te leunen. En ga dan vanaf een door jou gekozen plaats vanaf de cirkelrand bewegen naar het hart, het middelpunt van je cirkel. Daar aangekomen rust je en in een draaiende beweging keer je om; van daaruit beweeg je weer mee in tegengestelde richting naar buiten tot aan de rand van de cirkel. Geniet vooral van alle bewegingen en voel wat het met je doet. Dit is de basis van de oerbeweging van de spiraal. Voor deze oefening kun je twee kleuren gebruiken. Zo kun je goed zien hoe jouw spiraal zich naar binnen beweegt en zich naar buiten ontrolt.

Oefening 4

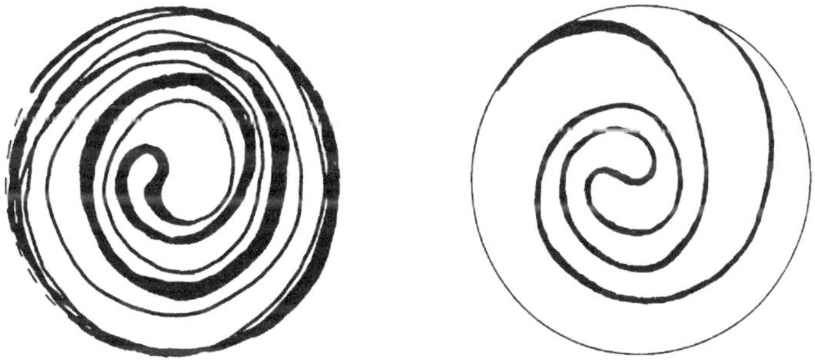

Doe de vorige oefening nogmaals in een nieuwe cirkel, waarbij je zonder te stoppen probeert in het middelpunt om te draaien ... Je zult nu voelen dat je als het ware binnen je cirkel schommelt alsof je in een waterbol ligt. Voel maar even... Naarmate je haar beter kunt uitvoeren en voelen, zal deze oefening je in balans brengen...

8.9 Kruispunten in je leven

Kruispunten kun je vinden in alle vormen van versierende of religieuze kunst. We vinden ze vooral terug op Kreta en in Ierland, waar de Kelten en Noorse stammen hun invloeden op de christenen achterlieten. In Turkije en de Arabische landen komen we het kruispunt en het knopen in veel ambachten en handwerktechnieken tegen. Ook in Oostenrijk, Zwitserland en België, waar kantklossen een veel beoefend ambacht is, zien we kruispunten in het kant terugkomen.

In India en bij de Azteken gebruikte men het kruis in de cirkel als uitgangspunt voor het zonnerad. Het kruis werd ook gebruikt om een heilige plek in de tempel en in de mandala aan te duiden.

Het kruis staat eveneens symbool voor een te maken keuze in het leven. Hildegard von Bingen en Bruder Klaus von Flüe maakten van het kruis gebruik om hun visionaire beelden tot uitdrukking te brengen. Voor hen had het kruis, gezien vanuit hun christelijke religie, een symbolische plaats in de geloofsbeleving.

In deze tijd kan het kruis ons ten dienste staan bij het zoeken naar de zin van ons leven, bijvoorbeeld het 'diamanten pad' volgen of het zoeken naar verinnerlijking. Een kruispunt in het leven kan zo rond het vijfenveertigste jaar zijn. Veel mensen bezinnen zich dan opnieuw op de zin van hun leven. De kinderen gaan de deur uit, de carrière neemt een andere wending of de werkomgeving valt weg. Dit geldt zowel voor vrouwen als mannen. Er is dan een tendens om 'het allemaal nog eens over te doen'. In onze westerse wereld spreken we dan over de 'midlife crisis', waarbij ook het lichaam een woordje meespreekt. 'Kwaliteit in het leven' wint aan kracht. De grenzen kunnen worden verlegd en weer opnieuw afgebakend.

Het kruis binnen de veilige ruimte van de cirkel stelt het gebied van de zonnevlecht voor; dat is het gebied van het intuïtieve 'weten', waar tevens onze angsten liggen opgeslagen. Door onze angsten te overwinnen kunnen we weer leren leven vanuit ons hart en durven we ons weer kwetsbaar op te stellen. De kruismandala kan ons daarbij gedurende deze tijd van zoeken naar nieuwe wegen innerlijk bescherming bieden.

Oefening 1

Ga uit van de cirkel en vertrek vanuit het middelpunt. Als je dat prettig vindt, kun je in het midden een rondje of vierkantje vrij houden. Waar wil je als eerste naar toe: naar boven of naar beneden, naar links of naar rechts...? Je kunt ook kiezen voor diagonale bewegingen. Volg de beweging dan ten minste viermaal, waardoor de cirkel in vier gelijke delen wordt verdeeld. Herhaal deze bewegingen enkele malen: steeds langs het centrum en uitklinkend naar de cirkelrand; kijk maar naar het voorbeeld. Begin nu de vier delen die op deze manier zijn ontstaan, te vullen met vier verschillende vormen of lijnen, wat er maar in je opkomt. Ga net zo lang door tot je cirkel gevuld is.

Bedenk nu zelf nog eens een manier om je kruis vorm te geven en de segmenten van je cirkel te vullen. Beweeg steeds vanuit het kruispunt. Je mag uiteraard ideeën 'lenen' uit de andere thema's.

Waar doet de verdeling van de cirkel door het kruisen van lijnen jou aan denken? Denk eens aan de vier windrichtingen, vier jaargetijden, klavertje vier, enzovoort. Zoek je eigen verbindingen.

De vier rijken van de evolutie:
mineralenrijk, dierenrijk, plantenrijk en de mens

Oefening 2

Ga uit van een cirkel of vierkant. Baken deze op je papier goed stevig af, zodat je een buffer hebt om tegenaan te stoten. Beweeg nu in een zachte, net zichtbare, potloodlijn over je blad. Je mag recht en rond bewegen en ook kruisen. Zet niet teveel lijnen en niet teveel kruisen neer. Houd je blad een beetje open.

Als je hiermee klaar bent, neem je een ander potlood en verdubbel je alle getrokken lijnen. Bij de kruisingen houd je een stukje lijn open. Kijk maar naar het voorbeeld.

Tot slot ga je, als op een kruising van autowegen, steeds opvolgend eenmaal onder de weg door en de volgende er overheen. Als je dit goed doet, klopt je tekening aan het einde van de rit en heb je weer vrije doorgang.

Met deze ideetjes kun je eindeloos variëren, probeer het zelf maar eens...

8.10 Knopen en vlechten

De kunst van draaien, knopen en vlechten is er een van de alleroudste tijden. Zodra de mens begreep dat je door het in elkaar draaien van vezels iets kon maken waarmee je dingen kon vastbinden, was het eerste koord geboren en de eerste knoop gelegd. Herders gebruikten de wol van hun schapen om er een draad van te maken, grassen werden tot een draad gedraaid, bloemen op dezelfde manier tot kransen 'gevlochten'. Later werden deze processen gecultiveerd tot het kaarden en spinnen van de wol en zo ontstond de wollen draad en het touw.

Knoop voor knoop

Als we twee draden aan elkaar knopen, hebben we onze eerste 'knoop' gelegd. Uit dit principe is de kunst van het knopen voortgekomen, dat we kennen onder de naam macramé. Met een aantal basisknopen komen we bij zo'n werkstuk al een heel eind en als we eens kijken hoe de knoop in onze taal gebruikt wordt, komen we het gezegde 'de eindjes aan elkaar knopen' tegen. 'Een knoop in mijn zakdoek leggen' en ook: 'dat zal ik in mijn oren knopen'. Ook in de scheepvaart heeft het knopen van touw een eigen plaats. En een schip vaart zoveel 'knopen', al is dat anders bedoeld.

Knopen wordt gezien als een van de eerste vormen van vlechten en wordt over de gehele wereld toegepast in beroep, huishouding en op het gebied van hobby. Waarschijnlijk heeft macramé - de kunst van het knopen - zijn oorsprong gevonden in de landen van het Midden-Oosten, waar al in de negende eeuw voor Chr. krijgslieden kledingstukken droegen die waren afgewerkt met zware gevlochten of geknoopte randen. In de Arabische wereld beïnvloedde het de architectuur, hetgeen we duidelijk kunnen zien aan de patronen, geometrisch van karakter en kunstig ineengestrengeld. Van daaruit verspreidde macramé zich naar Europa. Het woord macramé is pas later in zwang geraakt en schijnt afkomstig te zijn van het Arabische woord 'Macrame', dat franje of knoop betekent.

Knopen en vlechten als motief voor de mandala

Bij het tekenen van mandala's zijn de knoop en de vlecht belangrijk. Veel van de oude Keltische motieven zijn er direct aan ontleend. Om knopen en vlechten in onze mandala te kunnen tekenen, is het goed er al mee te hebben geoefend. Allereerst kun je knopen in een koord leggen en vlechten met koord, dik draad of wol. Daardoor ontwikkel je gevoel voor wat een knoop of een vlecht eigenlijk is en wat er de speciale kenmerken van zijn. Probeer zo'n knoop of vlecht eens te tekenen. Voor het eerst zul je nu een driedimensionale voorstelling op het platte vlak moeten tekenen.

Dat vergt wel inzicht. Vandaar dat we best wat hulp kunnen gebruiken in de vorm van een 'ruimtelijk' beeld als de knoop en de vlecht.

Door knopen en vlechten schep je een beeld in de ruimte dat vorm houdt. De draden zijn en blijven met elkaar verbonden. De in elkaar gedraaide tak is op natuurlijke wijze 'vervlochten', maar niet geknoopt. Als je de tak uit elkaar draait, houd je twee delen over.

De oefeningen bij de kruispunten gaven je een voorproefje voor wat je nu - ruimtelijk - ziet. Anders dan bij de kruispuntoefening, waar het slechts om onderlangs en bovenover ging, gaat het bij knopen en vlechten nog een stapje verder. Zo onder-zo boven, onderlangs en bovenover en dan óók nog met elkaar verbonden, evenwicht vinden tussen uitersten, is hier het motto. Daarom is knopen en vlechten een manier om te leren bundelen en in evenwicht te komen met jezelf. Je levenskracht en je weefsel wordt er door versterkt en je leert op een natuurlijke wijze om te gaan met het houden van 'het midden'. Knopen helpt je ook te leren ordenen en prikkelt je beide hersenhelften en je concentratievermogen.

Op de volgende pagina zie je enkele voorbeelden van knopen zoals:

- festonknoop of rommelknoop;
- marlingknoop of 'zeemansknoop': een platte knoop die wordt gebruikt op schepen;
- boerenknoop of 'oudewijvenknoop': een verkeerd geknoopte platte knoop;
- enkele of dubbele weitasknoop;
- Turkse knoop;
- Josephineknoop.

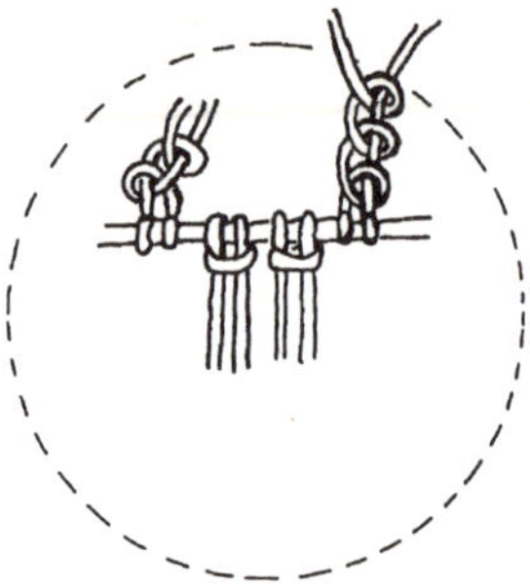

Festonknoop

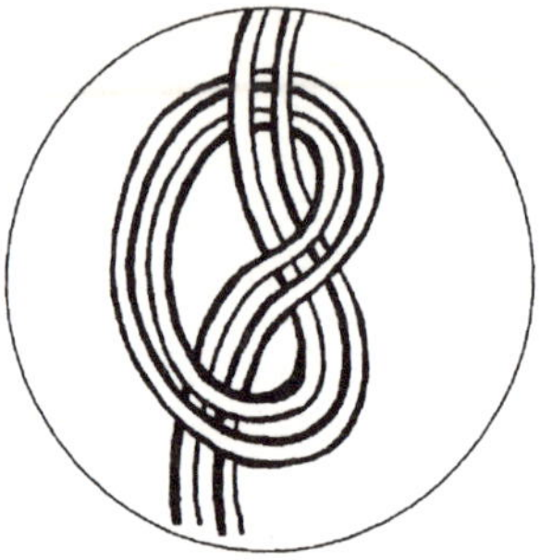

Marlingknoop

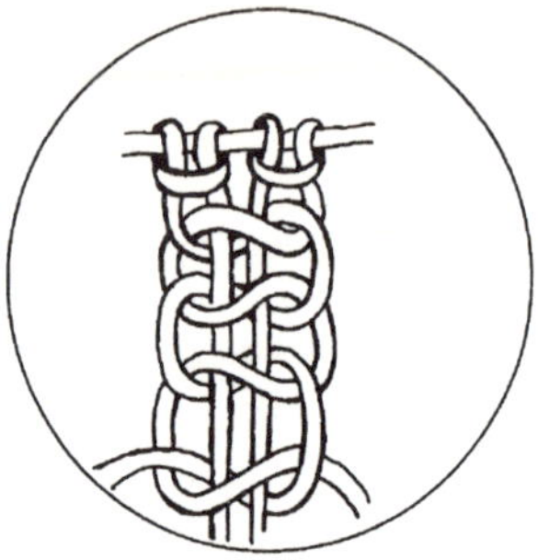

Dubbele weitasknoop

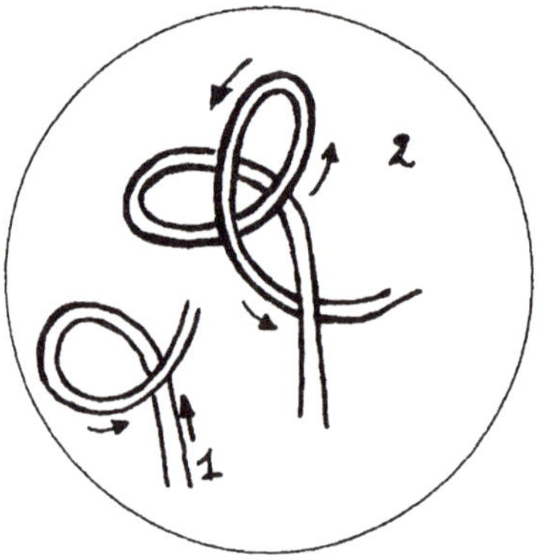

Het begin van de Turkse knoop

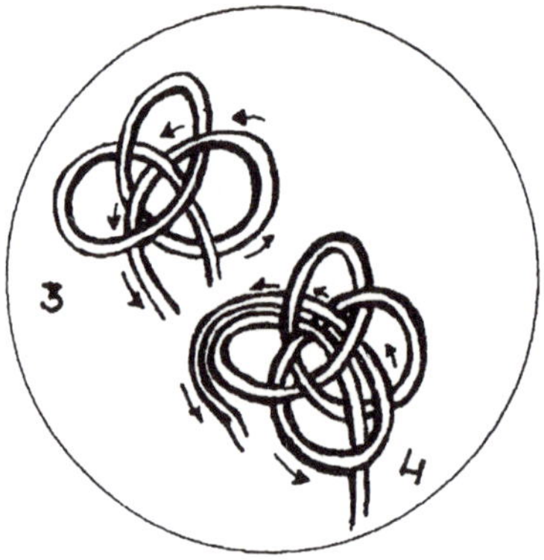

De Turkse knoop 'dubbel'

Josephineknoop

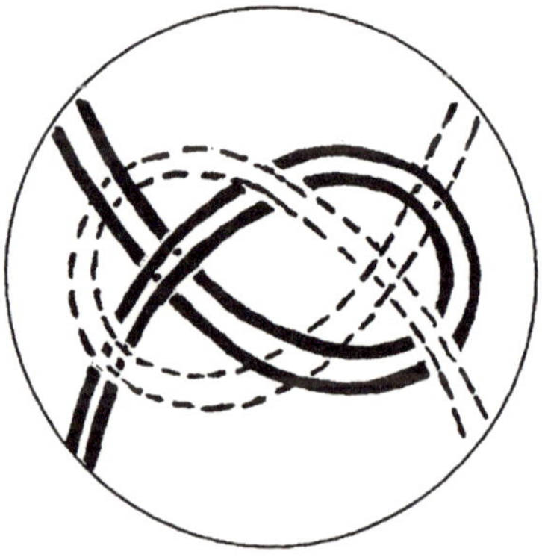

Josephineknoop

Josephineknoop

Oefening 1

Probeer zelf een van de knopen uit. Je kunt dat doen door zo'n knoop in een koord te leggen en daarna te tekenen. Deze manier van werken brengt het zichtbare over in een tastbare vorm. Dus laat eerst je handen het doen... en teken daarna wat je ziet.

Je kunt op een eenvoudige manier een knoop- of vlechtband in of om een mandala tekenen. Oefen eerst de verschillende knopen, zodat je weet hoe je ze kunt gebruiken.

Vlechtbanden en Keltische vlechtmotieven

Je kent de vlecht vast uit je naaste omgeving. De vlecht in het haar van ccn meisje, de vlecht in het haar van een paard en ook de gevlochten meikrans zijn er voorbeelden van, evenals de gevlochten leren riem of ceintuur. In de oude Keltische patronen vinden we veel voorbeelden van vlechtbanden en -motieven, maar ook in andere culturen zijn dit soort versieringen te vinden. Kijk maar eens naar de traditionele patronen in het Midden-Oosten en die van de islamitische volken. Vlechtwerk komt ook voor in breiwerk: het bekende kabelmotief is ook een vlecht.

Een vlechtmotief uit de Moorse cultuur

Er zijn dus tal van mogelijkheden om je met vlechten bezig te houden.

Oefening 2: vlecht voor vlecht

De Kelten waren zeer bedreven in het vlechten met meerdere strengen. Wij houden het hier eenvoudig. Neem eens drie stevige wollen draden, strengen, koorden of banden. Zet ze samen vast op een punt en vlecht deze drie draden in elkaar. Je hebt nu een visuele vlecht gemaakt en kunt de beweging van een draad die bovenover ligt of onderlangs gaat, goed waarnemen. Kun je dat ook tekenen?

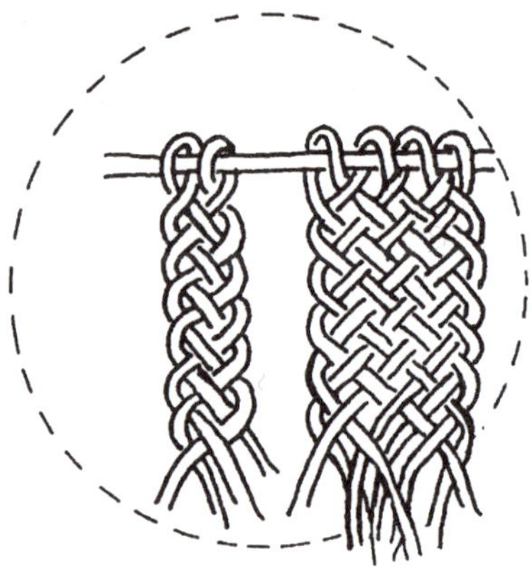

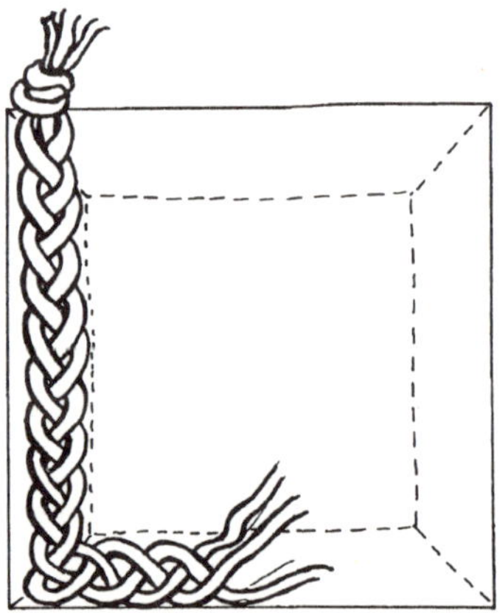

Oefening 2

Oefening 3

Teken deze drievlecht op een stuk papier alsof het een rand is voor een mandalatekening, die geplaatst is in een vierkant. Je 'vlecht' dus langs de rechte lijnen van je vierkant. Let goed op dat je bovenover en onderlangs duidelijk zichtbaar maakt; kijk nog maar even naar de tekening en de foto. Zie je dat licht en schaduw hier de diepte suggereren? Kun je ook zien waar dat door komt en hoe je dat in je tekening tot uitdrukking kunt brengen? Een koord dat onder een ander koord doorloopt vangt de schaduw van het koord dat er overheen loopt. Vergelijk dit met de tekening en de foto.

Oefening 3

Doe nu deze vlechtbandoefening nogmaals, maar nu om de ronde vorm van de mandala. Wat is er dan anders? Waar moet je op letten bij het vlechten van de draden? Je kunt ook nu weer een vlecht maken uit drie draden en die rond leggen. Zo kun je zichtbaar maken hoe het licht valt, waar donkere plekken ontstaan, waar meer ruimte nodig is, enzovoort.

Oefen zelf nog eens met enkele motieven en kijk wat voor verschil het uitmaakt met de eerste tekeningen.

8.11 Doolhoven en labyrinten

Je kunt labyrinten vinden op oude munten van Cyprus en Kreta. Je vindt ze ook op mozaïekvloeren in Ravenna en op de zojuist genoemde eilanden, maar ook in Keltische verluchtingen. In gotische kerken zoals die van Chartres (Frankrijk) en Lucca (Italië) zijn labyrinten te vinden. Het labyrint waarin het verhaal van Ariadne en Theseus te zien is, vind je in de mozaïekvloer van Cremona in Italië.

Voorzover wij weten is het oudste labyrint te vinden in de graftombe van de Egyptische farao Per Absen van circa 3400 jaar voor Chr.

Ook de spiraalvormige tunnels van de Pima-indianen en van de Malekula's op de Nieuwe Hebriden voeren terug naar dit idee.

De doolhof laat ons een weg zien waarin wij verstrikt zijn geraakt, maar het kan ook een humoristische uitdrukking zijn voor de weg die we zijn kwijt geraakt. Vroeger werden doolhofdansen uitgevoerd in op de grond uitgelegde 'doolhoven', die in werkelijkheid labyrinten zijn. Ook nu nog vinden we het folkloristische doolhofdansen in Beieren. In Scandinavië en Ierland zijn nog oude grasdoolhoven en keiendoolhoven. In Nederland vinden we een doolhof in Paterswolde, een heggendoolhof in Ruurlo en op het drielandenpunt in Vaals.

Tegenover de misleidende weg van de doolhof staat het labyrint symbool voor de dood en wedergeboorte van de ziel en is een weg die, met vele omzwervingen, naar het doel leidt. Er zijn geen andere wegen mogelijk; slechts het volgen van die ene weg leidt tot het middelpunt. Wie daar aankomt, zal ook de weg terug kunnen gaan en opnieuw geboren kunnen worden.

Naar mijn idee gaat ieder mens eerst een tijdje de weg door de doolhof van het leven, zoals ook de Griekse mythe over de draad van Ariadne en Theseus ons vertelt. Kinderen spelen graag met het idee van de doolhof, en ook ik vond het leuk om een aantal 'valkuilen' te bedenken, voordat ik in staat was een werkelijk labyrint uit te werken. Pas later helpen de behoefte om tot rust te komen en de in het leven verworven inzichten ons om de weg van het labyrint te gaan. Deze weg is de weg terug naar je midden, terug naar het hart van de mandala. Onze ogen worden geopend en we weten dat we zonder meer deze weg kunnen gaan.

Het zoeken naar de graal – de weg van het labyrint – in de mandala

We vinden in oude vertellingen verhalen over graaldansen en kraanvogeldansen, die er op gericht waren de mens de weg te wijzen die door het labyrint voert. Wij mensen hebben echter de neiging bij de zoektocht naar de graal het labyrint ten onrechte als een doolhof te ervaren. Zo gaan we al tastend en zoekend onze weg binnen de – niet werkelijk bestaande maar slechts opgeroepen angsten –, terwijl de weg van het labyrint, altijd doorgaand en zonder obstakels, al die tijd al voor ons klaar ligt, als we het maar willen zien! Maar juist dat heeft enige tijd nodig...

Het vergt veel moed en een groot uithoudingsvermogen om de weg van het labyrint te gaan. Dit vraagt van ons volledig vertrouwen en geloof in de weg die we moeten gaan. De weg door de doolhof is ons, zoals je zult begrijpen, zeer vertrouwd. Waarom zouden we vertrouwen stellen in een weg die ons naar ons midden brengt, nietwaar?...

Als jij nu een labyrint wilt tekenen, kun je dat dan zonder meer? Of wordt het toch nog een doolhof? Maak er geen punt van: je bent daar waar je nú kunt zijn en geen stap verder. Geniet van het ogenblik en speel volop met jouw doolhof. Maak het zo spannend als je maar kunt. Maar weet dat het labyrint op je ligt te wachten, ergens achter de horizon...

Oefening 1

Teken een doolhof met zoveel mogelijk valkuilen, grapjes en obstakels als je maar bedenken kunt. Alles mag, maar zorg er wel voor dat je er uiteindelijk weer uit weg kunt komen.

Is dit een doolhof of toch een labyrint?
Volg de weg eens met je potlood.

Kenmerken van de doolhof zijn:

- je kunt niet zonder meer de weg vinden en volgen;
- je wordt steeds misleid en moet terugkeren op je pad;
- het is een vertekend beeld: je vindt allerlei griezelige of grappige dingen op je weg. Denk bijvoorbeeld aan de spookroute of de lachspiegels.
- doolhoven zijn willekeurig, volgen niet een bepaald principe, zijn vaak asymmetrisch en laten je jezelf verliezen. Je moet je innerlijke gids om hulp vragen om er doorheen te komen.

Oefening 2

Kopieer het onderstaande voorbeeld van het labyrint van Chartres.

Tekening naar het labyrint van Chartres, dertiende eeuw. Dit labyrint heeft in werkelijkheid een doorsnede van 12,87 m.

Ga met je potlood de weg en kleur dit labyrint hierna met door jou gekozen kleuren. Neem voor iedere belangrijke draai van de weg een andere kleur. Zo kun je goed zien en voelen hoe de weg ondanks alle draaiingen toch altijd doorloopt. Zo voel je het verschil tussen de doolhof en het labyrint. Die ervaring helpt je de verschillende kenmerken tussen de doolhof en het labyrint in jezelf waar te nemen.

Kenmerken van het labyrint zijn:

- het labyrint volgt een vast principe en is als het ware een opgevouwen, langdurig pad dat je van je geboorte tot je dood, maar ook daarna, naar je wedergeboorte leidt;
- je betreedt een inwijdingsweg, gaat een rituele handeling aan;
- er is maar één weg die alsmaar doorloopt maar erg lang duurt en daardoor uitputtend is; zo oefen je uithoudingsvermogen;
- je dient al je moed te verzamelen om het onzichtbare centrum te benaderen en te betreden;
- dit lijkt het moment van je dood te zijn; je moet bereid zijn alles op te geven en achter je te laten; hier gaat het erom je ego op te geven;
- bij het verlaten van het labyrint word je herboren.

Oefening 3

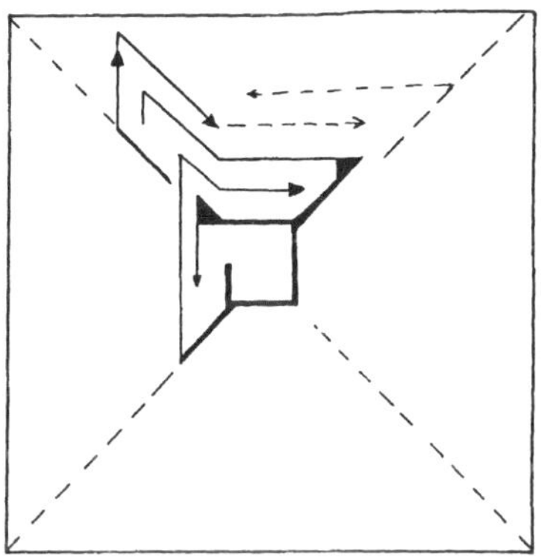

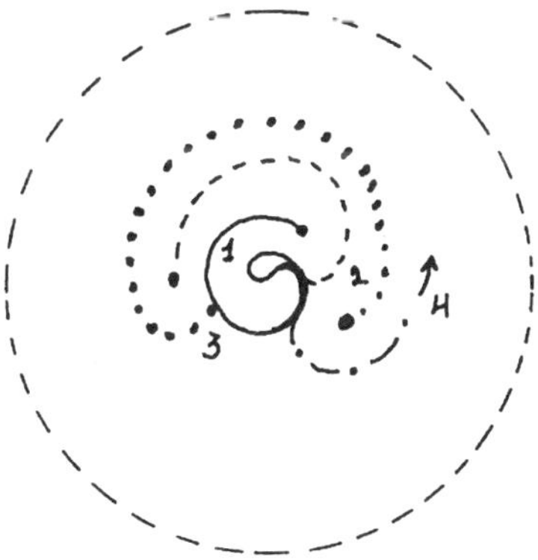

Teken nu zelf een eenvoudig labyrint, waarbij je de aanwijzingen volgt of teken het gegeven voorbeeld na.

HOOFDSTUK 9

Westerse rozetmandala's

Borduursels op stof zijn er al sinds de mens de draad en een ondergrond voor het bevestigen van die draad daarop had ontdekt. In de oudste ons bekende culturen versierde men allerlei soorten materialen, zoals gelooid leer en geweven of gevlochten voorwerpen met gekleurde vezels of ander materiaal. Geborduurd werd er vanaf het ogenblik dat men zo'n draad door een daarvoor bewerkte en nog zeer eenvoudige 'naald' met een gat erin kon trekken.

De oude volken die deze borduurkunst beoefenden, hadden daar wel altijd een speciaal doel mee voor ogen. Zij diende om de geestkracht van het geborduurde symbool vast te houden en te versterken in het leer, de stof, het weefsel of vlechtsel. De sjamaan die het voorwerp gebruikte of de bewerkte kleding droeg, kon er tijdens ceremonieën kracht uit putten. Het gebruik van gekleurde draden had dus een rituele waarde; daarnaast was het ook schoonheid en zin voor kleur die aanmoedigde tot deze versierende kunst. De kunstenaars werden gezien als personen met een bijzondere gave, die zij in hun jonge jaren ontwikkelden bij de creatieve geestvrouw van de stam, zoals bijvoorbeeld de indiaanse Regenboogmoeder, die danst met dromen en visioenen. Zij was het symbool van 'la Ultimate Madre', de Grote Moeder, die ook in andere culturen haar plaats kent.

Vooral de oude indiaanse volken, de Inca's en Maya's waren zeer bedreven in deze versierende kunst van het borduren, maar ook in de Oost-Aziatische landen en in Oost- en Noord-Europa zien we veel van deze specifieke borduurkunst en naaldwerkkunsten op kleding voor bepaalde feesten, ceremoniën en rituelen. In België en Nederland heeft de borduurkunst ook altijd een plaats gehad en heeft dat nog. Wat dat betreft: er is dus werkelijk niets nieuws onder de zon!

9.1 Mandala borduurkunst

Wel nieuw is de manier waarop tegenwoordig de kruissteek als borduurtechniek wordt gebruikt om een innerlijke beleving in een mandala vorm te geven. Wanneer je kijkt naar de vorm waarin de mandala zich in het Westen een plaats heeft veroverd, dan zie je als eerste de traditionele mandala in geborduurde vorm. Ook voor mij was deze geborduurde mandala de eerste vorm van de mandala waarmee ik kennismaakte. Deze geborduurde mandala's zijn voornamelijk vertegenwoordigd in de traditionele vorm van de *rozet*, die vanuit het hart van het stramien of borduurgaas worden geborduurd met kruissteekjes die van binnen naar buiten uitstralend worden vormgegeven.

Deze werkwijze vergt enige ervaring op het gebied van kruissteekmotieven, in die zin dat alle kruisjes in dezelfde richting worden geborduurd en je het stramien steeds vanaf één kant bewerkt. Als je dat op deze manier doet, wijzigt je patroon zich steeds weer ten opzichte van het hart. Je moet als het ware in vier richtingen borduren en daarbij steeds weer van standpunt veranderen. Dit geeft je volop de gelegenheid er een frisse kijk op te houden, want er is nooit iets hetzelfde, ook al borduur je viermaal hetzelfde motief. Je ziet datzelfde motief immers vanuit vier verschillende richtingen groeien en toch blijft de totale mandala één geheel en in harmonie.

Ook kleurtoepassingen vragen in deze mandala's speciale aandacht. Het is prachtig om te zien hoe zich onder je handen een kleurpatroon ontvouwt, dat je – werkend met een kruissteekpatroon of -pakket – nooit zou bereiken. Want daarin ligt nu juist de kracht van een mandala-kruissteekmotief: niets ligt vast, het motief ontwikkelt zich onder je handen tijdens het proces van het borduren zelf. Je kleurgebruik, toegepast op dezelfde manier als het laten ontstaan van het motief, zal daardoor ook een eigen vorm aannemen.

Zelfs voor mij is iedere mandala die ik borduur weer een nieuw en spannend proces, terwijl ik er toch tientallen heb geborduurd. Ditzelfde hoor ik andere mensen zeggen die zich met de geborduurde mandala bezighouden. Het is een altijd weer nieuwe reis waar zich nieuwe verten in laten ontdekken en wat zo gemakkelijk is: je kunt het te allen tijde en op elke plaats die je bezoekt direct ter hand nemen en verder gaan waar je was gebleven. Een stukje stramien, wat strengetjes borduurzijde in verschillende kleuren en een borduurnaald is alles wat je nodig hebt om met de mandala aan de slag te kunnen.

Wat heb je nodig voor het borduren van een mandalarozet?

- borduurstramien van tenminste 20 x 20 cm. Fijn om mee te werken is aïdastof, maar goed aftelbaar linnen kan ook. De keuze hiervan hangt af van je geoefendheid op het gebied van kruissteekmotieven en van je ogen. In het voorbeeld zie je borduurlinnen waarop met tweedraads borduurgaren werd gewerkt;
- borduurnaalden met een stompe punt, waardoor de stof niet wordt beschadigd en je gemakkelijk op aftelbare stof werkt;

- enkele strengetjes borduurzijde, die er van verschillende merken zijn; je keuze hangt af van je persoonlijke voorkeur of kleurengamma. Als je nog wat hebt liggen, kun je je eerste proeven daarmee borduren. Neem in het begin niet teveel kleuren; dat verwart zeer en sommige kleurnuances liggen heel dicht bij elkaar;
- een scherp borduurschaartje;
- voor wie dat wenst: een borduurraam.

Hoe begin je?

Je ziet hier een voorbeeld van een kruissteekmotief, dat begint vanuit de horizontale en verticale as. Hier is gekozen voor de eenvoudigste manier om mee van start te gaan.

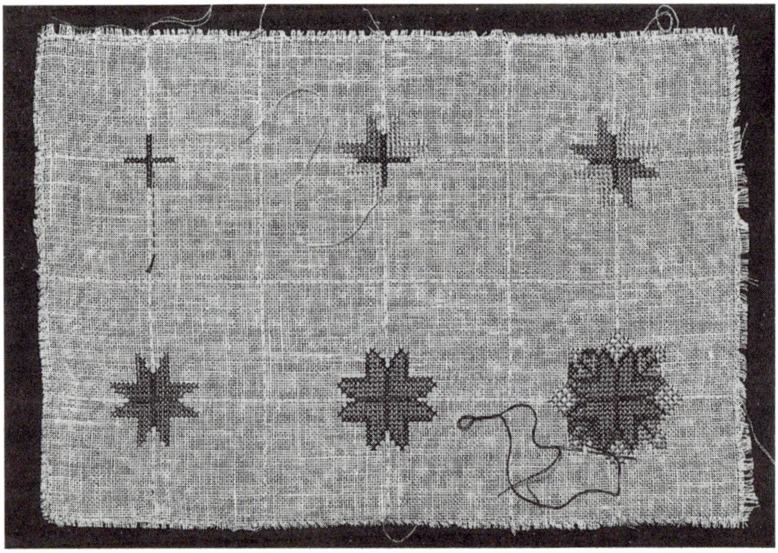

Voorbeeld van een opzet voor een geborduurde statische mandala.
Begin linksbovenaan: borduur als eerste een kruis
en ga dan met een volgende kleur in een volgend motief verder.
Herhaal dit motief aan alle vier zijden van het kruis.
Laat het zich zelf ontwikkelen....

- Werk je borduurstof vooraf even om met een draadje – een omslagsteekje is voldoende – zodat de stof niet kan rafelen.

- Vouw je lapje doormidden en doe dat daarna ook over de andere zijde. Zo vind je je uitgangspunt: het midden van de vier zijden.

- Trek een draad langs deze gevonden 'lijn', zodat je weet waarlangs je weg gaat.

- Borduur als eerste een kruis van kruissteken in een door jou gekozen kleur. Als je niet weet met welke kleur je zult beginnen, doe dan het volgende: leg de borduurzijde voor je neer, sluit je ogen en laat je hand langs de strengetjes of de kaartjes met borduurkatoen of -zijde gaan. Tracht je een beeld te vormen welk strengetje of kaartje aandacht vraagt en neem, nog zonder te kijken, dat strengetje of kaartje eruit en begin. Niet over nadenken, maar doen! Laat het maar gebeuren. Dit kun je steeds weer herhalen als je aan een nieuwe kleur toe bent.

- Na je eerste kruis ga je over op een andere kleur en laat je een nieuw patroon ontstaan, dat aanvullend werkt op het kruis. Vraag jezelf af wat dat volgende motief kan zijn. Als je geen idee hebt, borduur je met je nieuwe kleur naar het voorbeeld of alleen maar langs de lijnen van het kruis. Ook dat is interessant. Zorg er wel voor dat je steeds langs alle vier lijnen hetzelfde patroon of motief borduurt. De rozet ontwikkelt zich langs deze vier aangegeven lijnen. Doe dat in het begin altijd; zo kun je volgen wat er met jou en de mandala gebeurt. Later kun je kleuren en patronen anders uitwerken; dat gebeurt vanzelf. Maak het je in het begin niet te moeilijk.

Vervolg zo je weg door de mandala en neem de vier vaste regels van beweging rond het middelpunt en het kruis in acht tot je mandala zo volmaakt mogelijk is geworden. Mocht je in verwarring raken dan kun je nog even teruggaan naar de eerste thema-oefeningen rond spiegelbeeld en rozet (zie paragraaf 8.6).

Wat gebeurt er tijdens dit proces met je?

Je zult merken dat tijdens het borduren allerlei gedachten door je heen gaan. Dat kan van alles zijn: herinneringen, hoe je denkt over het borduren, wat je ziet en wat je voelt. Probeer rustig bij jezelf te blijven en oordeel niet over wat er gebeurt. Alles is goed, het is jouw mandala, jouw proces, waar plaats is voor emoties, dromen, ideeën... wat zich maar aandient. Geniet van het proces op zichzelf en laat gebeuren wat gebeuren wil. Zo vallen oude patronen weg of maken zich kenbaar. Dingen vallen 'op hun plaats', ook in je mandala. Maak je een 'toevallige' fout, realiseer je dan dat in zekere zin toeval niet bestaat en dat je zogenaamde fout je iets wil zeggen. Leer je fouten te integreren in je werkstuk. Dat is van belang voor het rijpingsproces in je mandala, maar ook voor het rijpingsproces van jezelf. Vaak zul je pas later zien waarom die 'fout' er juist op die plaats is gekomen en waarvoor deze dient. Leer te zien dat fouten juist je mogelijkheden zijn om je grenzen te verleggen en om andere inzichten en visies te ontwikkelen.

Het bovenstaande geeft een beeld van wat er in de mandala waaraan je zojuist begonnen bent, op je af kan komen. Het middelpunt van de mandala vormt hier een rustpunt van waaruit de vier richtingen kunnen worden verkend, zonder dat je uit je midden wordt getrokken.

9.2 Het borduren van de traditionele statische en dynamische mandala

Bij de op een traditionele manier 'geborduurde' mandala is het principe van 'volg wat je als eerste doet en gebruik de kleur waarop je oog het eerste valt' belangrijk; dat leidt je tot je doel. Het brengt je tot een uiteindelijk diep proces van schoonheid dat in zichzelf besloten ligt en dat zijn weerga niet kent. Bovendien kom je in dit soort uitwerkingen jezelf dubbel en dwars tegen, omdat het proces tenminste viermaal, zo niet vaker, herhaald dient te worden. Je ontdekt daarbij mogelijkheden die diep in jezelf liggen opgeslagen en die je tot dan toe niet tot je talenten had gerekend.

Natuurlijk is in dit proces de weg die je gaat belangrijker dan het uiteindelijk bereikte resultaat. Hoewel het een fantastisch moment is als je de mandala zich tijdens het wordingsproces ziet ontwikkelen, en vanuit een soms niet te benoemen gevoel van onmacht en 'wat moet ik nu met die kleur aan; wat zal dit worden' tot een geheel ziet worden dat rust en harmonie uitstraalt. Dat is altijd weer een ogenblik van grote verwondering, omdat je getracht hebt er niet een eigen invulling aan te geven, terwijl je toch zelf met naald en draad de mandala borduurt! Juist vanuit dit aspect kun je de prachtige wetten van heelheid in jezelf ervaren en ook de mogelijkheid om altijd weer voort te bouwen op eerder genomen initiatieven. Er is altijd nog een nieuw pad dat gebaand kan worden... Laat je meeslepen in het spel van jouw eigen intuïtie... en droom weg met de kracht die je in je innerlijk bespeuren kunt.

De dynamische mandala

Naast het borduren van mandala's volgens de traditie van het statische principe kunnen we ook *in beweging komen* en een progressieve of dynamische mandala borduren. In de dynamische mandala volgen we ook het principe van werken langs de vier assen, maar in plaats van het spiegelen van ieder motief rond deze vier assen kiezen we nu voor een beweging in lijn of motief aan de linkerzijde of juist de rechterzijde van iedere as. Kijk nog maar eens naar de tekeningen van een statisch en een dynamisch motief die hier ter verduidelijking staan afgebeeld.

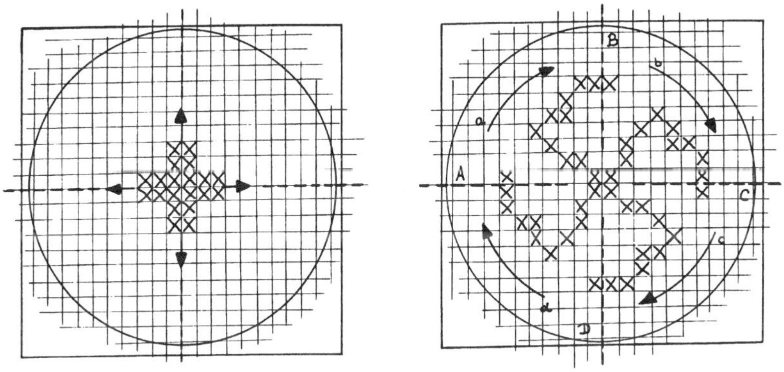

Geborduurde mandala in een statische en dynamische vorm

Volg met je borduurnaald en draad de tekening maar eens op een nieuw stukje gaas. Je zult zien dat er nu iets heel anders gebeurt: het lijkt wel of alles in beweging komt. Neem niet teveel hooi op je vork en borduur in het begin kleine mandala's; anders verlies je al gauw de moed. Het volgen van zo'n patroon is vrij lastig maar wel erg verrassend. Laat je naald vrij bewegen en volg daarna het patroon langs de andere lijnen. Dit vergt discipline, goed kijken en volgen...

9.3 Een geborduurde procesmandala om tot inzicht te komen

Bij een geborduurde mandala om tot inzicht te komen wordt er op een geheel andere wijze gewerkt. Het gaat er hierbij om inzicht te krijgen in het proces van een thema of de mens waarop de mandala wordt afgestemd.

Tijdens mijn eigen onderzoek op het gebied van de geborduurde mandala hebben velen om mij heen een eigen ingang voor de geborduurde mandala gevonden. Een daarvan wil ik hier beschrijven: de geborduurde *persoonsmandala* die door een vriendin is geborduurd.

Haar werkwijze is dat zij zich instelt op de persoon voor wie zij de mandala gaat borduren. Zij laat zich daarbij leiden door de kosmische en goddelijke kracht die haar omringt. Zij roept haar helper aan om een beginpunt te vinden en volgt vanuit dit gevoel steekje voor steekje de aanwijzingen zoals die zich innerlijk aandienen. Hieronder volgt haar beschrijving van het proces tijdens het borduren van een persoonsmandala.

'Voor Danka...,

Als ik me tijdens de meditatie op jou concentreer, krijg ik een gevoel alsof mijn hand en arm diep de grond in gaan. Gevuld met aarde haal ik een rijke oogst naar boven. Het is jouw diepste laag - jouw kern - die zich doet voelen: creativiteit. Dat borduur ik in tinten bruin, omhoogkomend en uitwaaierend.

Linksonder komt een oranje bol. Het voelt goed en warm; echter, heel diep - en nog weggehouden - ingeperkt. Het breidt zich uit in tinten geel: wil zich uitzetten. Echter, als ik de eerste ronding borduur, gaat er iets 'fout'. Ik borduur ook tegen de klok in: het voelt niet goed, ik ben niet vanuit de juiste richting begonnen...

Het is jouw innerlijke warmte - blijheid - die is er, maar het is net alsof het er niet mag zijn. Mócht die blijheid niet getoond worden, of durfde je die niet naar buiten laten komen?

Op een later tijdstip breekt de creativiteit door (groen vanuit het bruin). Het waaiert voorzichtig streepje voor streepje naar links. Tegelijkertijd borduur ik ook met tinten geel en roze de blijdschap open, richting het groen. Om en om werk ik naar elkaar toe. Groen en roze ontmoeten elkaar: creativiteit geeft blijdschap, door blijdschap groeit de creativiteit.

Rechts naast het bruin komt met paars een lijn: het is de religiositeit die er diep van binnen is. De vorm die ik aanvoel en ook zo weergeef is: niet gesloten - niet afgesloten, maar ook nog niet echt ontwikkeld.

Met groen moet ik eerst verder. Het gaat mee met een bruine tak en slingert zich er omheen. Het voelt goed aan: je geeft je creativiteit gestalte. De hele bovenkant wordt meer afwisselend groen-rozig geborduurd; je bruist van activiteit en geeft er gestalte aan: het voelt vibrerend en levendig.

Dan moet ik verder aan de onderkant bij het paars... Vanuit het diepst van die paarse kern voel ik golven omhoog komen. Golven van barensweeën, levensweeën - het er uit willen - er uit móeten. Ook golft het hoog op naast het bruine.

Hier, op dit punt, raak ik erg in verwarring: veel druist tegen elkaar in, er wordt 'gevochten' om een juiste plek, alles botst en glijdt over elkaar heen in een 'wat-is-het-belangrijkst'-gevoel (chaotisch, wat kies je?) Het bruist en borrelt (roze stippen) en wil omhoog naar de oppervlakte.

Het is het gevoel van liefde (omhoogstuwend) dat tot uiting komt in de creativiteit én het leven voor alles en iedereen. Als alles aan de oppervlakte mág komen, zal er rust ontstaan (roze deel).

Dán stroomt er een nieuwe vorm van creativiteit omhoog, ontstaan vanuit het religieuze gevoel, als dat een kans mag krijgen vanuit jouw vrije wil...

In liefde voor jou gemaakt,

Elly B.

Deze bovenstaande beschrijving klopt heel goed met het gevoel dat tijdens borduurprocessen ontstaat en is in dit geval natuurlijk van een heel ander gehalte dan de eerste intuïtieve mandala. Hier wordt het mediumschap aangewend om aan de mens dingen te tonen die wel te voelen zijn in jezelf, maar die je zelf niet altijd onder woorden kunt brengen. Door het op deze manier in de geborduurde mandala waar te nemen en het beschreven te krijgen, kan het als hulpmiddel dienen om de juiste richting te kiezen en te blijven volgen. In dank aanvaard ik dan ook deze prachtige symbolische en meditatieve mandala die voor mij werd geborduurd tijdens mijn verhuizing naar een andere plaats waar ik tot mijn grote vreugde ook een tuin zou krijgen... en waar ik mijn blijdschap ruim baan kan geven.

Zie ook de kleurenfoto van deze mandala van Elly tegenover pagina 96, onder.

Oefening

Borduur zelf eens een kleine mandala zoals beschreven bij de statische en de dynamische mandala. Kijk dan of je ook op de meditatieve manier te werk kunt gaan. Daarvoor kun je je bijvoorbeeld afstemmen op een vriendin, kleinkind of geliefd dier. Heel leuk om te doen, het stimuleert je creatieve vermogen. Het resultaat is altijd bijzonder, buiten verwachting mooi en van onschatbare waarde; in ieder geval voor jezelf.

9.4 Het begrip statische en dynamische mandala

In de mandala werken we met de energie die ook de kern van ieder levend wezen uitmaakt, dus ook van de mens. Tijdens ons levensproces zal deze energie voortdurend veranderen. Naarmate we ouder worden zal deze energie ons aansporen steeds meer naar binnen te keren naar het centrum van ons hart. Het hart is de innerlijke ruimte waar de liefde woont die ieder mens in zichzelf meedraagt. Daar ligt de sleutel verborgen waardoor de mens in verbinding met het kosmische plan kan komen. Als we in staat zijn deze kracht in onszelf tot uitdrukking te brengen zullen we werkelijk *mens* worden.

De traditionele mandala wordt vaak omgeven met een cirkel, die de ruimte van ieder mens in zijn leven voorstelt. Veelal wordt de cirkel verdeeld in vier segmenten, die de vier seizoenen, de vier windstreken, de verbinding tussen hemel en aarde en de sociale wereld (het verleden en de toekomst) symboliseren. Om de ronde vorm wordt dan uiteindelijk - nog steeds volgens het traditionele principe - een vierkant geplaatst dat voorzien is van vier poorten. Bij de vier poorten horen - en dat komt in verschillende culturen en religies voor - vier wachters of hoeders. (Zie ook de kleurenfoto tegenover pagina 96, boven.)

Tijdens ons levensproces worden we afwisselend in deze vier richtingen getrokken; ieder deel op zichzelf tracht ons over zijn streep te trekken. Het is dus zaak dat ieder mens in zijn centrum een rustpunt vindt en leert dit te handhaven. Zo ervaar je een soort innerlijk midden in rust en stilte. Natuurlijk zullen we niet altijd op dit punt kunnen zijn; dat zou onze dood betekenen (statisch). Wel kunnen we na ogenblikken van chaos trachten naar dit veld terug te keren en een nieuw evenwicht zoeken; waarna we vol vertrouwen maar zeer alert weer op pad kunnen gaan, moedig, onverschrokken en vol energie de uitdagingen tegemoettredend.

Links: Carma, een meisje van negen jaar, tekent samen met mij een dynamische rozetmandala vanuit het kruis. Ik zie dat zij steeds sterker wordt...

Rechts: Carma heeft ongeveer een jaar bij mij getekend. In deze mandala tracht ik te weten te komen hoe ze zich gevoed weet vanuit de aspecten aarde, kosmos, verleden en toekomst. In Carma's tekening ontdekken we de hemellichamen; haar zon is in staat haar naar een nieuwe ervaring voor de toekomst te brengen: het mysterieuze vrouw worden.

De volmaakte vereniging van alle energieën in de vier aspecten van de totale mandala laat ons dus een statisch mandalapatroon zien: deze is op dat moment niet aan veranderingen onderhevig. Zoals gezegd worden deze vier hoofdaspecten voorgesteld door de vier windrichtingen - de noord-zuid-as en de oost-west-as - als tegengestelde krachten tussen hemel en aarde en verleden-toekomst. In de statische mandala wordt de vereniging van alle tegenstellingen getoond: ingebed tussen yin en yang, tussen hemel en aarde, heerst in de cirkel intense rust. Het is de toestand van het eeuwig evenwicht: het absolute. In de Chinese alchimie noemt men deze staat het bereiken van het 'diamanten lichaam'. Denk hierbij even terug aan de uitleg over de traditionele mandala, waar het volgen van onze behoefte aan evenwicht en het bereiken van verlichting, het diamanten pad wordt genoemd (zie paragraaf 2.2).

We zeggen wel eens: als het muntje valt... kan er iets gebeuren... Dat is zo'n ogenblik van evenwicht. In een dergelijk ogenblik kan het eicelletje bevrucht worden, het zaadje tot ontkieming komen en de baby geboren worden. Dit noemen we het *statische* principe van de mandala. Dit gegeven kunnen we gebruiken bij het borduren maar ook bij het tekenen of schilderen, door steeds langs een as - aan beide zijden - dezelfde vormen te spiegelen en door te voeren in een zich steeds veranderend proces tot de mandala klaar is. We noemen dit de *rozetmandala*.

De dynamische mandala

Door je bestemming te volgen treedt het dynamische aspect in de mandala in werking. Omdat al wat leeft aan deze eeuwig durende verandering onderhevig is, kan de statische toestand niet lang blijven bestaan, maar moet ieder wezen, dus ook de mens, steeds weer in beweging komen. Dat is het eeuwig veranderende aspect van het leven. We noemen dit het *dynamische* principe van de mandala. Ook dit principe kun je borduren, tekenen of schilderen. Hierbij gaan we anders te werk en moeten we naast het spiegelen ook leren in beweging te komen. Dat doen we door de eerste beweging of de eerste vorm aan dezelfde kant van de vier assen steeds te herhalen, zodat een half spiegelbeeld op vier punten ontstaat. Kijk maar naar het getekende voorbeeld. Ook nu herhaal je vanuit deze beweging steeds de nieuwe bewegingen die erna ontstaan. Werk stukje voor stukje, want het is en blijft lastig om dit in vier richtingen te volgen. Werk niet te groot, want dat is zeer verwarrend, vooral in het begin. Kijk af en toe nog eens bij de getekende spiegelbeelden en rozetten om jezelf wat houvast te geven (zie paragraaf 8.6). Probeer in kleine tekeningetjes de clou te vatten van het verschil tussen beide principes. Zo ontwikkel je het juiste gevoel op zowel de statische als de dynamische rozet.

9.5 Rozetmandala's op wit papier

Zoals je reeds kon lezen werden de traditionele mandala's in de Oost-Aziatische en de Zuid-Amerikaanse landen vaak opgebouwd met gekleurd zand. In India schilderde men ze echter ook op papier en zijde. De westerse wereld kent deze cirkelvorm met symmetrie al in de 'duistere eeuwen' en Middeleeuwen. Deze ronde kunst, die men nog niet als mandala's benoemde, werd voornamelijk in de kloosters beoefend, maar ook in latere eeuwen door kunstenaars als Jeroen Bosch, die 'het onzichtbare' - angstaanjagende en afschuwwekkende - wereldbeeld van die tijd over de toekomst van de mens na zijn dood zichtbaar wilde maken. In de visioenen van Hildegard von Bingen zien we een positieve benadering en toekomstvisie weerspiegeld, die later werden uitgewerkt in mandala's.

In de kathedralen uit de Middeleeuwen kunnen we de rozetvensters als mandalakunst betitelen. Deze rozetten zijn voor de mandalakunstenaar een heerlijke manier om zich te laten inspireren tot mandalatekenen en -schilderen. We kunnen onze fantasie de vrije loop laten en ons door deze 'vensters van licht' laten inspireren. De mooiste ramen vind je in de Dom van Keulen, maar ook de vensters van de andere bekende kathedralen zijn zeker de moeite waard. Ga er zelf maar eens naar kijken. Als voorproefje zie je een van de mooiste foto's die mijn echtgenoot er ooit maakte: de vredesduif is er goed op te zien! Bedenk eens dat het bouwen van dergelijke kerken wel 600 jaar kon duren! Aan de Keulse Dom werd zelfs nog onlangs een deel toegevoegd.

Wat heb je nodig voor het tekenen van rozetten?

- grafietpotloden HB, B2 en B4;
- kleurpotloden van een goed merk, bijvoorbeeld Karisma Colour van Berol of Caran d'Ache;
- tekenpapier van een gladde en goede kwaliteit, zoals Fabriano of Canson;
- een passer om cirkels te trekken;
- een gradenboog om de cirkel in segmenten te verdelen;
- een liniaal om hulplijnen mee te trekken;

Tekening van de noordelijke rozet van de kathedraal van Auxerres
in de 'Flamboyant' stijl (1392–1401)

- wat keukenpapier of kopieerpapier om bij het tekenen onder je hand te leggen;
- als je wilt werken met sjablonen, heb je ook dunne velletjes wit of zwart papier nodig en een fijn schaartje of mesje om je sjabloon te knippen of uit te snijden;
- een snijmat van tenminste A4 formaat.

Eerst iets over kleurpotloden

Hoewel kleurpotlood al heel lang bestaat en in veel vormen wordt toegepast, heeft het lang geduurd voor het zich in de kunst een plaatsje veroverde en op juiste waarde werd geschat. Het is niet zo'n gebruikelijk medium zoals aquarelverf en olieverf dat zijn. Bij het mandalaproces is het gebruik van kleurpotloden echter belangrijk omdat het een eigen wijze van kleurmenging heeft en een bijzondere manier van meditatief en intuïtief bezigzijn toelaat. De laagjes worden dun over elkaar heen gezet tot precies de juiste nuance is bereikt. Dit vraagt veel geduld en discipline. Binnen het kader van dit materiaal is het mogelijk de energie weer te geven in sterkte en lichtkracht. Je kunt er materie mee uitdrukken, maar ook kun je met kleurpotlood de fluwelige zachtheid van een teder moment weergeven.

Rozetten in Keulen en Maastricht.

De kenmerken van de rozet nog even op een rij gezet:

- De *statische* rozet waarin de rustige symmetrische natuur der dingen wordt weergegeven vanuit een middelpunt en doorgezet naar de rand.

- De *dynamische* rozet die de dynamiek van het worden, het *wordingsproces*, laat zien.

Oefening 1: een statische rozet

Bij het tekenen van de statische rozet moeten we enkele regels in acht nemen. Een rozet is altijd gerangschikt rond een middelpunt en kan over meerdere assen worden uitgezet. De eenvoudigste vorm is die van de twee kruisende assen binnen de cirkel. Beide doorsnijden daarbij het middelpunt en staan in een hoek van 90° op elkaar.

Over deze kruisende assen kunnen we, op dezelfde manier als bij het borduren, een spiegelbeeld opbouwen. We doen dit door steeds op één as een vorm te tekenen langs de as. Neem daarvoor een kleurpotlood met een duidelijke kleur. Dit eerste motief herhalen we dan, nog steeds met datzelfde kleurpotlood, langs alle andere drie assen, zodat we uiteindelijk vier min of meer dezelfde vormen om vier assen hebben staan. Maak je niet druk over het feit dat er afwijkingen te zien zijn; het hoeft niet mooi en perfect te zijn. Neem genoegen met de tekening zoals die - op dit moment - is en weet dat door oefening de vormen steeds harmonieuzer zullen worden. Dit is heel belangrijk om het plezier in het tekenen te behouden.

Begin in eerste instantie vanuit het midden en werk zo van binnen naar buiten, tot je de rand hebt bereikt. Neem eenvoudige motieven; later kun je ze ingewikkelder maken. Mocht je nog niet helemaal tevreden zijn, neem dan een andere kleur en teken een ander motief op dezelfde wijze langs de vier assen, waarbij je het eerste motief doorkruist of aanvult.

Zie de hiernavolgende twee tekeningen van het begin van een statische rozet en de uiteenzetting in de oefeningen van het thema Symmetrie in spiegelbeelden en rozetten in paragraaf 8.6.

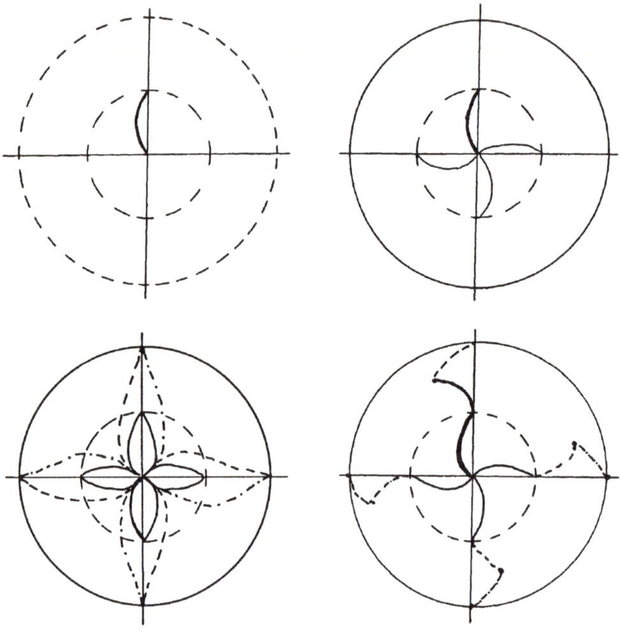

De eerste twee stappen van een statische en dynamische rozet
zijn hetzelfde. Zie de bovenste tekeningen.
Daarna verloopt het tekenproces anders. Zie de onderste tekeningen:
links voor de statische rozet en rechts voor de dynamische rozet.

De volgende stap is dat je de motieven gaat kleuren. Probeer de volgende mogelijkheden:

- kleur de motieven, waarbij je probeert dicht aan de rand van je lijn de kleurbeweging te versterken;
- kleur alle aanzetlijnen van je motief en laat de rest heel doorzichtig of zelfs open;
- kleur de ruimte om je motieven heen in plaats van de motieven zelf;
- werk ook eens in zwart-wit en breng zoveel mogelijk variatie aan, zodat er licht-donker effecten ontstaan. Je kunt versieringen ook met zwart aanbrengen binnen je rozet.

Bedenk zelf nog andere oplossingen. Je zult versteld staan van wat er allemaal kan. Later kun je variëren op deze eenvoudige werkwijze door je cirkel te verdelen in meerdere segmenten. Kijk voor ideeën eens terug naar de oefenthema's in paragraaf 8.6.

Blijf goed opletten dat je motieven zich steeds aan alle zijden herhalen, anders spreken we niet van een statische en spiegelbeeldige rozet. Het is hierbij niet zo belangrijk dat alle vormen precies gelijk zijn.

Ook in de natuur komen we in één-en-hetzelfde blad verschil tegen. Wel is van belang dat je tracht dezelfde motieven zo goed mogelijk te herhalen, omdat je dan leert anders te kijken naar hetzelfde voorwerp en het je helpt een gevoel voor vormkracht en schoonheid te ontwikkelen.

Het werken met de rozet is een zeer helende ervaring en het leukste ervan is dat er veel mogelijkheden zijn om de rozet uit te werken. Dat kan variëren van materialen als potlood, pen, kleurpotlood, klei, linoleumsnedes tot stof en zijde. Hierop komen we verderop terug.

Oefening 2: de dynamische rozet

In de *statische* rozet tekenen we de motieven aan alle zijden rond de middenas en herhalen dit vier keer. Bij de *dynamische* rozet willen we de energie van de beweging weergeven: dus tekenen we een deel van een motief aan de linker- of rechterzijde van de as en herhalen dit viermaal aan dezelfde kant van de as. Let hierbij goed op dat je steeds aan dezelfde kant van de as tekent; anders werkt het niet. Zie de tekeningen van de dynamische rozet op de vorige pagina.

Enkele aandachtspunten voor het tekenen van een dynamische rozet:

- Om jezelf te helpen kun je vooraf een punt op de as aangeven waar je wilt uitkomen. Zet daarvoor een punt op de plaats aan de eerste as en herhaal dat aan alle vier assen.

- Trek eventueel nog een hulpcirkel, zodat je wat herkenningspunten hebt waarop je met je lijn kunt aansluiten.

- Voorzie eerst alle assen van dezelfde lijn of vorm en doe dan pas de volgende stap.

- Volg met je potlood precies hoe de beweging van de eerste lijn of het eerste motief loopt en zet dan met je potlood een nieuwe beweging in vlak boven het papier.

- Wanneer het goed voelt, kun je daarna deze lijn tekenen. Beetje voor beetje breng je je rozet in beweging en tot leven vanuit het middelpunt... Kijk maar naar de hiernavolgende vijf tekeningen die acht stappen laten zien van de uitwerking van zo'n rozet. Kijk ook naar de tekeningen van het begin van een statische en een dynamische rozet op de vorige pagina.

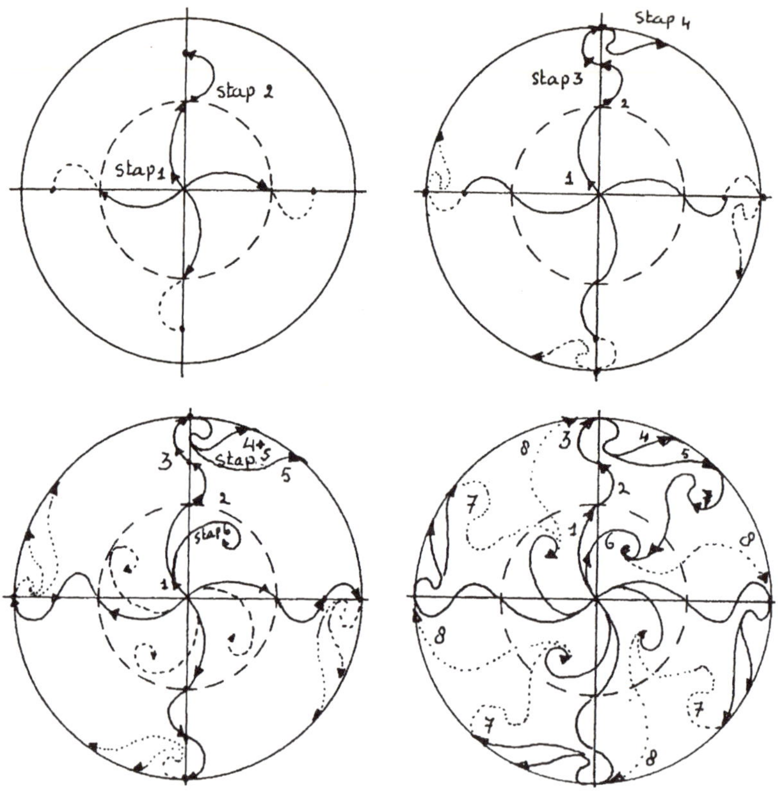

In de eerste tekening zie je de eerste twee stappen. In de tweede tekening komen daar de derde en vierde stap bij. In de derde tekening komen stap 5 en 6 er bij, en in de vierde tekening zie je de laatste twee stappen.

Als alle acht stappen zijn gedaan, ziet je dynamische mandala er ongeveer uit zoals je hiernaast kunt zien. Maak hem zo volledig mogelijk af en voeg er structuur of kleur aan toe.

Een tip: het is ook leuk om rozettekenen samen met iemand anders te doen. Je kunt dan afspreken dat in de tekening een van beiden de weg aangeeft die door de ander gevolgd dient te worden. Later kun je dit proces omdraaien, zodat je allebei het verschil tussen volgen en leiden kunt ervaren. Maak het elkaar daarbij niet te moeilijk, want leiding geven is ook: zien waar de ander zich bevindt! Dat is vaak erg moeilijk, weet ik uit ervaring.

9.6 De geboortegetallen in de mandala

Nog een vorm van een rozetmandala is de *numerologische mandala* of *geboortemandala*. Je geboortegetallen vertellen je veel over jezelf en vormen – getekend in een mandala – een kader voor de plaats die deze getallen in je leven innemen. Getallen zijn ook een goed hulpmiddel om je vertrouwd te maken met de geometrische vorm van de mandala. Wanneer je je geboortegetallen omzet in een rozetvormige mandala, kun je je een beeld vormen van de mens die je zou kunnen zijn. Getallen zijn een prachtige manier om de wetten van de cirkel te leren kennen.

Eerst even iets over de verschillende getallen. In de numerologie kennen we de getallen 1 tot en met 9 die samen een negenjarige levenscyclus vormen, die weer opnieuw gevolgd wordt door een negenjarige cyclus, enzovoort. Ieder mens heeft in zijn leven met deze cycli te maken. Ze vormt de basis waarlangs ons leven verloopt en die steeds weer terugkeert op een dieper niveau van ons bewustzijn.

Je kunt dat in je eigen leven herkennen wanneer je in een toestand verkeert waarbij dingen die plaatsvinden 'al eens gebeurd' lijken te zijn. Als je dan je numerologische mandala en het getallenbeeld zou bekijken, zou je zien dat je inmiddels een station gepasseerd bent en dat je in een andere cyclus zit van één tot en met negen jaren van je leven. Daarbinnen spelen zich echter opnieuw dingen af die je al eerder hebt meegemaakt. Afhankelijk van je houding tegenover deze ervaringen zal er echter een verschuiving in het patroon te zien zijn en kun je, wanneer je je daar bewust van bent, er nogmaals op een andere manier mee omgaan.

Ieder getal in de cyclus van 1 tot en met 9 wordt een voor dat specifieke getal geldende kwaliteit toegekend. Die eigen kwaliteit is dus tastbaar in onze belevingswereld. Aan de hand van een eenvoudige reeks kwaliteiten van getallen kun je dat zien en later binnen de cirkel tekenen.

In de cirkelvorm kun je alle getallen onderbrengen. Je kunt de cirkel zelf zien als een eenheid: ze is rond, heeft geen begin en geen einde, kortom: ze is alfa en omega tegelijk.

Het getal 0: oerprincipe van de levenscellen

De cirkel als 'leegte': de ruimte die de mens beschermt tegen invloeden van buiten. Deze cirkel stelt de ziel 'die in zichzelf rust' voor en symboliseert tevens de ruimte die ieder mens is toebedeeld om uit te groeien tot een volwaardig en bewust wezen. De kleur past zich aan het getal aan waar het bij hoort.

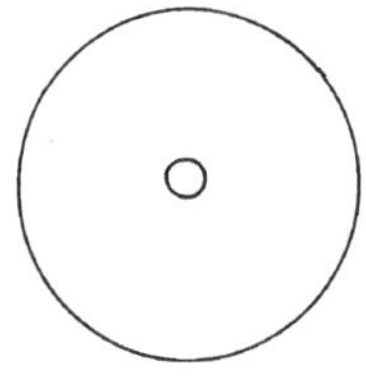

Het getal 1: individuatie en levenskracht

De stip, 'bindu', is de volgende stap. Deze stelt samengebalde energie voor en het individueel 'ik-bewustzijn'. Zij is de kiemkracht die in potentie in ieder mens aanwezig is. De numerologische kleur van getal één is klaproos-rood.

Ook in de vorige tekening is de stip een plaats gegeven. Daarmee heb je daar de getallen nul en één, samen getal 10.

Het getal 2: scheppend principe en vrede

Als je de cirkel deelt, bestaat ze uit twee delen: een mannelijke pool (Síva) en een vrouwelijke pool (Shakti). Licht en donker, eb en vloed, polariteit en dualisme is een feit geworden. Paren van tegenstellingen streven hierbinnen naar samenwerking, harmonie en vrede... Het wezen van de twee is een magnetische energie die evenwicht schept. De numerologische kleur van getal twee is goudsbloem-oranje.

Het getal 3: zelfontplooiing en creativiteit

Deel je de cirkel in drie gelijke delen, dan spreken we over de kosmische drie-eenheid. Wanneer in het midden van een driehoek een oog is getekend, dan staat de drie ook symbool voor de christelijke drievuldigheid, als teken van goddelijke alwetendheid. In het joodse geloof is de driehoek het symbool van het Licht. De driehoek is een symbool dat ook bij de oude natuurvolken en de Kelten is te vinden. Hier zien we het symbool van het kind in ons, speels, verwonderd en zonnig van aard. De numerologische kleur van getal drie is zonnebloem-geel.

Het getal 4: ontstaan en transformatie

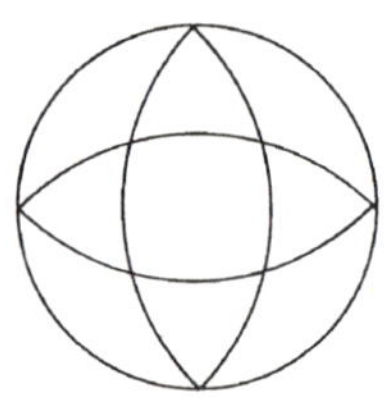

De vier wordt gesymboliseerd in het vierkant en geldt als zinnebeeld van de aarde. De vier seizoenen, de vier windrichtingen, de vier evangelisten. Gezien vanuit het christendom staat de vier symbool voor het kruis. Dit is het getal van transformatie: er vindt verandering van de oorspronkelijke eenheid plaats. Bij de indianen kent men Grote Voedende Moeder, Moeder van de Dood, tegenover Regenboogmoeder en Gekke Vrouw. Men ziet de aarde als een vrouwelijke energie. In de islam wordt het hart als vierhoekig gezien, dat invloed van God, engel, mens en duivel ondergaat. Hier symboliseert het vierkant deze krachten die ons allen over de streep willen trekken. De numerologische kleur van getal vier is sappig gras-groen.

Het getal 5: het wordende principe, de mens

Het getal vijf staat symbool voor de mens die een scheppende energie bezit. Niet alleen meer man of vrouw, maar met als hoogste doel mens te zijn met een vrije wil en vrije keuze van waaruit verdere bewustwordingsprocessen op gang worden gebracht. Die mens staat met het hoofd omhoog, de handen aan de eigen levenscirkel en de voeten stevig op de grond en kan het leven aan. Getal vijf wordt gezien als een magisch teken en is in de vorm van de tienster, waarbij twee vijfsterren door elkaar heen worden getekend, het meest helende beeld van onze tijd. De numerologische kleur van getal vijf is vergeetmenietjes-helderblauw.

Het getal 6: principe van het tegenwoordige... kanaal... zijn

Twee in elkaar gevlochten driehoeken staan symbool voor vereniging, doordringing en verbinding. Deze stelt zo de Davidsster voor, die het symbool van het joodse geloof is. Het verantwoordelijkheidsgevoel voor het eigen leven past bij het getal zes. De ogen van de zes dienen gericht te zijn op de weg die gegaan wordt en de daarachter liggende toekomst. De mannelijke en vrouwelijke pool, geest en materie, gaan samen in volkomen eenheid. De numerologische kleur van getal zes is donker gentiaan tot indigoblauw.

Het getal 7: eeuwige bezielende principe

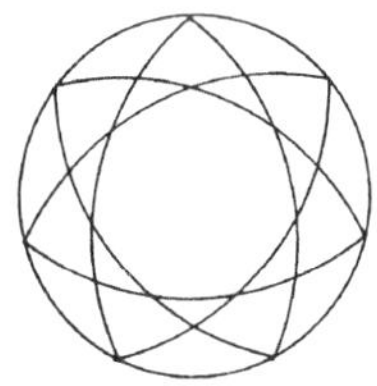

De zeven symboliseert de schepping: zeven dagen van de week met de zevende dag als rustdag. Zeven sferen, zeven muzieknoten, zeven vette en zeven magere jaren. Zeven als getal is een heilig getal. Haar werking speelt zich af in emotioneel en geestelijk opzicht en draagt een inwijdingsritueel in zich: de kluizenaar die leraar van mensen wordt. De zevenster roept goddelijke krachten tot hulp, wat ruimte en rust voor de ziel geeft. Door meditatie zal dit getal haar kracht laten zien en tot je spreken. De numerologische kleur van getal zeven is sering-paars.

Het getal 8: oneindige scheppende principe

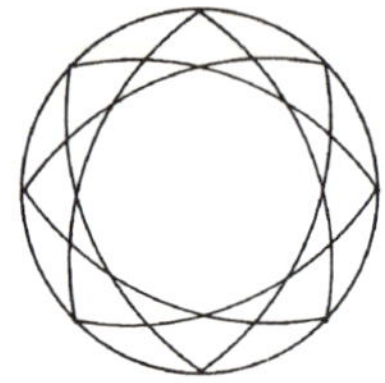

De acht is het symbool voor de kosmische orde en wetten die staan voor kosmisch evenwicht. Men zegt hiervan dat het getal acht symbool staat voor de eeuwig durende beweging en het wordt voorgesteld als de lemniscaat, dat bestaat uit twee in elkaar overvloeiende cirkels. In de acht wordt macht getransformeerd tot innerlijke kracht en leiderschap die gehoorzaamt aan hogere wetten dan de aardse en maatschappelijk vastgestelde. De lemniscaat staat bij de boeddhisten symbool voor de eeuwig durende cyclus van de tijd; het geeft aan dat er altijd een nieuw begin mogelijk is. De numerologische kleur van getal acht is purper tot pioenroos-rood.

Het getal 9: oorspronkelijke principe

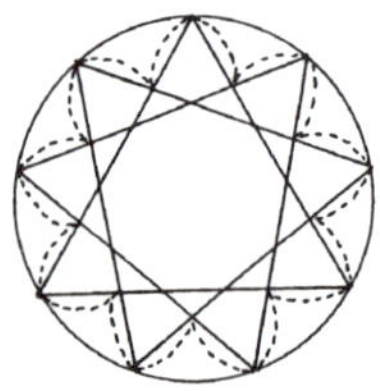

Het laatste getal in de cyclus van de getallen één tot en met negen is het getal negen zelf. In dit getal gaan alle andere getallen schuil. Kijk zelf maar: 1 + 8 = 9, 2 + 7 = 9, 3 + 6 = 9, enzovoort. In getal negen liggen alle waarden en kwaliteiten van de andere getallen opgeslagen. Getal negen straalt liefde uit die geldt voor een groter geheel. Men noemt dit universele liefde die aan kosmische wetten gehoorzaamt. Voor de negen is de klank van de taal bekend gebied. Hij 'hoort' achter de woorden en 'leest' tussen de regels door. Het getal negen wordt meestal gesymboliseerd door de lotusbloem, een zinnebeeld voor ontvouwing van kracht en ontplooiing van goddelijke essentie. 'Zij is de citadel van het hart,' zegt Jung, 'de zielebloem die de eeuwige toestand van volkomen zijn voorstelt'.

Ook drie met elkaar verbonden driehoeken worden in de mandala vaak gebruikt als symbool voor dit getal. De numerologische kleur van getal negen is de parelmoerige glans van waterlelies en alle kleuren van de regenboog.

Dit is een zeer verkorte uiteenzetting voor de getallen zoals ze zich binnen de cirkel verhouden. Het voert in het kader van dit hoofdstuk te ver om hier uitgebreid op in te gaan. Maar met dit vereenvoudigde getallenbeeld kun je de gang door de cirkel volgen die tot de verschillende getallen leidt.

Laat je verder inspireren door de natuur en onderzoek je eigen omgeving eens op getallen. Dat kunnen het aantal bladeren van een bloem zijn, maar ook kunnen je huisnummer, je telefoonnummer en dergelijke inspirerend werken. Speel eens wat met de kwaliteit die in getallen verscholen ligt.

Oefening 1: je 'lotsbestemming'

Tel alle getallen van je geboortedatum bij elkaar en vereenvoudig het gevonden getal tot een getal onder de 10. Voorbeeld: geboortedatum 10-6-1959 = 40 (10 + 6 + 1 + 9 + 5 + 9). Dit getal moet weer worden vereenvoudigd tot een getal onder de 10: 40 = 4 + 0 = 4. Dit getal is je lotsbestemming: de kwaliteit waar je in dit leven naar streeft.

Teken dit getal in een cirkel. Je mag gebruik maken van de gegeven voorbeelden, maar je kunt ook aan de rand van de cirkel zoveel stippen zetten als je getal rijk is en van daaruit door je cirkel bewegen, waarbij je steeds een stip omcirkelt of aanraakt. Daardoor ontstaat binnen de cirkel een figuur.

Kleur de 'gevonden' of getekende figuur met kleuren waarvan jij vindt dat ze bij deze figuur of tekening passen. Later kun je nazien of jouw kleur correspondeert met de kleur die volgens de regels van de numerologie (getallenleer) bij die getallen horen. Het is goed om voorrang te geven aan jouw kleurkeuze voor de verschillende getallen. Dit geeft een extra dimensie aan het omgaan met de kwaliteit van jouw getallen en wat deze voor jou betekenen.

Komt je tekening nu overeen met je gevoel? Als dat niet het geval is, maak haar dan zo goed mogelijk af.

Oefening 2: je 'geschenkgetal'

Voor je geschenkgetal tel je de laatste twee getallen van je geboortejaar bij elkaar en wanneer dat nodig is vereenvoudig je ook dit getal tot een getal onder de 10. Voorbeeld: geboortejaar 1959: 5 + 9 = 14. In dit geval nogmaals vereenvoudigen: 1 + 4 = 5. Dit getal stelt je geschenkgetal voor, dat je bij je geboorte hebt meegekregen om je te helpen. Als je je ervan bewust wordt, kun je de kracht ervan te allen tijde aanroepen.

Teken een nieuwe cirkel en zet het aantal punten op de rand dat jouw geschenkgetal telt. Ga nu weer door je cirkel wandelen. Je kunt dat op verschillende manieren doen:

- door langs de rand van de cirkel van stip naar stip te tekenen;
- door van stip naar stip te gaan, waarbij je telkens één stip overslaat;
- door eventueel, bij een groot getal, twee stippen over te slaan.

Kijk eens hoe je uitkomt. Kon je in je cirkel van punt naar punt doortekenen of moest je twee figuren tekenen? Kruisen de lijnen zich of vormen deze een basisvorm?

Kleur de figuur zo mooi mogelijk met de kleur die jij hierbij vindt passen. Bedenk dat dit voor jou een geschenk mag zijn; laat het beeld dat uitstralen.

Nog een andere weg om te gaan:

- geef binnen je cirkel het aantal stippen weer dat je geschenkgetal telt, en plaats deze stippen op een willekeurige manier;
- ga nu door je cirkel met je potlood dansen waarbij je iedere keer als je een stip ontmoet, een lus om die stip maakt;
- probeer alle stippen van een lus te voorzien;
- als dat gelukt is, kleur je de mandala met kleuren die naar jouw idee bij dit geschenk passen.

Een tip: je kunt ook kiezen om de ruimte om de stippen te kleuren of alleen de lussen met de stippen te kleuren. Zoek zelf nog meer mogelijkheden. Werk dit geschenkgetal zo mooi mogelijk uit en doe het eventueel op een ander tijdstip nog eens, zodat je de kracht ervan in jezelf kunt gaan ervaren. Deze mandala kun je een plaats geven op een plek waar je haar vaak kunt zien. Ze gaat dan voor je werken als je de kracht ervan aanroept.

Oefening 3: spelen met getallen in de cirkel

Speel nu nog eens met andere getallen die in je geboortedatum voorkomen. Je kunt daarvoor het getal van je geboortedag nemen, maar ook dat van je geboortemaand.

Werk deze getallen nu op dezelfde manier uit als hiervoor beschreven en kijk hoe dat er uit ziet. Voel je je verbonden met deze getallen? Wat zeggen ze je? Kies voor kleuren die nog steeds volgens jouw idee bij deze getallen passen. Heb je voor elk getal een andere kleur gevonden of kom je hier en daar op ongeveer dezelfde kleur uit? Hoe komt dat? Lijken ze in jouw gevoel op elkaar, passen ze bij elkaar, vullen ze elkaar aan? Probeer voor jezelf een antwoord op deze vragen te vinden. Wat het eerste bij je opborrelt, is meestal het belangrijkste antwoord.

Schrijf de gevonden antwoorden op en vergelijk ze pas dan met de numerologische kleuren.

Een opdracht voor de toekomst

Teken je getallen nu nog eens en geef ze de kleur uit de lijst van de getallen 0 tot en met 9 aan het begin van deze paragraaf. Blijf voelen wat dit met je doet en stel jezelf na afloop vragen als:

- Geeft deze kleur me iets extra's dan de kleur die ik zelf had gekozen?
- Vind ik de kleur die ik zelf heb gekozen beter passen bij dit getal? Zo ja, houd je dan voorlopig aan die kleur. Mocht je het gevoel hebben dat de kleur uit de lijst iets voor jou bijdraagt, geef die kleur dan een plek waar die binnen je eigen beeld mag zijn; vermeng dus de kleur met de kleur die je zelf al had gekozen. Als je dat niet in de eerste tekening wilt doen, maak dan een nieuwe. Zo kun je ook goed zien wat er gebeurt door de kleuren onderling te mengen.

Doe zelf nog eens wat proeven met getallen als je huisnummer, de getallen van je auto, je telefoonnummer, enzovoort.

Veel plezier met het spel van je getallen!

Zoals je ziet zijn er veel mogelijkheden om met de getallenmandala te werken. Binnen het kader van dit boek is het niet mogelijk hier dieper op in te gaan. Mocht je desondanks geïnteresseerd zijn in het tekenen van getallen, dan verwijs ik graag naar mijn boek *Numerologie in woord, beeld en getal*, of naar *Werkboek numerologie* door Jeannette van der Heijden en Anouk van Zoest, beide eveneens verschenen bij Uitgeverij Akasha.

9.7 Het tekenen van mandala's als helend proces

Het omgaan met de *geboortemandala* is een helend proces. Wanneer je je geboortemandala tekent, kom je veel aspecten van jezelf tegen. Sommige zul je herkennen, andere niet. Het komt ook voor dat er iets in jezelf eigenlijk 'her-kend' zou moeten worden, maar dat je het nog niet kunt zien. Door jezelf dan een opdracht te geven als hiervoor beschreven, kun je langzaamaan jezelf beter leren 'kennen'; weten wie je bent is van essentieel belang in processen van transformatie.

Een heel mooie uitspraak vond ik onlangs van Angelius Silesius (1624-1677), die vertaald werd door Jacques Benoie:

> *Vraag niet naar wat God is;*
> *zo gij het zelf niet zijt,*
> *is Hij alleen een wolk die langs*
> *de hemel glijdt.*

In het bewustwordingsproces van mensen uit deze tijd neemt de vraag waarnaar we toch voortdurend op zoek zijn een belangrijke plaats in. Wat trachten we te vinden? Waarom reizen we de hele wereld af om iets te vinden wat er toch weer niet lijkt te zijn? Misschien doen we dat alles om ons opnieuw bewust te worden dat het eigenlijk in je leven maar om één zoektocht gaat: de reis in je eigen fantasierijke wereld, waar je jouw eigen graal of heiligdom kunt vinden. Weet je nog: de sleutel hiervan ligt verborgen in je hart en is daar te vinden voor allen die ervoor open willen staan.

Bij het tekenen van een *procesmandala* gaat het erom het helende proces van en in de mens zelf op gang te brengen. Wanneer er gesproken wordt van een proces, dan bedoel ik daarmee: een reeks van tekeningen die je door de rode draad die je er in kunt waarnemen, iets zeggen over het pad dat tijdens dit proces wordt gegaan.

Er zijn ook helende tekeningen die een eigen pad gaan, die schoonheid symboliseren of een flits van inzicht bewerkstelligen.

Naast deze bovengenoemde processen kunnen we in de mandala ook onze energiestroom of onze organische verbondenheid weergeven, wat dan helend kan werken op je levensstroom en groei. Iedere mandala die wordt getekend vanuit het helende principe dat in de mens in potentie aanwezig is en dat we kunnen aanroepen, werkt dan helend op de psyche en draagt bij tot het uiteindelijke ervaren van heelheid in jezelf.

In de praktijk hebben wij in onze groepen waargenomen dat dit in principe altijd aanwezige vermogen tot genezing van de ziel en psyche langzaamaan in een mens tot bloei kan komen. Het lijkt een soort bloemknop, een spiraalvormige bloem, die zich heel langzaam, als in een slowmotion film, gaat openen en kan uitstralen wanneer ze het licht waarneemt dat haar toekomt. Een dergelijk proces te mogen aanschouwen en er deel aan te hebben doordat je ziet hoe het mensen verandert, is een grote en wonderbaarlijke ervaring, ook voor mij als begeleider.

Het gaat hier immers niet om een ervaring die je als therapeut, door met je vingers te knippen, kunt oproepen. Pas als de tijd voor de tekenaar zelf rijp is en het punt bereikt is waar het proces op gang kan komen, zal het zich in de tekeningen openbaren en zichtbaar worden voor het oog. Ook dan nog blijft het de taak van de begeleider om slechts aanwezig te zijn, rustig en liefdevol, om zo de voorwaarden te scheppen waardoor het proces zich in respect kan ontvouwen.

Ook is het heel wonderlijk te zien dat wanneer een proces eenmaal op gang is gekomen, het bijna niet meer te stuiten is. Tekeningen komen en gaan, hele stapels papier worden achter elkaar van mandala's voorzien, tot het punt van verzadiging is bereikt. Dan kan er een periode van rust optreden. Waarna... weer vlijtig wordt gewerkt en een volgende reeks van tekeningen het licht kan zien. Soms wordt de noodzaak van het tekenen tot een obsessie en ontstaan er wel vijf tekeningen achter elkaar die allen binnen de dag afgewerkt dienen te worden.

Wanneer zo'n proces op gang is gekomen, kan de tekenende persoon het eigen beeld vormgeven en van binnenuit, via eigen inzicht, ook begrijpen. Als begeleider is je taak: niet meer dan aanwezig te zijn als stimulerende factor en met een aantal gerichte vragen over de tekening de tekenaar zelf te laten ontdekken wat tot uitdrukking is gebracht en aan het licht wil treden. Dan pas begint het helende proces in die mens: rust en vrede komt in de plaats van koortsachtig bezig zijn. Naar buiten gericht zijn wordt overgenomen door innerlijke kracht die diep in jezelf doorwerkt en helend in jou een plaats krijgt.

De mens die dit proces al tekenende aan zichzelf toestaat en voltrekt, bewijst zichzelf hiermee een uitzonderlijke dienst die ik als begeleider nog in geen andere vorm van healing zo gloedvol ben tegengekomen. Het kunnen communiceren met je persoonlijke innerlijke beelden waarin delen van jezelf te zien zijn, blijkt genezend te werken op de ziel en brengt de mens tot heelheid, in evenwicht met zichzelf.

Dat deze beelden een eigen verhaal vertellen staat voor mij onomstotelijk vast en dat zij door de tekenaars zelf gelezen kunnen worden niet minder. Het vraagt bereidheid van jezelf om toe te laten wat is en dat zonder oordeel erover te accepteren. Geen gemakkelijke opdracht, daar kunnen we duidelijk over zijn, maar wel iets om 'u' tegen te zeggen wanneer het iemand lukt daarbij te komen.

9.8 Over welke processen spreken we hier eigenlijk en hoe breng je in jezelf zo'n proces op gang?

Uit de praktijk blijkt dat alle mogelijke processen binnen dit bereik liggen en aangegaan kunnen worden. Het ligt er alleen aan hoe je je ermee verbindt en hoe je er in stapt. Een proces komt op gang wanneer er veel getekend wordt, het medium van de mandala steeds weer wordt gebruikt en er dus van continuïteit sprake is. Er ontwikkelt zich dan een soort van innerlijke communicatie, samenspraak, waardoor beelden opgeroepen worden en tot uitdrukking gebracht kunnen worden.

In het volgende voorbeeld van de procesgang van Maria, een van mijn cursisten, neem je kennis van haar voortgang gedurende een periode van twee à drie jaar. Het proces van Maria begon met een tekening van de vier seizoenen, waarbij duidelijk te zien was hoe zij 'ontworteld' was. Na een gesprek over de tekening en de betekenis die dit voor haar had ging er een tijd voorbij waarin veel getekend werd en langzaamaan het proces tot rijping kwam... De volgende cursus, die over numerologie zou gaan, volgde zij in dezelfde groep; deze ademde al een zeer vertrouwde sfeer, zo gaat dat in deze groepen. Er ontstond in Maria een koortsachtig verlangen om bij haar bron te komen en ze tekende haar eigen geboortemandala meerdere malen. Als groep waren wij blij verrast, want hierdoor ontdekte ze meer van zichzelf dan ooit tevoren en kon ze zichzelf eindelijk een plaats toekennen. Wij allen moedigden haar aan en er ontstonden boeiende uitwisselingen en ontroerende tekeningen.

Maria's ouders waren overleden en ze was daar duidelijk nog niet klaar mee; spontaan begon ze nu ook de geboortemandala's van haar ouders te tekenen. Hierdoor kon ze deze verliezen verwerken en werden haar ogen geopend door wat de beelden haar vertelden. Zo spraken haar ouders nog met haar over de grenzen van de dood heen... Voor Maria was dit een wereld van emoties en ervaring, waardoor alle puzzelstukjes op hun plaats konden vallen, voor ons als groep een prachtig ogenblik om met elkaar te mogen delen. Dat jaar is voor de hele groep onverbrekelijk verbonden met een liefdevolle en prachtige ervaring met mandalatekenen.

Maria's laatste numerologische mandala, de transformatie in de vlinder, was in wording en lag op haar tekentafel, toen zij, ziek als zij was, plotseling overleed. Wij waren zeer ontroerd toen we haar tekening thuis kregen zoals men die gevonden had en zoals die gebruikt was als kaart om haar overlijden aan te kondigen. Als groep waren wij aanwezig bij haar uitvaart en we hebben haar gegroet in diep respect voor wat zij met ons had willen delen.

Zo gezien lijkt het dat Maria niet geheeld is, je moet echter wel beseffen dat 'helen' in onze optiek iets anders is dan lichamelijk genezen. Het is niet altijd mogelijk dat het lichaam geneest van een ernstige kwaal, maar waar het in eerste instantie om gaat is de heelheid van de geest en de ziel zoveel mogelijk tot stand te brengen, zodat er harmonie en rust in het leven van deze mens ontstaat. Bij Maria was er het gevoel dat zij dit in zichzelf had bereikt. Met liefde in mijn hart denk ik terug aan deze rijke ervaring en dank haar daarvoor.

Opmerking:
We dienen ons ervan bewust te zijn dat dit natuurlijk wel een zeer speciale vorm van proces is geweest. Meestal gaan deze processen in een rustig tempo en tekenen de beelden zich in de loop der tijd af. Niet minder interessant trouwens en altijd zeer de moeite waard. Veel hangt af van de behoefte van de tekenende persoon om tot heelheid te willen komen.

Hoe breng je in jezelf een proces op gang?

Begin met het tekenen van kleine mandala's om te genieten van de mandalatekenkunst. Het is belangrijk dat je er plezier in hebt en dat er daardoor een behoefte ontstaat om regelmatig een mandala te tekenen.

Je kunt kiezen voor het tekenen in een tekenboek, waardoor de volgorde vastligt, voor een tekenblok of los papier. Dat is afhankelijk van je behoefte voor groot of klein papier. Zelf gebruik ik graag tekenboekjes in klein en groot formaat, zodat ik mijn tekeningen altijd kan 'teruglezen' en ze tastbaar aanwezig zijn als een dagboek.

Enkele aandachtspunten:

- In het begin kan het handig zijn ook wat groter papier bij de hand te hebben om je eerst, alvorens je mandala te tekenen, te kunnen 'uitleven' (zie paragraaf 7.5 en paragraaf 10.1).

- Teken je mandala's niet al te groot: beter een kleine uitgewerkte mandala dan een grote, die niet af komt.

- Dateer je mandala's altijd, hoe ze er ook uit zien. Ze laten in hun totaliteit altijd het hele proces zien, ook als ze de schoonheidsprijs niet winnen. Want bedenk nogmaals: het gaat om het doen en het volgen van de weg, niet om het resultaat en de prestatie. Dat wil niet zeggen dat mandala's niet mooi mogen zijn, maar de schoonheid en de waarde van de mandala ligt allereerst in zichzelf en in het getekende proces besloten.

- Geef altijd aan waar je met tekenen begonnen bent, en voorzie ook de onderzijde en de bovenzijde van een merkje. Dat schept later duidelijkheid als je je beelden naast elkaar legt om ze te 'lezen'.

- Neem altijd een tekenboekje op reis mee, ook al gebruik je het sporadisch. Het geeft een fijn gevoel om er naar te kunnen grijpen als je er behoefte aan hebt. Teken er kleine mandala's in van onderwerpen, thema's of beelden die je geraakt hebben. Je zult zien dat je meer is opgevallen dan je zo op het eerste gezicht zou denken en dat het ook mogelijk is om daar een symbolische weergave van te tekenen.

HOOFDSTUK 10

De mandala anders gezien

Na het volgen van de traditionele wegen van de mandala laat ik in dit hoofdstuk een andere manier zien om met de mandala om te gaan. De traditionele wegen worden meestal beoefend door mensen die op het gebied van (zen)-meditatie of yoga al ervaring hebben. Daarmee leer je hoe je je aandacht naar binnen kunt richten en vast kunt houden. In mijn visie is het moeilijker om zonder oefening deze 'reis naar binnen' te gaan en heb je vaak eerst wat ruimte nodig voordat je de mandala in de diepte kunt beleven.

Dat neemt niet weg dat je kunt beginnen met het tekenen van intuïtieve mandala's en de eenvoudige vorm van rozettekenen. Wanneer je echter tot de diepere lagen van de mandala door wilt dringen, is het nodig eerst jezelf te leren kennen. Daarbij zul je, al tekenend, de volgende vragen moeten beantwoorden:

- Wie ben ik? Wat kan ik? Welke mogelijkheden heb ik tot mijn beschikking? Welk materiaal spreekt mij aan? Hoe wil ik werken? Wat wil ik over mijzelf te weten komen..?

- Kan ik wel tekenen op deze manier? Hoe ga ik deze weg zonder tekenervaring? Is dat ook voor mij weggelegd?

De ervaring leert dat ieder mens die een potlood of pen kan vasthouden zich ook op de een of andere manier in de ronde vorm van de mandala kan bewegen. Natuurlijk zijn er verschillen: de een pakt het makkelijker op dan de ander. Maar in principe kan iedereen het leren en daarna toepassen. Eigenlijk geldt hier: hoe minder je van tekenen en schilderen weet, zo veel te meer kun je dit principe op een vrije en nog ongebonden manier aangaan. Het is zelfs zo dat iemand die al een andere vorm van kunst heeft beoefend er meer moeite mee kan hebben dan iemand die nog nooit heeft getekend! Dus niet langer dralen, maar aan de slag, als je dat bij de vorige hoofdstukken nog niet hebt gedaan.

Overigens vormen de oefenthema's uit hoofdstuk 8 de basis voor het bewegen in en door de ruimte van je mandala. Wanneer je inspiratie niet stroomt en je jezelf weer even wilt voeden, kun je daar altijd op teruggrijpen. Dat kan in het begin erg praktisch zijn. Zo kun je je mogelijkheden om je ruimte tot die van jou te maken volledig benutten.

10.1 Vrij bewegen op je blad of in je mandala

Allereerst kun je leren vrij met je potlood, pen of stift over en door je ruimte te bewegen. Voel eens hoeveel ruimte je tot je beschikking hebt door de randen van je blad af te tasten voordat je gaat tekenen. Wanneer je in het vierkant of de cirkel wilt werken, laat dan je vingertoppen langs de omtrek gaan en voel de gekozen vorm in je lijf.

Het is ook goed die cirkelbeweging of dat vierkant met je handen voor je lichaam langs te trekken. Zo gaat de beweging van de cirkel of die van het vierkant zich in de cellen van je lichaam nestelen. Doe dat ook eens met gesloten ogen en voel welke beweging op dit ogenblik het beste bij je past: is dat het vierkant of is dat de cirkel?

Nadat je dat fysiek goed hebt waargenomen, keer je weer terug naar je papier en teken je de door jou gekozen vorm. Doe dit enkele malen zodat je een stevige rand creëert om tegenaan te leunen en zorg dat er rond je vorm nog minimaal drie centimeter ruimte overblijft. Dat mag uiteraard ook meer zijn, maar nooit minder in verband met het in een passepartout zetten van je tekening. Zeg nu niet, nou dat stelt toch nog niets voor, want je kijkt ervan op als je ziet wat er onder je handen ontstaat en bovendien: als je jezelf dit nu al aanwent, hoef je er later niet veel moeite voor te doen. Gun jezelf die ruimte...

Oefening 1: 'uitleven', vrij bewegen door jouw ruimte

Ga nu vanuit een bepaald punt aan de omtrek van je vorm door de ruimte tekenen. Doe dit met vlotte, ruime bewegingen, van hot naar haar en weer terug, kruisend en bewegend, in door jou gekozen ritmes. Zet, door met je hand druk uit te oefenen, dikke lijnen die overgaan in dunne lijnen. Til je hand daarna op laat hem lichtjes over het papier glijden. Blijf ondertussen doorademen en zie hoe die adem op je blad zichtbaar wordt. Geniet van het bezig zijn en maak je niet druk om wat er te zien valt. Leun af en toe eens lekker tegen de rand van je vorm en beweeg verder, dansend door de ruimte die van jou is.

Wanneer je voelt dat het genoeg is, stop je hiermee. Kijk nu wat zich onder je handen heeft afgespeeld. Geniet van het ontspannende gevoel van het vrij bewegen door jouw ruimte.

Kijk goed naar je tekening: zijn er plekken die je goed bevallen? Zijn er ook plekken die je kunt missen of die je kwijt wilt?

Maak een keuze voor de plek die je absoluut wilt bewaren.

Neem nu een doorzichtig drinkglas of schaaltje met een ruime opening, zodat je kunt zien wat je doet. Zet het glas over de plek die je wilt uitsparen. Kijk goed wat binnen de cirkel van het glas valt en wat er dan buiten blijft. Als je voor je gevoel met het glas de juiste plek hebt gemarkeerd, teken je een stevige lijn in een door jou gekozen kleur om het glas heen. Misschien wil je nog andere plekken uitsparen. Teken dan op die plaatsen op dezelfde manier nog enkele cirkels.

Als je klaar bent met het afbakenen van de uitgespaarde plekken, kleur dan de gebieden rond de uitsparingen en binnen je oorspronkelijke vorm, zachtjes dicht met een door jou gekozen kleur, zodanig dat de cirkels naar voren springen.

Keer dan terug naar de uitsparingen en kleur deze op een zodanige wijze dat er harmonie in de tekening ontstaat.

Het mogelijke resultaat zie je op de volgende pagina.

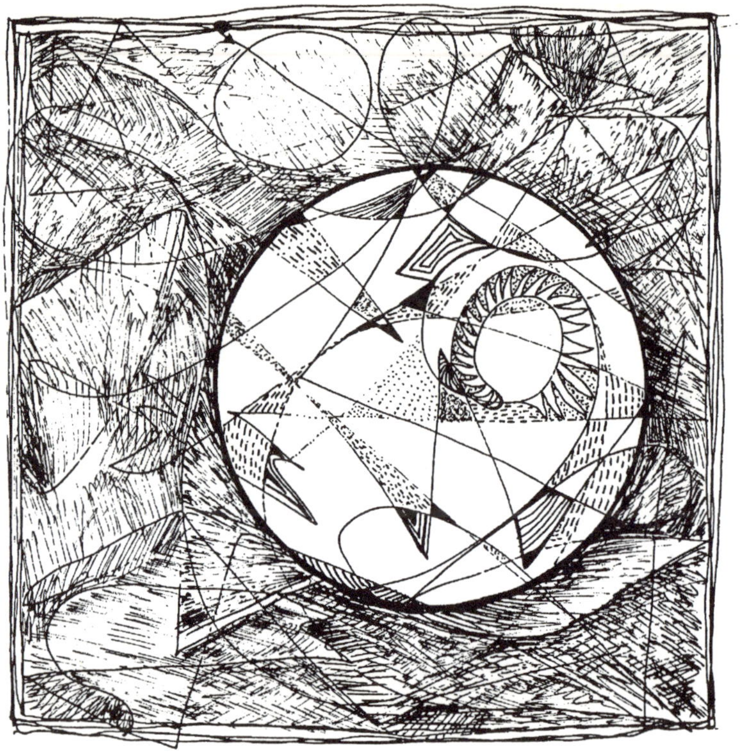

Oefening 2: groepjes vormen

Je kunt ook een groepje bewaren van vormen die in je tekening met willekeurige lijnen zijn ontstaan. Zoek daarvoor die groep en versterk de lijnen die er aan ten grondslag liggen. Let op dat je er geen nieuwe lijnen bij trekt: gebruik alleen wat voorhanden is. Verstevig deze lijnen nu zo, dat de vorm zich van je papier losmaakt. Het kan zijn dat andere plekken nu ook om aandacht vragen. Kijk goed of je ze nodig hebt om harmonie te scheppen en versterk die plekken dan ook. Als dat niet het geval is, kleur dan met een enkele kleur de overgebleven gebieden buiten de vormen lichtjes dicht, zodat de aandacht zich volledig richt op de vormen in je veld.

Als dat alles is gedaan, keer je terug naar die nog opengebleven velden en werk je die zo mooi mogelijk uit. Je kunt dat op allerlei manieren doen: door ze te kleuren of van motiefjes te voorzien, maar je kunt ook velden binnen de cirkel elkaar laten overlappen waardoor er mengkleuren ontstaan. Het is fantastisch om te zien hoe zich binnen dat veld een kunstwerkje ontvouwt.

Het mogelijke resultaat zie je op de volgende pagina.

Oefening 3: de ruimte behoort jou toe

Een andere manier om je veld en haar ruimte te verkennen is te beginnen op een vel papier waarbij je aangeeft waar je vertrekt en waar je aankomt. Je mag kiezen voor het benutten van de gehele ruimte van je blad, maar je kunt ook een vierkante of ronde vorm tekenen. Ook nu weer baken je allereerst de ruimte af en breng je een stevige stootrand aan.

Ga met je potlood langs de omtrek van je gekozen vorm en bepaal het punt waarvandaan je wilt vertrekken. Zet daar een dikke stip en een pijl in de richting waarheen je potlood gaat, zodat je later weet waar je begonnen bent.

Nu beweeg je al dansend en kruisend met je potlood door je gekozen ruimte. Je mag rechte of ronde lijnen trekken, maar bij een verandering van richting houd je je potlood op je papier. Doe alsof je een route uitzet zonder te proberen er logica in aan te brengen. Ga kris-kras door je veld, denk er niet bij na of je er al geweest bent, *doe* het gewoon. Ga door tot je een wirwar van toch goed zichtbare lijnen op je blad hebt staan, en wanneer je het genoeg vindt, sluit je af met een dikke punt en bekijk je het resultaat.

De volgende stap is het kiezen van een weg binnen de chaos van deze vorm die jij wilt gaan, waarbij je gebruik maakt van de lijnen op je blad. Neem daarvoor een kleurpotlood dat goed tegen de oorspronkelijke lijnen afsteekt en begin opnieuw vanuit het punt van vertrek.

Let nu goed op: het is niet de bedoeling dat je alle lijnen overtrekt. Je maakt met deze nieuwe kleur binnen je eigen warrige tekening opnieuw een keuze en kiest stukje voor beetje een nieuw te begaan parcours. Ook nu ga je weer met een doorgaande en zoveel mogelijk stromende beweging over je blad, maar je zorgt er nu voor dat de lijn niet kruist. Ze mag draaien en keren, naar boven en naar beneden gaan, overal bewegen, maar ze moet ergens 'aan' komen. Laat dat duidelijk zien.

Als je daarmee klaar bent, laat je je blik opnieuw over het nu voor je liggende pad gaan en stel je je voor dat dit je levensweg is. Laat dit gevoel even op je inwerken...

Nu gaan we die levensweg accentueren door met de gekozen kleur of - wanneer je daar behoefte aan hebt - een andere kleur, aan één zijde van die levensweg kleur aan te brengen. Blijf goed opletten dat je steeds aan dezelfde kant van de lijn kleurt. En zie wat zich onder je handen ontvouwt. Dit is je eigen keuze, de weg die jij wilt gaan.

Opmerking:
Ook al heb je het gevoel dat je deze weg niet vrijwillig gekozen hebt, wees je er dan van bewust dat het jouw persoonlijke ruimte is en dat die ruimte door jouzelf is ingenomen op een manier die duidelijk van jou is en van niemand anders. Laat het daarbij, en probeer te accepteren wat nu - op dit ogenblik - is. Op een ander tijdstip ziet dezelfde weg er weer heel anders uit.

Het mogelijke resultaat zie je op de volgende pagina.

Oefening 4: de spiraal als levensweg

In veel culturen geldt de spiraal ook als levensweg. Zoals je reeds kon lezen in paragraaf 3.4 en zelf kon tekenen (paragraaf 8.11), is ook het labyrint een voorstelling van een levensweg. De spiraal is bekend bij onder andere de Pima-indianen, maar ook de Kelten maakten er graag gebruik van. En zoals je misschien in paragraaf 8.8 al gelezen hebt, zijn er ook kunstenaars uit onze tijd, zoals Hundertwasser, Escher en Klimt, die graag gebruik maakten van de spiraal als symbool voor het pad dat we in het leven gaan.

Een heel mooie oefening met de spiraal is de volgende: teken op een blad papier van jouw keuze een ruime spiraal. Maak de belijning stevig en goed zichtbaar en zorg voor een ruime naar binnen kerende gang. Je kunt de spiraal vanuit verschillende inzichten vullen. Enkele ideeën hiervoor zijn:

Vul de ruimte met alles wat jou dierbaar is: dat kan een bloem, een steen, een kristal, een tekst, een gedachte of een gedicht zijn. Kortom alles wat jouw leven inhoud geeft kan hier een plaatsje krijgen. Laat dit even op je inwerken en kleur dan jouw spiraal. Maak haar zo mooi mogelijk af en zie dat deze spiraal jouw bron van leven in zich draagt.

Vul de ruimte met enkele herinneringen: dat kunnen zowel prettige als vervelende ervaringen zijn. Belangrijk is dat je alles wat er bij je binnenkomt een plek geeft. Sluit niets uit, maar aanvaard dankbaar wat er binnen komt. Vertrouw erop dat het iets voor je te betekenen heeft dat juist deze herinnering zich aan je voordoet. Blijf ademen en luister naar wat zich in jouw lichaam afspeelt. Als je je wat ongemakkelijk voelt, stop je even en laat je alles weer tot rust komen. Hang de tekening dan even op zodat je wat afstand kunt nemen en ga pas verder als je je weer prettig voelt.

Vul de ruimte met wensen. Misschien zijn er doelen die je in je leven wilt bereiken. Misschien ook heb je een heel grote wens waarvan je denkt dat er geen mogelijkheid is om die in vervulling te laten gaan. Mogelijk wens je je houding te veranderen, zodat je het pad dat je gaat anders leert zien. Teken dit in een symbool, vorm, energie of kleur.

Zijn er obstakels die het uitkomen van deze wensen belemmeren? Hoe zien die obstakels eruit? Kun je dat in je tekening laten zien? Probeer dat eens. Kijk dan naar het resultaat. Is er nog iets vergeten? Vul dat alsnog aan en maak het zo compleet mogelijk. Hang deze tekening op een plaats waar je haar niet kunt ontlopen. Na enige tijd zul je merken dat er iets in jou is veranderd.

Teken een spiraal en vul de ruimte met wat jouw leven inhoud geeft.

10.2 Herinneren wie je bent

Ergens in ieder mens leeft een herinnering aan het begin van ons bestaan. Wie zijn we? Waarom zijn we hier op aarde? Wat is onze opdracht en met welk doel moeten we een leven leven van geboren worden en weer sterven? Om deze herinneringen een beetje wakker te maken, bedacht ik voor mijn cursisten het volgende verhaal over de kinderen van 'Licht': de sterrenkinderen.

Eens, heel lang geleden, leefde er op de planeet der sterren een koningspaar dat veel kinderen had. Bij dit koningspaar kon je eerder spreken van een sterrenkinderenfamilie. Al deze sterrenkinderen waren zich ervan bewust dat zij zeer bevoorrecht waren om op deze planeet te mogen zijn en er te wonen. Nog meer bewust waren zij zich van het feit dat zij de zonen en dochters van deze sterrenkoning en koningin waren. Zij waren waarlijk goden-dochters en -zonen...

Zoals de koning en koningin wisten, waren er in het heelal nog veel andere planeten waar wel mensen woonden, maar waar men zich er nog niet van bewust was dat zij afkomstig waren van de sterren. Zo wisten zij ook niet dat zij tot het geslacht van de 'sterrenlichtfamilie' behoorden. De sterrenkoning en zijn vrouw overlegden of het niet dringend noodzakelijk was hieraan iets te veranderen, zodat ook de andere planeten het voorrecht van het 'licht der sterrenkinderen' konden genieten. Nadat zij het er samen over eens waren geworden dat dit een subliem idee was, riepen zij de raad van sterrenwachters bijeen. Na een diepe overdenking en het daaruit voortvloeiende besluit begonnen zij samen het idee verder uit te werken.

Dat was echter niet zo eenvoudig, want het sturen van 'lichtende' sterrenkinderen naar bijvoorbeeld de planeet Aarde zou ogenblikkelijk veel onrust teweeg brengen. De wezens die Moeder Aarde bewoonden, waren zich niet van sterrenlichtkinderen en hun bestaan bewust en leefden min of meer in donkere tijden. Als de sterrenlichtkinderen in hun schoonheid van regenboogkleurig licht zouden verschijnen, zou niemand hen als 'wezenlijke' mensen beschouwen, laat staan hen zien; men zou hen de naam 'engelen' geven. De raad en de koning en koningin besloten dat het noodzakelijk was de sterrenlichtkinderen voor een tijd hun lichtgevende, regenboogkleurige geweven mantels te laten opbergen en hun sterrenlicht in hun hart een plaatsje te geven. De sleutel voor het licht zou daar in een hart-nis worden bewaard, zodat ze zich altijd hun lichtende kracht zouden kunnen herinneren, wanneer dat in 'duistere' tijden nodig was.

En zo kwam het dat er een hele grote stroom van sterrenlichtkinderen naar de planeet Aarde werd gestuurd om daar het leven van de mensen te 'ver-lichten' met het sterrenlicht dat aan hun wezen eigen is. Men liet een brede weg die uit regenboogkleurig licht bestond, naar de Aarde afdalen, zette er in de loop van de tijd veel sterrenkinderen op en liet hen zich een plaatsje veroveren op die onherbergzame en donkere planeet, die eens zou mogen veranderen in de 'Lichtende planeet van sterrenmoeder Aarde'... De lichtsterrenkinderen kregen de belofte mee dat zij, wanneer zij zich hadden gekweten van hun taak om licht te zaaien in de harten van de mensenkinderen, weer terug mochten keren naar hun sterrenlichtplaneet en hun sterren-koningskinderenbestaan en dat zij dan ook hun mantels van geweven regenbooglicht weer in ontvangst zouden mogen nemen...

Het was een hele reis om zo af te dalen naar die donkere planeet Aarde. Geen sprankje licht was er te zien, de planeet was bij aankomst donker en grauw. De 'tunnel die naar nieuw leven leidt' waar ieder lichtsterrenkind doorheen moest alvorens het een plaatsje kon vinden, was een nachtmerrie. Maar de sterrenkinderen wisten nog wat de boodschap was en licht als zij waren, begonnen zij aan de zware taak die hen was opgedragen... Het leven was echter zo zwaar, dat in de loop van hun levensjaren veel sterrenkinderen de herinnering aan wat eens was en de belofte die gedaan was, ook maar opsloten in de hart-nis, waar ook de lichtvonk was verborgen. De sleutel legden zij terug bij de opening, maar door de zwaartekracht van planeet Aarde vergaten zij al gauw dat de sleutel heel dicht binnen hun bereik lag...

En zo kon het gebeuren dat het lange jaren duurde voor de eerste sterrenlichtkinderen zich er weer door toeval van bewust werden dat zij kinderen van 'Licht' waren en dat zij van de Sterrenplaneet afkomstig waren. Een plotselinge flits van inzicht kwam na verloop van jaren in hen op waardoor zij beseften dat er iets moest worden afgemaakt hier op planeet Aarde, iets speciaals gedaan of 'verlicht' moest worden, voordat zij weer terug konden naar de plaats, diep verborgen in de herinnering van hun hart, opgeslagen bij de lichtvonk die hun wezen was... en dat er een sleutel was die alle deuren kon openen... Zij waren helaas vergeten waar zij deze sleutel verborgen hadden en konden aan niets anders meer denken...

'De sleutel, waar is de sleutel?' dachten ze alsmaar en ze gingen op zoek in de binnenwereld van Moeder Aarde. Daar heerste echter volslagen duisternis. Ze konden geen hand voor ogen zien. Hoe moesten ze dan die kleine gouden sleutel vinden? Toen ze zo ongemerkt toch een flink stuk op weg waren, kwamen ze een huis

tegen. En kijk... er stond een licht voor het raam dat zo'n kracht uitstraalde, dat het hun bijna verblindde. Zou hier iemand wonen die hen iets zou kunnen vertellen over 'de grote zoektocht van hun leven'? Zou deze persoon in staat zijn iets over die vonk van licht te vertellen of misschien zelfs die vonk met hen willen delen? Ze roffelden met hun kleine vuisten tegen de stevige deur... Niets, helemaal niets, geen enkel geluid was te horen... Maar ze gaven het niet op. Intuïtief wisten ze dat hier een begin gemaakt zou kunnen worden het verlorene weer terug te vinden, de deur weer op een kier te zetten. Na eindeloos roepen en kloppen ging de deur een klein stukje open en er verschenen, in een krans van licht, twee hoofden om de hoek van de deur. Het was de Vrouwe van het Licht, Regenboogmoeder, en achter haar, tegen de wand geleund, stond nog een andere persoon, die te herkennen was als Regenboogvader, ook wel 'Gekke Man' genaamd. Al wisten de sterrenkinderen de namen van deze twee voorname lieden niet direct, door hen daar te zien staan ging er wel een schok van herkenning door hen heen. Deze lichtende wezens hier te zien bracht met een schok de herinnering aan de verborgen sleutel weer naar boven. En opeens wisten zij dat zij dat licht dat zij zochten, binnen in zichzelf zo goed hadden opgesloten dat het leek of het verloren was gegaan.

Nu konden de sterrenkinderen opnieuw de toegang tot hun hart-nis openen met de gouden sleutel die daar altijd in een vergeten hoekje had liggen wachten tot eens de tijd zou komen dat zij zich weer konden 'her-inneren' wie zij werkelijk waren en met welk doel zij op Aarde waren gekomen. Door dit 'toeval', waarvan wij inmiddels weten dat het geen toeval was maar werkelijkheid, konden de sterrenkinderen hun pad van licht op Aarde gaan en liefde doen ontwaken in de harten van de Aardemensen. Zo waren ze in staat op weg te gaan naar het huis van hun ouders, het koningspaar der sterren.

De sterrenkinderen lieten vonken van regenboogkleurig licht achter, overal waar hun pad over de Aarde hen voerde. En de mensen borgen deze vonken van licht in hun harten en voedden ze dagelijks. Zo ontstond ook in de harten van de Aardemensen het sterke verlangen om te zijn als de sterrenkinderen: wezens van licht en liefde, die terug konden keren naar de bron van licht waar ze ooit vandaan waren gekomen... Om dit nooit meer te vergeten plaatsten de mensen naast de gouden sleutel in de hart-nis nu ook een kleine bloem, die men vroeger 'vergeet-mij-nietje' noemde. Ter ere van dit symbolische moment werd echter de naam van de bloem omgedoopt in 'vergeet mij nooit'.

Teken nu jouw sterrenkindmandala

Laat de betekenis van dit verhaal op je inwerken, en maak een tekening van wat jou in dit verhaal het meest heeft getroffen. Denk daarbij niet te lang na, maar neem het eerste idee of motief dat je te binnen schiet.

Voorbeeld van wat mij in dit verhaal het meest heeft getroffen...

Teken in de cirkel, of als je daar behoefte aan hebt, in meerdere cirkels, maar omsluit het geheel met een stevige cirkel. Teken snel en zo losjes mogelijk. Het gaat bij deze tekening niet om een mooi resultaat maar om de inhoud ervan en wat het je te vertellen heeft.

Werk deze tekening zo goed en mooi mogelijk uit; vraag je af of er wel kleur bij gebruikt mag worden. Kijk af en toe nog eens naar dit beeld en geniet van het gevoel dat dit beeld bij je oproept. Op een ander tijdstip, na het opnieuw lezen van dit verhaal, kun je nog een nieuwe tekening maken. Vergelijk na afloop deze twee tekeningen met elkaar. Is het beeld nog hetzelfde of is het anders? Waarin verschilt het dan en wat heeft het je nu te zeggen? Is er iets aan toegevoegd? Of heeft het een totaal andere betekenis gekregen?

Voorzie deze tekeningen van een datum en bewaar ze bij elkaar. Mocht je er nog meer willen maken, doe dat dan. Je zult zien dat er zo een interessante serie ontstaat die je veel te vertellen heeft.

Opmerking:
Deze tekening kan ook heel goed met wit potlood op zwart papier gemaakt worden. Volg voor de tekening op zwart papier de hiervoor beschreven werkwijze en de beschrijving voor het tekenen op zwart papier met wit potlood in hoofdstuk 11.

10.3 Terug naar de bron

Volgens de cultuur van de indianenvolken heeft de Regenboogmoeder haar domein op de planeet van de zeven stralen. Deze zeven stralen vormen de regenboog, die wij mensen zo graag bewonderen. In de indianencultuur ziet men in de kleuren van de regenboog de zeven stralen als 'gidsen' die ons beschermen en ons hulp aanbieden. Wij kunnen deze 'geestkrachten' aanroepen in tijden van nood.

Vanuit dat standpunt gezien is er altijd iemand die je in moeilijke tijden bescherming biedt. Je zou deze bescherming 'gids', 'beschermengel' of 'innerlijk weten' kunnen noemen. 'Regenboogmoeder' in de gedaante van vrouw of man is de benaming daarvoor in de cultuur van de indianen.

In het Tibetaans boeddhisme ziet men de gidsen en helpers in de vorm van de zeven energiecentra - chakra's - die ook de zeven kleuren van de regenboog dragen. In de westerse christelijke wereld kent men gidsen en helpers in de vorm van de 'aartsengelen'.

Hoe je het ook noemen wilt, je hebt deze bescherming altijd bij je en kunt er wanneer je maar wilt een beroep op doen. Ergens in het heelal is de bron van al deze beschermers aanwezig en ook jij wordt iedere dag weer gevoed vanuit deze bron. Als je je dat bewust wordt, kun je er iedere dag van genieten.

Mandalatekening 1: jouw 'gids'

Je gids, beschermer of helper symboliseert de kosmische hulp die je te allen tijde in geval van nood kunt aanroepen. Deze hulp zorgt ervoor dat jij je bewust wordt van de weg die je gekozen hebt om hier op aarde te bewandelen. Voor de duidelijkheid gebruik ik hier het woord 'gids'. Deze gidsen vertegenwoordigen je levensbestemming en helpen je op je pad.

Meditatie voor het tekenen van jouw gids:

- Stel je voor dat je door een prachtig bos hebt gelopen en dat je nu aan de voet van een heuvel staat. Zie het pad dat naar de top van de heuvel loopt. Dat pad volg je. Neem de schoonheid van de natuur in je op. De prachtige kleuren van de bloemen die het pad omzomen, strelen je oog en de geuren bezwangeren je.

- Laat je langs dit pad meevoeren. Je kunt de top van de heuvel nog niet zien. Geef je over aan een gevoel van verwachting en volg vol vertrouwen het pad. Plotseling draait het pad weg, je kunt niet zien hoe het verder gaat. Vertrouw op je innerlijke stem, die zegt dat je door moet gaan. Loop verder, weet dat het goed is.

- Als je om de top heengelopen bent, komt een figuur je tegemoet. Het is jouw gids, jouw beschermer, jouw engel... jouw hulp in nood. Omgeven van stralend regenboogkleurig licht komt deze gids je tegemoet. Ogen als sterren lachen je toe en houden je blik gevangen.

- Laat je verzadigen door deze aanblik die een gevoel van herkenning in je oproept... Neem dat beeld in je op en geef het een plaats in je hart... zeg 'ja' tegen je gids, je beschermer en helper.

- Neem dit beeld mee naar de wereld waartoe je behoort en bewaar het zorgvuldig in je hart-nis.

- Als je terug bent in de kamer waarvandaan je vertrok, roep je het beeld van je gids weer op en teken je jouw gids of beschermer.

Mandalatekening 2: de kracht van de zeven stralen

Je bent nu op de planeet van de zeven stralen. Elke straal heeft een bepaalde lichtkracht in zich die zich aan jou wil meedelen.

De eerste straal schenkt je *vitaliteit*
en drukt zich uit als de kleur *rood*

de tweede straal schenkt je *speelsheid*
en drukt zich uit in de kleur *oranje*

de derde straal schenkt je *blijmoedigheid*
en wordt uitgedrukt door de kleur *geel*

de vierde straal schenkt je *vrede*
en drukt zich uit in de kleur *groen*

de vijfde straal schenkt je *creativiteit*
en drukt zich uit in de kleur *helderblauw*

de zesde straal schenkt je *inzicht*
en drukt zich uit in de kleur *indigoblauw*

de zevende straal schenkt je *overgave*
en drukt zich uit in de kleur *paars…*

Tezamen vormen deze zeven stralen die zich uitdrukken in de
zeven kleuren van de regenboog: *zelfvertrouwen, het witte licht.*

Visualisatie voor het tekenen van de zeven stralen:

- Stel je in op de vorm die jouw voedingskanaal heeft binnen de cirkel, het vierkant of, als je dat prettiger vindt, het vierkant dat de cirkel omsluit en beschermt met wachters aan de vier poorten. Laat dat even bij je binnenkomen en teken de gekozen vorm.

- Visualiseer binnen dit beeld nu de zeven stralen van het regenboogkleurige licht. Met dit beeld voor ogen laat je iedere kleur binnen de gekozen vorm haar plaats innemen: waar past het rood? En waar het oranje en het geel? Zie je waar geel overgaat in groen, door de vermenging met het blauw, en kun je waarnemen dat het rood zich met dat blauw vermengt tot de kleur paars? Teken dit beeld zoals het zich nu voor je geestesoog heeft opgebouwd.

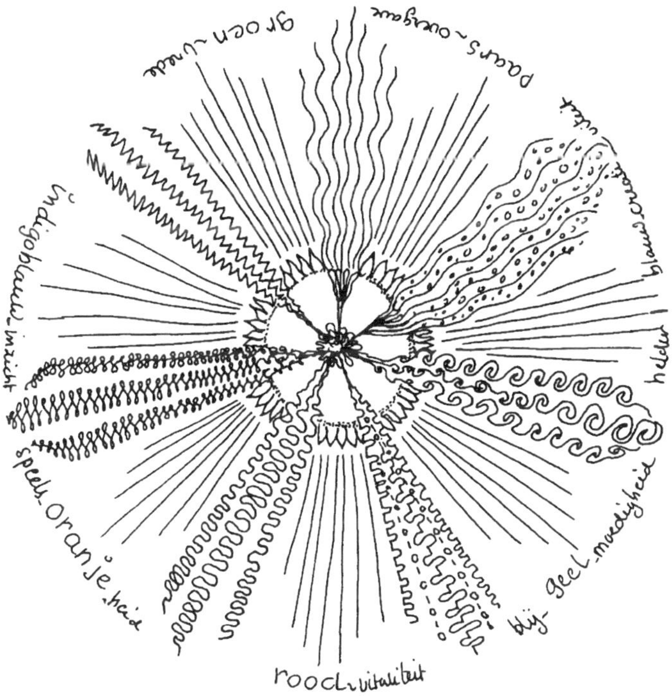

De kracht van de zeven stralen

Misschien ontstaan er tijdens het tekenen en kleuren van de zeven stralen van de regenboog associaties. Schrijf ze dan op, bijvoorbeeld op de achterkant van je tekening.

Door dagelijks even stil te staan bij deze voedingsbron kun je jezelf steeds weer laden met de kracht van de zeven stralen. Je kunt je even opgenomen voelen in de warmte en geborgenheid van de regenboogplaneet.

10.4 Energie in je mandalatekening brengen

Als je je realiseert dat je zelf ook afkomstig bent van lichtenergie, sterker nog: dat je voor het grootste deel uit deze energie bestaat, dan wordt het ook makkelijker om die energie fysiek te voelen. Je kunt dit op een heel eenvoudige manier oefenen.

Wrijf met gestrekte handen je handpalmen stevig over elkaar en laat dan los. Houd je handen op een afstand van 10 cm van elkaar en breng ze dan dichter naar elkaar toe. Kun je de prikkelingen die van je handen uitgaan, waarnemen? Het geeft niet als dat niet meteen lukt, herhaal het dan regelmatig. Zo kun je langzaam maar zeker het voelen van deze energie ontwikkelen.

Het waarnemen van die stromende energieën in je lichaam is zo belangrijk omdat je je daardoor bewust wordt van het feit dat je die energie slechts in jezelf hoeft toe te laten om ervan te kunnen profiteren. Je gehele organische huishouding zal er wel bij varen. Dat is een prettige en bovendien heel aardse ervaring.

Maar er is meer: naast het ervaren van deze aarde-energie kun je ook de geestelijke 'ether-energie', in de vorm van levenskracht, ervaren. Die stroomt ook door je heen in de vorm van zeer kleine atomaire deeltjes, niet zichtbaar voor het oog maar altijd aanwezig in levende wezens en weefsel. Deze ether-energie vormt je eeuwige verbinding met de bron van je bestaan. Tijdens het tekenen proberen we een vinger te krijgen achter deze, in het begin bijna niet voelbare, etherische energie, die de boeddhisten 'prana' noemen. Ook hiervoor kun je een oefening doen. Neem daar wel even tijd voor en zorg dat je op een rustig plekje in een prettige houding kunt zitten.

Visualisatie: het aanroepen van ether-energie

Nu ga je ether-energie (prana) aanroepen en door je lichaam sturen. Je doet dit in de vorm van een *visualisatie*: maak je zo goed als je kunt een beeld van deze energie en probeer die voorstelling steeds sterker te maken. Zorg er voor dat je prettig zit, met je benen naast elkaar en de voetzolen plat op de vloer; dat voelt en stroomt beter. Het begint zo:

- Visualiseer een bol van licht die net boven je hoofd zweeft. Zie dat deze bol stralen in de vorm van hele kleine lichtflitsjes uitzendt. De lichtdeeltjes bewegen zich door de ruimte en kunnen door alles heengaan. Niets belemmert ze om door materie heen te gaan. Zie hoe de lichtdeeltjes door alles wat om je heen is heengaan als een flits van licht. Merk op dat deze lichtflitsjes ook door jouw fysieke lijf heengaan, bijna onzichtbaar voor het oog en zo snel dat je het amper kunt waarnemen.

- Richt nu opnieuw je aandacht naar de bol van licht boven je hoofd en trek de lichtenergie aan de achterzijde van je hoofd naar binnen. Laat het licht de gehele ruimte van je hoofd vullen en vandaar naar je hals stromen. Ook je hals vult zich dan met deze lichtende energie...

- Laat de energie zich langzaam naar je borstholte uitbreiden, ze stroomt naar alle hoekjes en gaatjes van dit gebied. Geef de energie, door rustig te blijven doorademen, de kans zich verder in je lichaam uit te breiden: in alle vitale organen, in je maaggebied, in je buikholte, in je bekken; vul nu je hele bekkengebied met deze ruimte creërende lichtenergie en blijf dit even voelen...

- Stuur de lichtenergie nu door je bovenbenen naar beneden, door je knieën naar je scheenbenen, dan naar je enkels en wacht steeds eventjes, tot je haar daar goed kunt voelen. Ondertussen blijf je rustig ademen om ten volle van dit heerlijke gevoel te kunnen genieten.

- Laat de energiestroom door je voeten naar buiten gaan en stuur haar naar de aarde. Zorg ervoor dat ze in de aarde tot een stevige lichtbal wordt gebundeld... geef dit even tijd.

- Laat dan deze bol van energie vanuit de aarde nieuwe levensenergie naar je voeten sturen waarbij je deze richt en stuurt naar de achterkant van je voeten, door je hakken, door de achterkant van je benen, door je knieholten naar je dijen en je bips. Laat de energie daar goed aankomen en laat haar door het hele weefsel stromen tot in de periferie van de huid.

- Ga dan door met het sturen van deze helende energie, door je ruggenwervels en ruggenmerg, in je spierweefsel en de daarbij behorende gebieden, net zo lang tot ook hier de gehele ruimte gevuld is met de lichtenergie.

- Trek de energie verder door naar de schouderbladen, vul de schouders en de achterkant van je hals met deze stromende energie en breng haar door je bovenarmen, via je ellebogen naar je onderarmen.

- Voel nu hoe de energie langzaamaan naar beneden trekt en doorstroomt in je polsen en handen. Je kunt de vibratie van de lichtende kracht in je handpalmen bespeuren... Dit is de lichtende energie waarmee wij onze creativiteit op ons papier vormgeven. Als je, met dit gevoel in je handen, je beeld op je papier kunt visualiseren, zul je zien dat het tekenen ervan makkelijker wordt. Je blad heeft het beeld al in zich opgenomen en je handen hoeven het alleen, door middel van het potlood, zichtbaar te maken.

  Opmerking:
  Deze kracht gebruik je overigens ook om een kind te troosten als het gevallen is: je legt je hand op de zere plek en 'heelt' die gekwetste plek door deze te voeden met de energie die door je handen stroomt.

Mandalatekening 1: de creatieve energie in je handen

Creativiteit stroomt door je handen; deze zijn dus je instrumenten om die creatieve energiestroom op papier tot uitdrukking te brengen. Door deze energie om te zetten in een tekening geef je haar gestalte en kun je je eigen levenskracht ervaren. Om dit steeds weer opnieuw te kunnen doen, is het nodig dat je je iedere keer opnieuw verbindt met die innerlijke creatieve stroom die je door je lichaam naar je handen stuurt.

Als je jouw energie goed kunt voelen, teken deze dan op je blad papier, en blijf waarnemen hoe die energie zich ontwikkelt: in kringen van uitdijende kracht of in spiraalsgewijze bewegingen? Alles is goed, blijf maar volgen wat zich aan jou voordoet. Maak de tekening af zoals dat goed voelt voor jou.

Mandalatekening 2: de energie van je handen

Omdat handen tekenen niet zo gemakkelijk is, kun je je eigen handen op een vel papier plaatsen en ze omtrekken met je potlood. Teken tenminste twee handen. Versterk de omlijningen met een kleurpotlood. Wrijf je handpalmen nu nog eens tegen elkaar.

Onderzoek die creatieve stroom in je eigen handen. Welke plekken zijn te voelen? Geef ze op de manier zoals jij die energie waarneemt een plaats binnen de omtrek van je handen op het papier. Probeer vast te stellen waar en hoe die energie zich door je handen beweegt. Stopt deze ergens? Stagneert ze? Stroomt ze juist door, ook buiten je handen? Laat ook dat zien in je tekening.

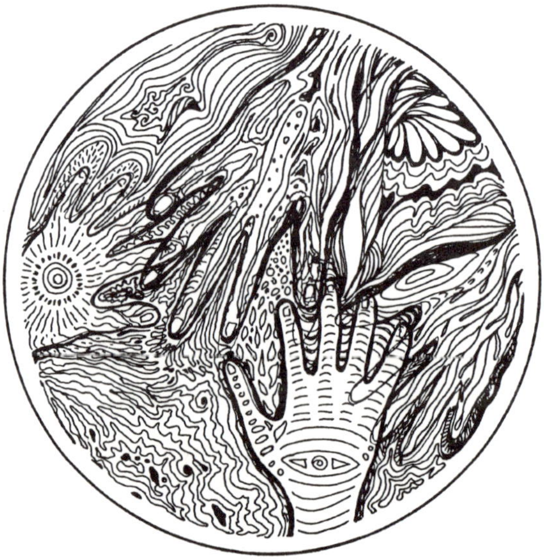

Maak daarna deze tekening zo volledig mogelijk door de wisselwerking tussen de energie in je handen en de energievelden eromheen verder uit te werken in de vorm van een mandala.

Mandalatekening 3: jouw en mijn handen ontmoeten elkaar

Doe eens een handenspel met iemand anders of met een kind. Kinderen vinden het prachtig en het leidt tot bijzondere ontdekkingen. Allereerst wrijf je even je handen en dan beweeg je ze naar elkaar toe. Vraag je dan samen af: kun je dat voelen? Wat voel je dan? Kun je dat ook tekenen? Zullen we dat samen doen?

Help even met het omtrekken van de handjes; jonge kinderen kunnen dit nog niet. Trek daarna ook je eigen handen om. Als je dit binnen een grote cirkel doet, heb je al meteen een mandala. Zorg ervoor dat alle handen te zien zijn. Ze mogen elkaar ontmoeten maar niet overlappen. Denk er wel om dat jonge kinderen hun eigen werk graag bij zich willen houden; dus bedenk daar samen een oplossing voor of maak ieder een eigen mandala met handen.

Ga dan samen nogmaals je handen wrijven zodat je de energie voelt stromen en prikken. Laat het kind ook eens aan jouw handen voelen. Kan het het verschil waarnemen?

Vraag dan of je allebei die energieplekjes in je handen zult tekenen. Je zult verbaasd zijn wat het kind hiermee kan. Het begint onmiddellijk en heeft meestal geen probleem met het tekenen van die onzichtbare energie. Doe zelf mee. Dat is spannender en zo delen jullie je ervaringen.

Nu we deze energie fysiek kunnen voelen, wordt het ook makkelijker om dit in de tekening tot uitdrukking te brengen. Laat steeds weer voordat je energie in je mandala tekent, dit gevoel even naar boven komen. Voel de energie naar je handen stromen en begin dan pas te werken op je blad. Naarmate je dit vaker doet zal het proces sneller en krachtiger worden en zul je in staat zijn een krachtige energie-impuls op je blad te zetten.

Mandalatekening 4: lichtenergie, de impuls voor je mandala

Je kunt ook een mandala tekenen met juist die impuls van lichtenergie als uitgangspunt. Dat doe je als volgt:

Teken een cirkel en omsluit deze op een redelijke afstand met een vierkant kader. Doe de oefening om de energie in je handpalmen te voelen stromen en wacht even. Als je de energie goed kunt voelen, neem je een potlood in je hand en leg je de andere hand op de cirkel van het papier. Visualiseer nu dat die energie vanuit je handen in je papier en potlood overvloeit.

Begin nu met zachte, rustige bewegingen met je potlood door de cirkel te tekenen, aanzwellend en weer afnemend, in zachte wervelende of ronde bewegingen. Stel je voor dat die energie uit je handen zichzelf op je papier zichtbaar maakt. Vraag daarbij steeds of dat wat zichtbaar wil worden zich op je papier, door middel van je potlood, wil laten zien...

Ga zo lang door met tekenen in de cirkel tot je verzadigd bent en je het gevoel hebt dat alles wat zich wil laten zien nu ergens op je blad binnen de cirkel aanwezig is, maar doe dit niet langer dan twintig minuten. Leg dan je potlood weg en bestudeer je tekening.

Als je in het beeld iets van herkenning bespeurt, zet je dat stukje met je potlood sterker aan. Zoek zo steeds in je beeld naar herkenbare plekjes. Denk niet maar volg eenvoudig je gevoel. Na tien minuten houd je weer op en bestudeer je je tekening opnieuw. Wordt er iets zichtbaar in je beeld? Is er iets tot uitdrukking gebracht? Als je niets kunt onderscheiden, laat je het voor wat het is en maak je de tekening af met kleuren die voor je gevoel bij dit beeld passen. Gebruik de ruimte buiten de cirkel om evenwicht te scheppen.

Wanneer zich binnen je beeld wél vormen aftekenen, hang je de tekening op zodat je er van een afstand naar kunt kijken. Knijp nu je ogen tot spleetjes en kijk hierdoor naar de tekening. Zo worden de vormen duidelijker. Als je dat goed hebt kunnen zien, neem je je tekening en potlood opnieuw ter hand en ga je verder met het versterken van die vormen die jij hebt waargenomen. Wees niet bang dat je de tekening ruïneert, ga rustig verder in het besef dat alles wat je weten moet in dat beeld ligt opgeslagen, ongeacht wat jij er in je enthousiasme mee doet. Neem wel steeds weer na een tiental minuten even afstand en laat het beeld opnieuw op je inwerken. Vervolg zo de weg in je mandala tot je het gevoel hebt dat je klaar bent. Tot slot laat je ook het omringende kader van het vierkant deel van je tekening uitmaken, en maak je je tekening zo evenwichtig mogelijk af.

Het werken met energie-impulsen en creatieve energie in je handen is heerlijk om te doen, maar is in het begin niet eenvoudig. Door zoveel mogelijk hiermee te spelen en te oefenen zal er steeds meer vormkracht in je mandala ontstaan. Dit is belangrijk om je te oefenen voor het meditatief tekenen, dat nog weer een stapje verder gaat dan het intuïtieve tekenen en het tekenen aan de hand van een visualisatie. Door de hiervoor beschreven methoden te beoefenen kom je tot die innerlijke rust die de volgende stap naar het tekenen van meditatieve mandala's mogelijk maakt.

HOOFDSTUK 11

Mandala's met wit potlood op zwart papier en dan in kleur...

Een nieuwe uitdaging op het gebied van mandalatekenen vormt het meditatief tekenen op zwart papier met wit potlood, waarover later nog met kleur kan worden gewerkt. Voor het tekenen op zwart papier kun je teruggrijpen op de oefenthema's uit hoofdstuk 8, zodat je altijd een weg kunt vinden om met de mandala bezig te zijn.

De techniek van het tekenen met wit potlood op zwart papier vraagt heel wat lichtkracht en geduld van de tekenaar omdat eerst het wit moet zijn aangebracht voor je met kleur kunt beginnen. De te bereiken kleur-nuances zijn hierdoor van een heel bijzondere aard. Voordat je op deze manier kunt werken, moet er een zekere mate van ontspanning en rust zijn. Bovendien wordt in dit geval gebruik gemaakt van een bijzonder spanningsveld dat optreedt bij een zwarte ondergrond.

11.1 Wat heb je nodig voor het tekenen op zwart papier?

- Vanwege de goede en diepe kleurafgave en de mooie hoofdkleuren, die zeer goed te mengen zijn, zijn voor het tekenen op zwart papier de kleurpotloden 'Karisma Colour' van Berol het prettigst. Je hebt in eerste instantie nodig:
  - twee White (nr. 938);
  - één Black (nr. 935);
  - één Magenta (nr. 930);
  - één Aquamarine (nr. 905);
  - één Canary Yellow (nr. 916).

  Wit van de andere merken dan Karisma Colour geven minder lichtkracht. Wel prettig is wit van het merk Bruynzeel voor dunne scherpe lijnen.

- Zwart tekenpapier. Afhankelijk van je voorkeur kun je uitgaan van losse bladen die je zelf in handzame maten snijdt. Je kunt in de kantoorboekhandel zwart papier voor de fotokopieermachine kopen, dat niet duur is en waar je goed op kunt oefenen. Wil je met mooi papier werken, dan kan ik je het Canson Mi-Teintes papier aanbevelen of het zwarte tekenpapier 'Diamant' van Van Ginkel, dat echter een andere structuur heeft. Beide soorten hebben een gladde en een gekorrelde kant, de gestructureerde zijde geeft prachtige effecten. Met wit potlood worden de hoogsels - het licht - en nuances van licht en donker opgezet, waarop je later met kleur kunt werken. Met het zwarte potlood kun je eventuele witte hulplijnen wegnemen.

- Keukenpapier of tissues om onder je hand te leggen. Dit voorkomt ongewenste vlekken.

- Gebruik in de mandala geen gum. Om hulplijnen die niet langer nodig zijn wat af te zwakken, kun je eventueel wel gebruik maken van een Pentel eraser, een zacht gumpotlood dat navulbaar is. De resten van de hulplijnen kun je dan met je zwarte potlood bijna onzichtbaar maken. Zie de volgende paragraaf.

- Een goede puntenslijper!!! Er moet veel aangepunt worden, wil het resultaat van wit op zwart papier goed zichtbaar zijn en mooi verlopen.

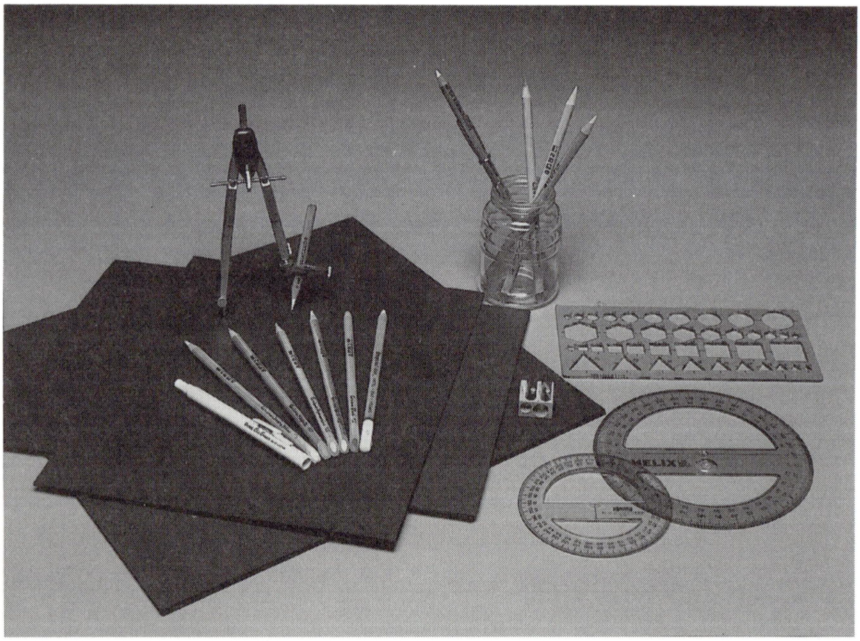

11.2 Waarom tekenen op zwart papier?

Het bijzondere van het tekenen op zwart papier is dat het je de kans geeft je te verenigen met de donkere en lichte kant van jezelf. Zoals dr. Carl G. Jung al opmerkte, is het voor ieder mens die heelheid in zichzelf wil bereiken, noodzakelijk zich te verzoenen met de donkere kant van zichzelf. Het tekenen op zwart papier nodigt ons hiertoe uit: we kunnen niet anders dan het zwart aan ons proces deel laten nemen.

Zo brengt deze manier van werken heel andere dingen in ons naar boven dan wanneer we tekenen op wit papier. Daar kunnen we het zwart immers nog buiten beschouwing laten; we hoeven het niet mee te nemen in ons bewustzijn als we dat niet willen. Bij werken op zwart papier is dat onmogelijk omdat we hier juist uitgaan van het donkere, het zwarte papier. Op deze wijze worden processen op een heel diep niveau aangesproken en dat is te voelen en in de tekening tastbaar aanwezig.

In de lijst van materialen werd aangegeven dat er niet in de tekening mag worden gegumd. Waarom mag dat niet, zul je denken?

Ik ga ervan uit dat alles wat eenmaal op je blad is gekomen een functie voor je heeft. Alles wat je doet kan je helpen, en is op de een of andere manier nodig voor jouw groei. Als je iets 'weggumt', verwijder je iets kostbaars uit je tekening. Je denkt: dit is een fout, maar als je er anders naar leert kijken, zul je bemerken dat juist deze 'schoonheidsfoutjes' je iets te zeggen hebben dat je op dit moment nog niet kunt zien. Dus, als het even kan laten we de tekening zoals deze is ontstaan, met alle voor en tegens, zonder er verder een oordeel over te geven. Dat werkt uiteindelijk in je voordeel, zoals je later zult bemerken.

11.3 Kenmerken van het tekenen op wit en zwart papier

Bij het tekenen op *wit* en op *zwart* papier moet je het volgende goed onthouden:

- Als je tekent, werk je altijd op het platte vlak, dus tweedimensionaal.
- Diepte, dus de derde dimensie, kun je in je tweedimensionale beeld – je tekening – suggereren door licht en schaduw aan te brengen.

Kenmerkend voor tekenen op *wit* papier:
je moet witte plekken (licht) uitsparen om iets naar boven te laten komen en je brengt donkere kleuren (schaduw) aan waar je iets in de diepte wilt laten verdwijnen. Je kunt direct met kleur werken op het witte papier. Je kunt, maar hoeft geen zwart in de tekening toe te passen, hetgeen een voordeel kan zijn maar je ook kan tegenhouden ermee te experimenteren.

Kenmerkend voor tekenen op *zwart* papier:
om de lichtkracht in de tekening te waarborgen moet je in de eerste plaats alles wat je in het licht wilt zetten, vullen met wit potlood. In de tekentechniek worden dit hoogsels genoemd. Alles wat je in de diepte wilt laten verdwijnen moet hier dus zwart blijven, het zwart van het papier. Wil je nuances in het zwart aanbrengen, ga dan met je witte potlood zachtjes bewegend over die plaatsen van je zwarte papier waar je deze wilt aanbrengen.

Tekenen op zwart papier is een totaal andere beleving dan tekenen op wit papier. Bij het tekenen op zwart papier zul je ervaren dat zwart een belangrijk onderdeel van je tekening uitmaakt. Hierdoor integreer je de kracht van het zwart in je tekening; je moet er mee werken en kunt er niet omheen. Als eerste stap wordt wit 'licht' in de tekening aangebracht. Dit is een langdurig proces, waarbij je niet zo snel in de verleiding komt om je in kleuren te verliezen. Is je symbool eenmaal in wit zo goed mogelijk uitgewerkt, dan kun je er rustig kleur aan toevoegen, waarbij je de tekening kunt vragen hoe en waar je dat het beste kunt doen (zie de plaatwerken in dit boek).

Deze tekeningen zijn gemaakt door Anneke Droog-Koekoek.

11.4 Intuïtief en meditatief mandalatekenen

Waarom creëren we intuïtieve en meditatieve mandala's?

- Mandalatekenen is een vorm van zelfhulp. Je herstelt je regenererend en helend vermogen en bent na verloop van tijd in staat dit vermogen aan te spreken.

- Door het meditatieve proces open je je hart en geest, zodat je jezelf kunt afstemmen op je innerlijke kracht.

- Het tekenen van een mandala schenkt grote vreugde wanneer je de genezende werking kunt zien en ervaren.

- Een mandalatekening maakt het onzichtbare zichtbaar door tegenstellingen en patronen tot uitdrukking te brengen zoals dat op geen enkele andere wijze naar buiten kan worden gebracht.

- Dit proces veronderstelt eenheid tussen het menselijk bestaan en de structuur van de kosmos, waardoor het leven weer als een heelheid begrepen en ervaren kan worden.

- Door in je innerlijke wereld ontspanning en overgave te creëren kan mandalatekenen op zwart papier vorm en expressie geven aan jouw intuïtieve inzicht in een spirituele waarheid.

Oefening: visualisatie van je lichtkracht

1 Leg een vel zwart papier, in de maat waarop je wilt werken, voor je neer op tafel. Leg twee witte potloden voor je neer, maar zo dat ze niet van tafel kunnen rollen; vallen doet de potloodstift inwendig breken.

- Visualiseer dat je een witte streek met je potlood op het zwarte papier zet; hierdoor plaats je jouw creatieve energie en geestkracht in de donkere oerkracht van het zwarte papier.

- Visualiseer dat het witte potlood wordt bestuurd door het innerlijke licht van jouw bewustzijn. Dit licht manifesteert zich door het tekenen met wit potlood op zwart papier.

- Denk en stel je 'licht' voor terwijl je tekent...

  Jouw tekening is een fysieke uitdrukking en reflectie van je innerlijk geestelijk licht.

2 Neem je witte potlood en creëer met brede potloodstreken een schaal van lichtwaarden. Het is belangrijk je potlood scherp te houden, om zo een vloeiende overgang van wit naar zwart te bereiken. Houd je potlood zo dat het je toestaat je arm en pols vrij en losjes te bewegen. Alleen zo kun je deze lichtwaarden van binnenuit laten ontstaan.

3 Begin met het helderste deel van je lichtwaardenschaal met stevige brede streken. Verminder de druk op het potlood naarmate je het licht wilt laten afnemen en laat zo het wit van het potlood in gradaties tot uiteindelijk zwart verlopen.

De schaal van lichtwaarden moet vloeiende overgangen van puur wit licht met een langzaam verloop naar diep zwart weergeven. Ga meerdere malen met je witte scherp aangepunte potlood over de overgangen zodat deze zo geleidelijk mogelijk verlopen.

Probeer verschillende manieren om tot dit resultaat te komen. Maak de schaal van dik naar dun, van breed naar smal, wijd of lang. Draai en maak golven, hoeken en slingerbewegingen of vierkanten. Experimenteer…

Blijf je herinneren dat jij een kind van licht bent en dat je potlood op het papier die pure lichtenergie zichtbaar maakt; zo teken je werkelijk licht en energie...

De tekst van deze oefening komt je misschien wat overdreven voor, maar bedenk wel: dit is de basis van het zwart tekenen. Als je dit niet beheerst, zal het resultaat niet zijn wat je ervan verwacht en wat het - gezien de creatieve, helende kracht, die schuil gaat in ieder mens - zou kunnen zijn. En dat is jammer, of niet?

11.5 Meditatie: herinneren wie je bent

Deze herinnering heb je al eerder kunnen oefenen, in paragraaf 10.2 in de tekening van de sterrenkinderen. Je kunt dat verhaal nog eens lezen alvorens de volgende meditatie te doen, die je herinnering nog wat verder terug zal brengen naar je oorsprong.

Wanneer je deze meditatie eenmaal hebt gedaan en je op deze ervaring kunt terugkijken, zul je in staat zijn je eigen unieke patroon van licht en bewustzijn tot uitdrukking te brengen.

Slijp, voor je begint, je witte potloden. Leg je vel zwart papier en je potloden vlak voor je.

- Ga rechtop zitten op je stoel, je rug recht, voeten vlak op de grond, je schouders recht, je handen gemakkelijk in je schoot...

- Adem langzaam in en uit...

  Laat bij iedere uitademing alle spanning uit je wegstromen...

  Laat alle negatieve gedachten los uit je lichaam en geest... Denk hierbij bijvoorbeeld:

  Als ik inadem word ik kalm, als ik uitadem glimlach ik...

- Houd je hart open en ontvankelijk. Sluit je ogen.

  Laat boven je hoofd een bal van regenboogkleurig licht verschijnen.

  Stel je voor dat dit licht zich naar het centrum van je hersens verplaatst.

- Concentreer je op die gloeiende energie en stuur het naar beneden, door je nek... in je hart... Voel de warmte en liefde van het licht voor jou...

  Ga door met het sturen van de energie naar en in je maag... in de andere organen.. stuur haar naar je buik en je bekken en tenslotte door je benen, je knieën, je enkels, in je voeten en laat de energie door je voetzolen de bodem ingaan...

- Visualiseer dat deze helende en centrerende lichtenergie terugkeert vanuit de aarde en dat ze langs de achterkant van je benen omhoog komt.

  Laat haar heel langzaam langs en door je ruggengraat naar boven gaan en terugkomen in je hoofd.

- Visualiseer dat je heel zacht en vriendelijk, alsof je een veertje bent, wordt opgetild boven de aarde en dan verder in het universum. Blijf toeschouwer op dezelfde meditatieve manier.

  Zie en voel dat je zacht meedeint in de ruimte, zie jezelf omringd door sterren en planeten.

- Realiseer je dat jij en het manifeste universum een en hetzelfde zijn. Zie dat alle wezens van dat universum een onafscheidelijke kosmische creatie zijn van vibrerende atomaire energieën, waardoor datzelfde universum haar uiteindelijke vorm krijgt.

- Realiseer je dat alle atomen in jouw fysieke lichaam afkomstig zijn uit een explosie van licht van heel oude sterren en andere elektromagnetische energieën.

- Zie jezelf in een zwart gat van naar binnen zuigende krachten getrokken worden, terwijl je tijd en ruimte in het donkere lichaam van het universum passeert.

  De stilte van dit zwarte gat is niet te beschrijven, het is niet-denkende intelligentie...

- Ervaar de rust en de vrede en de intense vreugde van deze allesomvattende intelligentie...

  Zie, dat deze intelligentie begint te denken en creatief begint te dromen... Plotseling bespeur je een draaiend geluid.. en een glimp van zichtbaar wordend licht verspreidt zich.

- Ergens van binnen uit het centrum van dit geluid wordt licht geboren. Licht pulseert in ringen van binnen naar buiten. Er begint licht te cirkelen, dwars door het diepe zwart heen... De Schepping is begonnen...

  Je neemt dichte wolken van veelkleurig licht waar, die de formatie van galaxies en alle andere scheppingen weerspiegelen, ook die van jouw fysieke lichaam.

- Zie jezelf als de ziel van jouw menselijke fysieke lichaam en visualiseer dat dit zonnige regenboogkleurige licht in en door jouw lichaam heendringt tot in de verste hoekjes... tot in het centrum van je ziel...
  Visualiseer nu vonkjes van elektromagnetische energie die weefsels van zichtbaar licht vanuit dit centrum van je ziel door je lichaam laten stromen... Dit zijn de weefsels van regenboogkleurig licht die je al zolang als je leeft bij je draagt en die je jezelf nu weer herinneren mag...
  Weef op een voor jou unieke manier jouw lichtenergie door het weefsel van energie van het universum...

- Mediteer nu een ogenblik op dit nieuwe weefsel van licht, dat bij jouw ziel, jouw lichaam en geest, bij jouw fysieke lichaam hoort en dat door je persoonlijke inbreng en bemoeienis je nu verbindt met de energieën van het universum.
  Realiseer je dat je door jouw goddelijke innerlijk licht van bewustzijn deel uitmaakt van de schepping van het grote weefsel van licht en leven, dat zich overal en tegelijkertijd in het universum afspeelt.

- Breng je gezichtsveld terug naar de planeet Aarde en neem je fysieke plaats weer in. Kijk met nieuwe ogen naar je witte potlood en je zwarte papier dat voor je ligt.
  Zie in het papier en het potlood pulserende energie. Zie dat jouw handen de instrumenten zijn die deze pulserende energieën, die ook deel van jou uitmaken, tot uitdrukking brengen...
  Houd dit inzicht in je gedachten en dit beeld voor ogen en ga verder met de volgende oefening.

Deze hiervoor beschreven meditatie kun je als uitgangspunt gebruiken voor alle nog volgende oefeningen. Hierdoor breng je jezelf steeds opnieuw in een meditatieve sfeer, dat het tekenen van innerlijke mandalabeelden zal bevorderen.

Oefening: naar buiten brengen van het licht in jou

Deze oefening zal je helpen om je hart te openen, zodat universele liefde toegelaten en angst losgelaten kan worden. Wanneer je je angsten leert overwinnen en je jezelf niet langer persoonlijk aangesproken voelt, zul je bemerken dat je in staat bent het evenwicht, de heelheid en het spirituele licht van en in jezelf waar te nemen.

Tijdens deze oefening zal zich een uniek patroon van lichtenergie in je geest ontwikkelen en aan je tonen. Op den duur zul je in staat zijn deze kracht in gradaties van licht op je papier zichtbaar te maken. Dit vermogen te tekenen wat je innerlijk waarneemt, zal je angst voor het tekenproces verminderen zodat je jouw innerlijk licht van bewustzijn kunt uitdrukken op een voor jou prettige, vreugdevolle en levendige manier.

1 Kijk naar je blad en je witte potloden. Houd de punten scherp; het is gemakkelijker om een lichtbundel te tekenen met potloden die goed aangescherpt zijn.

2 Plaats met het witte potlood een dikke witte stip in het centrum van je blad. Deze stip staat symbool voor Alomvattend Bewustzijn; dit is 'bindu', daar waar alles ontstaat.

Deze stip - bindu - stelt het sacrale centrum voor en spiegelt jouw spirituele midden. Het staat symbool voor het punt tussen je wenkbrauwen. Deze plek wordt wel het derde of spirituele oog genoemd.

3 Ga, voor je begint, weer terug naar je meditatie. Plaats jezelf in het midden van je ziel en laat het meditatieve gevoel weer bovenkomen.

Richt je aandacht op je derde oog en houd je hart liefdevol open.

4 Begin in het midden van je papier waar je de stip hebt gezet, en teken een lichtbundel zoals die zich achter je netvlies in de geest aftekent. Werk van dit centrum naar buiten alsof je een zich ontvouwend melkwegstelsel ziet en herhaal de lichtbundels zo vaak als dat in jouw beeld past. Verander de breedte of grootte naar eigen inzicht, terwijl je je tijdens je werk afstemt op een intens gevoel van lichtverspreiding. Denk steeds aan een dansende lichtkracht. Je mag je blad draaien om dit verspreiden van licht zo goed mogelijk te kunnen weergeven.

5 Herhaal de lichtbundel enkele malen dicht naast elkaar, wijzig en verander van richting, ga er overheen en versterk waar dat nodig is de indruk van licht. Ga door met deze meditatie tot je de uiterste randen van je lichtbundels hebt bereikt. Laat je intuïtie je de weg wijzen en blijf open voor de stroom van toegewijde liefde door je handen, in je potlood en op het papier.

6 Adem rustig in en uit op ogenblikken dat je je angstig voelt en stel daarbij je hart opnieuw open. Wees moedig en geef uitdrukking aan jouw eigen unieke patronen van spiritueel licht.

7 Wanneer je het gevoel hebt dat de tekening klaar is, neem dan afstand van de tekening en kijk wie je bent, kijk... en kijk... Sta jezelf toe even helemaal stil te zijn. Laat het beeld in je hart tot je spreken.

Wat is er gebeurd? Wat heb je in deze oefeningen gedaan?

Door je te oefenen in het omgaan met licht en donker in vloeiende in elkaar overgaande partijen van helder wit licht naar het diepe zwart van het papier en daarbij het ritueel van de lichtmeditatie en de daaraan verbonden oefening, heb je inmiddels door eigen tekenervaring geleerd hoe dualiteit in je eigen leven toegepast en ervaren wordt.

Ooit leerde je de wetten kennen van dag en nacht, licht en donker, goed en kwaad, plezier en pijn. Het is mogelijk dat je door die vroegere ervaringen de werkelijke bron van je bestaan bent vergeten. Datgene waar je ziel werkelijk van afstamt, is het doordringende kosmische licht, waarvan je nu zelf in je tekening een uniek stukje hebt laten zien. Iedere tekening is een uitdrukking van dat deel van het licht dat door de schepper ervan op dat moment kan worden waargenomen. Het maakt, samen met de patronen van vele anderen, deel uit van het gehele patroon van doordringend kosmisch licht binnen het universum.

Zo integreren we het oosterse inzicht, dat we geleidelijk zijn ontstaan vanuit een patroon van bewustzijn, licht en geluid, met het westerse perspectief, dat stoffelijke realiteit in essentie energie is. Deze vorm van integratie is van het grootste belang voor het bewustwordingsproces van de mens en is de wezenlijke kern van de helende kracht, die ieder mens in zich draagt.

Het doel van deze oefening is je eraan te herinneren dat de mens zich van dit innerlijk 'weten' heeft verwijderd en dat het essentieel is jezelf weer te verbinden met de bron van je bestaan: het universum en jouw persoonlijke ontwikkeling daarbinnen. Door je te identificeren met deze scheppende krachten ervaar je het herstellende creatieve vermogen in jezelf. Je bent op weg naar een nieuwe staat van gezondheid, die je ook eenvoudigweg 'heelheid' zou kunnen noemen.

In de hindoeïstische en boeddhistische traditie noemt men, evenals dr. Carl G. Jung, het praktisch werken in de kunst een 'creatief alchemistisch proces' dat geestelijk bewustzijn integreert in het stoffelijke aspect van het fysieke lichaam en tegelijkertijd in de kunstzinnige materialen die daarbij gebruikt worden.

Goddelijke liefde vloeit - via het kanaal dat jij zelf bent - van je handen in je potlood en daarna in het papier. Het uiteindelijke doel van dit kunstzinnige proces is 'ver-lichting' te beoefenen. Als je dit principe bewust leert toepassen, 'dans en zing je de wereld omhoog', zoals de aboriginals in Australië zeggen; het is in wezen pure scheppingskracht.

11.6 Meditatie: het tekenen van de contourlijnen van de handen

Deze meditatie maakt je bewust van je handen, die een instrument zijn om jouw scheppingskracht aan het papier toe te vertrouwen en daar in beeld te brengen wat je innerlijk raakt. Handen kunnen aanraken, tasten, voelen, strelen, maar ze kunnen ook troosten, sterk en krachtig zijn en vol van liefdevolle energie. Je handen zijn, voorzien van kosmische energie en kracht, een geschenk van de hemel.

1 Teken met je witte potlood op het zwarte papier een cirkel van ongeveer 26 cm doorsnede. Je kunt de cirkel ook losjes en zeer dun uit de hand tekenen. Denk eerst even de cirkel boven je blad met je potlood in de hand en teken deze dan. Deze tekening zal je helpen je geestelijke helende kracht te ontwikkelen.

2 Gebruik nu je witte potloden om de omtrek van je handen of delen daarvan binnen de cirkel te tekenen. Teken heel lichtjes, net genoeg om de contour zichtbaar te maken.

3 Probeer terwijl je tekent het plezier en het enthousiasme van het kind in jezelf terug te vinden en druk dit gevoel zoveel mogelijk uit in je tekening. Teken minstens drie of meer handvoorstellingen, gebruik je hele hand of een deel ervan, open ze of sluit ze of laat ze elkaar overlappen, zodat je tekening dynamisch wordt.

4 Gebruik je voorstellingsvermogen om de handen met elkaar in contact te brengen en op een bij jou passende manier aan de cirkelrand te laten aansluiten.

Dit is tevens een voorbereiding op de volgende meditatie-oefening, waarbij je de contouren van de handen verlicht. Deze meditatie zal je inspireren de tekening van de handen van energie te voorzien. Ze zal je helpen met je innerlijke oog te 'zien' hoe jouw helende levenskracht door jouw lichaam en handen vloeit.

Na de meditatie kun je de techniek van het bundelen en stralen van lichtkracht gebruiken zoals in de eerste oefeningen werd beschreven en zo energie in de vorm van uitstralend licht in je lijntekening aanbrengen.

Voor je begint kun je, om dit gevoel weer bij jezelf op te roepen, naar de eerste tekening kijken. Neem dan weer plaats in het centrum van je gedachten, richt je aandacht op het derde oog en voel dat je weer in meditatie bent... Wanneer je zover bent, plaats je het blad met de getekende handen voor je en leg je twee witte potloden boven de tekening. Zorg ervoor dat ze aangepunt zijn en niet kunnen wegrollen tijdens de nu volgende meditatie-oefening.

Oefening: licht brengen in een tekening

1 Met dat meditatieve beeld van stralend wit licht krachtig in je geest open je je ogen. Kijk naar de tekening voor je en beslis welke vlakken of delen puur zwart zullen blijven en welke je wilt uitlichten. De begeleidende tekening is alleen bedoeld als voorbeeld: iedereen die deze oefening doet, zal de visualisatie en het gevoel van licht anders ervaren en uitwerken.

Zie ook de kleurenpagina tegenover pagina 128, boven.

2 Kies nu een gebied en begin er licht in aan te brengen. Begin aan de buitenkant van de lijn, werk om de contour van de hand heen. Gebruik de lichtbundelingtechniek – sterker worden en weer afnemen van lichtkracht – zoals je dat al eerder gedaan hebt. Laat het licht zich vermengen met de contourlijn van de handvorm, zodat deze als één geheel werkt, heel sterk van licht tegen de handlijn aan en naar buiten toe zwakker wordend tot het wit in strelende bewegingen in het zwart overgaat.

Met andere woorden: begin steeds weer bij de contour van de hand, gebruik op die plaatsen meer druk om daar de hoogste lichtwaarden te scheppen en verminder de druk van je potlood vervolgens terwijl je je verder van de handvorm af beweegt. Laat het wit verlopen in het diepe zwart van je papier.

3 Gebruik een lichtbundel om een gevoel van lichtuitstraling bij de vingertoppen en in de open ruimten tussen de vingers te scheppen.

Houd na vijftien minuten op met tekenen, hang de tekening op of leg haar op tafel voor je neer en neem er even afstand van, zodat je het resultaat kunt bestuderen.

Beantwoord daarbij de volgende vragen:
- brengt de tekening een gevoel van licht teweeg?
- concentreerde ik me op licht dat van de handen uitstraalt terwijl ik aan het tekenen was?
- gebruikte ik de volledige gradatieschaal, de schaal die van puur wit licht tot het diepste zwart gaat?

Deze momenten van bespiegeling zullen je in staat stellen naar je tekening te kijken alsof deze niet van jou is. Alleen zo zul je in staat zijn te zien waar in de tekening nog meer kracht in het licht aangebracht moet worden. Deze waarneming bevordert je voorstellingsvermogen. Je leert hierdoor ook hoe je de bron van helende energie binnen jezelf kunt activeren en kunt integreren in je wezen.

4 Realiseer je dat, zodra je een beeld schept van je handen, er in jou veranderingsprocessen op gang kunnen worden gebracht. Hoe meer je je kunt concentreren en je aandacht gericht kunt houden op die bron van helende energie, des te sterker zal je wil worden om de helende levenskracht in je lichaam te integreren. Het begrijpen van dit proces zal je helpen een verbinding tussen licht en bewustzijn te scheppen.

Lama Anagarika Govinda vat de *spiegelende* rol van de mandala als volgt samen:

> *Het is de eerste beweging in de grote symfonische mandala of magische cirkel waarin onze innerlijke beweging verschijnt als geluid en licht, kleur en vorm, gedachte en visioen, ritme en harmonieuze coördinatie, zichtbaar symbool en meditatieve ervaring. Deze eerste beweging... correspondeert met de eerste diepgaande meditatieve houding of ervaring, namelijk 'De Wijsheid van de Grote Spiegel'.*

Misschien kun je bij het tekenen denken aan de mandala als een weerspiegeling van harmonie en schoonheid van ons niet-stoffelijk bestaan...

11.7 En nu het kleurenspel

Wij zeggen in het Westen dat de schoonheid van de regenboog te zien is wanneer daglicht (wit licht) door middel van een glazen prisma wordt gebroken in een aantal individuele kleuren. Glas, maar ook de meeste doorzichtige edelstenen zoals briljant, breken het licht; dat wil zeggen dat de richting van het licht door het glas of de edelsteen wordt afgebogen. Deze breking is niet voor alle kleuren hetzelfde.

De Engelsman Isaac Newton (1642-1727) plaatste de kleuren van het daglichtspectrum - violet, blauw, groen, geel, oranje en rood - in een kleurencirkel, waarbij hij de relatie met wit en zwart buiten beschouwing liet. Bij dit systeem is de ordening naar de licht-donkerwaarden verloren gegaan. Voor de kunstenaars betekende dit ontbreken van de licht-donkerwaarden een verlies; voor hen is het van belang te weten hoe licht of hoe donker een kleurtoon is.

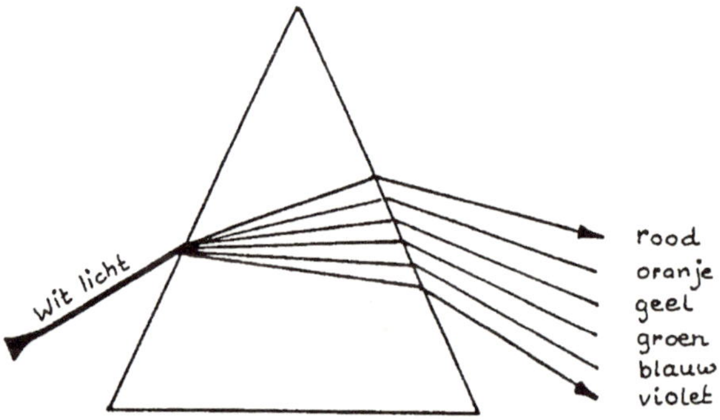

Wij westerlingen drukken kleuren over het algemeen niet uit in een gevoelswaarde, zoals men in het Oosten pleegt te doen. In de Tibetaanse traditie ziet men het wit als de kleur van het water en associeert men het met toorn en zuiverheid.

Bij de Maya's uit Yucatan stond wit voor het Noorden en geel voor het Zuiden.

De Plains-indianen uit Noord-Amerika gaven wit ook een plaats in het Noorden en verbonden het met de buffel en wijsheid. Andere indianenstammen kiezen weliswaar vier kleuren voor de windstreken maar deze verschillen van stam tot stam.

Hieruit kun je de conclusie trekken dat kleur niet altijd dezelfde gevoelswaarde heeft. Ieder voor zich zal moeten onderzoeken welke kleur, vanuit de gevoelswaarde gezien, het beste kan worden gebruikt. Om de kleuren te leren kennen en de gevoelswaarde die deze voor jou hebben, te leren herkennen, moet je steeds weer in meditatie gaan en jezelf de kans geven jouw helende kleuren in jezelf toe te laten.

Een unieke beschrijving van de oerkleuren kwam ik tegen in een boekje over kleurenleer. Hier werd uitgegaan van kleuren als 'oermachten'. De beschrijving werd toegeschreven aan Leonardo da Vinci (1452-1519).

Geel: macht van chronos, de tijd, zon maan en sterren, het tijdelijke en tijdgebondene; tegenover geel staat de gevoelscontrastkleur blauw:
Blauw: machtige oneindigheid van het uitspansel en de hemelen, meditatie en eeuwigheid.

Rood: laaiende macht van vuur, bloed, oorlog, geweld, onrust, beweging en ego; tegenover rood staat de gevoelscontrastkleur groen:
Groen: kracht van het ontkiemende zaad, macht van vrede en welvaart, vredige rust.

Zwart: macht van duisternis, dood, verderf, rouw, vernietiging; tegenover zwart staat de gevoelscontrastkleur wit:
Wit: kracht van het licht der wereld, ongerepheid, reinheid, het licht van de geest.

Ook bij eigen onderzoek kwam duidelijk naar voren dat er een uniek kleurenscala gehanteerd wordt wanneer we ons in een bepaalde fase van ons leven bevinden. Veel kinderen in de puberteit kiezen voor donkere of zwarte kleding, die een zekere anonimiteit waarborgt zodat ze niet opvallen. Of er wordt in een andere fase juist duidelijk voor kleur gekozen: men wil gezien worden. Als je in je persoonlijke sfeer gaat kijken, kun je hier zeker nog andere ervaringen aan toevoegen.

Primaire en secundaire kleuren

De primaire kleuren geel, magenta (purper) en cyaan (blauw-groen) zijn de drie kleuren waaruit door menging van twee van deze kleuren praktisch alle andere kleuren kunnen worden samengesteld. Meng voor je eigen plezier en ervaring eens alle drie kleuren in gelijke delen door elkaar en kijk wat er gebeurt... Niet doen dus in je tekening! Want zoals je ziet ontstaat er slechts een bruingrijs- tot zwartnuance.

De kleurenfoto's die je na je vakantie bij de fotowinkel afhaalt, zijn eveneens met behulp van deze drie kleuren tot stand gekomen. In de drukkerij gebruikt men deze drie primaire kleuren ook, waarbij de drukker nog zwart toevoegt. Hierdoor ontstaat de zogenoemde vierkleurendruk op een ondergrond van wit papier!

De primaire kleuren zijn dus de beste kleuren om te mengen; er zijn alle denkbare kleuren mee te bereiken. Hoe werkt nu het mengen om de kleurnuances te krijgen?

Wanneer je evenredige hoeveelheden van magenta en geel over elkaar aanbrengt, ontstaat de kleur rood. Doe je datzelfde met magenta en cyaan, dan creëer je de kleur blauw. Door geel te mengen in een evenredige hoeveelheid met cyaan ontstaat groen. Deze mengkleuren noemen we de secundaire kleuren. Daartussen zijn door variaties nog tal van nuances mogelijk.

Voor ons betekent dit dat we, afhankelijk van de kleur die we als eerste aanbrengen, nuances zullen krijgen die variëren vanuit die beginkleur. Dus uitgaande van geel en daaroverheen magenta geeft als nuance oranje te zien. Gaan we uit van magenta en brengen we dan geel aan, dan zal de kleurnuance eerder naar karmijnrood neigen dan naar oranje. Wil je de kleur dieper maken, ga dan nogmaals in dezelfde volgorde over de laagjes. Onthoud dat je wel van lichte kleuren naar donkere kleuren kunt komen, maar niet omgekeerd.

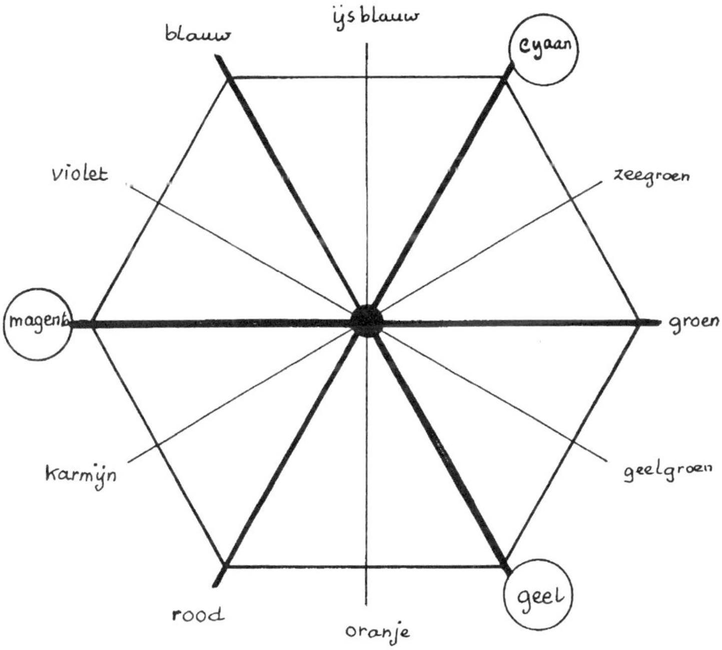

Kleurenschema van de primaire en secundaire kleuren,
uitgaande van de primaire kleuren geel, magenta en cyaan.

Nog een tip:
Het aanbrengen van een lichte kleur, zoals geel, over een witte laag en daarna een donkere toon zoals magenta geeft een geheel ander effect dan wanneer je over datzelfde wit eerst magenta aanbrengt en daarna geel. Hetzelfde geldt voor het aanbrengen van magenta en geel op een zwarte ondergrond. Maak dus eerst proeven voor je op een tekening met kleur gaat werken, zodat je 'geproefd' hebt van de verschillende kleurnuances en ongeveer weet wat je te wachten staat. Vorm eerst een scala van kleuren voor jezelf zodat er een soort kleurenpalet ontstaat dat bij jou past. Noteer ook op je proefblad hoe elke nuance is ontstaan, zodat je daar later op kunt terugvallen.

Belangrijk is ook hier weer dat je jezelf openstelt voor iedere kleur die zich aandient en dat je bepaalde kleuren niet bij voorbaat afwijst. Probeer tijdens dit proces veel liefde in jezelf toe te laten en ga ervan uit dat jij innerlijk heel goed weet wat op dit ogenblik goed voor je is.

Oefening 1: aanbrengen van primaire kleuren in de schalen van wit licht

In de eerste plaats breng je een schaal van wit licht aan die uitvloeit van wit naar donker en overgaat in het zwart van het papier, zoals je al eerder hebt gedaan. Daarna werk je met kleur om regenboogeffecten in verschillende nuances aan te brengen in de uit wit licht bestaande schaal.

Zoals je al hebt kunnen zien gebruiken we voor de eerste kleurenproeven niet meer dan vijf kleuren, inclusief wit en zwart. Het is belangrijk hiermee te beginnen, zodat je alle uit deze drie kleuren mengbare kleurnuances goed kunt oefenen.

De kleuren waar we mee beginnen zijn: 938 Wit en 935 Zwart, en de drie primaire kleuren: 930 Magenta, 905 Aquamarine en 916 Canary Yellow, alle Karisma Colour van Berol. Later kunnen er dan nog de secundaire kleuren aan worden toegevoegd zoals: 918 Orange, 913 Green Bice en 932 Violet.

1 Breng met je witte potlood drie afzonderlijke lichtschalen aan die verlopen van helder wit tot diep zwart.

2 Ga in een van deze schalen zachtjes en gevoelig met een van de drie primaire kleuren over het witte licht. Probeer zoveel mogelijk mee te bewegen in de nuances van het witte verloop naar zwart; laat daarbij zoveel mogelijk wit staan en vloei zachtjes uit in het zwart. Waarschijnlijk moet je meerdere keren over de schaal gaan om het juiste effect te bereiken.

3 Doe ditzelfde met de twee andere kleuren over de twee nog overgebleven lichtschalen.

Oefening 2: een regenboogeffect met de primaire kleuren

Hierbij gaan we uit van dezelfde primaire kleuren, maar je leert nu hoe je een regenboogeffect kunt scheppen door de kleuren puur en met elkaar gemengd over het wit aan te brengen. Het gaat er nu om te ontdekken hoe deze pure en gemengde kleuren er op zwart papier uitzien wanneer ze over een witte lichtschaal worden aangebracht. Zwart en wit vertegenwoordigen in deze kleurmengingen de meest extreme en contrastrijke waarden. Alle andere kleuren van de regenboog vallen in een reeks tussen deze uitersten.

1 Teken voor deze oefening een kleine en een vrij grote driehoek om elkaar heen. Vul iedere zijde van de driehoek met een schaal van wit licht, sterk aangezet aan de binnenste rand van de driehoek en uitvloeiend naar de buitenrand, overgaand naar bijna zwart.

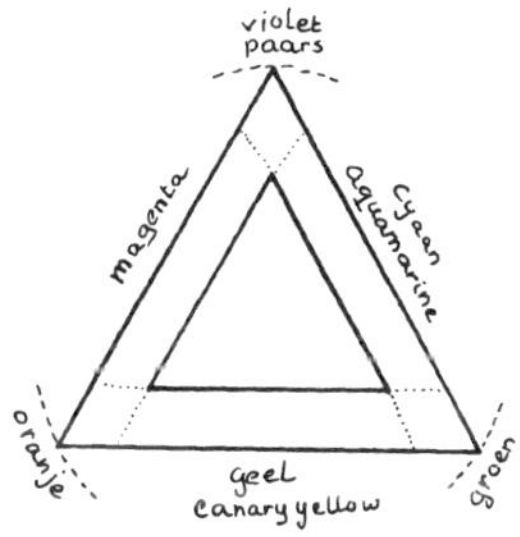

2 Ga nu met magenta langs één zijde van de van wit licht voorziene driehoek en kleur losjes die gehele zijde van de driehoek met deze kleur. Doe hetzelfde in de volgende schaal van licht met geel en tot slot in de derde lichtschaal met aquamarine. Zorg dat de kleuren elkaar in de hoeken overlappen, zodat er een mengkleur in die hoeken kan ontstaan.

3 Wanneer we twee primaire kleuren mengen, noemt men die mengkleur een secundaire kleur, bijvoorbeeld: geel gemengd met magenta geeft, afhankelijk van het kleurgebruik, variaties van oranje tot karmijnrood. In de praktijk komt het hierop neer: begin je met magenta, dan ontstaat een kleurschaal van karmijn naar rood en als laatste oranje; begin je met geel, dan krijg je als eerste geel, dan oranje en als laatste rood te zien.

4 Wanneer je kleurt, zal er af en toe zwart papier door je kleuren blijven schemeren. Dit geeft een extra diepte-effect en zal voor een zekere mate van schaduw in je tekening zorgen. Dit effect kun je in een later stadium toepassen wanneer je het nodig hebt om accenten te leggen. Hierdoor ontstaat een optisch gevoel van donkere en lichte tinten. Het mengsel van kleur en zwart noemen we tekentechnisch 'schaduwen'. (Zie de kleurenafbeeldingen tegenover pagina 97.)

Nog een paar tips:

- Oefen niet teveel druk uit op je kleurpotlood. Geef jezelf de kans de nuances innerlijk te blijven volgen, zodat je weet: dit is precies de kleur die voor mijn geestesoog verscheen.

- Kleur niet ongenuanceerd een heel veld dicht. Geef het papier de kans in gradaties te 'blijven stralen' en te blijven 'ademen'.

- Licht aangezette kleuren kun je altijd nog verdiepen, te zwaar aangezette kleuren lijken onecht en zijn nauwelijks briljant en niet meer te verwijderen noch te veranderen.

- Het bijzonder mooie papier van Canson en van Van Ginkel heeft structuur. Kleur dat niet te zwaar want daardoor loopt de structuur van je papier dicht. Ga steeds weer alleen over de bovenste toplaag van je papier; zo houd je het meeste contact met wat je doet en blijft de kleur, samen met je papier ademen. Neem regelmatig wat afstand en kijk met half gesloten ogen naar het effect.

- Kies om licht- en kleurmengingen te oefenen enkele eenvoudige symbolen, bijvoorbeeld de driehoek of de zeshoek. Je kunt dan van de zijkanten af beginnen met sterk wit licht of juist van binnenuit met het hoogste licht aan te zetten. Breng langs de zeer dun getekende witte lijnen zeer hoog wit aan en vloei daarna zacht over in het zwart. Doe hetzelfde dan met de drie primaire kleuren, en laat af en toe ook iets helemaal wit of zwart.

- Hoe minder kleur je gebruikt, des te pastelleriger je tekening er uit zal zien. Je kunt later nog wit toevoegen en hier en daar een zwart accent versterken. Probeer je steeds weer voor te stellen hoe transparant en intens kleur kan zijn, gloeiend en levend tegelijk.

- Kleur steeds maar één kant, eerst magenta, daarna geel en tot slot de laatste zijde met aquamarine. Overlap steeds weer de andere kleur en ga zacht over in het zwart.

In een derde oefening kun je de primaire en de secundaire kleuren in een nieuw kleurenscala gebruiken, waarna je ook je mandala's in zwart-wit eens ter hand kunt nemen om te zien hoe je hier en daar een accent kunt aanbrengen met de gevonden kleuren.

Oefening 3: primaire en secundaire kleuren

Voor deze oefening gebruiken we, naast het wit en zwart, zes kleuren: de al bekende kleuren 916 Canary Yellow, 930 Magenta, 905 Aquamarine en de secundaire kleuren 918 Orange, 913 Green Bice en 932 Violet, alle Karisma Colour van Berol.

1 Teken een kleine zeshoek binnen een grotere met wit potlood op zwart papier.

2 Gebruik aan iedere kant van je zeshoek je witte potlood om een brede schaal van wit licht te creëren, terwijl je het licht tegelijkertijd uit laat vloeien naar het zwart van de buitenzijden van de zeshoek.

Wanneer je dat wilt, kun je ook de buitenzijden van de zeshoek in je beeld betrekken. Kleur dan ook om de zeshoek heen je wit, en laat het uitvloeien in het zwart van je papier.

3 Gebruik dit diagram als gids en breng de kleuren aan precies zoals je dat deed in de vorige oefening. Het verschil is dat je drie primaire kleuren aanbrengt waarbij je steeds één segment overslaat. Nu breng je tussen twee primaire kleuren een secundaire kleur aan, waardoor een scala van mengkleuren kan ontstaan.

Zie in het kleurenschema van vier pagina's terug hoe de kleuren zijn gerangschikt die nodig zijn om een logische ordening te creëren.

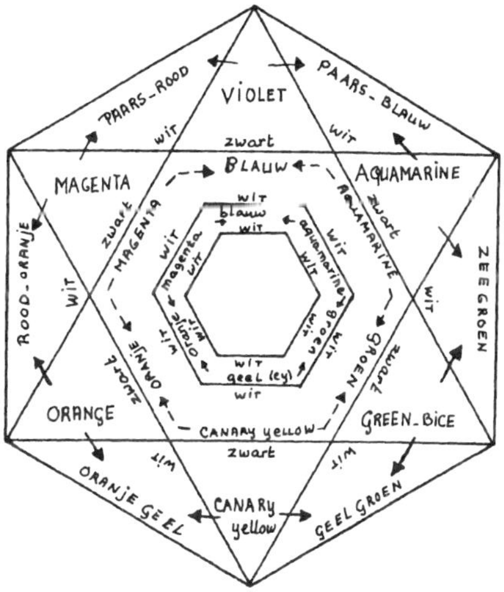

4 Meng over een van de lange zijden van het hexagoon een kleurenschaal van magenta, werk de kleur intens van buiten naar binnen, waarbij je steeds genuanceerder te werk gaat als je over het zwart heenstrijkt en nog lichter als je over het wit kleurt.

5 Sla één zijde over en doe hetzelfde over de hierop volgende zijde en gebruik geel. Sla nogmaals één zijde over en vul deze op dezelfde manier met de kleur aquamarine. Kleur nu vervolgens de drie overgebleven vlakken en begin met violet tussen magenta en aquamarine. Kleur zo dat het violet zich met het magenta vermengt, zodat er opnieuw een tussenkleur ontstaat: rood-violet. Laat het violet zich mengen met het aquamarine en zo blauw tot stand brengen.

6 Breng dan het oranje aan op de volgende zijde naast het magenta en voor het geel, ga er overheen en meng allereerst magenta en oranje met elkaar, zodat rood ontstaat. Doe dan hetzelfde met het oranje en het geel en meng ook deze twee kleuren met elkaar, waardoor een diep oranje tevoorschijn komt.

7 Ga zo verder met green-bice, dat je plaatst tussen aquamarine en geel, en meng ook deze kleuren onderling zo met elkaar tot je alle zijden van kleur hebt voorzien met deze zes kleuren. Green-bice met geel geeft de kleur geelgroen en aquamarine gemengd met green-bice doet zeegroen ontstaan. (Zie de kleurenafbeelding van het hexagoon en de mandala daaronder tegenover pagina 97.)

Oefening 4: briljante kleureffecten aanbrengen

Wanneer je de kleur als een stralende geestelijke Bron van Licht wilt laten overkomen, moet je er op letten dat je de kleuren niet vlak en vast op je papier aanbrengt. Iedere kleur brengt een eigen uniek gevoel teweeg, afhankelijk van de psychologische invloed die eraan ten grondslag ligt. Verwonder je over de geestelijke en emotionele effecten die door een kleur in jou worden opgeroepen.

In een later stadium kun je dit gevoel in je tekening nog versterken en verrijken door hier en daar zwart toe te voegen of de tekening, wanneer nodig, met extra wit te accentueren. Het resultaat is een stralende reeks van kleuren in allerlei lichtwaarden die overeenkomen met de kleuren van de regenboog.

Begin daar te kleuren waarvan je weet hoe je wilt dat het er in kleur uitziet. Door spontaan te werken en open te blijven voor nieuwe impulsen zul je de energie van de kleur voelen en kunnen volgen. Heb vertrouwen in het proces, er komt altijd precies te voorschijn wat er wezen mag.

We doen opnieuw een meditatie om je persoonlijke kleurschema zichtbaar te maken. Heb vertrouwen in je eigen unieke persoonlijkheid en vertrouw op je intuïtie.

Oefening 5: het kleuren van de mandala

1 Stuur jouw lichtende kracht en energie naar je potloden en bedenk dat ook de pigmenten in je potlood pure energie zijn. Wees niet bang en open je voor onvoorwaardelijke liefde.

2 Geef je voorstellingsvermogen vrij spel als je je mandala kleurt. Sta jezelf toe kinderlijke blijdschap te voelen bij het aanbrengen van de kleuren in je tekening.

Wanneer je geblokkeerd bent, keer dan terug naar je meditatie en vraag om hulp. Herinner je dat je in je meditatie de kiem legde voor het kleuren van je mandala. Wanneer je dit zaadje, deze kiem, met toewijding begiet en liefdevol benadert, zal het ontbloeien in een schitterend en lichtgevend patroon, dat doordrenkt is met de helende kwaliteiten van licht en kleur.

3 Herinner je dat je de kleur als een lichtschaal in combinatie met wit en zwart wilt gebruiken.

4 Mediteer op kleur als een geestelijke energie, terwijl je werkt.

5 Ga terug naar de meditatie op ieder ogenblik dat je je onzeker voelt over de kleur en hoe je verder moet...

6 Hang zo vaak als je wilt je tekening op, zodat je het werk van een afstand kunt bekijken. Dit geeft je nieuw perspectief en helpt je waar te nemen welke delen je meer nuances of accenten wilt geven, zodat de mandala levendig en briljant wordt.

7 Als je naar je tekening kijkt, doe dat dan door je oogspleetjes; zo zie je de hoofdlijnen van je beeld.

Ziet dit beeld er grijzig uit? Is dat in overeenstemming met je eigen gevoel? Dan is het goed. Zo niet, dan is er waarschijnlijk te weinig contrast in de kleuren van je mandala. Donkere delen in contrast met delen die heel helder en licht zijn, geven de indruk van licht en schaduw: je ervaart dit als dieptewerking binnen je tekening. Blijf kleur aanbrengen, zelfs wanneer je bang bent dat je de tekening zou kunnen ruïneren als je ermee doorgaat; deze angst geeft aan dat je nog niet klaar bent met de tekening.

Wanneer je niet langer het gevoel hebt dat je er nog iets aan zou kunnen verbeteren, er geen twijfel meer is, dan is je tekening klaar.

Dit mandalaproces opent je hart en maakt jouw gevoelswereld, bijvoorbeeld jouw angsten, zichtbaar. Door het risico te nemen door te gaan met kleuren, kun je de aan jou gespiegelde gevoelens overwinnen. Laat je met hart en ziel door je intuïtie leiden.

Maak een serie van mandala's (niet te groot) om door je angsten heen te groeien en het helende proces te continueren en te bestendigen.

Het in een serie tekenen van mandala's als helend proces zal steeds een ander niveau van je angsten aan je spiegelen, zodat je een soort visueel dagboek krijgt van jouw geestelijke reis door je angsten. Het laat je tegelijkertijd ook kennis nemen van de lichtende en stralende kracht die het wezen van je ziel in werkelijkheid is, zodat je die weer kunt omarmen.

Zie ook de kleurenafbeeldingen tegenover pagina 128, midden en onder.

HOOFDSTUK 12

Andere materialen - nieuwe ervaringen

In dit hoofdstuk wil ik een aantal werkvormen belichten die je kunt toepassen bij het creëren van je eigen mandala's. Dit betekent niet dat je zelf geen andere vormen zou kunnen bedenken; dit hoofdstuk is slechts bedoeld om je er een aantal aan te reiken.

Om te toetsen of een techniek, kunstvorm of ambacht voldoet aan de eisen om er mandala's mee te maken, geef ik hier wat aandachtspunten:

1 Bedenk dat een mandala een creatief, scheppend proces is; dat houdt in dat een mandala ontstaat door hoofd en hart samen te laten werken om haar gestalte te geven.

2 Iedere vorm die je wilt gebruiken is goed, zolang je dit bovenstaande principe er op kunt toepassen en je jezelf er door kunt laten leiden.

3 Alle materialen die je zou willen gebruiken zijn goed; het hoeft niet kostbaar te zijn. Zelf werk ik graag met materiaal uit de natuur zoals dennenappels, steentjes, schelpen, slakkenhuizen, takjes, veertjes. Zelfs bladeren kunnen goed materiaal zijn, afhankelijk van wat jij er mee wilt uitdrukken.

4 'Wegwerp' materiaal zoals bandjes van artikelen en bonbonpapiertjes kunnen ook dienen voor je mandala. Strijk ze goed glad en controleer ze op zuiverheid en kleur; zijn ze schoon en nog bruikbaar? De kunstenaars Kandinsky en Picasso hebben jarenlang collages van dergelijk materiaal gemaakt. Het kan leuk zijn om te zien wat er mee gebeurt in de mandala.

5 Om mozaïeken te maken kun je beginnen met 'gekleurd papier', omdat het snijden en knippen van mozaïeksteentjes behoorlijk wat ervaring en goed materiaal vereist. Ook werken met beschilderde zijde die op een ondergrond is geplakt, is een manier om het 'spel van mozaïek' te proeven. Wie echter al eens getegeld heeft, zal misschien al wat materiaal en technische kennis bezitten zodat het werken daarmee geen probleem vormt. Het werken met 'papier-mozaïek' is goedkoop, snel te doen en leuk, weet ik uit ervaring. Spaar daarvoor mooie gekleurde stukjes papier uit tijdschriften en dergelijke en sorteer die op kleur en nuance. Wanneer

het van binnenuit gedaan wordt, is dat alleen al een meditatieve ervaring die kan leiden tot een mandala...

6 Wil je werken met stof in de vorm van patchwork-, applicatie- en quilttechnieken, dan zou je kunnen beginnen met het verzamelen van verschillende lapjes. Ook hierbij is een vereiste dat hoofd en hart samen gaan. Om het eenvoudig en goedkoop te houden kun je reeds gebruikte stoffen en stofresten verzamelen. Sorteer ze op kleur en nuances, stofsoort en stofdikte. Niet alle stoffen laten zich even gemakkelijk verwerken en passen bij elkaar. Hier is ook belangrijk dat er goed 'gevoeld' wordt. Voelt een stof niet prettig aan, dan kun je deze beter niet gebruiken.

7 Zelf gebruik ik graag allerlei soorten zijde, al dan niet bewerkt of beschilderd. Het beschilderen van zijde om te gebruiken in applicatie- en patchworktechnieken is niet al te moeilijk, mits je een beetje ervaring met tekenen en schilderen hebt opgedaan. Er is immers geen patroon nodig, de stof hoeft alleen maar 'kleur te bekennen' en het liefst die kleuren die ons voor ogen staan. Zo kun je uitgaan van blauw of juist van rood- en bruinachtige tinten. Om een accent te plaatsen kun je kiezen voor groene tinten die in nuances verschillen. Wie meer durft gaat vanzelf een eigen kleurenscala uitproberen; want wie waagt die wint... Wees niet bang voor wat er gebeurt, blijf alleen alert. Als je het niet meer weet, laat je je werk een poosje rusten... Hang het ergens op waar je er regelmatig naar kunt kijken en wacht af of je nieuwe impulsen krijgt. Zodra je kunt, ga je dan weer aan het werk, zonder dralen en zie je wat er zich afspeelt... er gebeuren toch echt nog wonderen...

12.1 Ambachten en handvaardigheidsvormen in de mandala

In principe kunnen alle vormen van handvaardigheid in de mandala worden toegepast: een kunstbreiwerk of naaldkunst, haakwerk, vlechten of weven, we kunnen de ronde vorm overal in verwerken.

De kunstnijverheidsvormen voeren terug naar de oudste ambachtelijke toepassingen door de eeuwen heen. Zo wordt ook nu nog over de gehele wereld ambachtelijk werk en kunstnijverheidswerk uitgeoefend. Wanneer het kunstvormen betreft, zijn het in de Afrikaanse landen veelal mannen die ze uitvoeren. De ambachtelijke werken die gebruikt worden in de huishouding worden vaak door vrouwen vervaardigd.

In de landen rondom de Middellandse Zee kom je kunstnijverheidsvormen tegen die doen denken aan de oude byzantijnse tijden. In sommige

Europese landen, zoals Hongarije, Bulgarije en Roemenië, wordt nog steeds prachtig borduursel, tres-, koord- en naaldkunst door vrouwen gemaakt. In Oostenrijk en de Scandinavische landen wordt het weven nog volop beoefend. In Ierland vinden we vilters maar ook wevers en breikunstenaars. Men vervaardigt er prachtig Keltisch borduurwerk. In al deze landen heerst nog een zeer oude traditie van volkskunst.

In ons eigen land kennen we ook zo'n traditie, onder andere in de vorm van ons Makkumer aardewerk en het Delftsblauw porselein. Ook de borduurkunst, weven en vlechten is ons niet vreemd. Het versieren van houten voorwerpen is in Drenthe en Gelderland nog steeds actueel, zoals deze stoof uit Drenthe ons laat zien:

Tegenwoordig doen ook de zijdekunstenaars van zich spreken. Er worden veel cursussen over het werken met zijde gegeven. Als kunstvorm is zijde in alle verschijningsvormen op dit moment actueel, zoals blijkt uit de vele tentoonstellingen rond dit materiaal. Veel kunstenaars hebben de weg gebaand voor de Hollandse zijdekunst.

Om je een beeld te geven hoe je met de diverse werkvormen aan de slag kunt gaan, geef ik hierna per werkvorm uitleg over het materiaal dat je nodig hebt en hoe je het kunt gebruiken. Zoals reeds eerder opgemerkt, zijn alle thema's tot nu toe op de eerste plaats uitgewerkt in de werkvorm tekenen, schilderen of borduren.

12.2 Tekenen met pen en inkt

De zwart-wit illustraties in dit boek zijn allen met 'Rotring' pennen vervaardigd. Kijk er maar eens naar. Het werken met een Rotring pen is niet al te moeilijk. Wel is het, net zoals bij andere vormen van tekenen, nodig je volle aandacht aan dit medium te geven en te onderzoeken wat het materiaal 'in zich heeft' en wat je er goed mee kunt doen of juist moet laten... Dit vereist een andere aanpak dan het werken met potlood.

Werk je met kroontjespennen of andere pennen die je in een houder plaatst, dan is de ervaring weer een andere. De pen is altijd wat stugger en kan van die 'leuke' spatten op je papier veroorzaken. Uitgaande van ons motto: 'van je fouten leer je het meest' is dit een heel aantrekkelijk medium. Leer ervan en gebruik alles wat er op je blad gebeurt als een uitdaging. Zie het als een nieuwe kans en een nieuwe ervaring. Kinderen doen dit bijna vanzelf: zij maken van iedere onbedoelde stip of vlek prachtige sterren, zonnen en bloemen.

Wat heb je nodig voor het tekenen met pen en inkt?

- papier: houtvrij radeervast wit papier;
- pennen: een Rotring pen 0,50, een Art pen M of B, Calligraphy pen of een kroontjespen met een penhouder;
- inkt: inktpatronen voor de Rotring, Art en Calligraphy pennen; voor de kroontjespen Oost-Indische inkt (een diepzwarte watervaste dekkende inkt). Een transparante gekleurde inkt is écoline, die te koop is in diverse kleuren en waarmee je heel speciale effecten kunt bereiken;
- keukenpapier: om je pen af te vegen en onder je hand te leggen tijdens het tekenen. Dit voorkomt vlekken.

De Rotring pennen zijn technische tekenpennen die een constante lijndikte afgeven, wat soms handig kan zijn. Deze pennen moet je regelmatig schoonmaken. Tekenen met Calligraphy pennen, die bedoeld zijn voor schrift, geven een andere lijnvoering. Begin met wat je in huis hebt en waarmee je gewend bent te schrijven of te tekenen. Zelfs een fijnschrijver (fine point viltstift) kan in het begin prettig zijn, het gaat erom dat jij er goed mee om kunt gaan. De gangbare viltstiften hebben de eigenschap nogal vermoeiend te zijn als je ze veel gebruikt, maar er zijn mensen die er bij zweren. Probeer gewoon het een en ander uit en laat je bij je keuze leiden door je eerste voorkeur. Zie de volgende tekenvoorbeelden.

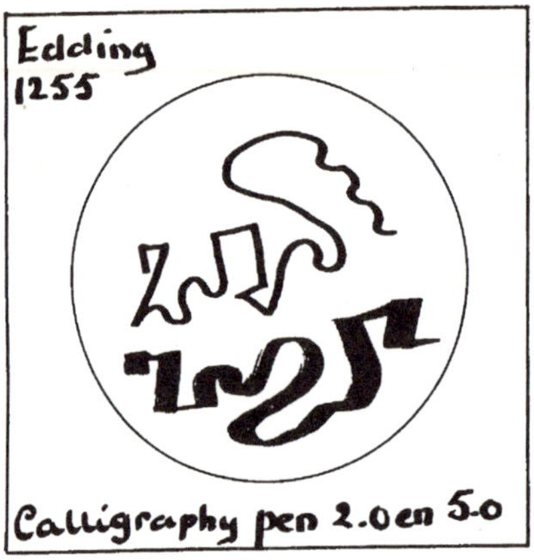
Edding
1255
Calligraphy pen 2.0 en 5.0

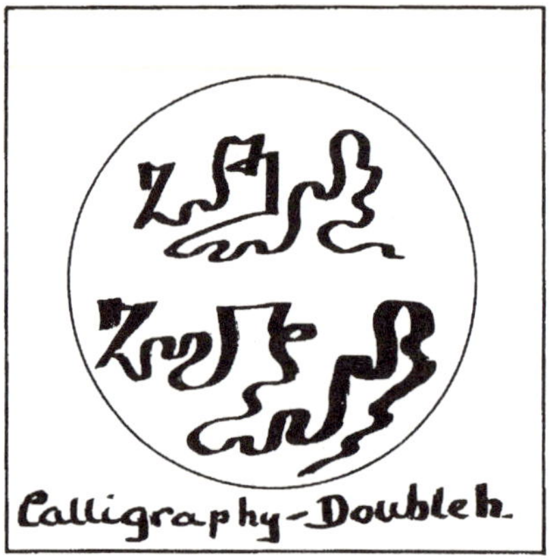
Calligraphy-Doubleh

Stabilo OH Pen universal

Kroontjespen in penhouder

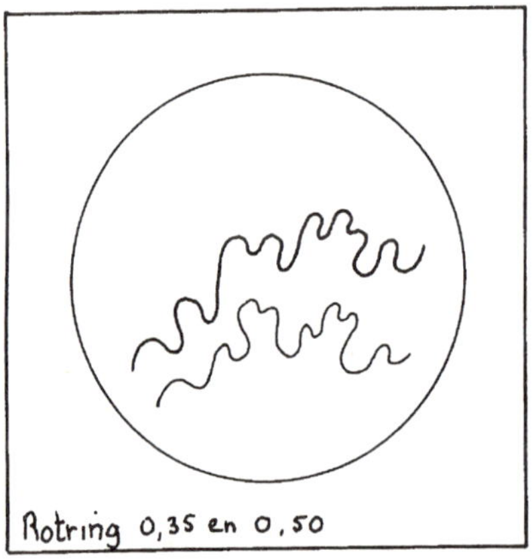
Rotring 0,35 en 0,50

Rotring Art Pen M en B

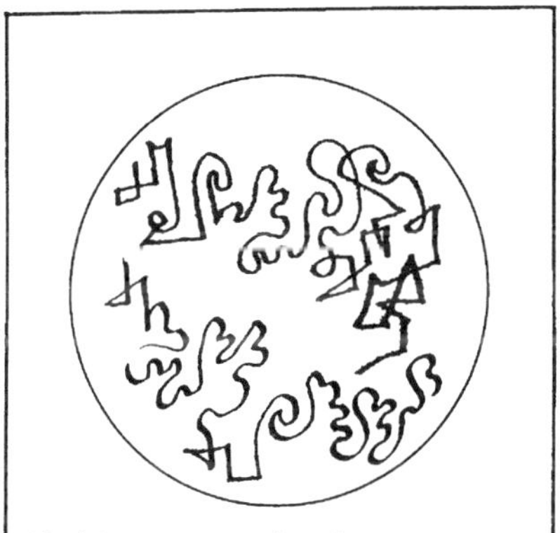

Platignum Calligrafiepennen

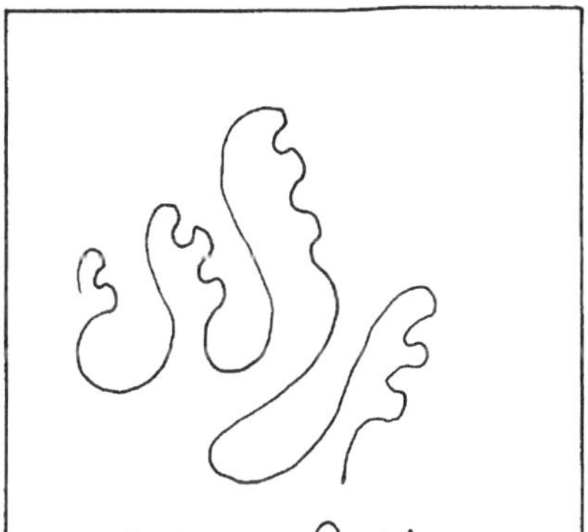

Superbal van Pentel

Als je met pen en inkt werkt, moet je papier glad zijn en goed vocht opnemen maar niet rafelen. Dat wil zeggen dat je een strakke lijn op het papier moet kunnen zetten die geen rafelig effect geeft. Voor het tekenen en schrijven met Calligraphy pennen is er speciaal Calligraphy papier in de handel, dat nogal kostbaar is. Oefen daarom eerst op papier dat geschikt is voor inkt-jet printers of op technisch tekenpapier dat geschikt is voor het werken met inkt. Als je aan het medium gewend bent, kun je mooier en kostbaarder papier uitproberen.

12.3 Schilderen met penseel en inkt: de Sumi-e techniek

De *Sumi-e techniek* wordt zowel in China als in Japan al in de kinderschoenen geleerd, tegelijkertijd met de Calligraphy. Het is een onderdeel van de opvoeding dat elk kind dat de school bezoekt, ondergaat; het schept een gevoel voor innerlijke rust en meditatie. Men schildert en schrijft de prachtige lettersymbolen met penseel en inkt; deze inkt wordt op een speciale manier vervaardigd en toegepast. Het verwrijven van de inkt op het inktblok is op zichzelf al een kunst.

Voor mij is deze techniek als het tot stand brengen van een mandala: je kunt het alleen vanuit innerlijke rust doen. Bovendien moeten lichaam en geest samengaan in een beweging vanuit het bekken, die vanuit een juiste houding van innerlijke rust wordt geboren.

Wat heb je voor Sumi-e nodig?

- een dik Japans penseel van tenminste 10 mm doorsnede;
- een aantal vellen onbedrukt krantenpapier of aquarelpapier. Later kun je overgaan tot het Japans rijstpapier of andere goede inktopnemende papiersoorten;
- twee waterbekers: één voor schoon water om de inkt mee aan te lengen en een andere voor het uitspoelen van je penseel;
- een - liefst wit - schoteltje of bakje om je inkt te mengen. Een wit porseleinen verfpalet voldoet ook;
- een Japans inktblok of sumi-blok en een inktsteen of suzuri om je inkt te kunnen wrijven.

De techniek van het Sumi-e schilderen met een dik Japans penseel in drie tonen lichtgrijs-donkergrijs-zwart is op zichzelf al een spannend gebeuren. Het vergt veel geduld, een goede lichaamshouding en vasthoudendheid om je deze kunst eigen te maken. Het wrijven van het inktblok over de suzuri (de inktsteen die men daarvoor gebruikt) is op zichzelf al een spirituele handeling. Je mag niet teveel druk uitoefenen, maar ook weer niet te weinig, anders krijg je geen goede gelijkmatige verdeling van de inkt. Sumi-e schilderen is schilderen met je hart en gevoel; belangrijk is de stemming waarin je je bevindt. Probeer het maar eens als je daar zin in hebt! (Zie de voorbeelden op de foto.)

Hoe werk je met de Sumi-e techniek?

Inkt maken:

- Zet de Sumi-e materialen voor je op tafel.

- Vul je waterbekers voor driekwart met schoon water.

- Laat wat water op je inktsteen (suzuri) lopen.

- Maak inkt door je sumi-blok verticaal over de inktsteen te bewegen en neem uit de holte wat water mee. Oefen weinig druk uit, tien tot vijftien seconden is voldoende om inkt te maken.

- Neem met de punt van een penseel (niet de penseel waarmee je gaat schilderen) wat inkt op van het vlakke deel van de inktsteen en breng het over naar het witte schoteltje.

- Om tinten grijs te maken verdun je de inkt op het schoteltje met een beetje water.

- De rest van de inkt blijft op de suzuri en dient om diepzwarte lijnen mee te schilderen.

Voor je met schilderen begint:

- Doop het penseel waarmee je gaat schilderen in de pot met schoon water en strijk de haren voorzichtig langs de rand af, zodat overtollig water kan weglopen.

- Voeg nooit inkt toe aan een droog penseel.

- Om een zwarte lijn te zetten moet er meer water uit je penseel verwijderd worden, voordat je inkt opneemt van je suzuri.

- Bij de Sumi-e techniek kun je met één penseelstreek licht, schaduw en diepte bereiken, omdat het water dat zich in de penseel bevindt ook als toon geldt.

- Haal, om drie tonen tegelijkertijd te bereiken, je natte penseel door de aangemaakte inkt op je schoteltje en laat deze zich vanaf de punt voor twee-derde verzadigen.

- Doop dan de punt van je penseel in de inkt op je suzuri, maar laat nu slechts één-derde deel verzadiging aan de punt toe.

Er zijn drie methodes voor het schilderen met het Japanse penseel. De manier waarop je je penseel hanteert, is afhankelijk van de lijn of vlakvulling die je wilt aanbrengen. Dat maakt het schilderen in de Sumi-e techniek ook zo spannend, het vraagt tijd en rust om geleerd te worden. Om te beginnen kun je de onderstaande drie manieren oefenen met ieder penseel van 10 mm.

- *Methode 1:* houd je penseel verticaal en houd haar tijdens het werk ook rechtop voor het schilderen van rechte en krachtige lijnen. Door meer neerwaartse druk ontstaat een bredere lijn.

- *Methode 2:* houd je penseel schuin onder een hoek van 45° ten opzichte van je papier om brede zware lijnen te schilderen en grote vlakken te vullen. Beweeg steeds vanuit de basis van je rug. Je hand met penseel volgt die beweging.

- *Methode 3:* houd je penseel praktisch horizontaal als je vlakken wilt schilderen die groter zijn dan je met een schuin gehouden penseel kunt bereiken. Zo schilder je ook een grote cirkel. Je kunt je hand dan met de handpalm naar beneden houden of juist met de handpalm naar boven. Dat hangt af van de te volgen beweging en je eigen voorkeur.

Uit deze beschrijving zul je wel begrepen hebben dat Sumi-e niet eenvoudig is, dat je veel zult moeten oefenen, en wanneer je je echt in deze techniek wilt bekwamen, is een goed geïllustreerd boek echt onmisbaar.

12.4 Afdekken van papier met vetkrijt

Om papier met vetkrijt af te dekken kun je op een stuk papier tekenen met vetkrijt.

Wat heb je hiervoor nodig?

- wit of gekleurd waskrijt, bijvoorbeeld een wit Neocolor oliekrijtje van Caran d'Ache;
- waterverf of écoline en een dik penseel nr. 10;
- twee waterpotten en een stuk keukenpapier;
- een palet om je kleur op te mengen;
- stevig wit of gekleurd papier;
- een stuk stevig karton of board om je papier met afdekband op te bevestigen.

Je doet het als volgt:

- Bevestig je papier met afdekband op je tafel, je karton of boardplaat.

  Sluit je ogen en voel de omtrek van je papier.

- Neem nu het oliekrijtje in je hand en ga met gesloten ogen op je papier tekenen. Bij een groter werkstuk kun je ook werken met twee oliekrijtjes tegelijkertijd; neem dan een krijtje in iedere hand en probeer zo gelijkmatig mogelijk te bewegen.

- Nadat je met tekenen klaar bent, kijk je naar je beeld: zie je in je tekening ergens een motief? Breng met de punt van een dik penseel een kleur aan binnen dat motief en laat de verf of écoline gewoon uitvloeien: je ziet dat de verf zelf de randen van het oliekrijt opzoekt. En zie het wonder gebeuren: er ontstaat een beeld, zonder dat je het bedoeld had...

- Als je werk droog is, neem je een passepartout en schuift dat over je werkstuk heen en weer, net zo lang tot je een mooi stukje vindt. Die plaats baken je af. Dan zet je het passepartout vast op de gekozen plek en snijd je eventuele overtollige stukken papier weg.

Je hebt nu je eerste zelfgemaakte schilderij voor je liggen. Hang het op: je zult er veel plezier aan beleven.

12.5 Naaien met stiksteek op papier of stof

Met naald en draad kunnen we op eenvoudige manieren teken- of schilderachtige effecten bewerkstelligen. Op de foto op pagina 212 zie je enkele voorbeelden van geborduurde kaarten.

Wat heb je hiervoor nodig?
- een snijmat, snijmesje en liniaal;
- enkele kaarten gesneden uit stevig karton in wit, zwart of meerdere kleuren;
- een vilten onderlegger en prikpen. Deze kun je ook zelf maken door een stevige naald met de achterzijde, waar het oog voor de draad zit, te bevestigen in een kurk. De punt van de naald dient om de gaatjes in je karton te prikken;
- naalden met scherpe punt, hand- of borduurgaren in gewenste kleuren en een schaar. Begin met stevig garen dat je in huis hebt en dat goed afsteekt tegen je achtergrond.

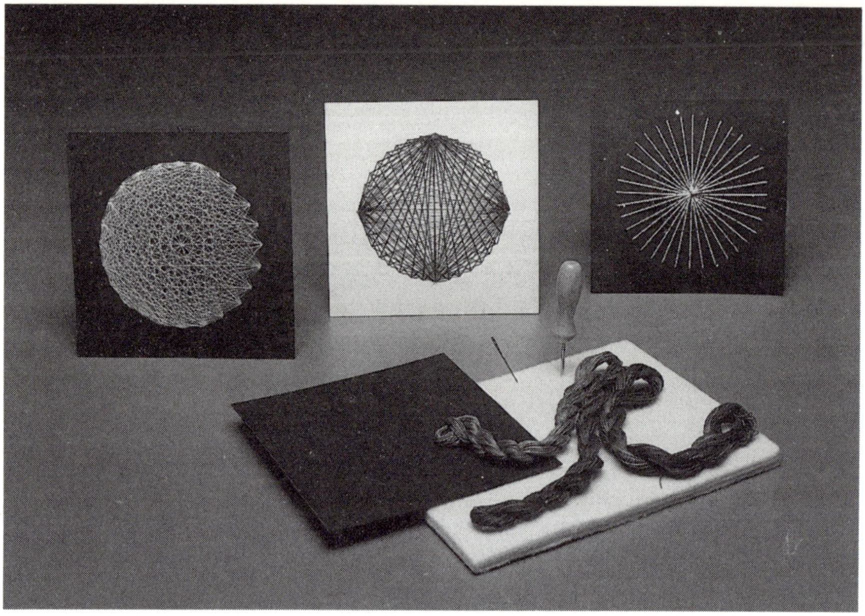

Je gaat als volgt te werk:

- Teken allereerst een cirkel in de grootte die je op je kaart wilt borduren. Maak het jezelf niet al te moeilijk; begin met eenvoudige vormen.
- Neem deze vorm over op de grondvorm van je kaart.
- Zet punten in alle hoekjes en langs de omtrek van je vorm, zodat je daar gaatjes kunt prikken.
- Borduur dan met een eenvoudige stiksteek over de lijnen en ga van punt naar punt, tot je de gehele figuur op je kaart van een kleurig patroon hebt voorzien.
- Probeer zoveel mogelijk een doorgaande lijn te borduren.

In de voorbeelden zie je een eenvoudig motief waarbij wordt uitgegaan van de cirkel. Het ontleent zijn charme aan de herhaling van het trekken van draden vanuit vier tegenoverelkaar gelegen punten. De cirkel is verdeeld in punten van tien graden op de cirkelrand van 360°, wat 36 punten oplevert. Deze punten zijn allen van gaatjes voorzien en de draden worden over de gehele doorsnede van de cirkel getrokken.

Om duidelijk te laten zien hoe de punten worden verbonden werd in het voorbeeld slechts vanuit vier punten van het kruis gewerkt. In die vier punten komen dus alle draden samen en zij worden ook over de achterzijde van de kaart getrokken (zie de eerste tekening).

Door vanuit ieder punt op de cirkel draden te trekken naar alle andere punten van de cirkelrand (tweede tekening), ontstaat uiteindelijk een figuur die er als een bol uitziet (derde tekening). Gebruik je voor ieder volgend punt een andere kleur garen, dan ontstaan er veel kleurschakeringen. Ook is het leuk om deze uitwerking met wit of gekleurd garen uit te beelden op zwart karton, wat weer een geheel andere expressie geeft. In de vierde tekening zie je dezelfde verdeling op de cirkel maar nu wordt een eenkleurige draad over de gehele doorsnede van de cirkel naar het tegenoverliggende punt getrokken en verspringt de volgende draad steeds: één naar links en één naar rechts.

Bekijk de tekenvoorbeelden en ook de foto van de kaarten op de vorige pagina.

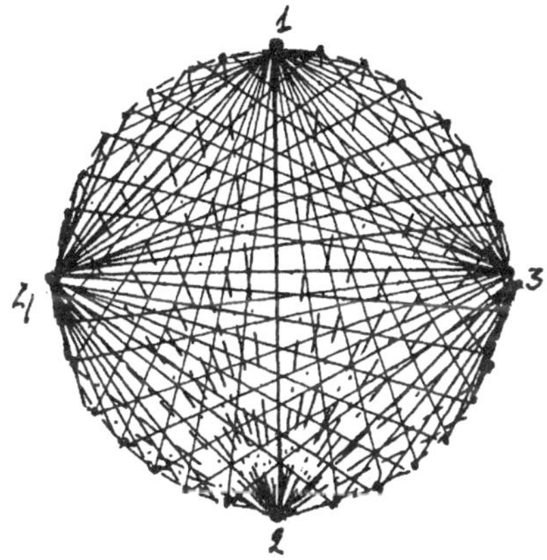

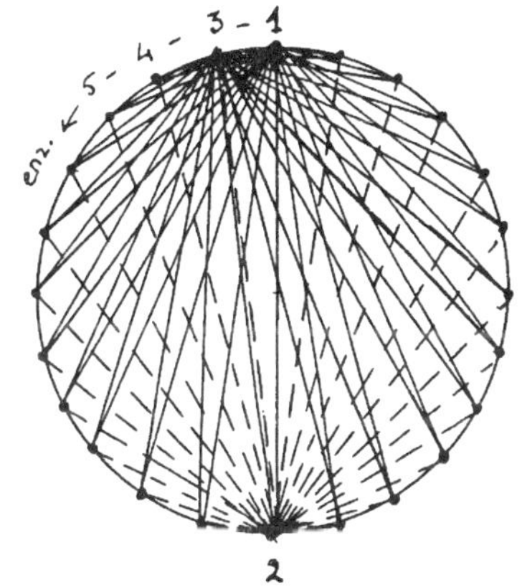

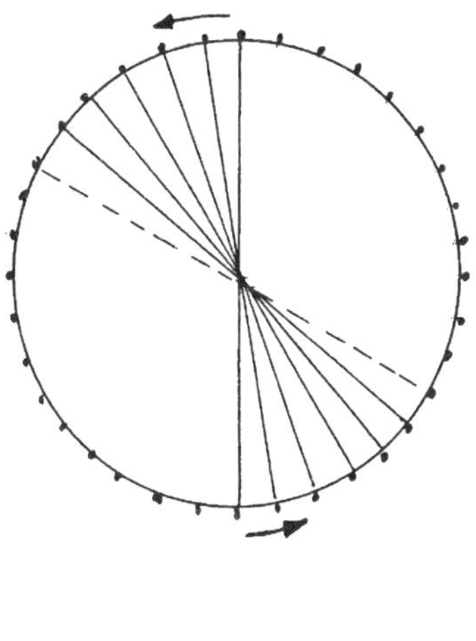

Zoek eens voor jezelf naar andere mogelijkheden. Op deze manier ontdek je de cirkel optimaal. Ditzelfde principe kun je overigens ook toepassen op stof.

12.6 Schilderen met zand

Zoals reeds besproken is zandschilderen een oude techniek die al sinds eeuwen in Tibet en India, bij de indianenvolken van Zuid-Amerika en de aboriginals in Australië in gebruik is. Deze zandmandala's worden meestal voor ceremonies - zoals een huwelijk - gebruikt, maar op dit moment worden ze in de reservaten van de indiaanse volken ook gemaakt voor toeristische doeleinden, om de oude indianencultuur weer onder de aandacht te brengen. Er zijn zelfs technieken ontwikkeld om deze zandschilderingen houdbaar te maken.

We vinden ook zandschilderingen in de Oost-Europese landen, zij het dan dat daar een meer figuratieve vorm aan wordt gegeven.

In ons land is momenteel het zandschilderen op een kleeffolie in zwang gekomen, wat men 'Sandy Art' noemt. Omdat ik daar nogal door geboeid werd, ben ik er mee gaan experimenteren. Tegenover pagina 160, boven, zie je diverse toepassingen in kleur.

Wat heb je voor een zandmandala nodig?

- plakfolie; in de serie van Sandy Art is een folie met eenzijdige kleeflaag verkrijgbaar. Zelf gebruik ik graag Aslan met een dubbelzijdige kleeflaag;
- een passepartoutkaart of een andere ondergrond om de folie voor de zandmandala op te bevestigen en om het geheel mooi te kunnen afwerken;
- een goede hobbylijm om de eenzijdige folie op je kaart of ondergrond te plakken; bij Aslanfolie is dat de kleeflaag aan de achterzijde;
- carbonpapier om je motief op het raster of de bovenlaag over te nemen;
- diverse potjes gekleurd zand naar keuze, bijvoorbeeld van Sandy Art. Je kunt natuurlijk ook zelf decoratie- of zilverzand kleuren met aquarelverf of zijdeverf. Dat kost wat meer moeite maar geeft dan ook een persoonlijke noot aan je kleurenpalet. Neem in het begin niet meer dan vier bij elkaar passende kleuren;
- een mesje, snijmat, snijliniaal en een schaar;
- een lepeltje of boetseerspatel, om het zand mee op te brengen en aan te drukken op de folie;
- een kleine gradenboog en passer;
- een stevige kwast om overtollig zand te verwijderen, en een bakje om dit overtollige zand in op te vangen. Tip: bewaar lege potjes om dit (overtollige) 'veelkleurige' zand in te verzamelen. De mengkleuren die daardoor ontstaan, zijn een welkome aanwinst om harmonie in je beeld te brengen. Als je Aslanfolie gebruikt, bewaar dan ook de oranje beschermlaag, die je als bescherming kunt gebruiken en om het zand mee aan te drukken.

Bij het maken van je zandmandala ga je als volgt te werk:

- Meet een stukje folie af. Afhankelijk van je uitgangspunt moet het stukje precies zo groot zijn als je uit wilt werken of groot genoeg om het zonder problemen onder de rand van je passepartout te laten vallen.

- Als je uitgaat van eenzijdig folie, plak dan eerst je stukje folie met hobbylijm op de ondergrond. Laat de beschermlaag - aan de bovenzijde - voorlopig zitten.

- Als je Aslanfolie met een dubbelzijdige kleeflaag gebruikt, teken je het te gebruiken formaat zorgvuldig af op de ondergrond en eveneens op de rasterzijde van de folie. Snijd dat formaat uit de folie en verwijder de oranje beschermlaag voorzichtig: maak daarvoor met een mesje een sneetje in de rand van die laag en plak deze zijde op je ondergrond tussen de tekens (zie het voorbeeld op de foto).

- Neem nu - door middel van carbonpapier en potlood - de tekening voor je motief of mandala op het raster over of werk met een viltstift direct op de bovenlaag (beschermlaag).

- Snijd nu, te beginnen vanuit het midden van je cirkel, met je snijmesje en liniaal een stukje uit het raster. Pas op dat je alleen de bovenlaag raakt, je snijdt gemakkelijk door alle lagen.

- Til met de punt van je mesje het uitgesneden stukje op, verwijder het en bestrooi het stukje met het door jou gekozen gekleurde zand.

- Als binnen je mandala nog meerdere delen hetzelfde motief hebben en dezelfde kleur verlangen, snijd je ook deze delen los en pas je dezelfde methode toe.

- Kies vervolgens een andere kleur en vervolg, nog steeds van binnen naar buiten werkend, je weg door alle velden van je mandala waarbij je steeds weer kiest voor kleur en nuances.

- Druk na elke handeling steeds het zand goed op de kleeflaag aan. Doe dit met de achterkant van een lepeltje, een glad vouwbeen of een boetseerspatel met een gladde kant.

- Verwijder het overtollige zand van je werkstuk met een zachte platte kwast. Vang dit zand op in een bakje. Dit zand zal na verloop van tijd meerdere kleuren bevatten en kan dienst doe als zachte overgang tussen verschillende intensere kleuren.

12.7 Schilderen in de ei-tempera techniek

De ei-tempera techniek stamt al uit de tijd van Rembrandt en wordt ook nu nog in de kunst toegepast, onder meer door Max Doerner en Pieter Torensma, van wie ik de techniek geleerd heb. Ook Karel Appel maakt er gebruik van, maar iedere kunstenaar doet dat op een eigen wijze.

Een schildering in ei-tempera komt volgens een speciaal procédé tot stand. De voorstelling wordt geschilderd op een geïmpregneerde ondergrond (schilderboard). Werken in deze techniek wordt ook wel de *glaceermethode* genoemd: je brengt over elkaar vele transparante lagen aan die onderling op elkaar inwerken en diepe kleurnuanceringen geven. Schilderen met deze methode is mandala beleven tot je diepste innerlijk. Het is een prachtige manier van werken die je naast een helend beeld ook een prachtige helende ervaring biedt.

Wat heb je nodig voor de ei-tempera techniek?

- schilderboard, verkrijgbaar bij de kunstschilder-/tekenwinkel;
- auro natuurverf wit; kurklijm en kwartszand;
- één of twee verfrolletjes om de basis aan te brengen;
- aquarelpenselen in diverse dikten, variërend van 0 tot 12;
- diverse verfpoeders naar keuze. Begin met drie hoofdkleuren die onderling tot nieuwe kleuren te mengen zijn, plus wit en zwart (verkrijgbaar bij de schilder-/tekenwinkel);
- flesjes lavendelolie (conserveert een beetje), lijnzaadolie en dammarhars (vernis);
- apothekersvijzeltjes of een glasplaat plus stampertje om de verfpoeder te verwrijven en te mengen met het bindmiddel, dat uit een eimengsel bestaat;
- diverse plastic of glazen potjes om de verfmengsels gedurende enkele dagen in te kunnen bewaren;
- enkele plastic lepeltjes;
- glazen potten voor water;
- keukenpapier of oude doek, een stuk plastic om op je werkblad te leggen;
- een schildersezel of een tekenbord.

Het gebruiksklaar maken van de ondergrond van je schildering is een karweitje dat nogal wat aandacht vraagt. Zorgvuldigheid is hierbij een eerste vereiste. De ondergrond wordt minstens driemaal bestreken met een mengsel van witte Auro natuurverf die gemengd is met kurklijm en kwarts of, naarmate men een grovere structuur wil hebben, zilverzand. Deze structuur bepaalt het uiteindelijke aanzien van de schildering; hierdoor krijgt je schilderij een briljant uiterlijk.

Hoe werk je met deze techniek?

De verf van deze schilderijen bestaat uit zuivere pigmenten in poedervorm. Om met deze pigmenten te kunnen schilderen moet je ze vermengen met een bindmiddel. In mijn werk gebruik ik een eigeel als emulsie en het eiwit als bindmiddel.

Om dit te kunnen toepassen moet je de eidooier in zijn geheel scheiden van het eiwit en moet je ervoor zorgen dat de dooier zo schoon mogelijk is en ontdaan van draden. Daarvoor rol je de dooier voorzichtig in je hand en spoel je hem met een beetje water. Daarna wordt hij droog gedept met een keukenpapiertje. Het eigeel wordt met een half eierdopje dammarvernis, enkele druppels lijnolie en een half eierdopje water in een glazen potje gedaan en flink geschud tot een goede emulsie ontstaat. Daarna wordt het eiwit, eveneens ontdaan van ongerechtigheden, opgeklopt en voeg je de helft ervan bij het eigeelmengsel. Tot slot voeg je een paar druppels lavendelolie als conserveringsmiddel toe. In de koelkast bewaard blijft je emulsie zo enkele dagen goed. Deze emulsie wordt nu elke keer bij een beetje pigment gevoegd en in een kleine apothekersvijzel tot een pasteuze massa gewreven. Ook deze verf kan met water worden verdund om het glaceereffect te bereiken en moet in de koelkast worden bewaard. Omdat de verfmassa evenals de emulsie snel bederft en dan niet meer te gebruiken is, moet je na enkele dagen opnieuw het procédé herhalen.

Inmiddels zul je wel begrijpen dat je alleen verf kunt maken wanneer je ook werkelijk enige dagen achter elkaar aan een schilderij kunt werken. Bovendien vraagt deze methode een meditatieve rust van de schilder. Alleen dan verkrijg je innerlijk doorleefde en mooie resultaten zoals die op een goed geslaagd werk te zien zijn. En omdat ook hier de weg die in de mandala gegaan wordt belangrijker is dan het resultaat, wordt vaak pas na afloop het beeld zichtbaar dat achter de schildering verborgen ligt.

Ik schilder erg graag in deze techniek, die, anders dan in een aquarel, pas op het allerlaatste ogenblik puur wit in de bovenlaag krijgt toegevoegd. In een aquarel, zijdeschildering en een Sumi-e schildering wordt wit uitgespaard waardoor de transparantie van het witte papier of de zijde zichtbaar blijft.

In een ei-tempera schilderij vormt het hoogsel van wit de afsluiting van het schilderij en dat kan dus pas op het allerlaatste moment worden aangebracht. Dan moet het schilderij een poosje drogen, zodat alle lagen zich goed met elkaar kunnen verbinden, waarna een toplaag, die tevens een beschermingslaag en glanslaag is, wordt aangebracht. Hiervoor wordt enkele malen een dunne doorzichtige glacis over de schildering gespoten, waardoor de uiteindelijke diepte in het schilderij ontstaat.

Voorbeelden van ei-tempera schilderijen vind je op de kleurenpagina tegenover pagina 129.

Deze techniek wordt in dit boek niet verder uitgewerkt. Het vergt veel ervaring en een grote investering om met dit materiaal te werken. Voor de geïnteresseerde is het volgen van een cursus absoluut aan te raden. In Huins (Friesland) worden door de kunstenaar Pieter Torensma regelmatig cursussen in deze techniek gegeven.

12.8 Schilderen op zijde

Bij het beschilderen van zijde komen de licht-donker aspecten die we in de mandala hanteren, goed tot hun recht. Het materiaal zijde vraagt om een zuivere en doorzichtige benadering. Je moét wel, of je wilt of niet, mee in de beweging van de vloeiende soepele stof. Je kunt alleen maar open staan voor wat zich onder je handen afspeelt en meegaan in de uiteindelijke vorm. Dit is werken met het begrip mandala in optima forma!

De techniek van het zijdeschilderen is al eeuwenoud. In de tijd van de Oost-Indische Compagnie (VOC) werd zijde al ingevoerd uit China en Azië. Alom bekend is de techniek van het aquarelleren op zijde in de speciale Sumi-e uitvoeringen en opgespannen of op rol bewaard. De kunstenaar die deze kunst beoefende, moest allereerst leren andere meesters te kopiëren voordat men zichzelf meester mocht noemen of tenminste de eigen naam aan het werkstuk mocht toevoegen. Dit vereiste soms jarenlange studie.

Ook bij de kunstenaars van de Middeleeuwen was dat het geval; kijk maar naar onze Hollandse meesters, bijvoorbeeld Rembrandt en zijn leerlingen.

Inmiddels is het schilderen op zijde ook in Nederland en België tot kunstvorm uitgegroeid en wordt de zijde niet alleen in kleding toegepast, maar heeft het schilderen op zijde zich ook een plaats veroverd als kunstzinnige expressie, hetzij als schilderij, object of andere kunstvorm.

Voor mij persoonlijk is het een grote vreugde om te werken met dit prachtige materiaal, dat zo rijk is aan glans en souplesse. Het maakt het beste in je wakker en tilt je naar een hoger plan; ik zal dan ook nooit een lap stof wegdoen met het predikaat: mislukt. Op de een of andere manier wordt het altijd weer opnieuw omgevormd tot iets moois. Het vraagt je het uiterste van jezelf te geven...

Zijden mandala's

Zo kwam ik ertoe zijde te gebruiken om mandala's op te schilderen, maar ook door te vouwen en te bundelen een spiegeleffect in de zijde en haar kleurenspectrum te laten ontstaan. Vanwege haar kostbare uitstraling heeft zijde ook een bepaald effect op ons schoonheidsgevoel; het voelt zeer helend aan om dit materiaal te bewerken en daarna een zelfgemaakt stuk te dragen. Veel van mijn zijden sjaals zijn de weg van helend element gegaan en terechtgekomen bij mensen die deze kracht in zichzelf tijdens hun genezingsproces konden toelaten.

Bij het schilderproces op zijde wordt ervan uitgegaan dat je altijd opnieuw een bewerking kunt toepassen en dat een lap nooit 'verknoeid' kan worden, maar juist weer opnieuw een basis kan vormen om beschilderd te worden. Zo krijg je ook hier de helende ervaring van de 'fout' die als middel tot groei kan dienen en je juist nieuwe mogelijkheden biedt die je anders niet gezien zou hebben.

Het metamorfoseproces van de vlinder die uit de cocon breekt, wordt hier omgezet in een transformatieproces binnen de mens die met dit prachtige materiaal werkt. Schilderen op zijde is een kunstzinnige en creatieve beleving en geeft je een fantastische ervaring. De soepelheid van de stof laat een transparantie toe die op papier nauwelijks te bereiken is. Onze creativiteit wordt ten volle uitgedaagd.

Doel van het werken met zijde is vooral: het ontdekken van de vele mogelijkheden die zijde biedt als je haar beschildert. Je kunt werken met de föhn, alcohol, zout, spatten, en je kunnen krijt of gutta gebruiken (krijt en gutta zijn stopmiddelen die het uitvloeien van de verf tegengaan). Met een vloeimiddel zoals fondnet, dat gebruikt wordt om de verf juist goed te laten uitvloeien, kun je een gelijkmatig kleurverloop bevorderen.

Wat heb je voor het werken met zijde nodig?

- een klein batik- of spanraam. Wil je doorgaan, dan kan later gekozen worden voor een groter formaat;
- tenminste twee aquarelpenselen (nr. 4 en 12), keukenpapier, een stuk plastic, een oude lap, kranten en afplakband;
- drie potjes strijkverf voor zijde in de kleuren rood, geel en blauw van Zijdar of Marabu, die verkrijgbaar zijn in de hobbywinkel en die door strijken worden gefixeerd;
- een lap zijde, enkele centimeters groter dan je raam;
- driepuntspunaises of etalagespelden om de zijde op je raam mee vast te zetten;
- afplakband om je raam mee te beschermen alvorens er de zijde op te spannen;
- twee waterpotten: één om je verf mee te verdunnen (dit water moet je dus schoon houden) en één om je penseel in uit te spoelen. Laat je penselen *nooit* in de waterpot staan. Sla ze altijd even uit en leg ze ernaast op een doek of keukenpapier of zet ze omgekeerd met de haren naar boven in een pot;
- extra's om effecten mee te bereiken: fijn keukenzout of grof effectzout, alcohol om strepen te trekken of plekken mee op te lichten; een föhn om de zijde snel te drogen waardoor er 'randen' of stromingen ontstaan;
- fondnet om het uitvloeien van de verf te bevorderen;

- stopmiddelen zoals in water oplosbare gutta, goud- of zilvergutta, zijdekrijtjes;
- was, kaarsvet om stippen en batikeffecten te maken.

Het beschilderen van zijde

In deze basiswerkvorm schenken we aandacht aan:
- kleurgebruik en verdunning van de verf;
- uitvloeien van de verf en de werking van een stopmiddel;
- vooraf behandelen van de stof om uitvloeien tegen te gaan;
- welke soort zijde we waarvoor gebruiken.

We gaan uit van drie basiskleuren, waaruit we in principe door mengen de volgende tussenkleuren kunnen laten ontstaan:

- rood en geel → oranje;
- rood en blauw → paars;
- geel en blauw → groen.

Om een intense kleur te krijgen gebruiken we de verf zo puur mogelijk. Willen we zachtere tinten, dan voegen we water toe, eventueel verdund met fondnet voor het uitvloeien. Fondnet gebruiken we ook wanneer we guttabelijningen hebben waar we omheen willen werken en als we een egale kleur willen bereiken. Pasteltinten ontstaan door nog meer water dan gebruikelijk aan de verf toe te voegen. Na het beschilderen van de zijde laten we deze op het raam gespannen - liggend - drogen.

Voordat je gaat schilderen, kun je de zijde ook behandelen met een middel dat voorkomt dat de verf gaat uitvloeien. Op deze voorbehandelde zijde kun je dan schilderen als op aquarelpapier. Door een laagje crackfree stijfsel op nog onbeschilderde zijde te spuiten, impregneer je de zijde, zodat je erop kunt schilderen en zelfs tekenen zonder dat de verf uitloopt. Laat de zijde eerst goed drogen voordat je gaat schilderen.

Tip: om een proef met het mengen van kleuren te doen, kun je gebruik maken van het tekenmotief van de zesster, dat hieronder is afgebeeld.

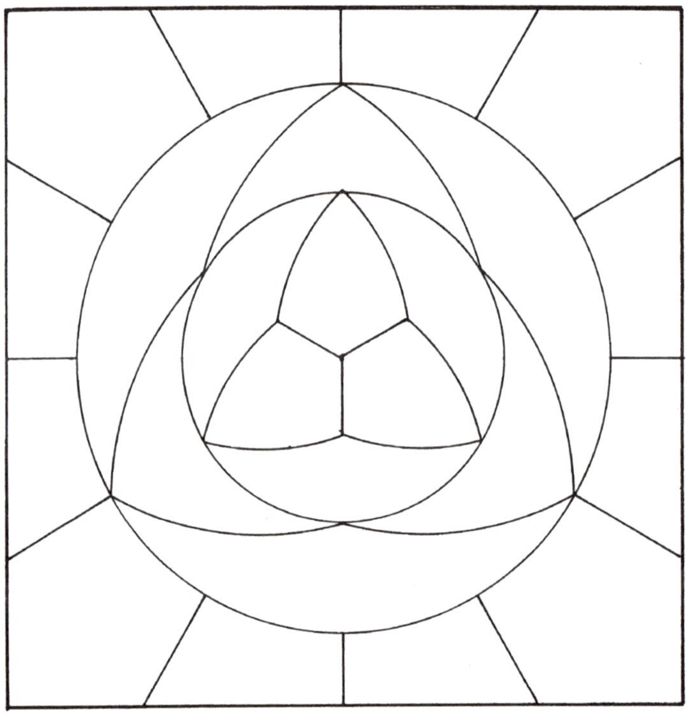

Neem dit motief op transparant papier over en trek het na met een stevige viltstift. Neem een stukje zijde van 45 x 45 cm, span dat op je batikraam en leg het motief van de zesster eronder. Neem dan met een verdwijnstift voor textiel de lijnen op je zijde over. Trek de lijnen met serti of gutta uit de tube op waterbasis na op je zijde.

Naast het leren van kleurgebruik en kleurmenging is dit ook een goede oefening om te leren omgaan met de gutta. Nadat je het motief hebt overgenomen, droog je de guttalijnen met een föhn. Daarna vul je de vlakken om de zesster heen naar believen met motieven, die je met gutta uit de hand trekt. Laat je fantasie de vrije loop en houd keukenpapier bij de hand om overtollige gutta direct van je pipet of tube te verwijderen alvorens verder te gaan op de stof.

Werken met gutta vereist wat handigheid, die geoefend moet worden. Er kan dus wel eens iets mis gaan. Ook ik maak dat mee... kijk maar eens naar het motief van de zijde die met goudgutta werd bewerkt en zie hoe ik de 'misser' heb opgelost (zie de foto op pagina 103). 'Be creative' is dan het motto: vind je eigen oplossing voor deze missers.

Na het aanbrengen van de gutta moet je de zijde goed laten drogen; nadrogen met de föhn mag. Voordat je de zijde beschildert, dient de gutta absoluut droog te zijn en goed door de gehele zijdelaag te zijn gedrongen, anders loopt de verf uit. Inspecteer ook de achterzijde van je zijde: zie je nog plekken waar de gutta niet goed is doorgedrongen, herstel deze dan en droog ze met de föhn. Dan kun je beetje voor beetje de verf aanbrengen.

Neem hiertoe wat verf op met je dikke penseel en plaats deze in het midden van de plek die je wilt kleuren. Verplaats je penseel niet, je zult zien dat de verf zelf uitvloeit naar de getrokken guttabelijning.

Wees geduldig bij deze mandalameditatie. Maak absoluut geen schilderbeweging met je penseel. Pas als je merkt dat de verf niet meer uitvloeit en de randen niet geheel gevuld zijn, herhaal je deze handeling en zet je je penseel op die plaatsen waar de randen niet gevuld zijn. Mocht de kleur iets anders zijn of vlekken geven, ga dan voorzichtig met je penseel over het eerste laagje heen. Blijf met je penseel even voor de guttarand en laat de verf en de zijde zelf het werk doen.

Zout in fijne en grove korrel kan worden gebruikt om speciale effecten te krijgen. Bij gebruik hiervan moet de zijde altijd liggend drogen omdat anders de zoutkorrels wegrollen. Het is leuk af en toe te kijken hoe het werkstuk tijdens het uitkristalliseren verandert. Om de werking te ervaren kun je in het begin gewoon keukenzout of grof zeezout gebruiken. In de handel is een speciaal effectzout te koop waarmee je duidelijker resultaten kunt bereiken.

Wanneer je in je werkstuk zout wilt gebruiken, moet je je verf zo puur mogelijk opbrengen. Strooi het zout in een patroon of op een willekeurige manier op de stof. Als je aan de gutta gewend bent, kun je deze twee werkwijzen ook samen gebruiken (zie het voorbeeld op pagina 103).

Mijn advies is echter: doe in het begin zoveel mogelijk oefeningen op zichzelf. Later kun je alles combineren zoals je wenst. Door iedere keer goed te kijken wat er bij welke techniek met je zijde gebeurt en dat in een schrift te noteren, leer je het materiaal goed kennen en ook wat je er zoal mee kunt doen. Zorg wel dat je zijde hoe dan ook aan het einde van de processen wordt gefixeerd; anders kom je voor onaangename verrassingen te staan.

Het fixeren van de zijde

Fixeren van zijde is nodig om de verf in de stof te verankeren. De eenvoudigste manier om zijde te fixeren is het gebruik van strijkverf voor zijde, waarbij je de zijde na het drogen door strijken fixeert.

Zijde fixeren doe je als volgt:

- Neem je zijde na het drogen van je batikraam.
- Als je zout hebt gebruikt, verwijder je dat – voordat je gaat strijken – zoveel mogelijk van de zijde door de zijde tussen je handen heen en weer te bewegen.
- Stel je strijkbout, liefst een eenvoudig model met gladde strijkzool, in op de stand voor zijde.
- Leg tussen je strijkvlak, zijde en bout altijd een laagje papier, om te voorkomen dat er verf of zoutresten aan je strijkplank of bout blijven kleven.
- Strijk dan gedurende ongeveer acht minuten je zijde zorgvuldig en let erop dat er geen kreukels in komen; die laten zich moeilijk verwijderen.
- Als je werkstuk klaar is, laat je het afkoelen en rusten tot de volgende dag.
- Was de zijde in een fijnwasmiddel met de hand; laat het niet in het sop staan.
- Spoel tot slot de zijde in water tot er geen kleur meer afkomt en voeg aan het laatste spoelbad een scheut huishoudazijn toe.

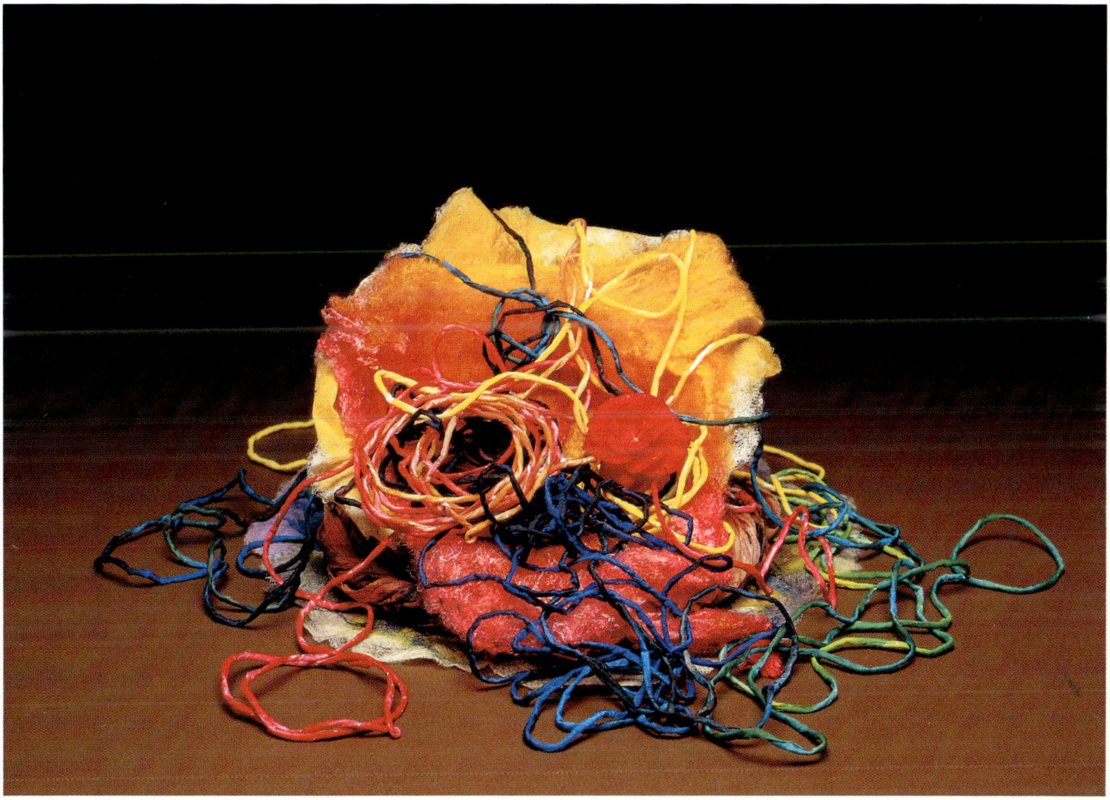

Er is ook een stoomverf voor zijde in de handel, maar bij deze verf hoort een ander fixatieproces: hier moet de zijde door middel van stoom (in een stoompan) worden gefixeerd. Dit is een wat lastiger procédé dat hier verder niet wordt uitgewerkt. Ik raad je aan om in het begin met strijkverf te werken, omdat dit de makkelijkste methode is die tot goed resultaat leidt.

Zijde is een prachtig materiaal om mee te werken. Denk nooit: dit is niets geworden, dus doe ik het maar weg. Bewaar het stuk tot een geschikt moment om nog eens te experimenteren. De ervaring leert dat er altijd nog eens overheen gewerkt kan worden waardoor het geheel er verdiept uitkomt. De onderliggende verf biedt als het ware een raamwerk voor een nieuwe kleur of techniek en stukjes ervan kunnen altijd in een applicatie, patchwork of wenskaart verwerkt worden.

Afdekken op zijde met zijdekrijt – wat heb je nodig?

Voor zijde kun je het beste textielkrijtjes gebruiken. Je hebt een lapje voorbewerkte zijde nodig om mee te experimenteren. Gebruik eens een 'mislukt' lapje voor je proef, je zult er van opkijken (zie de foto).

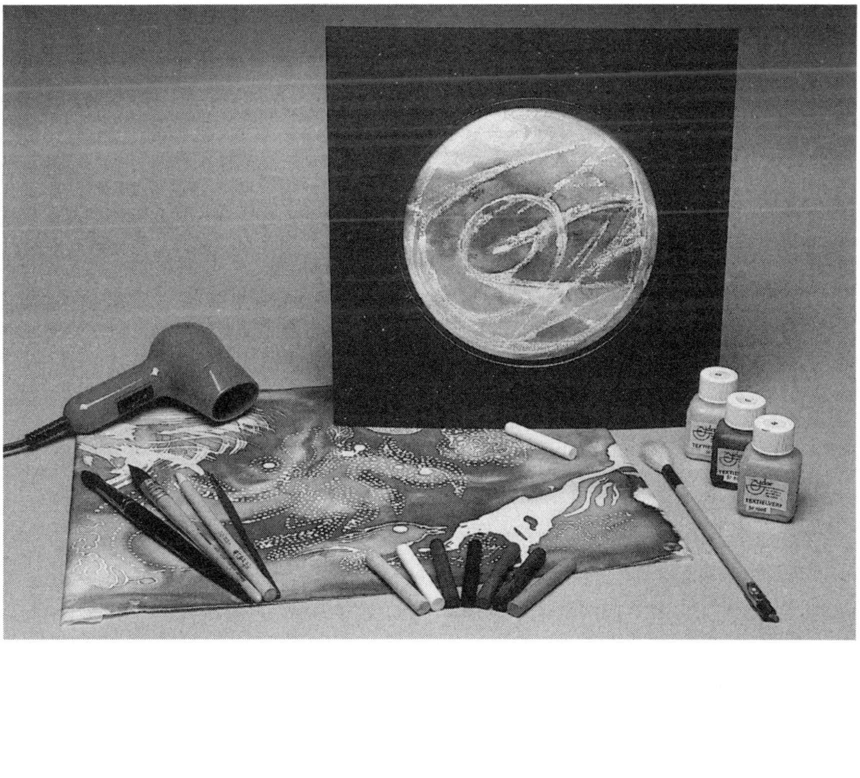

De werkwijze is als volgt:

- Bevestig het lapje zijde op een stuk karton met afplakband.

- Teken met het zijdekrijt motieven of lijnen op je zijde. Experimenteer met vorm en lijn.

- Na het tekenen op de zijde fixeer je het krijt kort met een föhn, zodat je de verf op de zijde kunt aanbrengen en het krijt als stopmiddel voor de zijdeverf werkt.

- Span je zijde op de gebruikelijke manier op je batikraam.

- Laat met een dik penseel verschillende kleuren verf in je motieven lopen. Doe dat als volgt: neem verf op in je penseel en zet de top ervan in de open plek van het te beschilderen motief. Neem nu waar hoe de verf zichzelf een weg baant en tot de randen van je motief uitvloeit.

- Als het krijt teveel is gesmolten, kan het gebeuren dat de verf verder uitvloeit. Als je dat niet wilt, herstel dan eerst de lijn weer alvorens verder te gaan.

- Als je klaar bent en tevreden met het resultaat, laat je de zijde goed drogen en fixeer je het gehele werkstuk zoals hiervoor beschreven.

Afdekken van stofdelen met was en kaarsvet

Als je op zijde werkt, kun je op een reeds gekleurd stuk zijde in een lichte tint ook stofdelen afdekken met een waslaagje. Deze techniek is de basis voor het batikken, dat in Indonesië wordt toegepast bij het vervaardigen van sarongs. Afhankelijk van de streek waar men ze vervaardigt en het doel waarvoor zij moeten dienen, kunnen deze sarongs van zijde of van katoen zijn. Voor de vorstenhuizen zijn in de verschillende residenties prachtige motieven ontwikkeld, die niet mogen worden gebruikt voor de sarongs van de gewone mensen uit de kampong. Toch kun je goed zien uit welke streek de diverse sarongs afkomstig zijn. De kleuren en patronen spreken daarbij hun eigen taal.

Bij het opbrengen van was of kaarsvet ga je als volgt te werk:

- Span op een raam een stukje zijde. Voor deze experimenten kun je ook een kleine maar stevige doos als raamwerk gebruiken. Ook op een reeds behandeld stukje zijde kun je op deze manier experimenteren.

- Laat op dit kleine werkstuk wat kaarsvet druppelen: stip voor stip, druppel voor druppel. Gebruik eventueel de achterkant – steel – van een penseel of een houten satépen. Gebruik geen penseel in het begin, omdat de was er zich niet gemakkelijk uit laat verwijderen.

  In een later stadium kun je zuivere bijenwas gebruiken die, met een evenredige hoeveelheid paraffine gemengd, verwarmd wordt in een speciale 'was'-pan. In Indonesië gebruikt men speciale bamboe hulpmiddelen om de was op de stof aan te brengen; men noemt dit 'tjantings'. Het vraagt enige oefening om met deze tjantings om te leren gaan, maar als je dat beheerst is het een heel prettige manier om met was op je zijde te tekenen. Als je later toch met penselen of kwasten wilt werken, raad ik je aan oude penselen van varkenshaar te gebruiken. Om de was na gebruik te verwijderen, moeten ze worden uitgekookt! Pas wel op, want het werken met was is een heet werkje.

- Je laat de was op de zijde drogen en brengt daarna verf aan. Vervolgens moet je de zijde opnieuw laten drogen; eventueel voeg je nog was toe en beschilder je de zijde opnieuw tot je compositie je bevalt. Daarna moet je de zijde weer goed laten drogen.

- Daarna strijk je de zijde tussen onbedrukt krantenpapier op de stand voor zijde. Gebruik geen stoomstrijkijzer: de was zal zich in de openingen vastzetten. Ga net zo lang door tot de was uit de zijde en in het papier is getrokken. Vernieuw de laagjes papier dus steeds.

Deze wastechniek, die op restjes beschilderde zijde of op minder geslaagde stukken naderhand kan worden toegepast, geeft door haar toevoeging vaak prachtige resultaten voor bijvoorbeeld gebruik in kaarten. Voor de wastechniek geldt: als je opnieuw was opbrengt, dan breng je ook weer verf aan om de effecten in de stof vast te houden. Bewaar je zijderesten dus zorgvuldig. Juist door nieuwe uitdagingen aan te durven, kom je op nieuwe ideeën.

Welke zijde voor welk doel?

Allereerst moeten we nieuwe zijde van te voren even spoelen om de apprêt (versteviging of stijfsel) er uit te wassen. Zouden we dit niet doen, dan kunnen er tijdens het beschilderen van de zijde problemen optreden.

Gebruik in het begin een dunne pongé-zijde voor kleine mandala's, soepel vallende sjaaltjes en vloeiend kleurgebruik. Ook wanneer je met gutta wilt werken, is dit de gemakkelijkste zijde die de gutta goed in de zijde laat doordringen.

Dikkere zijdesoorten laten zich moeilijker bewerken en kunnen beter pas in een later stadium worden gebruikt. Mooie effecten en glans wordt bereikt met crêpe de chine en satijn, maar dit zijn duurdere zijdesoorten die dus ook beter op een later tijdstip kunnen worden gebruikt.

De dunne chiffonzijde is op het ogenblik nogal 'in', omdat ze erg dun is en bijna altijd effect sorteert. Deze dunne zijde neemt de kleur gemakkelijk op en is geschikt om te bewerken met de penseel of door middel van spatwerk. Ze is ook geschikt voor het bereiken van kleureffecten. Omdat deze zijde zo dun is, kun je haar ook opvouwen of in elkaar draaien tot een soort vlechtje, waarna je haar met verf kunt bewerken. Als je de zijde droog bewerkt, krijg je interessante kleur- en witdelen. Wil je pasteltinten, dan kun je de zijde vooraf bevochtigen met water waardoor de verf meer zal uitvloeien.

Reserveren van stofdelen door afbinden, knopen en vouwen

Ga hierbij als volgt te werk:

- Leg de zijde op een stuk plastic op je tafel, maak haar vochtig met een plantenspuit en duw ze in elkaar of vouw ze op tot een pakje.

- Bewerk de zijde met een penseel met je gekozen kleuren door de penseelpunt op de daarvoor bestemde plaats in de zijde te drukken of te laten druppelen. Je kunt ook een pipet gebruiken om de verf aan te brengen. Op vochtige zijde zal de verf uitvloeien. Als je een druppeleffect wilt bereiken, laat de zijde dan in droge toestand. Voor deze werkwijze kun je ook de pongée nr. 6 of een dunne crêpe de chine gebruiken.

- Je kunt de zijde ook op verschillende plaatsen met elastiekjes afbinden of knopen. Door dit afbinden zullen er witte plekken in je zijde ontstaan. Later kun je er altijd nog voor kiezen een andere kleur over de gehele lap aan te brengen, waardoor opnieuw harmonie in het werkstuk kan worden gebracht. Ook is het mogelijk de gehele lap eerst van een tere kleur te voorzien en haar pas daarna te bewerken.

- Begin altijd met de lichtste kleuren en ga dan pas over naar de donkere, zo bouw je je beeld harmonisch op.

- Laat je zijde goed drogen en fixeer de lap volgens de methode zoals beschreven op pagina 224.

Experimenteer met de verschillende mogelijkheden en beleef er vooral plezier aan. En kijk eens naar de hierboven afgebeelde voorbeelden en die op de kleurenpagina tegenover pagina 161.

12.9 Collages

Van bewerkte stukjes zijde, papier en zijdesnippers of vezels kun je collages maken. Toevoegen kun je daaraan alles wat je leuk vindt en wat bijdraagt in je beeld: veertjes, hennep, lintjes, zilver- of goudkleurig papier, stukjes bladgoud... alles is mogelijk. Papier kun je in kleine stukjes scheuren en zijde in repen, dat gaat prima. Wil je veel snippers, dan kun je de zijde strookjes weer in stukjes knippen. Vang ze dan op in een bakje, zodat ze niet wegwaaien.

Collage van zijdevezels, stukjes zijde en andere toegevoegde materialen – wat heb je nodig?

- bewerkte en onbewerkte restjes zijde;
- gekleurde en ongekleurde zijdevezels, lint, bourette, wolvezels, enzovoort. Je kunt dit experiment ook eerst doen met papier, ongekaarde wol, restjes wol, stofrestjes, tule en borduurzijde en wat je verder maar invalt, als het samen maar een bindend geheel vormt;

- een stuk horregaas, dat dubbel gevouwen de afmeting heeft die je wenst;
- behangerslijm, aangemaakt voor stevig lijmwerk;
- een stuk plastic om ter bescherming op je tafel te leggen;
- een stevige kwast om de lijm in je gaas te werken. Ikzelf doe dat liever met mijn handen, zodat ik goed voeling kan houden met mijn materiaal;
- een ondergrond waarop je je werkstuk wilt bevestigen. Dat kan zeer divers zijn, variërend van een raamwerk van metaal tot een cirkel of andere vorm met zijde bekleed. (Te koop in de goede hobbywinkel.)

We bespreken nu de werkwijze voor een ornament van zijdevezels dat bevestigd wordt op een basisvorm: hier is dat een metalen cirkelvorm waarop draden zijn gespannen voor de bevestiging van de vezels, maar het kan evengoed een cirkelvorm van metaal zijn waarop zijde is gespannen, die bijdraagt aan de compositie.

- Leg een stuk horregaas op je werkblad, dat is afgedekt met plastic.

- Begin stukjes vezel te trekken van het materiaal dat je wilt gebruiken. Leg je vezels dakpansgewijs neer op je gaas, zoals je wilt dat jouw figuur vorm zal aannemen. Dat is afhankelijk van wat je met je ornament wilt bereiken. Op de foto zie je hiervan een voorbeeld.

- Voor een rond ornament werk ik ook meestal in het rond en leg mijn vezels van binnen naar buiten, terwijl ik hier en daar wat elementen toevoeg voor kleur, nuance of zingeving. Ik vervolg zo mijn weg door de cirkel tot ik het gevoel heb dat ik datgene heb getroffen waar mijn weg naartoe leidt, in kleur, vorm of uitdrukking. Ik laat mijn werk even rusten en blijf kijken: klopt het nu echt? Zo ja, dan ga ik de volgende fase in. Zo niet, dan voeg ik nog toe wat nodig is...

- In de volgende fase maak ik met de plantenspuit het gehele werkstuk goed nat waardoor de vezels in elkaar gaan liggen en zich hechten. Dan leg ik de bovenste laag van het horregaas over het gehele werkstuk en ga het bestrijken met behangerslijm. Ik smeer de bovenzijde in een ronddraaiende beweging goed in en doordrenk zo de vezels met lijm. Dan keer ik het geheel om en behandel de onderzijde op dezelfde manier. Als ik denk dat alles goed van lijm is voorzien, houd ik mijn werkstuk, dat zich nog steeds tussen het gaas bevindt, tegen het licht zodat ik kan zien of de lijm overal heeft geraakt. Als er nog plekken onbewerkt zijn gebleven, dan breng ik hierover alsnog lijm aan.

- Vervolgens leg ik het totale werkstuk, dat nog steeds tussen het horregaas ligt, te drogen. Dat kan enige dagen duren.

- Verwijder na het drogen voorzichtig het gaas van je werkstuk. Je kunt het beste beginnen met het lostrekken van de bovenzijde en daarna voorzichtig de onderzijde verwijderen. Laat het werkstuk niet gemakkelijk los, dan is het waarschijnlijk nog niet goed droog. Laat het dan nog even rusten. Bevestig een draadje aan je vlies of hang het tussen twee plaatjes dun plexiglas.

- Wil je, zoals op de kleurenpagina tegenover pagina 224 te zien is, een schaalvorm van het werkstuk maken, dan moet je na droging het zijdevlies opnieuw met de plantenspuit bevochtigen. Druk het vochtige vlies in een schaalvorm en laat het drogen.

Ook dit procédé behoort tot het mandalathema, omdat je nooit van te voren kunt zien hoe het eruit zal zien. Je moet dus vertrouwen op het proces dat voortgang heeft en dat uiteindelijk tot een resultaat zal leiden. Ook nu weer is de weg die gegaan wordt belangrijker dan de uitkomst ervan. De ronde vorm van de schaal geeft daarbij ook een extra schoonheid aan het object dat hier vorm krijgt. Bovendien treden we hier een andere dimensie binnen: die van de ruimte... maar daarover later meer.

Collage van papiersnippers of stukken gescheurd papier – wat heb je nodig?

- stukjes gescheurd papier in diverse kleuren;
- een goed plakmiddel voor papier; kan behangersplaksel zijn, maar ook een goede hobbylijm;
- een ondergrond met je gekozen vorm: bijvoorbeeld een basisvorm zoals de cirkel, het vierkant, de driehoek of de zeshoek. Je kunt als basis ook een lotusvorm uitknippen. Plak deze vorm op de stevige ondergrond of teken de basisvorm daarop. Zelf gebruik ik voor de basis cirkels die afkomstig zijn van passepartouts voor schilderijen. Zij vormen een goede achtergrond voor mijn papier- of zijdecollages. Denk erom dat je later ook de achterzijde van je vorm beplakt met een stukje papier, anders gaat het karton krom trekken.

Scheur nu uit de hand een grote figuur of een aantal kleinere. Laat deze figuren zo mogelijk als vanzelf onder je handen ontstaan: teken ze niet vooraf, kijk alleen maar en scheur. Je kunt ook uit een stuk dubbel gevouwen papier een figuur snijden of knippen; probeer maar eens enkele vormen uit. Geef deze binnen je gekozen vorm een plaats. Voeg aan deze gescheurde figuur stukjes papier toe zonder ze nog vast te plakken.

Als je over het beeld tevreden bent, plak je de figuur op de plaats waar jij het in je cirkel of vierkant wilt hebben. Ga dan met andere stukjes papier je vorm vullen. Doe dat net zolang tot er een evenwichtig beeld ontstaat. Kijk en zoek naar oplossingen... Wordt het een statisch of een dynamisch beeld? Laat het zichzelf maar kenbaar maken.

Ook met lapjes en borduurzijde kan een prachtige collage ontstaan:

Een collage van genaaide lapjes – wat heb je nodig?

- een borduurraam van tenminste de grootte die je wilt bewerken; het liefst van plastic, omdat dat dun is en gemakkelijk onder je handen meeschuift;
- enkele lapjes die je wilt gebruiken. Dat kunnen verschillende soorten zijde zijn, maar evengoed tule, kant, gaas, katoen, mousseline en organza. Zorg dat je stoffen met elkaar in kleur harmoniëren en van ongeveer dezelfde dikte zijn;
- een lapje water-soluble fabric. Dat is een stof die tijdens het naaien en borduren voor houvast zorgt, maar die later weer uit je borduursel gewassen kan worden waardoor je werk haar fragiliteit behoudt. Dit lapje moet ruim tweemaal zo groot zijn als je borduurraam;
- enkele strengetjes borduurzijde in bijpassende kleuren. Borduurgaren in goud en zilver kan een leuk effect geven.

De werkwijze is als volgt:

- Span het lapje water-soluble fabric in je borduurraam.

- Zoek, knip of scheur de stukjes stof op de gewenste grootte en vorm. Leg een patroon binnen je raam en werk vanuit het centrum naar de rand van de cirkel, of werk juist van de buitenrand naar het centrum toe. Zorg dat de lapjes blijven liggen door er een speld in te steken en ga net zolang door tot de compositie je bevalt.

- Als je dat wilt, kun je nu een dun stukje gaas of tule over dit geheel leggen waarop je dan gaat borduren, maar je kunt ook het andere lapje water-soluble fabric erop leggen. Voordat je gaat borduren, moet je wel eerst de spelden verwijderen! Gebruik alle vormen van handwerk, naaien en versieren van stof die je ooit maar hebt toegepast. Om de lapjes vast te zetten, mag je ook koordjes draaien, vlechten, haken en wat dies meer zij. Laat je fantasie de vrije loop...

- Ga dan over op het vastzetten met versierende steekjes van de stukjes stof, waarbij je erop let dat je steeds verbindingen maakt tussen alle lapjes onderling en de buitenrand.

- Ga zo door tot alles wat je wilde vastzetten ook ergens mee verbonden is en bekijk je werkstuk. Ga na of alles nu ook op zijn plaats zal blijven als je de onderstof er uit zou wassen. Moet er dan nog iets veranderd worden? Doe dat dan nu het nog kan. Als de oplosbare stof er uitgewassen wordt, is het niet gemakkelijk nog iets te verbeteren of te veranderen.

- Dan pas haal je je werk uit het raam en kijk je nog eens of alles is zoals je dacht en voelde dat het zou moeten zijn. Herstel of maak af wat nog nodig is. Ben je tevreden? Was dan voorzichtig de water-soluble fabric uit je werkstuk en bekijk daarna het resultaat. Je kunt je werkstuk het beste op een stukje board met een molton doek erover gespannen of op een plaatje perspex laten drogen. Zet het aan de buitenrand vast met spelden, zodat het mooi in vorm kan opdrogen.

- Bepaal later hoe je je werkstuk wilt gebruiken. Ook daar zijn talloze mogelijkheden voor: inlijsten als kunstwerk of op een achtergrond in een raamwerk plaatsen; als een droomvanger in een raamwerk van metaal of karton hangen; op een mooie blouse, jumper of vestje ter versiering aanbrengen, enzovoort. Leuk om zo je eigen ideeën in stof te ontwikkelen!

12.10 Mozaïek van papier en zijde

Ook het vervaardigen van mozaïek behoort tot een van de oudste ambachten en werd al eeuwen geleden ontwikkeld. Denk maar eens terug aan de oudste mozaïeken van de oosterse islamitische landen en de prachtige mozaïeken uit de byzantijnse tijd in Ravenna.

Tijdens mijn zoektocht naar de wereld der mozaïeken stuitte ik op tal van gelijksoortige ideeën voor vormen van mozaïek. Zo vond ik in een boek over chakra's een beeld van een hindoetempel waar het dak eenzelfde soort structuur bezit als de motieven uit de oude patchworktradities. In deze hindoetempels noemt men deze traditionele uit vierkanten en driehoeken opgebouwde patronen waarmee het plafond is versierd het 'baarmoederhuis'. In de patchworktraditie spreekt men over ongeveer dezelfde patronen en noemt ze het 'haardvuur' of 'de reis om de wereld'.

Als we ons door deze oudste mozaïeken laten inspireren, kunnen we prachtige mandala's laten ontstaan. In de voorbeelden laat ik verschillende ideeën zien: niet alleen papier als een vorm om tot mozaïek te komen, maar ook als zijdemozaïek waarbij de zijde op een kleeflaag wordt aangebracht die dan in grondvormen wordt gesneden en weer tot een nieuwe vorm wordt samengevoegd. Ook kunnen we mozaïek toepassen in een ruimtelijke sfeer: zo wordt het een object.

Een mozaïek in papier - wat heb je nodig?

- enkele stukken gekleurd papier met dessin;
- een stuk stevig tekenpapier;
- een schaar, liniaal, potlood en papierlijm;
- zo nodig een snijmatje en een snijmes.

De werkwijze voor papier is als volgt:

- Als je een mozaïekspel hebt, leg dan eens een vorm daarmee uit. Als je over je werk tevreden bent, kies dan enkele kleuren papier en knip of snijd de modellen van je vormen uit dit papier. Leg de vorm dan nog eens met deze papiervormen op een stuk stevig tekenpapier en plak de stukjes daarop vast met een goede papierlijm. Zorg dat alles goed en zorgvuldig is vastgelijmd zodat een mooie compositie ontstaat.

- Je kunt ook een mozaïek leggen vanuit een vrije beweging of een schetsmatige basis. Hiervoor teken je eerst naar keuze een statische of dynamische mandala op stevig tekenpapier, dat wit maar ook gekleurd mag zijn. Als je voor kleur of zwart papier kiest, kun je ook werken met stukjes die iets kleiner zijn, zodat de kleur van je papier meespeelt in je compositie en als het ware glas-in-lood-lijnen vormt.

- Speel naar believen met vormen en kleuren. Bij een dynamische mandala is het belangrijk dat je de beweging blijft volgen en meebeweegt in het ritme van je lijnvoering. In plaats van de stukjes papier te knippen of te snijden, kun je ze ook eens scheuren; meet en pas dan waar ze het beste tot hun recht komen. Zo ontstaat een vrijere en beweeglijker vorm dan met geknipte stukjes papier.

Een mozaïek in zijde - wat heb je nodig?

- een stukje beschilderde of onbewerkte zijde van tenminste 30 x 30 cm;
- zijdeverf om de onbewerkte zijde van jouw kleuren te voorzien. Spoel de stof vooraf in een half deel water en een half deel huishoudazijn;
- één of meer penselen, waterpotten en plastic om je zijde op te leggen;
- je kunt de beschilderde zijde *fixeren in natte toestand* in de magnetron: drie minuten bij ongeveer 600° (stand middle high) in een gesloten glazen schaal. Deze fixeermethode werkt voor zowel strijk- als stoomverf;
- je kunt ook werken met strijkverven. Dan kun je de zijde na het drogen fixeren door de stof gedurende acht minuten met een strijkbout die ingesteld is op wol/zijde, te strijken;
- een stuk aslan van 30 x 30 cm. Aslan is een product dat is voorzien van een dubbelzijdige kleeflaag, waarop de zijde wordt geplakt;
- een snijmatje, mes en snijliniaal.

De werkwijze voor de mozaïek in zijde is als volgt:

- Neem een mooi stuk gekleurde zijde of beschilder een stuk zijde met door jou gekozen kleuren. Als je uitgaat van een vierkant stuk van 30 x 30 cm, dan heb je voldoende gekleurde stof om een mozaïek te vormen.

- Kies kleuren die bij je gevoel passen en laat deze langs een denkbeeldige diagonale lijn over je zijde verlopen. Zo ontstaan er tegengestelde kleuren die toch overeenkomst vertonen en samen in een werkstuk gebruikt kunnen worden.

- Fixeer de stof, zoals eerder beschreven, voordat je ze gaat opplakken.

- Zet de zijde met de goede kant naar beneden vast op je tafelblad met enkele stripjes afplakband.

- Verwijder voorzichtig de gekleurde toplaag van de aslan (op maat gesneden) en breng de kleeflaag boven je stuk zijde. Laat het in het midden op de stof zakken en druk voorzichtig vanuit het midden de kleeflaag vast op de zijde. Wrijf de zijde zodanig tot het gehele werkstuk van een kleeflaag is voorzien.

- Omdat dit nogal moeilijk is, kun je in het begin beter met kleine stukken van ongeveer 15 x 15 cm werken. Je trekt dan eerst één kant los, legt aan en trekt dan voorzichtig vanuit het midden bewegend de plastic folie los en drukt de kleeflaag steeds een stukje verder tegen de zijde aan totdat het gehele stuk is vastgeplakt. De bovenzijde toont nu een raster van driehoeken en vierkantjes; dit noemt men de toplaag.

- Draai de zijde om en controleer of het plakken goed is gegaan. Zo nodig wrijf je nog wat uit. Eenmaal vastgeplakt laat aslan zich niet meer van de zijde losmaken. Bij bobbels gebruik je een speld en prik je voorzichtig een gaatje om de lucht te laten ontsnappen. Wrijf zo mogelijk naar de zijkanten uit.

- Vorm je een idee van het mozaïek dat je wilt maken of teken een uit eenvoudige blokken bestaand motief. Je kunt daarvoor uitgaan van een vierkant maar ook van een cirkel.

- Neem die vorm over op je aslan raster en snijd de motieven zo voordelig mogelijk uit. Het voorbeeld in dit boek (zie de kleurenfoto tegenover pagina 160, onder, en de foto op de volgende pagina) is ontstaan door de zijde in eenvoudige vierkanten te snijden en hiermee eerst te spelen alvorens ze op te plakken. Het is handig om je figuur eerst uit te leggen en als je tevreden bent pas te gaan plakken.

- Als je je motief voor jezelf duidelijk voor ogen hebt, bepaal je op je tekenblad of ondergrond van je passepartoutkaart het midden en trek je daarvoor lijnen die je helpen de richting aan te houden bij het plakken van het motief. Stel ook de uiteindelijke maten van je passepartout vast.

- Trek dan van je eerste stuk dat je gaat plakken het beschermlaagje met het raster weg en plak het in het middenveld op zijn plaats. Ga zo door met ieder volgend stuk tot je gehele motief te voorschijn komt en werk het zo mooi mogelijk uit.

- Als je werkt met een passepartout, plak je tenslotte de grondlaag waarop je je motief hebt geplakt achter dat passepartout en klaar is je zijde art mozaïek!

Veel plezier met je eerste mozaïeken! Zoek zelf eens naar motieven die de moeite waard zijn om uit te werken. En bekijk ook de kleurenafbeelding tegenover pagina 160, onder.

HOOFDSTUK 13

Mogelijkheden en beperkingen in de tweedimensionale mandala

Tot hier hebben we ons in dit boek beziggehouden met werkvormen in het platte vlak. Zoals je kon zien, biedt dat je veel mogelijkheden maar het heeft ook haar beperkingen. Zo is het heel moeilijk om de plasticiteit van getekende voorwerpen op het platte vlak te laten zien. Het is immers plat, vlak en niet ruimtelijk. Om een plastisch uitziende tekening te maken zul je dus enkele foefjes moeten toepassen. In de kunst en in de architectuur noemt men dat *perspectief*, een term die gebruikt wordt om een aantal afspraken te benoemen die het mogelijk maken om een tekening haar ruimtelijk aanzien te geven. Deze afspraken worden door iedereen die vertrouwd is met het begrip 'perspectief' herkend en begrepen.

Bij het mandalatekenen komen we het begrip 'ruimtelijk' ook tegen. Omdat het werken met de perspectivische afspraken een moeilijk begrip blijkt te zijn en de mandalatekenaar zich vooral op een prettige en ontspannen manier met het tekenen wil bezighouden, is er een methode bedacht waardoor je op een leuke manier met het driedimensionale beeld binnen het tweedimensionale vlak van je papier kennis maakt. Hierbij wordt uitgegaan van een aantal oefeningen die je helpen om de suggestie van ruimte op je blad gestalte te geven. Je leert dat nu op een eenvoudige en speelse wijze.

13.1 De suggestie van diepte: hol en bol; dichtbij en veraf, boven en onder

Tekenen met pen en inkt of met potlood, krijt en andere tekenmaterialen is een soort 'beeldspraak'. Het is belangrijk dat het beeld spreekt vanuit de eigen context tot jou en degene die het later ziet. In de oefeningen van dit hoofdstuk beperk ik me tot het tekenen met een penhouder waarin een pennetje is gestoken en ik gebruik verder alleen een flesje zwarte Oost-Indische watervaste inkt op glad wit papier. Om de oefeningen te kunnen doen is papier voor inktjet printers of technisch tekenpapier prettig en niet zo kostbaar. Later kun je beter papier gebruiken, zoals kalligrafiepapier of Japans rijstpapier.

Zoals je al in hoofdstuk 8 kon zien, werken we bij het mandalatekenen heel veel met de rechte en gebogen lijn. Deze passen we separaat maar ook in combinatie toe. Als tekenbegrippen leerden we over een getekende lijn heen te gaan en onderscheid te maken tussen boven en onder, dichtbij en veraf, laag en hoog, groot en klein. In dit hoofdstuk laat ik je zien dat je door met deze begrippen op een speelse manier om te gaan je ook de suggestie van ruimte in je beeld kunt brengen.

Voor het jonge kind is de 'taal van de tekening' vanzelfsprekend. Kinderen gebruiken deze 'spraak van het beeld' vooral de eerste jaren waarin ze beginnen met een potlood op papier te 'tekenen' zeer duidelijk in hun tekeningen. Kijk maar eens naar enkele kindertekeningen die in dit boek zijn opgenomen (zie de tekeningen van Carma op pagina 134).

In de kleuterperiode ontstaat de zogenoemde 'kleuterkrabbel', die een nog ongeordend beeld vertoont maar vaak wel een ritmische indeling heeft. Dan volgt een periode waarin het kind de tekeningen toelicht, gevolgd door de 'beeld-spraak' van dingen uit zijn leefwereld. In het begin zijn de tekeningen spontaan, pas later komt daarbij een ander aspect om de hoek kijken. Invloed van buitenaf wordt merkbaar, afhankelijk van de mate waarin de omgeving druk uitoefent op de spontaniteit van het jonge kind. Geven we het nog jonge kind de nodige ruimte, dan zal het zelf een aantal mogelijke oplossingen voor het probleem van perspectief bedenken, ook zonder dat we ingrijpen.

Waarom vertel ik hier dit verhaal?

Ik heb in mijn cursussen gemerkt dat veel mensen die graag willen tekenen bang zijn om een potlood op papier te zetten. Ze willen het wel graag, maar iets houdt hen tegen spontaan te bewegen met pen of potlood op papier. Als ze toch de moed opbrengen om de ruimte in te nemen en van henzelf te maken, ontdek je vaak dat er in de eerste schooljaren gestopt is met tekenen en dat er in het begin getekend wordt op het niveau van die jaren. De invloed van buitenaf was kennelijk zo groot dat de durf ontbrak om zelf op ontdekkingsreis te gaan. Tekenen was niet meer leuk maar moest – als zovele andere dingen – op een bepaalde manier gedaan worden.

Ook ik heb hier tijdens mijn schooljaren mee te maken gehad. Maar – gelukkig voor mij – ben ik de dans ontsprongen en heb ik nog altijd veel plezier in tekenen en schilderen, hetgeen me inmiddels in staat stelt er iets wezenlijks mee te doen. Mens durf weer te tekenen, zou ik hier willen zeggen!

Wat heb je nodig voor de oefeningen?

- een penhouder en één of meer pennetjes, dun en breed, of een kroontjespen;
- glad papier;
- een flesje zwarte watervaste tekeninkt;
- een stuk keukenpapier voor het afvegen van je pen en een stukje om tijdens het werk onder je hand te leggen.

De werkwijze is als volgt:

- Probeer eerst een pen uit op een vel wit papier. Wat gebeurt er? Hoe werkt de pen en hoe ligt deze het beste in je hand? Misschien heb je nooit met een kroontjespen geschreven, zoals dat vroeger op scholen gebruikelijk was. Het schrijven en tekenen met een pen vereist wat oefening; probeer dat dus maar eerst.

- Dan ga je wat proefjes doen met de pen: je kunt stippelen, streepjes trekken, krasjes maken, enzovoort. Probeer wat je prettig vindt.

- Als je pen niet wil schrijven of tekenen, kan het zijn dat er wel inkt in het bovenste deel van de pen zit, maar niet aan het gedeelte waarmee je tekent of schrijft. Schud je pen dan even boven je stuk keukenpapier. Let wel op: er kunnen druppels uit vallen.

- Als er onverhoopt toch een druppel op je tekenpapier is gevallen, kijk dan eens wat je ermee kunt doen: je kunt hem wegblazen (voorzichtig) of je kunt je pen eens in het midden van de vlek zetten en vanuit dat punt strepen trekken. Zo doen jonge kinderen hun vondsten en wij kunnen dat nu ook proberen. Je ontdekt er een hele nieuwe wereld van tekentechnieken door.

Oefeningen vanuit streep en stip

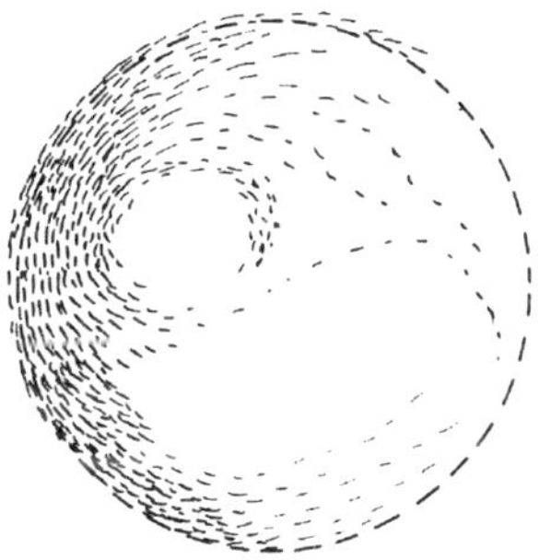

- Vul een cirkel of vlak met kleine streepjes en probeer daarbij zoveel mogelijk verschillen te bewerkstelligen door heel dicht bij elkaar of juist ver uit elkaar streepjes te zetten. Het is hierbij van belang dat je niet te grote vlakken vult, want het tekenen met een pennetje is een geduldwerkje en vraagt concentratie.

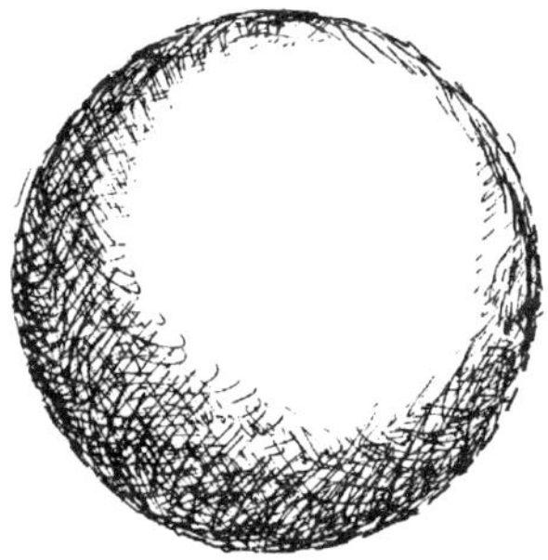

- Doe hetzelfde met een volgend vlak, maar gebruik nu kleine krasjes die ook over elkaar heen mogen worden gezet. Probeer om een donker vlak en lichtere gedeelten te laten ontstaan.

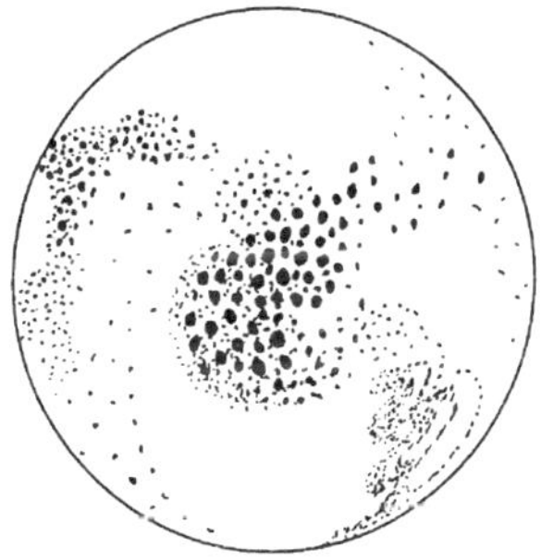

- Het nu volgende vlak vul je met stippen. Je kunt de stippen heel dik maar ook klein en subtiel maken, al naar gelang het effect dat je wilt bereiken. Door ze dicht bij elkaar te zetten zal de dichtheid van je vlak toenemen. (Men noemt dit densiteit). Als je de stippen ver uit elkaar zet, ontstaat een idee van ruimte. Zo kun je spelen met effecten van licht en donker en met het principe van dichtbij en veraf.

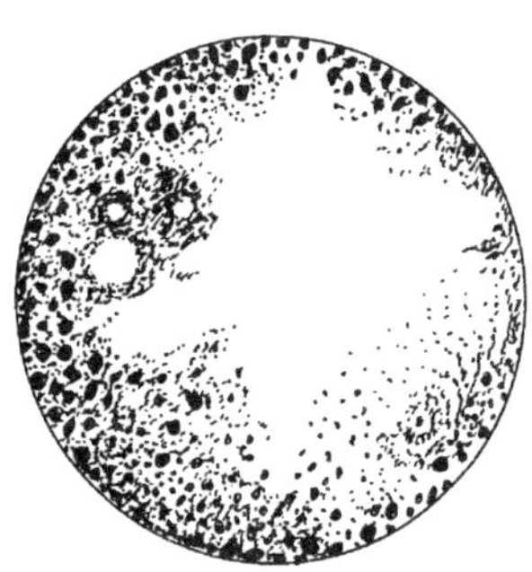

- In de volgende cirkel ga je afwisselend stippen heel dicht bij elkaar plaatsen, openingen uitsparen en stukjes vullen met grote dikke stippen en kleine speldenprikjes... Kijk eens wat dat voor het oog doet. Bedenk wel dat de grootste kunstenaars zich op deze manier met de stiptechniek hebben beziggehouden: het pointillisme is niets anders dan een kunstzinnig uitgewerkte stippeltechniek!

Oefeningen met rechte en gebogen lijnen

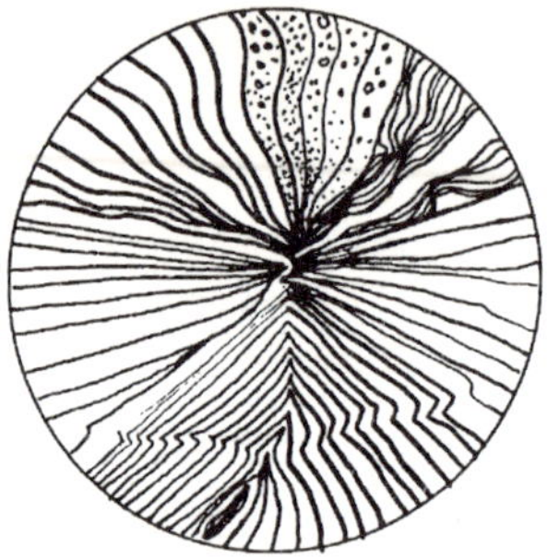

- Neem weer een cirkel of een vierkant als uitgangspunt. Ook nu geldt weer: niet te grote vlakken vullen.

- Ga uit van de rechte of juist de gebogen lijn en voel al doende hoe de lijn zich wil ontwikkelen. Misschien is er na verloop van tijd wel een combinatie van beide lijnsoorten mogelijk, die als vanzelf is ontstaan uit de beginlijn. Laat het maar gebeuren. Je kunt een beetje helpen door de lijnen heel dicht bij elkaar te plaatsen of meer tussenruimte toe te laten. Hierdoor ontstaan steeds nieuwe effecten, die diepte, hoogte en breedte, dichtbij en veraf, voor en achter, suggereren.

Oefeningen waarbij figuren en vlakken worden omsloten

- Ga uit van een kleine figuur die je in het midden van je cirkel of vierkant plaatst. Je kunt ook verschillende vormen binnen je cirkel of vierkant tekenen.

- Stroom om deze figuren of vormen heen en probeer ze in je beeld te vangen zonder ze te raken. Laat het vooral gebeuren, er kan niets fout gaan. Als er iets anders gaat dan je verwachtte, stop je even en kijk je naar het beeld. Probeer te zien hoe je tot een oplossing kunt komen en ga weer verder. Houd voor ogen dat het beeld zichzelf wel kenbaar zal maken en dat jij slechts de uitvoerder bent. Alles is goed wat er gebeurt en anders ga je het gewoon op een ander vlak nog eens proberen… Geniet vooral van het bezig zijn, van het experiment zelf.

Oefeningen van gestapelde vormen

- Je kunt vormen ook stapelen. Ga in het begin stapelen met rechte vormen of juist met ronde vormen. Probeer uit die speciale vormkracht het uiterste te halen wat mogelijk is

- Ga steeds uit van enkele vormen en ga er vijf maal omheen. Als twee vormen elkaar ontmoeten, doe dan het meest voor de hand liggende: kies voor de vorm die 'eruit' springt en laat de ander 'erachter' verdwijnen door de lijn aan te laten sluiten. Kijk maar naar de voorbeelden.

- Speel met verschillende ideeën en leg jezelf daarbij niet al te vast. Zo vind je de leukste en meest spontane oplossingen.

- Ga dan de vormen samen gebruiken en kijk wat dat in je beeld doet. Duw je lijnen uit elkaar of houd ze samengebundeld: dat laat je dan vanzelf zien welke manier je voor het uitdrukken van verschillende vormen het beste kunt gebruiken. Al doende leer je zo 'tekenen' in de beste vorm: jouw vormkracht krijgt van binnenuit gestalte.

Oefeningen om diepte en plasticiteit te suggereren

- Speel eens met rechte en gebogen lijnen die je op bepaalde plaatsen samen laat komen of juist uiteen laat gaan. Kijk goed wat er gebeurt: zie je dat dunne lijnen een beetje 'verdwijnen' en dat dikkere juist op de voorgrond treden? Dat is een optisch gebeuren dat je, als je weet hoe je het doet, kunt toepassen in je beeld om 'diepte' te suggereren.

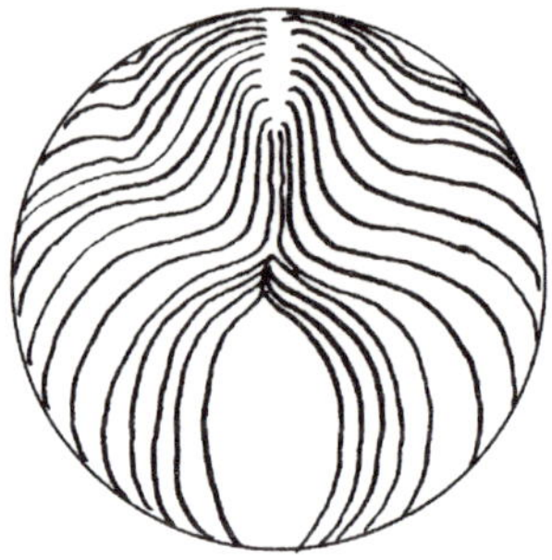

- Ook het over elkaar plaatsen van eenzelfde figuur geeft je beeld een plastisch aanzien en het uit elkaar duwen van lijnen suggereert 'rondingen' op een blad waar ze normaal in het platte vlak niet voorkomen. Zo kun je al spelend tal van mogelijkheden ontdekken om een eigen vorm en beeldtaal van perspectief te creëren, die alleen jij kunt toepassen. Ook al doet iemand anders dezelfde oefeningen, dan nog ontstaat bij elke kunstenaar een geheel eigen 'beeldschrift'. Doe het maar eens en laat iemand anders, een kind of vriend, ook eens meespelen op papier en vergelijk je beider kunnen...

De oefeningen bij dit hoofdstuk spreken ook een eigen taal, namelijk die van de auteur van dit boek. Probeer er zelf eens enkele uit. Misschien kun je ze nog aanvullen met eigen ideeën. Zo komt jouw taal tot stand, onverbrekelijk verbonden met jouw manier van in de wereld staan en waarnemen.

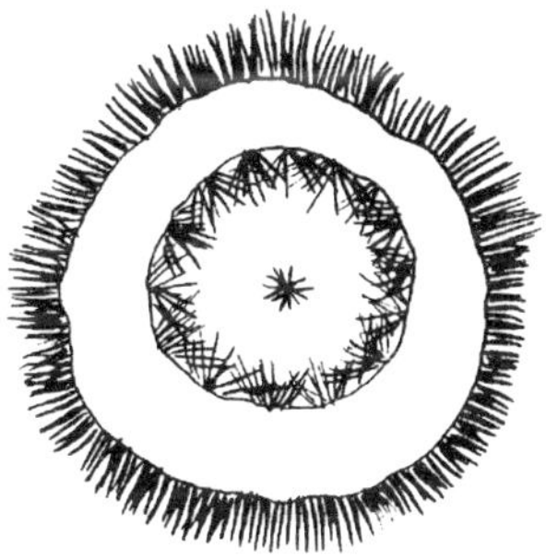

13.2 Perspectief, beweging en energie

Zoals je in de eerste oefeningen van dit hoofdstuk kon zien, is het werken met perspectief eigenlijk het nakomen van een aantal afspraken. Voor ons oog wekken deze afspraken de suggestie dat er diepte in onze tekening op het platte vlak valt waar te nemen. Je weet nu ook dat door een aantal van deze afspraken in je werkstuk toe te passen, ook jouw tekening die suggestie van diepte en hol en bol, voor en achter, kan laten zien. In de volgende oefeningen gaan we dit onderwerp nog wat meer belichten.

Oefeningen om hol en bol, licht en donker in je beeld te suggereren

Met een eenvoudige oefening kun je leren hoe licht en schaduw de suggestie wekken kan van holle en bolle vlakken, getekend op het platte vlak.

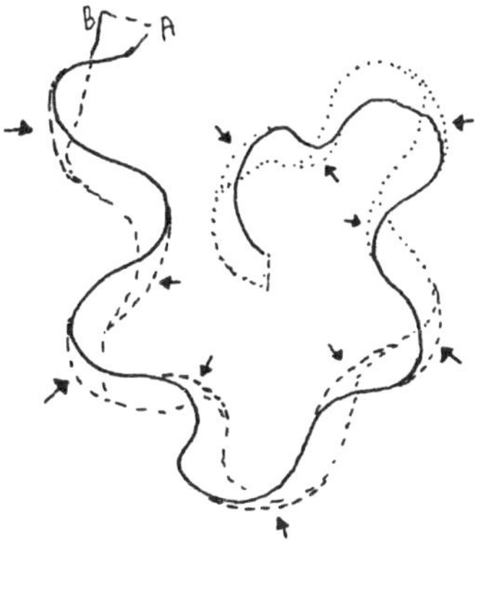

- Ga uit van een licht gebogen lijn A die door je cirkel beweegt.
- Met een tweede gebogen lijn B ga je in een tegengestelde beweging om die andere lijn heen werken. Let goed op dat er bij het kruisen van de lijnen ruimte blijft.

Als je nu steeds tussen twee uitstulpende bewegingen een stippellijn aanbrengt en wel om en om aan de binnen- en buitenzijde van je 'lint', dan zul je merken dat er zich een soort draaiende beweging vormt. Dat is de beweging van een opgerold lint dat je los laat en dat daardoor in een spiraalbeweging naar beneden valt. Doe het maar eens met een strook papier die je stevig oprolt tot een spiraal en die je loslaat: je ziet dezelfde kronkelende beweging als op de tekening.

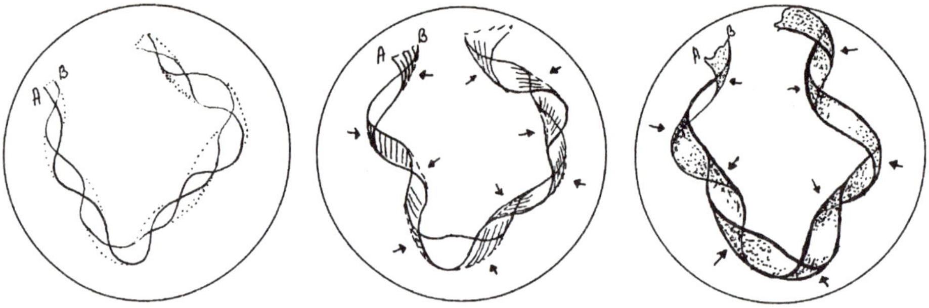

Geven we ons 'lint' nu een arcering die logisch lijkt, dan hebben we het gevoel dat het lint als een spiraal over ons blad beweegt. We hebben op een plat vlak de suggestie gewekt van een driedimensionaal beeld! En dat noemen we ook wel 'perspectief'.

- Probeer aan de hand van de tekeningen eens of je dit resultaat ook kunt bereiken. Het helpt als je eerst hulplijnen trekt, pijltjes zet bij de plaatsen waar je moet verbinden en mooie ronde bogen tekent. Doe dat eerst met potlood en gum nu uit – hier mag je echt een gummetje gebruiken om te leren 'zien' – hoe die lijnen zich voor of juist achter het lint laten zien of verbergen. Door in je lint de stippeltjes- of arceertechniek toe te passen kun je laten zien of iets hol of bol is en waar het licht aanwezig is.

- Als je in staat bent volgens dit principe te tekenen, kun je al heel plastisch in je beeld werken. Het is de eenvoudigste manier om ruimtelijk werk op het platte vlak te suggereren. Hoe meer je het toepast, des te meer plezier je eraan zult beleven.

De energie van de lijn

Zoals je in de tekenvoorbeelden hebt kunnen zien, is het erg belangrijk de energie van de lijn mee te laten werken in de plasticiteit die je in je beeld gestalte wilt geven. Hoe meer je deze manier leert toepassen, des te meer je speelt met dikke en dunne lijnen, sterk aangezette maar ook weer zwakker wordende lijnen, des te meer wek je de suggestie van beweging, voor en achter en dus diepte.

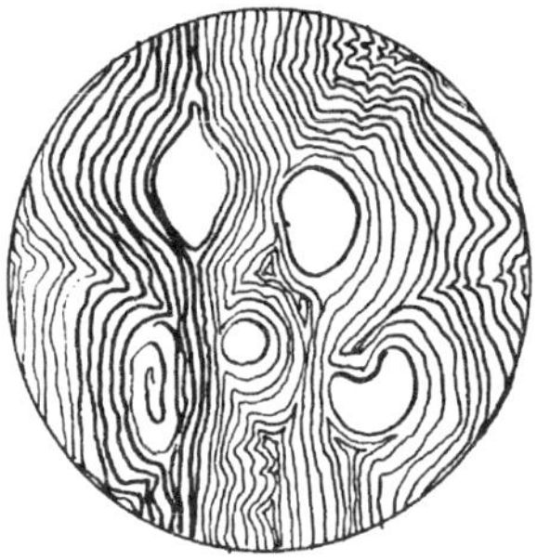

Dit laat zich natuurlijk niet in één dag oefenen. Maar de manier waarop je hier te werk mag gaan, geeft je de mogelijkheid om op een leuke, eenvoudige en speelse manier te leren tekenen. Zo houd je je eigen energie op peil, maar kun je deze ook leren uit te drukken op papier door eenvoudig te spelen met lijn, punt, stip, kras of streek op het platte vlak: je tekenpapier.

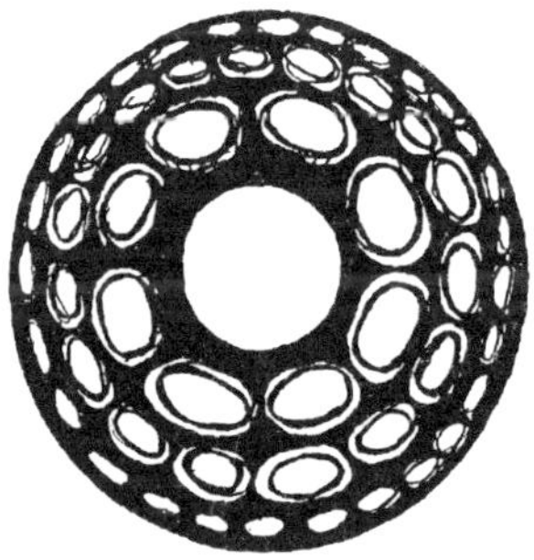

De laatste twee tekeningen laten een suggestie van ronde vormen zien die een 'hol' of 'bol' effect hebben. Afhankelijk van je blikveld verandert het bolle effect tijdens het kijken in een holte. Bij de tekening van de twee figuren verdwijnt er voor ons oog steeds één uit beeld. Kijk nu eens vanuit een andere richting: ons oog neemt dan juist de andere figuur waar (getekend naar een beeld van de kunstenaar Vaserely).

13.3 Geometrie als uitgangspunt voor de mandala

Zoals je al hebt kunnen zien is het mogelijk de omtrek van de cirkel te verdelen in een aantal segmenten. Als je dat doet, kun je steeds een andere ordening bereiken. De oude Grieken waren zich van dit kosmische principe bewust. Ten tijde van Pythagoras werden meetkundige figuraties ontwikkeld waarvan ook nu nog steeds gebruik wordt gemaakt.

Ook voor ons als mandalatekenaars is het begrip van de meetkundige verdelingen binnen de ruimte van de cirkel een dankbaar gegeven. Veel kunstenaars hebben van deze formules gebruik gemaakt om hun kunstwerken gestalte te geven. M.C. Escher heeft dit principe in zijn latere kunstwerken veelvuldig toegepast om te komen tot zijn visie over de oneindigheid en de altijd durende beweging. Escher was gedurende zijn gehele leven, zelfs tot op enkele weken voor zijn dood, bezig deze eeuwigdurende beweging op een koortsachtige manier te onderzoeken en in kaart te brengen. Zijn kunst getuigt daarvan.

De tekening hiernaast is gemaakt naar een model uit het boek van prof. H.S.M. Coxeter en symboliseert de oneindigheid in een grote cirkel. Escher ontdekte hierin mogelijkheden voor zíjn benadering van het oneindige en gebruikte dit model als idee voor zijn cirkellimieten.

Als we met de cirkelomtrek en de ruimte daarbinnen willen spelen, ontdekken we al gauw dat er een aantal wetten gelden. Je kunt de cirkel op allerlei manieren doorsnijden door punten op de cirkelrand te plaatsen en van daaruit lijnen te trekken. Doe dat maar eens en je zult zien dat er veel mogelijkheden zijn. Ook kun je een aantal even of juist oneven punten op die rand zetten en dat leidt weer tot andere problemen, maar geeft ook andere oplossingen te zien wanneer je de punten door lijnen verbindt.

Oefeningen met de omtrek van de cirkel en de ruimte daarbinnen

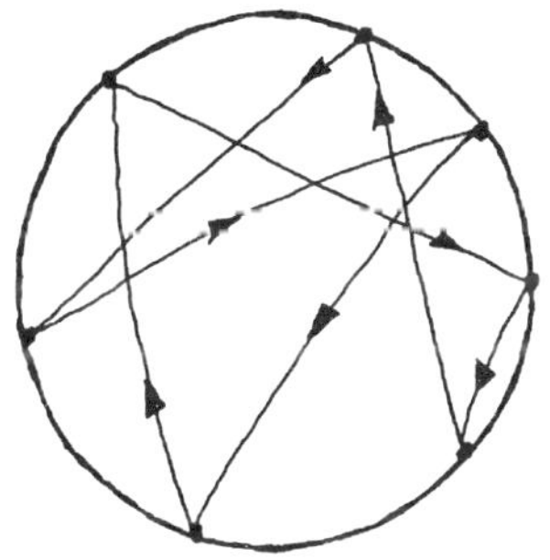

- Teken uit de hand een cirkel. Ga zo nodig enkele keren over de omtrek, zodat je cirkel goed rond voelt.

- Zet nu een willekeurig aantal punten op de omtrek. Probeer er niet al te veel over na te denken, maar doe gewoon.

- Begin nu vanuit één van die punten te bewegen naar een ander punt en vervolgens naar een volgend punt en ontdek op hoeveel verschillende manieren je de punten met elkaar kunt verbinden.

- Ga zo door tot alle punten verbonden zijn. Werk nu de vlakken in je beeld uit met verschillende vlakvullingen. Laat je fantasie maar stromen.

De volgende oefening kan zijn:

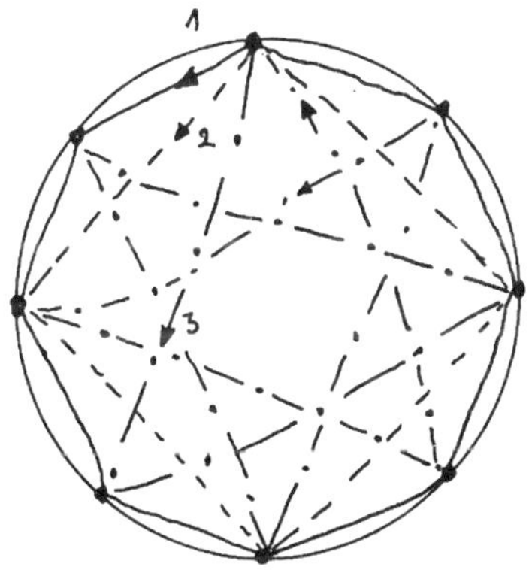

- Teken een even aantal punten met dezelfde afstand tot elkaar op de cirkel.

- Verbind ook deze punten met elkaar en doe dat als volgt: eerst verbind je ieder punt met het volgende op de omtrek.

- Vervolgens doe je hetzelfde nogmaals, maar je slaat telkens één punt over. Ga door tot je alle punten verbonden hebt.

- Je kunt nu nogmaals door de cirkel gaan en punten verbinden. Sla er nu steeds twee over.

- Kijk dan naar je cirkel. Zie je nu nog een mogelijkheid om de punten te verbinden? Zo ja, doe dat dan.

Vervolgoefeningen zijn:

- Zet een oneven aantal punten op je cirkel en ontdek de mogelijkheden van de verschillende combinaties.

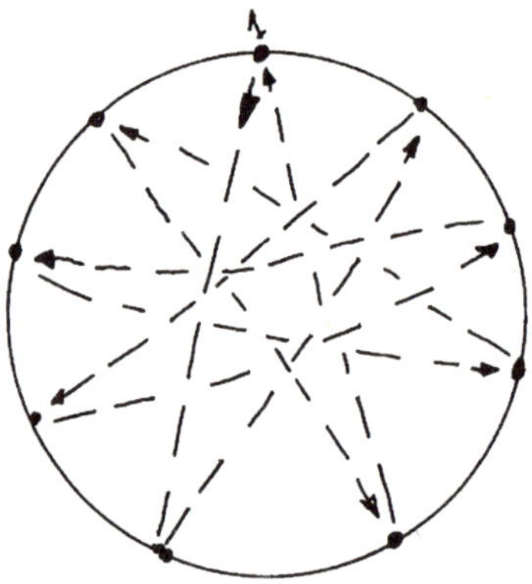

- Werk steeds enkele vormen uit om een evenwichtig beeld te scheppen.

Spelen met de getallen van je geboortedatum

- Doe dit ook eens met de getallen die bij je geboortedatum horen. Neem daarvoor je geboortedaggetal, je maandgetal of juist je geboortejaar. Tel ieder getal afzonderlijk op en vereenvoudig het zonodig tot een geheel getal onder de tien.

- Doe datzelfde ook eens met het eindgetal van je gehele geboortedatum. Als je een groot getal hebt, kun je allereerst dat getal optellen en vereenvoudigen.

  Een voorbeeld: 3–3–1945 geeft: 3 + 3 + 1 + 9 + 4 + 5 = 25.

  Het aantal dat daaruit voortkomt, zet je dan op de omtrek van je cirkel: hier dus 25 punten.

  Vereenvoudig dit getal 25 dan nogmaals: 2 + 5 = 7.

  Teken in het binnenste van je cirkel een kleinere cirkel en zet op die rand de zeven punten van dit laatste getal.

- Vervolgens ga je verbindingen leggen tussen de punten van de buitenste cirkel en die van de binnenste cirkel. Houd voorlopig het hart van je cirkel – dat is de kleine binnencirkel – nog vrij. Probeer zoveel mogelijk punten onderling te verbinden en ga door tot je tevreden bent. Keer dan terug naar het hart van je mandala: de kleine binnencirkel, waarin het getal van je levensbestemming te vinden is, en zoek naar verbindingen die je

hierbinnen kunnen stimuleren. Doe dat heel zorgvuldig: eerst door met de achterkant van je potlood de mogelijkheden af te tasten.

Of zet dit gegeven even los van je tekening op een ander papier om uit te vinden wat voor jouw gevoel de beste oplossing is. Teken tenslotte dat gevonden diagram in het centrum van je mandala.

- Ga nu dit totale beeld verfijnen waarbij je alle foefjes die je hebt geleerd vrij mag toepassen. Maak het geheel zo mooi mogelijk en bedenk dat wat nu nog niet lukt, op een later tijdstip nog eens herhaald kan worden.

Tip: de bovenstaande oefeningen kunnen ook op karton met naald en draad worden uitgevoerd. Kijk nog maar even naar de voorbeelden hiervan in paragraaf 12.5.

13.4 Intuïtie en meditatie in de mandala

Er is in dit boek al veel gesproken over intuïtie en meditatie. Toch wil ik er ook hier nog even extra aandacht voor vragen, omdat de mandala tijdens het tekenen van binnenuit, vanuit een intuïtief 'weten', als vanzelf kan leiden tot meditatie en overdenking.

Een intuïtieve mandala wordt geboren vanuit een hand die op gevoel volgt en tekent. Bij meditatief tekenen gaan we uit van een opgeroepen beeld dat naar beste kunnen gestalte wordt gegeven. Het zijn dus twee verschillende benaderingen en het is meestal zo dat de ene vorm voortvloeit uit de andere. Intuïtief tekenen kun je jezelf leren door te doen, meditatief tekenen ontstaat tijdens de tekenprocessen van binnenuit.

Beide vormen zijn voor de mandalakunstenaar van belang: het intuïtieve om jezelf te oefenen in rust en naar binnen gekeerd te zijn waardoor je afstand en ruimte creëert tussen jezelf en je omgeving. Je kunt het vergelijken met het krabbelen of doezelen dat ieder van ons wel eens doet op een stukje papier tijdens een telefoongesprek.

Het meditatieve element is daarin gelegen dat je, al tekenende vanuit een rustmoment, tot overpeinzing komt van wat je in het leven bezig houdt en wat je ten zeerste raakt.

Tekenen op deze manier gaat op een zeker ogenblik vanzelf. Na enige tijd van oefening is er steeds de mogelijkheid deze innerlijke bron van rust en stilte binnen te gaan. Het lijkt of er – ondanks alle dagelijkse stress – steeds meer ogenblikken te vinden zijn waarin je je in dit gebied even kunt terugtrekken om weer bij te laden, tot rust te komen en te overdenken…

Voor mij is dat de vorm waarin ik mijn bron ervaar, er in aanwezig ben en van daaruit kan werken. Op den duur wordt dit een dagelijks gegeven en... oefening baart kunst.

Een intuïtieve tekenoefening

- Ga rustig zitten voor een blad papier en kies je medium: pen en inkt of potlood.

- Laat alles wat je deze dag heeft beziggehouden nog even de revue passeren. Zie het als een film voorbijglijden en laat het maar weer gaan, doe vooral niets...

- Als je het gevoel hebt dat het je niet loslaat - dat *jij* het dus niet kunt loslaten! -, doe dan het volgende:

  Neem je potlood of pen en teken het symbool van dat wat je blijft achtervolgen. Kras of stip of ga alsmaar rond, volg wat je maar voor behoefte hebt en geef je over aan dat moment van herbeleving. Als het voor je gevoel genoeg is, leg je die tekening omgekeerd weg zodat ze je niet langer stoort. Wacht tot je weer leeg kunt worden en ga dan verder met het loslaten van de dagbelevingen.

- Voel hoe je langzaam aan weer terug komt in je bronkracht en merk hoe de dagelijkse dingen van je afvallen.

- Teken nu op je blanco blad papier, vrij of binnen de cirkelvorm. Doe wat het beste voelt voor jou. Probeer jezelf vrij te houden van gedachten en volg intuïtief wat er naar boven komt. Als je krabbelt, doezelt of arceert en geen lijnen tekent, heb je meer kans op het naar boven brengen van dit intuïtieve, creatieve vermogen.

- Kijk niet te intens naar je beeld, laat het als het ware langs je ooghoeken glijden. Dat helpt om losjes te blijven volgen wat zich in je innerlijk afspeelt.

- Ga door tot je het gevoel hebt dat het genoeg is en stop dan.

- Neem even afstand van dit moment en bestudeer je tekening... en verbaas je. Het kan zijn dat je er niets in kunt 'ontdekken', laat het dan gewoon rusten. Zet er altijd een datum op en noteer wat onder en boven was. Leg het tot slot in je tekenmap en laat het zijn.

- Uiteraard kun je deze oefening meerdere malen herhalen, net zo vaak als je wilt, en langzamerhand zal je innerlijk zich aan je openbaren en zullen je beelden zich kenbaar maken. Zo wordt jouw innerlijke beeldtaal geboren.

Na enige tijd zal vanuit dit gevoel het meditatieve gevoel ook boven komen drijven en deel van je tekening uitmaken. Door dit in jezelf toe te laten zul je het meditatieve tekenen voor jezelf veroveren.

Zie als voorbeelden de volgende tekening en foto die laten zien hoe jouw innerlijke beeldtaal wordt geboren.

13.5 Ontwikkeling van je persoonlijke beeldtaal in de tekenkunst

Zoals je waarschijnlijk uit het bovenstaande hebt kunnen opmaken, is de ontwikkeling van je tekenkunst vooral een weg van oefenen. Door veelvuldig op alle mogelijke manieren met de mandala te werken - zoals in de verschillende hoofdstukken besproken - en daaruit te destilleren wat jou het meeste aanspreekt zul je langzamerhand jouw persoonlijke beeldtaal ontwikkelen, die we 'tekenkunst' noemen.

Het is opmerkelijk te zien hoe ieder mens over een unieke mogelijkheid tot zelfontplooiing en beeldspraak beschikt, die ook aangesproken kan worden, mits je de deur maar open zet. Doe dat rustig aan, anders overweldigt het je misschien en ik zou niet graag degene zijn die maakt dat je in je dagelijkse leven alleen nog maar mandala's tekent…

Het tekenen van mandala's is verslavend maar niet dodelijk: het geeft je rijkdom in plaats van verlies. Door oefening en herhaling leer je tijdens je tekenproces anders te kijken, waardoor ook je beeldvorming verandert en er zelfs invloeden van in je dagelijks leven merkbaar zullen worden. Mandalatekenen schept vertrouwen in het leven, sterkt je ziel en voedt je levenskracht.

Door visualisatie zal je voorstellingsvermogen groter worden en duidelijk maken dat dingen in je leven een andere vorm kunnen aannemen en zich ten goede kunnen keren. Dit gevoel kan in jou versterkt worden. Zonder overmoedig te worden kan ik hier rustig stellen dat dat heel vaak voorkomt. Veel mensen die zich de afgelopen tijd met mandala's hebben beziggehouden, putten uit het werken daarmee extra kracht. Het bundelt en concentreert die krachten in jou, zodat je ze in je leven weer kunt aanwenden om je ten dienste te staan in moeilijke tijden.

Zoals je kon zien hoeven we ons voor het uitbeelden van onze creatieve gaven in de mandala niet te beperken tot het werken met potlood of pen op papier. De mogelijkheden om de mandala op het platte vlak gestalte te geven zijn werkelijk legio. Je kunt mandala's tekenen, schilderen, met de pen uitwerken, maar ook vouwen én knippen. En zoals de kunstenaar Escher ons toonde, kun je mandala-achtige patronen ook in hout of in wandkleden uitwerken. Waar je voorkeur naar uitgaat is aan jou: jij beslist over jouw materiaalkeuze. Alles is mogelijk, zoals je in dit boek kunt zien.

De grafische technieken zijn zeer de moeite van het uitproberen waard. Bij het werk van de kunstenaars Vaserely, Hundertwasser, Klimt, Klee en Escher zie je de mogelijkheden van de grafische kunst op het platte vlak, maar tegelijkertijd ook de beperkingen. Het is en blijft een plat vlak waarop gewerkt wordt. Wil je meer en ruimtelijker werken, dan zul je andere materialen moeten zoeken en bewerken. Maar daarover in het volgende hoofdstuk meer...

HOOFDSTUK 14

Het leren toepassen van het driedimensionale in de mandala

Het is heel bijzonder om de beleving van de mandala om te zetten in een driedimensionaal werkstuk. Dat vereist een totaal andere instelling, invoelingsvermogen en activiteit dan het werken op het platte vlak. Denk hierbij eens aan het werken met klei, stoffen, houtpulp, gips, gipsverband en gaas om een basisvorm te maken. Je kunt laag op laag werken om vormen te maken. Alles is mogelijk, maar kies vooral zelf uit de soorten materiaal die je het meeste aanspreken. Naast het intuïtieve en meditatieve aspect geeft dat ook het beste resultaat. Hoewel dat niet het belangrijkste is - het gaat ons immers om de weg die begaan wordt -, is het leuk om iets driedimensionaal gestalte te geven.

Waarin verschilt een driedimensionaal beeld van een tweedimensionaal beeld?

Driedimensionale beelden kunnen vrij in de ruimte liggen, staan of hangen. Ze hebben een eigen uitstraling en we kunnen ze vasthouden, omkeren en van alle kanten bekijken. Als je een driedimensionaal beeld gestalte geeft, moet je allereerst de uitdrukking die je het beeld wilt meegeven duidelijk naar voren laten komen. Je kiest dus bewust een vorm die fysieke diepte, hoogte en breedte heeft. Je werkstuk heeft volume, neemt ruimte in en is daardoor driedimensionaal.

Een tweedimensionaal beeld is een uitwerking van bijvoorbeeld een mandala op het platte vlak. Deze tweedimensionale beelden worden bekeken op een tafelblad of hangend aan een muur. Ze geven slechts aan één zijde bewuste informatie: het betekende of beschilderde vlak. Heeft het werkstuk 'bewust' volume, dan spreek je al van een driedimensionaal werk.

वं

यं

14.1 Boetseren en vormen...

Ruimtelijke vormen kun je gestalte geven door met behulp van een modelleerpoeder op houtbasis, zelfhardende klei, zijdevezels op horregaas, papier, stukjes zijde of gipsverband op een basisvorm lagen aan te brengen. Deze lagen worden verlijmd en zullen na drogen op de basisvorm die vorm in het gekozen materiaal laten zien. In dit boek bespreek ik enkele eenvoudige methoden om ruimtelijk te werken.

In Japan is men zeer bedreven in het gestalte geven van ruimtelijke ideeën met papier als medium. Men vervaardigt prachtige vouwsels naar oude traditionele symbolen. Ook werkt men met papier op een basisvorm uit klei of hout. Voordat de modelvorm van klei droog is, brengt men een eerste laag van stukjes papier aan, die in water goed nat zijn gemaakt. Als het model geheel bedekt is, wordt over deze eerste laag een lijmlaag aangebracht, waarna de volgende laag papier er overheen wordt geplakt. Dit herhaalt men net zo lang tot zich een laag van enkele millimeters dikte heeft gevormd. Dan legt men het met papier bedekte werkstuk in de zon te drogen. Is de binnenvorm van klei en de buitenvorm van papier goed droog, dan wordt het werkstuk van de mal gehaald en beschildert men het object met waterverf of plakkaatverf en wordt het tot slot na droging gevernist.

Wanneer men lagen papier om een houten kern opbouwt, spreekt men in Japan van de 'mannelijke methode'. Na droging van de papierlagen wordt het werkstuk van de kernvorm verwijderd door de papieren vorm over de lengte door te snijden. De snijkanten van beide helften worden aan elkaar verbonden door ze te verlijmen met stukjes papier. Het ruimtelijke object, dat hierdoor is ontstaan, wordt met waterverf beschilderd en tenslotte van een vernislaag voorzien. Daardoor wordt het geheel sterk en kan het tegen een stootje. Deze 'mannelijke methode' wordt toegepast voor het vervaardigen van de traditionele dieren en de gelukbrengende voorstelling van de monnik Bodhidharma, die men ook wel 'Daruma Daishi' noemt.

Een andere manier van werken is de 'vrouwelijke methode', waarbij kleine driehoekige stukjes papier op een basismodel worden aangebracht. De eerste laag wordt met water goed nat gemaakt en op de vorm aangebracht, waarbij de stukjes papier elkaar overlappen. Over deze eerste laag brengt men lijm aan. Dan worden de volgende lagen, die weer uit driehoekige stukjes papier bestaan, op deze basis geplakt met behangerslijm, boekbinders- c.q. textiellijm, net zo lang tot de vorm stevig is geworden. Dit geheel moet goed drogen, waarna de mal of basisvorm wordt verwijderd. Deze manier wordt vaak toegepast op een basismodel voor een masker.

Als je vanuit ruimtelijk standpunt naar een masker kijkt, spreek je duidelijk over een driedimensionale vorm. Het masker toont diepte, hoogte en breedte, heeft ruimte om zich heen nodig en neemt zelf ook ruimte in.

Toch kun je ook een masker maken dat nog in het tweedimensionale beeld past: een op het platte vlak getekende vorm of symbool, dat je, als je de plaats van de ogen van gaten voorziet en aan de zijkanten een elastiekje bevestigt of er een stokje aan vastmaakt, voor je gezicht kunt houden.

En kijk, er is een begin gemaakt met het onderzoeken van het tweedimensionale ten opzichte van het driedimensionale - ruimtelijke - beeld.

14.2 De historie van het masker

Wanneer we met maskers bezig gaan komt direct de vraag boven: waarom maskers als we met mandala's bezig willen zijn?

Als we naar het verloop van de geschiedenis kijken, zien we dat maskers in de meeste culturen een symbolische plaats in het ontwikkelingsproces van de mensheid hebben ingenomen. Al in de oudheid zie je het masker bij natuurvolken en schriftloze samenlevingen. In die culturen drukte het masker de aanwezigheid van bovennatuurlijke geestkrachten uit. De persoon die een masker voordoet, neemt daarmee de eigenschappen over van het wezen dat door het masker wordt voorgesteld (de kracht van de god, demon of het dier).

Het begrip van het masker komt ook in de tijd van de oude Grieken voor in de vorm van goden- en de angstaanjagende gorgonenmaskers. Men droeg het godenmasker om zich te identificeren met de bovennatuurlijke krachten van die godheid en kon daardoor voor hem spreken. Het gorgonenmasker uit de Griekse cultuur diende ook om ongunstige invloeden af te wenden.

In de Teotihuacán-cultuur van Mexico is het geslepen groensteenmasker een op zichzelf staand cultus- en kunstvoorwerp; in de Hallstatt-cultuur werd het masker weer gebruikt als zogenoemd 'dodenmasker', een gouden masker dat de doden meekregen om hun verouderde gelaatstrekken te 'maskeren'.

In het theater droeg men het masker op het toneel bij antieke tragedies. De acteur was de 'persona' die een rol speelde en daarvoor een speciaal bedoeld masker droeg. In latere tijden kende men bij de Romeinen het helmmasker, dat naast bescherming ook een uitstraling van heldendom aan de drager verleende.

Nog weer later werd het dragen van een masker een kwestie van 'maskeren'; denk eens aan het woord 'maskerade'. Hier wordt duidelijk bedoeld dat er iets verdoezeld wordt. Soms neemt iemand door het dragen van een karaktermasker een andere identiteit aan. Het dragen van dat masker geeft die mens dan de gelegenheid om zich te onttrekken aan de werkelijkheid van het leven. In middeleeuwse mysteriespelen gebruikte men het masker óók om een persoon uit te beelden.

Maskers tonen altijd een zekere starheid, ze beelden altijd een zekere verstarde situatie in het leven uit. Denk maar eens aan de cocon van de vlinder, die ook verstard is en wacht op zijn gedaantewisseling en transformatie – wedergeboorte – als vlinder. Zo kun je ook het gezichtsmasker zien. Je bent even 'vastgehouden' in de identiteit van het masker en wacht op het ogenblik van 'wedergeboorte'. In de Duitse taal spreekt men over 'Larve' en 'entlarven', ook over 'Scheme' als men het over maskers heeft. Wij spreken over gedaanteverwisseling en 'ontpopping', over 'schim' en 'schimmenspel'.

Die gedaanteverwisseling is een typische vorm van de veranderingsprocessen zoals deze zich afspelen bij het tekenen van mandala's. Om die reden is het thema 'masker' een dankbaar symbool voor dit proces, dat in jou op gang is gebracht om jouw transformatie voor te bereiden. Zo kun je overgaan tot het werken in ruimtelijke, driedimensionale vormen.

Tijdens mandalatekenprocessen komen we ons 'eigen maskerspel' herhaaldelijk tegen. Ben je echt degene die je in de spiegel ziet? Of heb ook jij ergens in dit leven een 'masker' voorgedaan, waardoor je het leven dragelijker vond? Door je te verbinden met het masker wordt de draagwijdte achter het masker duidelijker voor jezelf. Het leert je onbevangen naar jezelf te kijken en te zien wat de werkelijkheid achter het masker is. Het helpt je ervan bewust te worden wie je werkelijk bent... en dat is de bedoeling van bezig zijn met de mandala. We gebruiken de 'vrouwelijke methode' en de vorm van het masker om ons te verdiepen in een stukje van onszelf en drukken dat uit in een driedimensionale vorm die, hier bevestigd op een cirkelvormige achtergrond, een mandalabeeld tevoorschijn brengt.

Door te werken met het masker proberen we dus achter de 'echte persoon' te komen, door eerst een 'masker' op te zetten dat ons niet toebehoort. We zoeken naar de ware identiteit die we bezitten, al verhullen we ons tijdelijk in een andere gedaante. We kunnen alleen maar op onderzoek gaan naar de 'levensechte' persoon achter het masker.

Dus laten we beginnen...

Tekenoefening: je diersymbool als masker

Je kunt een masker tekenen of schilderen op een ondergrond. Laat je het daarbij, dan spreek je over een tweedimensionaal beeld: het is een uitdrukking van een masker in het platte vlak, dat alleen beschikt over hoogte en breedte en eventueel in het beeld gesuggereerde diepte.

De werkwijze is als volgt:

- Ga rustig zitten en leg papier en potloden voor je op tafel. Sluit je ogen.

- Stel je voor dat er een bron van licht boven je hoofd verschijnt, die stromen van energie naar je uitzendt.

- Neem vanuit de hoeken van je bewustzijn die energie waar die daar boven je hoofd in kleuren van waaierend licht aanwezig is.

- Trek die energie in je lichaam en laat haar zachte lichtende kracht bezit van je nemen.

- Terwijl dit gebeurt, probeer je je voor te stellen dat deze kracht bij een dier hoort en dat jij het symbool dat verbonden is met dit dier, als kracht in jezelf toe mag laten.

- Adem rustig door en laat het beeld dat symbool staat voor dit dier, achter je gesloten ogen verschijnen.

- Wacht even tot het beeld zich duidelijk achter je netvlies aftekent en kijk naar dit symbool. Zie de mogelijkheden om dit beeld op je blad papier gestalte te geven...

- Voel met je vingertoppen over je papier en aanvaard het geschenk van het diersymbool dat jou bewust maakt van een sterke, maar tevens zachte kracht.

- Plaats het symbool in het midden van je hart en omgeef het met warm zinderend licht.

- Laat het symbool gaan stralen en je verwarmen. Het voorziet je van sterke, maar ook zachte impulsen van kracht. Zie de krachtvelden voor je ogen pulseren. Laat dat even zijn...

- Maak je ogen dan van dit beeld los en kom terug naar de ruimte waar je je bevindt. Voel je dat je het symbool kunt tekenen, plaats het dan in het midden van je cirkel.

- Als je het eerst even wilt proberen, gebruik dan een ander papier om het symbool te tekenen.

- Zodra je met je symbool tevreden bent, breng je dit over op je mooie papier en werk je het zo goed mogelijk uit. Teken je op zwart papier, werk je symbool dan eerst uit met wit potlood.

- Vraag daarna welke kleuren je toe mag voegen aan dit beeld en maak de tekening af.

  Opmerking:
  Soms kun je moeite hebben met het beeld, waardoor je je onmachtig voelt het een plaats te geven. Houd jezelf voor ogen dat je nu op dit moment slechts dit beeld hebt en wees dankbaar voor wat komt. Als hulpmiddel kun je altijd enkele kwaliteiten van dit dier voor jezelf opschrijven, zodat je een houvast hebt om te tekenen. Ook helpt het in het begin om alleen onderdelen van het dier te tekenen die juist voor jou de kwaliteit ervan weergeven.

In de volgende tekening komt het masker als expressiemiddel voor jouw diersymbool aan bod:

- Teken een maskervorm in het platte vlak en let daarbij op de expressie van het door jou gekozen diersymbool. Zie ook de tekening op de voorzijde van dit boek. Laat je fantasie de vrije loop... en 'proef' de kwaliteit van het getekende masker... Wat 'mis' je bij dit masker in het tweedimensionale vlak?... Juist, de derde dimensie!

In de architectuur is het heel gebruikelijk om eerst een idee van de ruimtelijke vorm te schetsen. Zo kun je zien waarop moet worden gelet, hoe de afmetingen zijn, of alles wat je tekent ook klopt en uitgewerkt kan worden. Zo groei je naar de driedimensionale vorm toe door – al tekenend – het ruimtelijke beeld in jezelf op te roepen. Daarna is het mogelijk die ruimtelijke vorm gestalte te geven.

Zie de kleurenpagina tegenover pagina 192 en de afbeelding op de voorzijde van dit boek.

14.3 Het masker vanuit een basisvorm: de vrouwelijke methode

Als eerste poging leer je via een plastic gezichtsvorm omgaan met de drie dimensies. We kunnen dit plastic masker beplakken met driehoekjes grauw papier, met dunne reepjes stof - bijvoorbeeld zijde of mousseline - of met stukjes zijdepapier; als lijmsoort kun je het beste werken met textiellijm of met behangerslijm. Wanneer je de eerste laag op het plastic masker aanbrengt moet je steeds werken met een natte laag papier of stof, alvorens er de lijm op aan te brengen. Smeer deze eerste natte papier- of stoflaag in met de lijm en ga verder totdat je vorm stevig overtrokken is met tenminste vier laagjes papier of stof. Laat de vorm dan goed drogen. Neem het masker na droging van de basisvorm en plak het als je dat wilt op een rond stuk karton om er een mandala-ornament van te maken. Versier je werkstuk zoals je dat goeddunkt en zoek daarvoor je eigen wegen. Vraag je masker steeds wat het nodig heeft en voeg je daarnaar. Zie de kleurenafbeeldingen in dit boek tegenover pagina 193.

Voor dit masker (linksonder), gemaakt volgens de Japanse 'vrouwelijke' methode, gebruikte ik stukjes stof van zijde-organza, chiffon en dunne pongé. Als allerlaatste werd het versierd met witte en gekleurde reepjes crêpe de chine, veertjes en kraaltjes. Het masker aan de rechterzijde laat een klein stukje zien van de opbouw van zo'n masker.

Wat heb je nodig voor het maken van een masker met de vrouwelijke methode?

- een gezichtsmasker uit plastic (hobbyzaak);
- rijstpapier of grauw inpakpapier dat goed vocht absorbeert (ongelijmd krantenpapier kan ook), een bakje water;
- als je met zijde wilt werken: dunne repen mousseline, organza en de dunste soort zijde, al dan niet gekleurd;
- een schaar, lijmkwast, behangerslijm of textiellijm.

De werkwijze is als volgt:

- Knip of scheur stukjes papier of zijde in kleine driehoeken, niet groter dan drie centimeter.

- Maak de driehoeken papier of stof nat en leg ze op de gezichtsvorm. Laat de stukjes elkaar overlappen en bedek de gehele vorm.

- Bedek de eerste laag papier of stof met een laag behangerslijm.

- Breng over deze eerste basislaag een tweede laag papier of stof aan en ga zo door tot er een laag van enkele millimeters dikte is ontstaan.

- Laat je werkstuk nu goed drogen. Neem dan het masker van de vorm en lijm het - als je dat wilt - op een ronde kartonnen ondergrond. Beplak ook de achterkant van de ronde vorm om trekken van het karton tegen te gaan.

- Versier je masker op een manier die bij jouw soort masker past en gebruik daar alles voor wat bijdraagt aan de expressie van deze masker-mandala. Bekijk de kleurenafbeeldingen tegenover pagina 193 nog eens.

14.4 Maskers van gipsverband op een gezichtsvorm

Een ander masker is die van gipsverband op een gezichtsvorm.

Wat heb je nodig om zo'n masker te maken?

- een gezichtsvorm uit plastic;
- aluminiumfolie;
- plasticine voor het versterken van bepaalde gelaatstrekken;
- afplakband voor het vastzetten van onderdelen;
- dun karton en een schaar om je vorm compleet te maken;
- twee rollen gipsverband en een bakje water.

Op deze foto zie je nogmaals het masker van zijde. Rechtsboven zie je het ontstaan van een gipsmasker. Het masker dat je rechtsonder in beeld ziet, is mijn eigen gezichtsmasker, dat op het gelaat vorm krijgt met hetzelfde gipsmateriaal als getoond op deze foto. Kijk ook eens naar de twee foto's op de pagina's 332 en 333.

De werkwijze voor gipsverband is als volgt:

- Leg je gezichtsvorm op een plastic ondergrond.
- Bekleed de vorm met aluminiumfolie; duw de folie goed in alle holten.
- Breng de vormen van neus, mond, oogranden, en dergelijke aan met plasticine op de met aluminium beklede gezichtsvorm.
- Bedek ook deze vormen opnieuw met folie.
- Als je gezichtsvorm geheel naar je zin is, neem je een stuk gipsverband en doopt dat in het water. Laat het even afdruipen en leg het op de vorm. Druk het goed met de vingers aan.

- Zorg ervoor dat de ogen vrij blijven en breng tenminste twee lagen gipsverband aan. Je kunt de zijkanten waaraan je andere onderdelen hebt bevestigd, versterken door er een extra dubbele rand gipsverband op aan te brengen.

- Laat je masker goed drogen. Nadat het helemaal droog is, verwijder je het masker van de aluminiumfolie en de gezichtsvorm en beschilder je het met plakkaatverf.

- Bestrijk de binnenzijde van het masker met lijm of vernis en zorg er daarbij voor dat je alle delen goed raakt. Doe dan hetzelfde ook aan de voorzijde. De vernislaag zorgt ervoor dat je kleuren niet gaan doorlopen en dat het masker houdbaar wordt.

- Versier het masker met materialen die ertoe bijdragen het karakter sterker te maken.

- Breng aan de zijkanten twee gaten aan om het masker van elastiek te voorzien, zodat je het ook kunt dragen.

- Speel dan met andere personen die ook maskers hebben gemaakt een 'maskerspel' en onderzoek wat dit masker juist jou wil vertellen. Je kunt ook onderling de maskers verwisselen om te 'proeven' hoe dat karakter aanvoelt.

14.5 Maskers van modelleerpoeder op houtbasis en zelfhardende klei

Nog een andere manier van werken met maskers is het vormen van een masker met houtpulp en zelfhardende klei op de achterzijde van een bord.

Je kunt eerst de gelaatstrekken die je wilt uitbeelden met plasticine - dit is een zachtblijvende 'kinderklei' die later weer kan worden verwijderd - op de grondvorm (je bord) aanbrengen waarna je deze afdekt met aluminiumfolie. Daaroverheen leg je een lap van het mengsel van de houtpulp en klei, die je vooraf met een deegroller tot een ronde vorm hebt uitgerold. Let erop dat de lap niet al te dun wordt, want dan scheurt je masker bij het verwijderen van het bord.

Deze maskers van houtpulp en zelfhardende klei kunnen, na drogen, worden beschilderd met plakkaatverf en acrylverven. Je kunt ze ook met allerlei zaken beplakken: lapjes, veren, goudpapier, enzovoort.

Wat heb je nodig voor het maken van een geboetseerd masker?

- een pak modelleerpoeder op houtbasis;
- een pak zelfhardende klei;
- een beker water;
- een deegroller;
- plasticine;
- aluminiumfolie;
- een sponsje;
- een scherp mes;
- stevig plastic folie;
- een plastic zak;
- een vel schuurpapier.

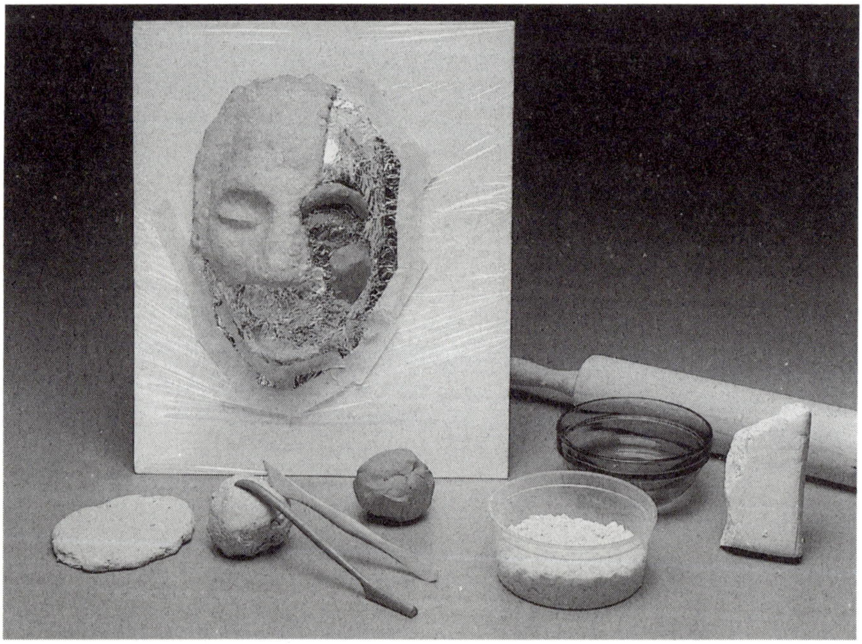

Hier zie je een voorbeeld van een masker volgens de methode van zelfhardende klei in evenredige vermenging met houtpulp.

De werkwijze voor het masker met een mengsel van modelleerpoeder en zelfhardende klei is als volgt:

- Leg op je werktafel een stevig stuk plastic.

- Prepareer de achterzijde van je bord met plasticine tot je een gezichtsvorm hebt die je bevredigend vindt en dek dit af met aluminiumfolie. Zorg ervoor dat je de folie goed in de holtes drukt. Zet het geprepareerde bord terzijde.

- Meng de modelleerpoeder zoals op de gebruiksaanwijzing is aangegeven, kneed het goed door en vorm er een bal van.

- Maak de boetseerpasta - zelfhardende klei - door het te kneden zacht en kneed dat vervolgens door de modelleermassa in een verhouding van één deel modelleerpoeder met één deel zelfhardende klei.

- Leg de helft van de massa in een plastic zak weg om uitdroging te voorkomen. Je kunt dit mengsel minstens een week lang bewaren, maar leg het dan wel op een koel plekje.

- Neem van de andere helft een bal ter grootte van een tennisbal (voor een halfmasker) of de dubbele hoeveelheid (voor een geheel gezichtsmasker), en leg de bal tussen een stuk folie.

- Wals de bal met een deegroller plat tot de dikte van een pannenkoek. Neem de bovenste laag folie weg en snij met een scherp mes de vorm van je masker uit de lap deeg.

- Leg de lap op de geprepareerde grondvorm; dit is je bord dat je voorzien hebt van de plasticine onderdelen en hebt afgedekt met aluminiumfolie.

- Maak je masker af waarbij je ervoor zorgt dat er geen dunne uitsteeksels zijn die er gemakkelijk af kunnen breken.

- Je kunt de contouren nog bijwerken, de oogholten aangeven, enzovoort.

- Als je masker naar wens is, laat je het minimaal 24 uur op een warme plaats drogen.

- Je kunt nu oogpartijen wegsnijden; de pupillen staan ongeveer 6,5 tot 7 cm uit elkaar.

- Polijst het masker naar behoefte met schuurpapier glad.

- Beschilder je masker verder zoals hiervoor beschreven en versier het verder naar eigen wens.

Veel plezier met je eerste maskers!

14.6 Zijdepapier en -vilt, een proces op zich

Andere mogelijkheden om ruimtelijk te werken is het toepassen van zijdevezels, zijdewatten en wol als middel om tot zijdepapier en vilt te komen. Met deze materialen kan ook driedimensionaal worden gevormd. Deze vormen kunnen worden verhard waardoor ze als ruimtelijk object blijvend worden. Niet-verharde vormen kun je weer opnieuw vormen, waardoor de driedimensionale ruimtelijke werking ervan steeds weer anders is. Dit is de manier waarop ik er zelf graag mee werk, vooral omdat in de tegenwoordige huizen weinig plaats is voor grote objecten. Enkele van deze - mee-veranderende driedimensionale - vormen zijn altijd weer in een andere ordening te plaatsen, waardoor ze als het ware met je 'meegroeien' en steeds een andere gedaante aannemen. Zo kan een dergelijke vorm dienen als mandalavorm om uitdrukking te geven aan een seizoen, bijvoorbeeld door haar te vullen met dennenappels.

Iets heel anders met hetzelfde materiaal is chaos en ordening uitbeelden, door er een wirwar van draden in te schikken of er juist een geordend geheel van te maken. Zie de kleurenafbeeldingen tegenover pagina 224.

Het materiaal dat zijde heet

De zijden draad waarmee men zijden stoffen fabriceert, is afkomstig van de zijderups en wordt gewonnen door deze sterke en zeer lange draad van de zijdecocon te haspelen. De draad van de cocon van de zijdevlinder heeft een lengte van wel 2500 tot 3500 meter. Het gewicht van een cocon bedraagt ongeveer 3,5 tot 4 gram als hij volgroeid is.

Voor ons als mandalatekenaar is het interessant te weten dat de zijderups de cocon met twee draden in een achtvormige, lussende beweging maakt die sterk doet denken aan de lemniscaatbeweging. Door een uit zijn eigen lijf afkomstige zijdelijm maakt de rups de draden sterk en stevig. Zijdedraad is een van de sterkste materialen die we kennen, veel sterker dan katoenen draden of andere vezelsoorten.

De cyclus van de zijdevlinder - moerbeivlinder - verloopt in vier fasen. Het vrouwtje legt na het paren wel 500 eitjes. De eitjes komen uit, worden rupsen die zich inspinnen in hun cocon, waarna de vlinder uit de cocon naar buiten komt en de cyclus zich herhaalt. Voor gekweekte zijde wordt dit proces onderbroken en de vlinder - nog voor het uitkomen - in de cocon gedood om zoveel mogelijk zacht en heel zijdedraad - een derde deel ervan - af te haspelen.

Natuurlijk kun je bij dit procédé je vraagtekens zetten. Een diervriendelijker methode is het verwerken van de cocon van de uitgekomen zijdevlinder. Deze zijde wordt 'wilde zijde' genoemd. Bij deze methode laat men de vlinder op de natuurlijke wijze uitkomen en verwerkt men daarna de overgebleven vezels van de cocons tot een draad. Wilde zijde is helaas minder geschikt voor fijn schilderwerk op zijde. De vochtopname is van beide soorten groot, maar het opnameproces is trager in de wilde zijde. Wilde zijde is wel goed te gebruiken voor het werken in driedimensionale vormen.

De zijde van de gekweekte moerbeivlinder is heel zacht en neemt heel goed vocht op, waardoor de zijde goed te beschilderen is. Om op een zuivere manier om te kunnen gaan met dit prachtige materiaal moet je je ervan bewust zijn dat je met vezels van oorspronkelijk levende wezens werkt. Dat vraagt een bijzondere instelling: voor mij betekent dit dat ik heel zorgvuldig omga met de zijde en er de zijdevlinder voor dank dat ik dit prachtige materiaal mag bewerken.

Ook in oude tijden ging men met de jacht en het dier zo om: men dankte het dier dat zich offerde voor de mensen en hielp door middel van rituelen de ziel van het betrokken dier op weg naar de clan van zijn voorouders. Als we ons enigszins in dit ritueel kunnen verplaatsen, kunnen we ook zo omgaan met al wat leeft en aan ons is toevertrouwd.

De wollen draad: ook levend materiaal

Ook het gesponnen garen van het schaap, de lama of de kasjmiergeit, is levend materiaal. Wanneer je de ruwe wol van ongerechtigheden ontdoet, wast en kaardt - dat is het netjes op een rijtje leggen van de plukken door middel van een soort borstel of kam -, dan kun je van de plukken een draad spinnen of draaien. Dat is de eerste vorm waarmee je al veel kunt doen.

De katoenen draad is afkomstig van een struik: de katoenplant. Hennep is afkomstig van hennepplanten waaruit men vroeger touw voor zeilschepen maakte. Tegenwoordig gebruikt men dit materiaal ook voor kleding, soms gecombineerd met een andere vezel. Kortom, er zijn veel mogelijkheden om tot een draad te komen.

Het gedraaide koord is zo oud als de wereld; mensen ontdekten de toepassingsmogelijkheden en leerden er gebruik van te maken. Het eerste koordje dat je zelf in elkaar draaide om er iets aan te hangen, weet je nog...? Je liet een dubbele draad aan een schaar draaien, waarna je het gedraaide draad opnieuw in elkaar liet draaien, een knoop erop en klaar was je koord.

14.7 Vervilten van wol en zijdevezel

Plukken van gekaarde wol en de ruwe vezel van de wilde zijde laten zich ook goed samen verwerken. Zijde alleen kan niet vervilt worden: de gladde vezel hecht zich niet genoeg. Combineren we deze zijdevezel met die van ruwe wol, dan ontstaat er een mogelijkheid om een viltproces op gang te brengen en kunnen we vezels - door ze met zeep te bewerken of in elkaar te draaien - aan elkaar laten hechten, waardoor een nieuwe stof, koord of draad ontstaat. Dit is een langdurig en bewerkelijk proces, maar wel heel erg leuk om eens mee te maken...

Vilt - het oudste textielproduct
Het vervaardigen van vilt stamt waarschijnlijk uit de steppen van Centraal Azië. Grafvondsten uit de jonge steentijd in Çatal Hüyük in Turkije uit 6500-6300 voor Chr. maken het aannemelijk dat vilt het oudste textielproduct is ooit door mensenhanden gemaakt. Deze procédés gaan vooraf aan de processen van gesponnen garen en weven.

Een oude legende die verhaalt over het ontstaan van vilt is de volgende: Bisschop Clemens deed tijdens een lange voetreis plukken wol in zijn sandalen. Na de reis ontdekte de bisschop dat de wol in zijn sandalen door de langdurige wrijving, het vocht en de warmte van zijn voeten was veranderd in een viltachtige stof. De roem van de bisschop was geschreven en hij kreeg naam als beschermheilige van de hoedenmakers!

Het viltproces op zichzelf is dus een lang bekend en oud procédé, dat al in oude tijden werd toegepast. In de Middeleeuwen waren er in ons land veel fabriekjes waar 'gevold' werd zoals men het toen noemde, en Antwerpen en Amsterdam hadden veel lakenhandelaren. Later ging deze lakenbewerking vooral naar Engeland, waar men de kunst van het vilten nog steeds bezigt. Laken is een zeer dun effen wollen weefsel waar men onder andere mantels en capes van maakt. Ten tijde van de toenemende industrialisatie is deze manier van bewerken in onbruik geraakt vanwege de bewerkelijkheid en de komst van synthetische stoffen.

Nomaden van Mongolië tot aan de Middellandse Zee gebruiken vilt om er complete huizen van te maken: deze zogenoemde *yurten* (tenten) zijn van zeer sterk vilt gemaakt, die in de winter afdoende bescherming bieden tegen de kou, maar waarvan de wanden in de zomer opgerold kunnen worden om lucht en wind toe te laten. In oude tijden werden er vele krachten aan vilt toegekend en omwikkelde men doodskisten met vilt. Vloerkleden uit vilt werden met bijzondere patronen beschilderd en dienden - vanwege de magische krachten die men aan het materiaal toekende - voor bezwering of om kwade krachten tegen te gaan.

Ook in onze tijd is vilt nog een zeer geliefd materiaal. Denk maar eens aan viltpantoffels of aan de Oostenrijkse wollen - gevolde - jasjes. In Zwitserland is het vilten weer in zwang gekomen door de samenbundelende krachten van een aantal vrouwen die zich intensief met deze kunst bezighouden.

In 1994 werd in Landquart een viltsymposium gehouden, waarbij motieven in vilt werden uitgewerkt van oude spiraal- en cirkeltekeningen, die men kort daarvoor in het Domleschgebied bij Thusis had ontdekt. Op de foto op de volgende pagina zie je drie voorbeelden van zo'n motief.

Ook in Schotland en in Ierland wordt het viltproces nog toegepast. In de piano neemt vilt nog een belangrijke plaats in: vilt is aangebracht op de hamerkop om de toon te laten ontstaan en wordt ook gebruikt om trillingen af te dempen.

De in het midden liggende vilten onderleggers zijn geïnspireerd op de in het Domleschgebied bij Thusis (Zwitserland) gevonden 'spiraalsgewijze' en 'cirkelvormige' motieven op gesteente. Zij werden vervaardigd door Dorli Brosi uit Klosters.

Er zijn kunstenaars in Hongarije, Ierland en Zwitserland, die het proces van vilt toepassen in hun eigen werkvormen. In Nederland is dat Inge Evers, die haar kunstwerken van vilt vervaardigt. Haar Cosmorama II is de moeite waard! Zij vervaardigt haar eigen zijdepapier en zijdevilt en verft deze ook volgens een door haarzelf ontwikkeld procédé. Haar werk is onder andere te bewonderen in het Nederlands Textielmuseum in Tilburg.

Wat heb je voor het viltproces nodig?

- wolvezels. Goed is hiervoor de merinoswol en zijdevezels, zoals de Bombori morix, bourette of wilde zijde;
- zijdevezels of -watten. Deze moeten in heet water waarin een scheutje van een wolwasmiddel is opgelost, worden ingeweekt om de stijfsel - het apprêt - eruit te halen. Beweeg gedurende drie minuten de watten in het water heen en weer, en haal ze dan uit het water. Knijp vervolgens het water uit de vezels of watten, rol het materiaal in een badhanddoek en laat het aan de lucht drogen. Daarna kun je de watten uit elkaar trekken. Als de zijden wattenlaag te dik is, kun je het in laagjes verdelen.

De zijden wattenlaag moet zo dik zijn dat het de ondergrond waarop het wordt gelegd niet meer laat doorschijnen;

- zachte zeep of huishoudzeep en heet water van ongeveer 55° tot 60°;
- een glad tafeloppervlak en eventueel een plastic onderlaag ter bescherming van je tafel;
- een stuk plastic om de vezels op te leggen en te bewerken. Fijn is plastic noppenfolie met luchtkussentjes. Ook is nodig: afplakband om het plastic mee vast te zetten;
- een extra stuk plastic of noppenfolie voor het afdekken van de lagen alvorens ze te bewerken. Voor kleinere werkstukken is het handig om plastic zakjes of plastic wegwerphandschoenen te gebruiken. Daarmee kun je zeer voorzichtig te werk gaan en dat is belangrijk als je bij het vilten bepaalde vormen wilt behouden;
- een rondhout en een frotté handdoek om je werkstuk tijdens het viltproces in op te rollen.

Opmerking:
Voor kunstwerken kun je in dit procédé natuurlijk wijzigingen aanbrengen. Daarbij is meer aan de orde wat je ermee wilt bereiken dan dat er een prachtig stukje vilt te voorschijn komt.

De werkwijze voor vilten is als volgt:

- Leg de noppenfolie als onderlaag op het plastic. Werk in het begin met kleine handzame stukken om het proces goed te leren kennen. Houd het bij een werkstuk van circa 20 x 20 cm, dat is te overzien.

- Trek zorgvuldig stukjes vezel van je zijdewatten en leg ze dakpansgewijs op de ondergrond. Leg zoveel vezels in één richting als de maat van je werkstuk is, plus een extra aantal centimeters voor het krimpen. Doe hetzelfde dan nog eens in de tegengestelde richting. Doe dit om en om: begin met de zijdevezel of -watten. Denk er wel aan dat de onderste laag uiteindelijk je mooie bovenkant wordt; ga hier dus zorgvuldig mee om. Je kunt ook een laag watten als vlies uit elkaar trekken, dat zo een eerste laag vormt van de gewenste afmeting. Daarna ga je verder met één of meer zeer dunne laagjes wol in twee haaks op elkaar liggende richtingen, kruisgewijs dus. Sluit af met een laagje zijdevezels of -watten.

- Je kunt ook een heel dun stuk chiffon als onderlaag gebruiken; wol en zijdevezels hechten zich daar ook goed aan. Hier kun je ook in de lengterichting van de chiffon werken en een stuk van ongeveer 40 x 40 cm bewerken, zodat je er bijvoorbeeld een placemat van kunt maken.

Links zie je het proces van het zijdevezelvlies.
Aan de rechterzijde begint het viltproces gestalte te krijgen.

- Neem heet water van ongeveer 55° tot 60° en besprenkel met een plantenspuit of borstel de vezels met dit hete water (zie ook de foto op pagina 276). Als je de vezels alleen met water bewerkt en het daarbij laat, heb je een zogenoemde 'Vorfilz' gemaakt, dat later nog met andere voorgevilte stukken met zeep en heet water bewerkt kan worden, waardoor de twee lagen zich met elkaar verbinden en zo vilt vormen. In Zwitserland past men dit proces toe om aan de top - de onderzijde van je vilt dus - een patroon 'in te vilten'. Ook kun je zo meerdere kleuren aan elkaar vilten tot een 'double face' vilt.

- Neem opnieuw heet water en huishoudzeep. Het water moet goed heet blijven, maar niet heter dan 60°. Het viltprocédé verloopt dan op zijn best.

- Steek je handen in plastic zakjes, doop ze in het hete water en wrijf het stuk huishoudzeep in je handen tot een crème. Bewerk hiermee met zachte hand je vezels. Duw voorzichtig, met je in plastic gehulde handen, de vezels in elkaar, zonder druk uit te oefenen. Je moet er 'aaiend' over heen gaan tot de vezels een matje vormen. Blijf zachtjes drukken en vermeerder langzaamaan de druk.

- Druk en wrijf nu met je handpalmen voorzichtig en liefdevol gedurende 15 tot 20 minuten over de onderliggende lagen en giet er af en toe nog wat heet water over. Als je het gevoel hebt dat de vezels niet prettig in elkaar grijpen, kun je nog wat zeep gebruiken.

- Werk rustig en zorgvuldig en mediteer ondertussen over het proces van het vilten, de vezels die in elkaar grijpen en een hecht geheel gaan vormen, het proces van het krimpen van de wol die het geheel tot vilt omtovert...

- Bewerk ook de hoeken en randen van het werkstuk met voorzichtige handen van buiten naar binnen en giet nog wat heet zeepsop op plaatsen waar lichte plekken te zien zijn. Zo blijft je vilt haar natuurlijke vorm behouden en worden de randen niet te dun, zodat het vilt niet zo gauw vervormt.

- Versterk na iedere vijf minuten de druk van de handen en blijf wrijven, rond en recht, al wat in je opkomt.

- Na verloop van de eerste 15 tot 20 minuten giet je nogmaals wat heet zeepsopwater op je vilt. Dan leg je de handdoek op je werkstuk en rol je je handdoek en vilt samen van de onderzijde naar boven in zuid-noordrichting stevig op. Ondertussen strijk je en druk je de handdoek met het vilt stevig glad en uit en bewerk je de rol met krachtige handen. Dit mag je zo ongeveer vijf minuten volhouden. Duw ondertussen aan de zijkanten van de rol de resten zeepsop eruit.

- Herhaal de laatste bewerking dan in de tegengestelde richting.

- Daarna voel je of je vilt aan alle zijden goed en evenredig is bewerkt. Neem daartoe je vilt tussen duim en wijsvinger en controleer of de wollen tussenlagen nog te verschuiven zijn. Mocht dat zo zijn, dan moet je het proces herhalen. Gebruik dan nogmaals heet water en zeep.

- Tot slot werk je het nieuwe vilt af door het te kloppen en in alle richtingen te rollen. Je moet wel oppassen dat het vilt de juiste afmetingen behoudt, want nu krimpt het, naarmate je sterker druk uitoefent, steeds meer in elkaar. Bij de nomadenstammen wordt groot vilt door de mannen met de voeten 'getreden' om het viltproces tot stand te brengen.

- Leg een handdoek op je vilt en dep het teveel aan zeep en water weg. Klop of rol je vilt nogmaals tot het aan je handdoek blijft 'kleven'. Dat is het teken dat je viltproces klaar is.

- Laat je vilt liggend aan de lucht drogen.

- Daarna kun je het beschilderen met zijde- en of textielverven.

Na de eerste bewerking zie je de veranderde staat van de vezels.
Links weer het vezelvlies, dat werd ingesmeerd met lijm,
en rechts het 'gevolde' dubbelzijdige tasje.
Het resultaat van deze werkstukjes kun je zien op de foto op pagina 272.

Opmerkingen:

- Voorafgaand aan het viltproces kun je de wol en zijdevezels van een kleur voorzien. Er is 'sprookjeswol' in de handel; dit zijn strengen gekleurde wol en zijde. Hier heb je geen eigen inbreng in de kleurtoepassing, maar beide werkwijzen hebben hun eigen charme.

- Wil je vilt sterker in elkaar laten gaan, herhaal het proces dan nogmaals. Het zal dan tijdens de behandeling met zeep en heet water nog meer in elkaar gaan trekken en meer structuur krijgen. Het wordt nog vaster.

Vilt kan na bewerking altijd met de hand worden gewassen in lauw water met een fijnwasmiddel onder de 40°. Je mag nu niet meer kloppen of rollen, omdat het viltproces dan opnieuw zou plaatsvinden. Wel kun je het stuk tien seconden centrifugeren om overtollig water eruit te slaan. Je moet het niet langer centrifugeren, omdat dan het viltproces opnieuw in werking treedt.

14.8 Vormen en verharden...

In hoofdstuk 12 (Andere materialen - nieuwe ervaringen) werd het werken op horregaas met zijdevezels, zijderesten, wol en rijstpapier al besproken. Het bijzondere van de in dat hoofdstuk vervaardigde zijdevezelvliezen is dat je ze, zolang ze nog in een vochtige toestand verkeren, op vormen of mallen kunt aanbrengen en laten drogen, waardoor het zijdevezelvlies de vorm aanneemt.

Zoals bij de maskers is beschreven, kun je Japans rijstpapier of zijderesten en zijdevezels ook direct in laagjes op een vorm van glas, aardewerk, hout of plastic aanbrengen, verlijmen en daarmee een ruimtelijk werk creëren. Beide methodes zijn toepasbaar voor het scheppen van ruimtelijke werkstukken. Kijk maar eens naar de zijdevezelschalen die zijn afgebeeld op de kleurenfoto's tegenover pagina 224 en de zwart-wit foto op pagina 230.

Wat heb je nodig voor het maken van zijdevezelwerkstukken?

De benodigdheden voor het vervaardigen van zijdevezelwerkstukken zijn de zelfde als die voor de vezelvliezen, zoals gemaakt in paragraaf 12.9. Daarnaast heb je nodig:

- een vorm of schaal, houten latjes of satépennen, een plastic gezichtsvorm of een ander raamwerk om je vezels - over daarop getrokken draden - te bevestigen;
- extra's: kraaltjes, lint, goudpapier of bladgoud om je vorm mee te versieren;
- vernis van dammarhars of schellak om je vorm mee af te harden. Dit verandert wel de zachte zijdevezelvliezen in een harde laag. Vraag jezelf af of je dit wilt en kies voor het een of ander. Zachte schalen zijn vergankelijk en kunnen in een vochtige omgeving hun vorm verliezen. Ze blijven echter hun mooie zachte en natuurlijke aard behouden. En... je kunt er opnieuw mee vormen als je ze weer vochtig maakt. Speel er maar eens mee.

De werkwijze voor het maken van een schaal:

- Zoek je resten en vezels die je wilt gebruiken bij elkaar.

- Kleur eventueel zijdevezels in diverse kleuren door middel van een verfbadje.

- Je kunt ook van de natuurlijke ecru-kleur van de zijde uitgaan en daarbij andere materialen zoals raffia, bladeren, potloodslijpsel, veertjes en wat je verder maar invalt in de vezelvliezen verwerken.

- Maak behangerslijm klaar en zet dat weg.

- Leg op een plastic beschermlaag op je tafel een stuk horregaas dat ruim tweemaal de grootte heeft van je vorm die je wilt bekleden.

- Trek je vezels - wol en zijde - in stukjes en leg ze, elkaar steeds een stukje overlappend, op je gaas. Zoek naar de mogelijkheden die jou bevallen om het gaas te bedekken en ga zo lang door tot er een stevige laag van enkele millimeters is bereikt. Kijk ondertussen of de compositie je bevalt maar ook of je werkstuk goed dicht wordt 'geweven'. Als je denkt dat het genoeg is, versier je je vlies met de attributen waarvan jij denkt dat ze bijdragen tot je beeld.

- Laat je werk even rusten en loop er omheen. Laat het op je inwerken door er met half gesloten oogleden naar te kijken: is het genoeg zo? Heeft het nog iets extra's nodig, zoek dan uit wat en maak je beeld zo volledig mogelijk.

- Spuit dan met een plantenspuit je vezels goed nat, maar zodanig dat ze niet van hun plaats komen.

- Leg het andere deel van het horregaas over de vezels en wrijf met voorzichtige handen behangerslijm in het gaas. Voel met je vingertoppen en doe dit werkje vooral serieus en liefdevol. Hiervan zal afhangen hoe je uiteindelijke vezelvlies er zal komen uit te zien.

- Draai je werkstuk om en bewerk ook de achterzijde op de hiervoor beschreven manier.

- Als het gehele werkstuk goed doordrenkt is van lijm – dit kun je zien door het even tegen het licht te houden: er mogen nu geen droge plekken meer aanwezig zijn –, leg je het te drogen op een warme en schone plek waarop plastic is gelegd. Ook een wasrekje voldoet goed. Laat het werkstuk nu drogen tot het los komt van het horregaas; dat is belangrijk voor de vezelstructuur van je vlies.

- Nu kun je je vezelvlies in een schaal naar keuze leggen. Daarvoor moet je de vochtigheidsgraad weer verhogen. Dus spuit je het vlies, dat nu los is van het gaas, even met je plantenspuit in. Maak het niet al te nat, juist genoeg om het vlies in of om de vorm te leggen en aan te drukken.

- Je kunt kiezen voor de binnenzijde wanneer je de randen wat wilt laten oversteken. Als je dat niet wilt, kun je de vorm omkeren en de buitenzijde gebruiken. Denk er echter wel om dat ieder randje of oneffenheid nu aan de binnenzijde van je schaal duidelijk zichtbaar wordt.

- Laat je werkstuk in of rond de vorm nu helemaal opdrogen. Tot slot kies je voor de afwerking van je object.

Een schaal als deze heeft een bijzondere waarde als object: je kunt er iets in leggen, hem vullen met speciale dierbare kleinoden. Ook kun je er steeds weer ruimtelijk mee spelen door er steeds iets anders in te leggen en de binnenvorm steeds weer te veranderen. Veel plezier met je spel in 'de ruimte'.

Zie ook de kleurenafbeelding tegenover pagina 225.

14.9 Vormen en vouwen...

Spelend met papier en zijde vind je steeds nieuwe mogelijkheden om je creatieve geest uit te drukken. Het vouwen en oprollen van papier is ook in Japan gebruikelijk in de papiersierkunst. Als je werkt met kinderen kom je vouwen en oprollen herhaaldelijk tegen om nieuwe dimensies te verkennen. Denk maar eens aan de muizentrapjes, het vlechten en vouwen en de kralen die ontstaan uit dergelijke probeersels. Leuk is het om door deze eenvoudige mogelijkheden tot eigen persoonlijke creaties te komen, die dan ook nog eens een ruimtelijk karakter dragen. Ikzelf vind het steeds weer een inspirerende bezigheid om te onderzoeken wat er kan met papier, zijdevezel, kralen en draad.

Door het oprollen van stroken papier of verstevigde zijde tot ronde vormen of spiralen en deze in cirkelvormen te bevestigen, creëren we een raamdecoratie of ornament.

Wat heb je voor een spiraalornament nodig?

- een snijmes, snijmat en liniaal;
- zwart, wit of gekleurd papier of zijdevezelvlies;
- lange smalle stroken die je in dezelfde breedte afsnijdt of juist verschillend van afmeting;
- een lange en stevige strook karton in de gekozen kleur - vouw die eventueel dubbel voor extra stevigheid - voor het vormen van de cirkelomtrek van je ornament;
- een goede lijm voor papier en stof. Denk eraan dat deze goed houdbaar moet zijn en niet mag loslaten, omdat deze ornamenten meestal een plaats aan een venster krijgen en dus tegen een stootje moeten kunnen;
- een naald en sterke draad in de gekozen kleur;
- een koordje of vlecht om je ornament mee op te hangen.

De werkwijze is als volgt:

- Snijd zoals reeds besproken diverse stroken papier of vezelvlies.

- Rol de repen stevig op tot een rolletje en zet ze voorlopig vast met een paperclip. Zo krijgen ze de juiste spanning en blijven ze flexibel en goed te bewaren tot je ze gebruikt.

- Bepaal de omtrek van het ornament dat je vorm wilt geven en plak een stevige strook van je karton tot een cirkel. Leg deze cirkel op een tafel voor je neer. Laat dan de rollen papier of vezelvlies binnen deze vorm voorzichtig uit elkaar rollen en speel met de verschillende vormen, spiralen en afmetingen. Ga hier net zo lang mee door tot de compositie je bevalt en neem wat afstand van je werkstuk.

- Als je er zeker van bent dat je creatie optimaal is, plak dan de stukken papier of vezel in je ring vast en plak ze ook hier en daar onderling goed vast, zodat een stevige ring met spiraalvormen ontstaat.

- Tot slot prik je een gaatje op de plaats waar je je ornament wilt bevestigen en zet je een kraaltje, groter dan het gat voor de draad, aan de onderzijde van de draad vast. Trek nu van binnenuit de draad naar boven door de laagjes papier, sluit nogmaals af met een kraal die je verankert en hang je ornament voor je venster.

Een tip: je kunt ook losse elementen aan draadjes laten 'spiralen' en aan een aantal satéstokjes bevestigen, zodat er een soort mobile ontstaat. Zoek dan wel goed naar evenwicht.

14.10 Vrij in de natuurgevonden materialen

Ook in de natuur voorkomend materiaal kan een welkome aanvulling zijn voor het scheppen van ruimtelijk werk. Zoek op een wandeling eens naar dit materiaal en laat je verrassen door de vormkracht en schoonheid ervan. Juist wanneer we ons weer opnieuw willen verdiepen in de waarde van de natuur om ons heen en van al wat leeft, is dit een prachtig uitgangspunt voor meditatie dat uitstekend kan worden gebruikt voor mandalakunst.

In de handel zijn op het ogenblik diepte-schilderijlijstjes waarbinnen je driedimensionale materialen kunt bewaren. Ook kun je ruimtelijk werken met gevonden materiaal in glazen vazen, met zand en schelpen of water als basis. Laat je fantasie de vrije loop en experimenteer met enkele gevonden materialen. Wat denk je bijvoorbeeld van een schelpenmandala, een beukennootjes- of eikeltjesmandala? Laat je inspireren...

Oefening

Speel zelf eens met verschillende eenvoudige materialen om tot een ruimtelijk beeld te komen. Lijm de verschillende natuurlijke elementen op een ondergrond en beschilder deze.

HOOFDSTUK 15

Naaldkunst in de driedimensionale mandala

Zoals je in de voorgaande hoofdstukken al hebt kunnen zien, maken viltprocessen, vormen, vouwen, samenrollen en bundelen het ons mogelijk een in eerste instantie tweedimensionale kunstvorm tot een driedimensionale om te vormen.

Een borduurwerk in de normale mandalatechniek kan door middel van opvulling tot een kussen worden, of tot een driedimensionale bolle vorm, door het aan de achterzijde van de stof in te knippen en op te vullen. Je kunt het borduursel gebruiken om er een tas van te maken, een hoesje voor potloden of een buidel. Er zijn tal van mogelijkheden om de driedimensionale vorm toe te passen bij gebruik van naaldkunst- en quilttechnieken. Ook in de molatechniek maak je min of meer gebruik van reliëf, dieptewerking en hoog-laag effecten waardoor je mandala steeds meer een driedimensionale uitstraling krijgt.

Zoek, na een eerste ervaring met deze kunstvormen, naar mogelijke toepassingen voor jezelf: in je huis, kleding, als schilderij of in een wandkleed... Laat je fantasie de vrije loop en werk met het materiaal zoals het uitkomt en het beste bij jou past.

In dit hoofdstuk gaan we uit van borduur- en naaldkunst, patchwork en quilten om tot driedimensionale beelden te komen.

15.1 Borduren, naaldkunst en kruissteekmotieven

Borduren en naaldkunst komen we over de hele wereld tegen. Zodra men een mogelijkheid had gevonden om een gat in een stukje been te maken, is men begonnen lappen gelooid leer en later vilt en geweven stoffen aan elkaar te verbinden. Men gebruikte daarvoor in elkaar gedraaide of gesneden repen leer, touwachtige materialen en sterke grassoorten. Voor dit doel werden ook vezels gebruikt en later, toen spinnen en weven tot een ambacht werden, kon men dit materiaal ook in naaldkunst en borduursels toepassen.

Kruissteekmotieven zijn al van ouds heel geliefd in de Keltische cultuur. We vinden ze echter ook in de Oost-Europese landen zoals Bulgarije en Hongarije, waar ze gebruikt worden ter versiering van feestelijke kleding. Ook in de Scandinavische landen zijn ze geliefd en vinden ze in de traditionele kledij hun toepassing.

Voor je intuïtieve geborduurde mandala gebruik je geen bestaand kruissteekmotief, maar laat je – al bordurend – een motief ontstaan. Dat vergt een andere werkwijze dan het borduren van een reeds aanwezig patroon. Hoewel er vooral in de Celtic Arts veel prachtige motieven te vinden zijn die we eventueel als oefening kunnen gebruiken, gaat het er bij de mandalaborduurkunst voornamelijk om het motief op zichzelf te laten ontstaan, zoals een bloem haar bloemblaadjes openvouwt tot we haar totale schoonheid kunnen zien. Om je een idee te geven hoe zo'n motief aan zichzelf groeit, heb je al eerder in de paragrafen 9.1 en 9.2 enkele voorbeelden gezien. (Zie de foto's van de beginfases en die van geborduurde mandala's in deze paragrafen, alsmede de kleurenfoto's tegenover pagina 96.)

Als je gaat borduren, raad ik je aan om als ondergrond witte of gekleurde aïdastof te gebruiken. Deze heeft een duidelijke structuur die goed is te volgen en vraagt niet te veel van je ogen. Later kun je alle borduurstoffen en borduursteken gebruiken die je maar wilt.

Een andere mogelijkheid is om een witte stof met textielverf in een door jou gekozen kleur te verven, wat een extra dimensie aan je borduurwerk geeft. Je kunt de stof verven in een verfbad of bewerken met de hand. Gebruik hiervoor dan een dik penseel en een 'strijkverf' voor textiel, die je met de strijkbout in de stof kunt fixeren. Je kunt natuurlijk ook stoomverf gebruiken, maar dan moet je de stof na het verven fixeren in de stoompan of in de magnetron (zie pagina 235). De kleuren hoeven niet egaal te worden opgebracht: kleurverloop kan extra werking aan je werkstuk verlenen. Bovendien kun je bij het borduren stukken van de stof mee laten spelen in de totale uitstraling ervan.

Heb je 'toevallig' nog enkele strengetjes borduurzijde liggen? Gebruik deze dan, bepaal je tot de meest 'bizarre' kleuren en zie welk een schoonheid dat oplevert... want, ook al denk je misschien dat deze kleuren niet bij elkaar passen, toch kan ik je verzekeren dat juist uit zo'n kleurenpalet iets kan groeien dat je niet voor mogelijk had gehouden. Langzaam maar zeker kun je je kleurenpalet aanvullen. Zelf doe ik het zo: ik verzamel strengetjes die in de aanbieding zijn en leg ze thuis in een daarvoor bestemde doos. Zo heb ik altijd een – niet te duur – scala van kleuren bij de hand waaruit ik, wanneer ik maar wil, een keuze kan maken. Ik laat dan mijn hand zweven boven de doos tot er een kleur als het ware oplicht en 'kleur bekent'; die wordt het dus voor de volgende borduurgang.

Let op:
Borduur altijd één fase tegelijk. Als je uitgaat van de verdeling in vieren en er is een motief ontstaan, volg dan je motief en borduur het in alle vier richtingen. Dat kost wel concentratie, want de kruissteekjes dienen in dezelfde richting te worden geborduurd. Ook word je uithoudingsvermogen getest: kun je een beweging van een motief wel volgen? Of is het uitgangspunt te moeilijk geweest? De vraag is dan:
- stel je jezelf vaak ingewikkelde doelen?
- herken je dit in jezelf?

Probeer dit motief tot een goed einde te brengen en neem je voor het jezelf in een volgend stadium minder moeilijk te maken:

- Voer een motief altijd tot het einde door, want moeilijkheden en fouten horen bij het leven en brengen ons eerder tot nieuwe inzichten en mogelijkheden wanneer we ze onder ogen zien in plaats van ze 'uit te halen' wat zeker even tijdrovend is.

- Geef jezelf steeds de tijd om je werkstuk op afstand te beschouwen en probeer er geen oordeel over te vellen. Laat het zijn wat het is: een borduursel, een werkstuk in wording, nog niet af en ook niet volmaakt. Dat hoeft ook niet: de weg zelf die door de handeling van het borduren en kleurkeuze gegaan wordt, is belangrijk...

- Ga zo verder tot je het gevoel hebt dat de mandala af is en haar einddoel heeft bereikt. Laat het werkstuk dan nog enige tijd liggen of hang het ergens op. Wanneer het je een voldaan gevoel blijft geven, is het goed en af. Je kunt het laten inlijsten of zelf in een lijstje zetten (een tweedimensionaal beeld dus) of je kunt het toepassen in een andere vorm of idee. Verwerk het eens in een pand van een jasje of zet het op een tas... of gebruik het als kussenovertrek voor een meditatiekussen. Hierdoor krijgt het een driedimensionale uitstraling.

Vanzelfsprekend kun je in een mandala ook andere borduursteken toepassen. Ook kun je de stof borduren met dik of dun garen waardoor er dieptewerking ontstaat. Experimenteer zelf eens met verschillende stoffen, garens en borduursteken en zie wat er mogelijk is...

15.2 Mola-applicatie

De mola-techniek is afkomstig van de Cuna-stam uit Panama. De vrouwen van deze indianenstam passen haar toe voor allerlei vormen van versiering op kleding. De Cuna's zijn voortgekomen uit de Chibcha-stam uit de Colombiaanse hooglanden en hebben hun cultuurgoed door de eeuwen heen weten te behouden. Met zeer eenvoudige middelen en een rijke fantasie dwingen hun patronen door de originaliteit en het kleurgebruik ervan grote bewondering af.

In de Cuna-molakana (meervoud van het woord mola) worden naast ornamentele voorstellingen ook motieven uit de planten- en dierenwereld, het dagelijks leven en de mythologie toegepast.

De Cuna-vrouwen gebruiken uni-kleurige katoenen stoffen en werken in de regel met twee tot vier stoflagen op elkaar. Ze leggen vier gelijke lappen van verschillende kleuren op elkaar en rijgen de randen op elkaar vast. Waar ze dat nodig vinden om meerdere kleuren te verkrijgen, leggen ze soms nog gekleurde lapjes tussen deze lagen.

Alle vormen worden met de hand en een kleine zoomsteek geappliceerd, waarbij de snijkant van de te appliceren stof steeds naar binnen wordt omgeslagen en vastgenaaid op de onderliggende stoflaag. Er wordt dus 'weggeknipt' maar er blijven ook vormen 'staan'. Soms appliceert men extra stukjes op de reeds ontstane vormen. Deze techniek past men toe in een uiterst gebalanceerde verhouding, waardoor de molakana van deze stammen tot een kunstzinnige borduurkunst is uitgegroeid.

De molatechniek is ook zeer geschikt om te worden gebruikt in de mandalakunst. Doordat je met meerdere lapjes op elkaar werkt, is er al direct sprake van dieptewerking; er zullen vlakken ontstaan die min of meer boven of onder liggen.

Wat heb je voor een mola nodig?

- tenminste drie tot vier lagen gewassen katoenen stof of gewassen zijde in bij elkaar passende uni-kleuren. Neem als beginmaat lapjes van 45 x 45 cm;
- eventueel gedessineerde stofjes als aanvulling;
- decoratievilt of vezelvlies (voor wandkleden die niet gewassen hoeven te worden). Deze zijn gemakkelijker te verwerken omdat ze niet rafelen;
- een goede scherpe en puntige schaar om zonder moeite kleine vormen mee uit te knippen;
- dunne tekenkrijtjes of een verdwijnstift om de motieven mee op de stof over te brengen.

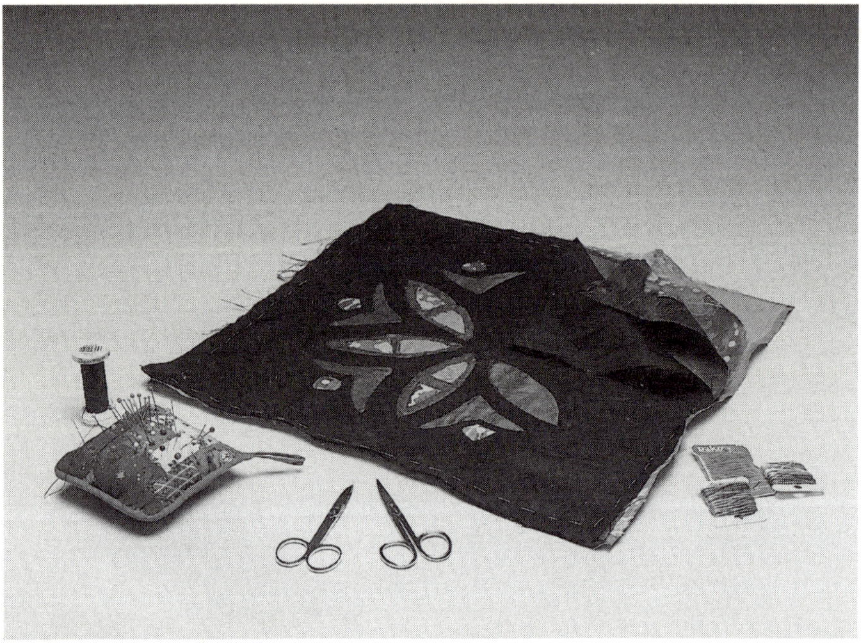

- vlieseline om zeer dunne stoffen mee te verstevigen;
- naainaalden, rijggaren en gekleurd garen om de uitgeknipte vormen mee vast te zetten;
- borduurgaren en eventueel zigzagbandjes, paillettenband, enzovoort om je mola mee te versieren.

De werkwijze voor een mola is als volgt:

- Leg het gekozen aantal lapjes in volgorde op elkaar, waarbij je uitgaat van donker naar licht, of juist van licht naar donker.

- Om te bepalen welke kleur donker en welke licht overkomt, kun je een proef nemen door van alle lapjes een reepje af te knippen, ze op een stuk papier te plakken en van de kleurnaam te voorzien. Kopieer dit blad met lapjes op een zwart-wit kopieermachine. Aan de hand van deze kopie kun je de donkere en lichtere kleuren van je lapjes vaststellen.

- Rijg alle lapjes met een grote rijgsteek langs de buitenzijde op elkaar.

- Teken met krijt je motief direct op de bovenste stoflaag.

- Afhankelijk van het gebruikte materiaal wordt het motief uit de verschillende lagen stof geknipt en op de onderlagen vastgezet met een zoomsteekje als je katoenen en zijden stoffen gebruikt, of een festonsteekje bij gebruik van vilt en vlies.

Een tip: vilt en vezelvlies rafelen niet. Er hoeft bij gebruik dus geen rekening te worden gehouden met een inslag. Dit vereenvoudigt de werkwijze en is ideaal als er met kinderen wordt gewerkt. Voor katoen en zijden stoffen geldt dat de stof naar binnen ingeslagen en vastgezet wordt met een zoomsteek. Knip hiervoor tenminste 3 mm buiten de getekende lijn van je vorm. Gebruik deze lijn als referentie bij het naar binnen slaan van de stof. Geef indien nodig inknipjes. Wil je de onderstof als kleurelement gebruiken, dan moet de stof ongeveer 6 tot 8 mm naar binnen worden geslagen en vastgezet.

Zeer dunne zijden stof gaat trekken. Wil je deze stoffen gebruiken, strijk ze dan eerst op een onderlaag van vlieseline, waardoor de stof steviger wordt en goed te verwerken is.

Ook hier geldt vanzelfsprekend: oefening baart kunst; dus experimenteer er lustig op los.

Interessante patronen kun je zelf laten ontstaan door een knipsel te maken van een vierkant papier. Zie de tekening op de volgende pagina. Neem deze over op de bovenste stoflaag en ga aan de slag...

Door het werken met verschillende stoflagen ontstaat in je mola al direct hoogte- en dieptewerking. Door opvullen van sommige delen kun je dit nog sterker bevorderen en dan spreken we over ’Zaans stikwerk’ of ’Trapunto’, afhankelijk van de techniek die wordt toegepast.

Bij Zaans stikwerk worden de contouren van lineaire patronen zo geregen dat er smalle tunnels ontstaan; door deze tunnels wordt later een dikke wollen draad geregen. Hierdoor ontstaan doolhofachtige motieven.

Bij de Trapunto-techniek maakt men met de hand of met de naaimachine bloem- en geometrische motieven in minimaal twee stoflagen. Aan de achterzijde – dus de onderliggende laag – maakt men kleine inknipjes waardoor de vorm gevuld kan worden met synthetische watten of zijdevezels. Zo ontstaat er in de bewerkte stoflagen een reliëf.

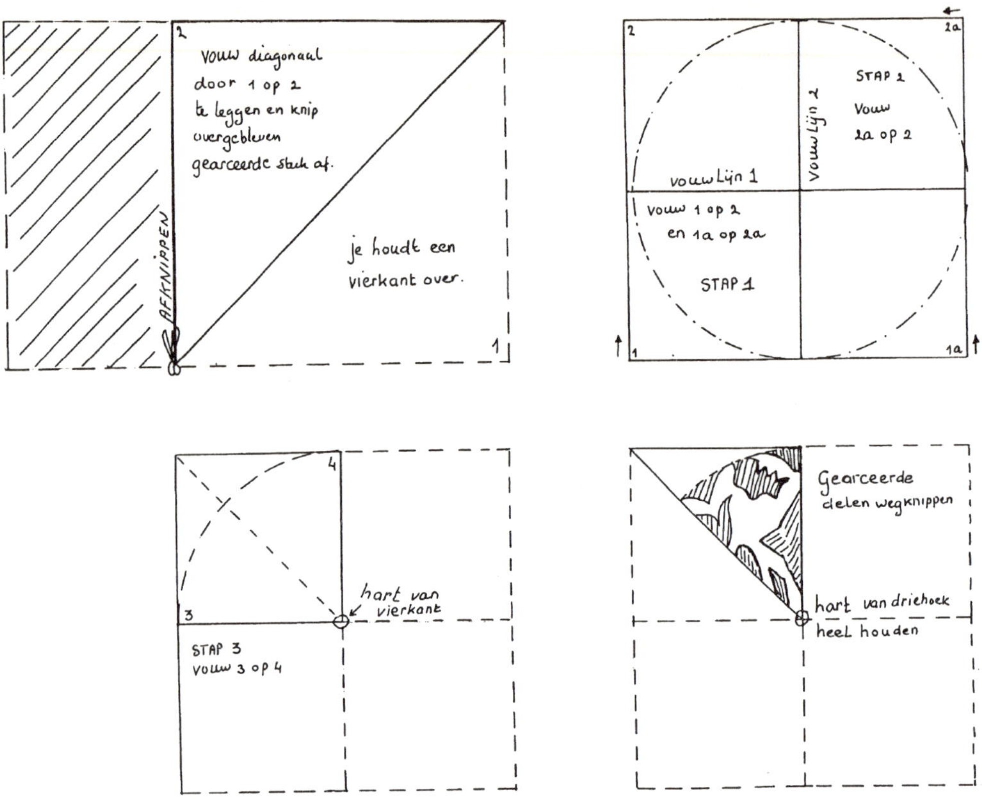

15.3 Patchwork

De oorsprong van het traditionele patchwork ligt bij de Quakers-gemeenschappen van Noord-Amerika. Toen de kolonisten uit Ierland en Engeland in dit land hun toekomst opbouwden, was aan bijna alles gebrek. Stoffen waren er niet, behalve de meegebrachte kleding. Hierdoor gedwongen werd men vindingrijk en gebruikte men alle stoffen die maar voorhanden waren. Door lapjes aan elkaar te naaien, ontstonden uit de gebruikte materialen lappendekens en warme omslagdoeken.

Het maken van zo'n lappendeken vergde vaak een hele winter. Veelal werkte men met meerdere vrouwen samen aan één deken. De jongeren leerden het ambachtelijke werk van de ouderen en mochten, als zij in staat waren de techniek van het naaien en quilten op kunstige wijze toe te passen, deelnemen aan de afwerking van de op kunstzinnige wijze met de hand doorgestikte lappendekens.

In de lente werden deze dekens dan, in gezamenlijke bijeenkomsten, doorgestikt; dit noemt men *quilten*. Ook hier werkten meerdere personen samen om zo'n werkstuk door te stikken. Slechts de beste en meest geroutineerde werkers mochten deze toplaag bewerken, zodat deze dekens uiteindelijk echte pronkstukken werden.

Later, tijdens de oorlogen die het land teisterden, werden deze lappendekens ook door mannen gemaakt. Bij gebrek aan andere stoffen gebruikte men daarvoor resten van het 'legergroen'. Toen dit in de thuishaven bekend werd, zond men de mannen lapjes toe. Hieruit ontstonden de zware patchworkdekens die uit allerlei beschikbare stoffen, zoals tweed en laken, werden opgebouwd.

Het aan elkaar zetten van meerdere lapjes van verschillende kleuren wordt *patchwork* genoemd. Het naaien van de lapjes wordt traditioneel gedaan met de hand, hoewel je het ook met de naaimachine kunt doen. Om je te oefenen in het naaien en doorstikken van stoffen is het echter van belang om te werken vanuit het ambachtelijke principe. Bovendien is het leuk en gezellig om te werken aan een met de hand genaaid werkstuk. Het geeft extra voldoening en je oefent er je handvaardigheid mee. Een groot voordeel is bovendien dat je er op ieder willekeurig uur van de dag mee bezig kunt zijn. Dit is zeker een voordeel te noemen voor het werken aan kleine stukken; je kunt het meenemen of er aan werken wanneer je maar even tijd hebt.

Wat heb je voor patchwork nodig?

- diverse lapjes unikleurige en gedessineerde katoenen of zijden stoffen in bij elkaar passende kleuren;
- een snijmat, liniaal en snijmes voor stof;
- handnaaigaren en naainaalden;
- een schaar voor het knippen van stoffen en één voor het knippen van papier;
- diverse mallen in diverse maten;
- grafisch papier voor het tekenen van mallen;
- schuurpapier en karton om mallen van te maken.

De werkwijze voor een eenvoudig patchworkwerkstuk is als volgt:

- Kies een basisvorm om mee te werken. Maak het jezelf in het begin niet te moeilijk: een vierkant, ruit of zeshoek voldoet prima aan de eisen om een eerste patchworkidee in mandalavorm mee uit te werken.

- Neem een stuk stevig papier en teken hierop de gekozen vorm of gebruik grafisch papier voor vierkanten, ruiten en zeshoeken en snij dat met een goede liniaal en snijmes in de gewenste maten.

- Knip of snij de vormen uit de stof waarbij je ongeveer 6 mm omslag aan alle zijden rekent.

- Rijg de stof met een grote steek om de gesneden papieren mallen heen, zodat je een soort mozaïek kunt leggen van alle verschillende stukjes. Het papier wordt later, na het aan elkaar naaien van de stukjes, verwijderd. Werk dus losjes.

- Speel eerst met alle stukjes, net zolang tot je tevreden bent over het resultaat.

- Naai dan de stukjes aan elkaar met een overhandse steek in een bijpassende kleur garen in de volgorde waarin je ze hebt gelegd. Let er op dat je niet met je naald door het papier heen steekt, want dan kun je het papier later moeilijk verwijderen.

- Naai de stukjes samen tot stroken en naai daarna strook voor strook aan elkaar tot je gehele werkstuk klaar is.

- Pers het gehele werkstuk zorgvuldig op en verwijder de rijgsels. Haal met een naald voorzichtig de stukjes papier weg en zet je 'nieuwe' stof op een passende achtergrond.

Hiermee is je 'patchworktop' klaar. Als je het werkstuk nog verder wilt bewerken, kan dat door deze 'toplaag' te voorzien van een laag volumevlies en een achterzijde van gelijkwaardige stof. Rijg vervolgens deze lagen op elkaar en ga verder met het volgende proces: het quilten, oftewel het met de hand doorstikken van de stoflagen, dat verderop in dit hoofdstuk wordt besproken.

Op de kleurenafbeelding tegenover pagina 160, onder, zie je hoe de blokjes tot een patroon zijn verwerkt.

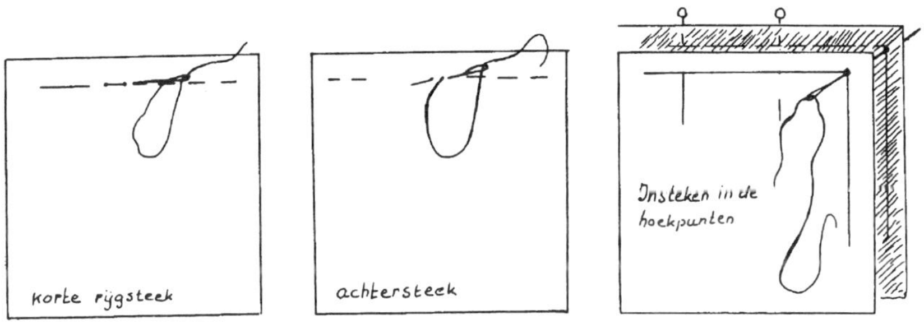

Voor het aan elkaar zetten van lapjes hebben we lapjes van dezelfde grootte nodig. Dat kunnen lapjes van verschillende kleuren en vormen zijn. Het gemakkelijkst is het werken met het vierkant. Ook kun je driehoeken, ruiten of zeshoeken gebruiken. Iedere vorm vraagt om een eigen aanpak. Regel is dat wanneer je met driehoeken werkt, eerst de delen tot een vierkant worden samengevoegd. Zo kun je de verschillende onderdelen steeds goed met elkaar tot een geheel verbinden.

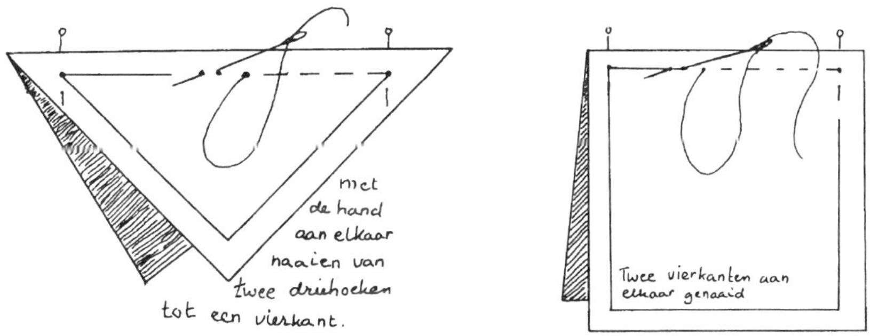

Let erop dat de naald voor de eerste steek precies in de hoekpunten wordt ingestoken. Steek spelden op korte afstanden van elkaar in de getekende lijnen; dit vergemakkelijkt het naaien.

Het is van belang steeds rijen te vormen en eerst dan de rijen aan elkaar te spelden en met korte rijgsteken te verbinden. Begin met twee stiksteekjes. De naadtoegiften worden bij het naaien met de hand niet meegenomen. Hierdoor kunnen na het naaien de naadtoegiften naar iedere gewenste kant gestreken worden. Volgens de traditie worden de naadtoegiften naar één kant gestreken en niet van elkaar af. Je kunt het beste de naadtoegiften in de richting van de donkerste stof strijken om doorschijnen te voorkomen.

De aan elkaar gespelde rijen worden met de korte rijgsteek aan elkaar verbonden. Let er op dat je niet verder rijgt dan de hoek van het volgende vierkant. Dan voer je de naald met een achtersteek naar het volgende vierkant door en ook hier weer begin je met twee stiksteekjes. Zie de tekening hieronder.

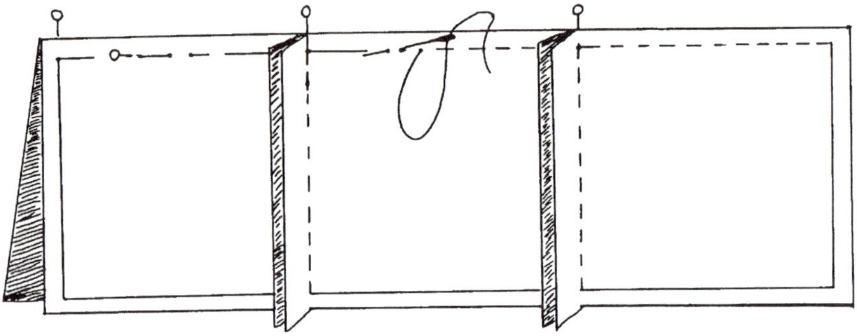

De stoffen

De keuze van je stoffen is afhankelijk van het doel waarvoor je werkstuk gebruikt zal worden. Voor babydekens, kussens en tassen worden meestal mooie stevige stoffen gebruikt zoals katoen in diverse kwaliteiten. Ook soepele wollen en linnen stoffen lenen zich uitstekend voor patchwork. De prachtige Finse stoffen en Paapjes stoffen zijn ook zeer geschikt, maar je kunt natuurlijk ook eens in je eigen lappenvoorraad kijken.

Oorspronkelijk werden de patchworkdekens samengesteld uit reeds gebruikte stoffen en reststoffen. Eerst later ging men uit van nieuwe lappen om zo tot een eigen uitdrukking te komen. Wil je een extra mooi effect, dan kun je ook een zwaardere zijde gebruiken zoals honanzijde, shantung, bourettezijde, dupionzijde, enzovoort. Soms is het nodig om de zijde eerst te verstevigen door haar bijvoorbeeld op vlieseline te strijken. Voor de zwaardere soorten is dit niet nodig.

Voordat je kunt beginnen met het knippen en verwerken van je stoffen, welke dat ook maar mogen zijn, moet je ze eerst wassen en strijken. Dit voorkomt latere teleurstellingen, want iedere stof krimpt een beetje of geeft kleur af en dat is voor geen enkele soort hetzelfde. Het lijkt allemaal extra werk, maar echt, het scheelt je naderhand heel veel tijd en nare ervaringen.

Het patroon

Nu je stoffen gewassen en gestreken zijn, kun je beginnen met het uitwerken van een mandalapatroon dat voor je doel geschikt is. Eerst moet je voor jezelf beslissen uit welke motieven je werkstuk zal bestaan: zijn dat eenvoudige vierkanten, driehoeken of samenstelsels hiervan? Kies je voor de zeshoekige vorm en wil je werken in rozetvormen? Of wil je liever werken met repen stof in verschillende kleuren?

Voor je begint is het belangrijk te weten wat je wilt maken. Een klein werkstuk vraagt minder stof en kan snel gerealiseerd worden, voor een groter stuk heb je navenant meer stof nodig. Als je van tenminste drie lapjes katoen van 30 bij 30 cm uitgaat, ben je beperkt in de grootte van je eerste werkstuk. Wel kun je dan een aantal kleinere ideeën uitwerken.

Voorbeelden van wat je met een kleine patchworkmandala kunt doen:

- Je kunt de mandala appliceren op een kussen, een tas, een boekomslag, een omhangtasje of een klein avondtasje, enzovoort. Je kunt wellicht ook enkele blokken met andere, nog later uit te werken blokken, samenstellen tot een groter mandala-ontwerp.

- Heb je stofjes in kerstkleuren of kleuren die je juist door hun tegenstelling voor de kersttafel aanspreken, dan kun je overwegen er een kerstmandala van te maken. Of misschien wil je een mandala voor een kerstkaart uitwerken... Je ziet het wel, er zijn talloze mogelijkheden.

- Een mooi geslaagde patchworkmandala kan ook ingelijst worden.

Nadat je je keuze hebt gemaakt, teken je een eenvoudige mandala en werk je deze in een patroon uit. Dat kan een patroon zijn van vierkanten of gecombineerd met driehoeken. Je ziet hieronder een paar getekende voorbeelden. Hiermee kun je nu gaan spelen.

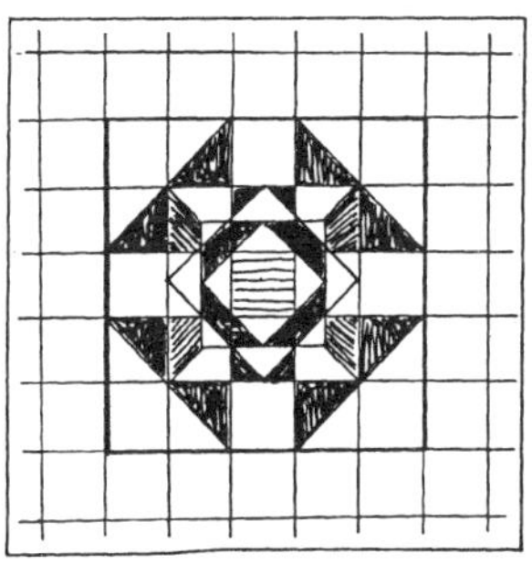

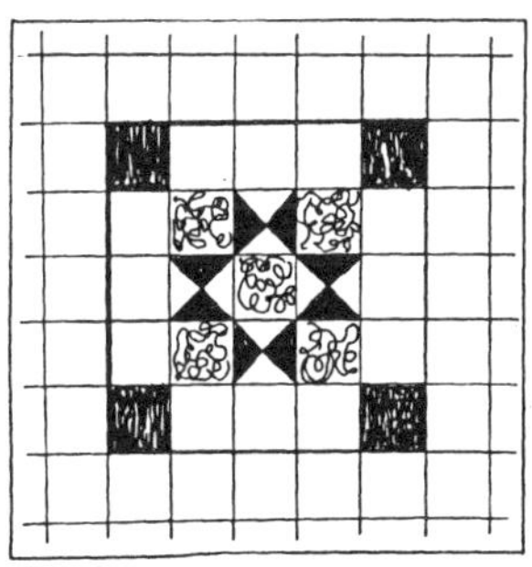

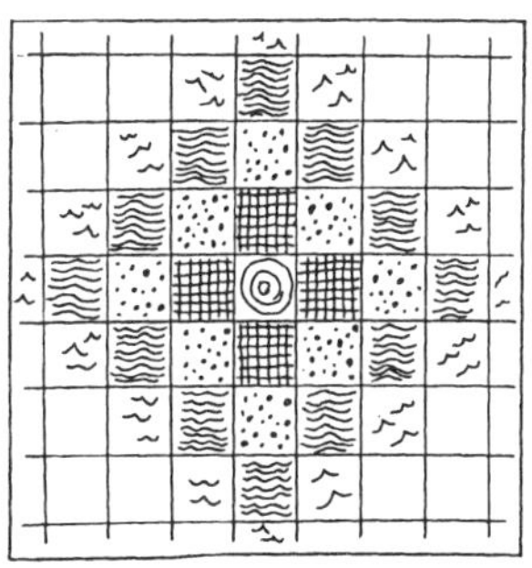

Het maken van een mandalapatroon

Teken op ruitjespapier of op millimeterpapier een patroon van een blok zoals je je dat, uitgaande van je tekening en je stoffen, kunt voorstellen. Werk op een verkleind formaat om een idee te krijgen van het uiteindelijke resultaat. Het is van belang om je een beeld te vormen van het patroon waarmee je aan de slag wilt gaan; dat scheelt tijd en maakt het naaiproces gemakkelijker. Hoofdzaak is dat het mandalapatroon goed doordacht is.

Wil je beslist met zeshoeken werken, probeer dan eens iets anders dan de traditionele rozet. Gebruik er andere vormen bij zoals ruiten en driehoeken, of wissel eens af met een gewaagde stof of kleur waardoor het gehele werk een moderne en interessante aanblik krijgt.

Voor het tekenen van zeshoeken, ruiten en driehoeken bestaat er *isometrisch papier*: grafisch papier voor het tekenen van geometrische vormen als zeshoeken en ruiten. Het is handig wanneer je een aantal mogelijkheden onderzoekt die dit papier je kan bieden.

Kijk wat je het meest bevalt. Met dat mandalapatroon ga je nu aan de slag. Vergroot het patroon tot de gewenste grootte. Werk dit patroon nu op ware grootte uit met kleurpotloden in dezelfde tonen als je voor het kleine ontwerp gekozen hebt. Bekijk of je dat in het groot nog steeds bevalt.

Ben je er tevreden over, dan kun je vaststellen hoeveel lapjes van de gewenste kleuren je voor je blok nodig hebt. Aan de hand van deze berekening kun je zien of je stoffen toereikend zijn of dat je nog wat zult moeten herschikken dan wel anders oplossen. Denk eraan: voor ieder lapje heb je 2 cm extra als naadtoegift nodig. (Een vorm van bijvoorbeeld 6 cm doorsnede heeft een naadtoegift van 2 cm nodig; in totaal moet je dan dus 8 cm hebben.)

Wil je toch werken met de rozetvorm vanuit de zeshoek, dan ga je op een andere manier te werk. Zoals je inmiddels weet, kun je een zeshoek construeren met de passer of je kunt kiezen voor isometrisch papier. Op de volgende pagina zie je hiervan enkele voorbeelden.

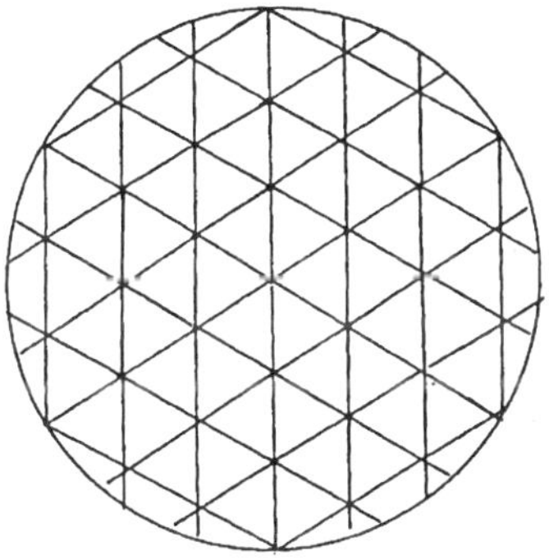

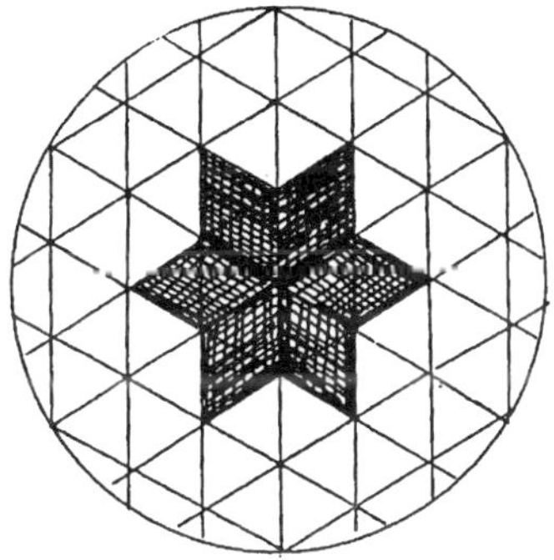

Hoe gaan we te werk met deze zeshoek?

- Maak een precies gesneden mal van karton of beter nog van fijn schuurpapier, want dit verschuift niet zo makkelijk. Je kunt ook een zeshoekig sjabloon dat op isometrisch papier is getekend, op de achterzijde van het schuurpapier plakken en zonder naadtoegiften uitsnijden.

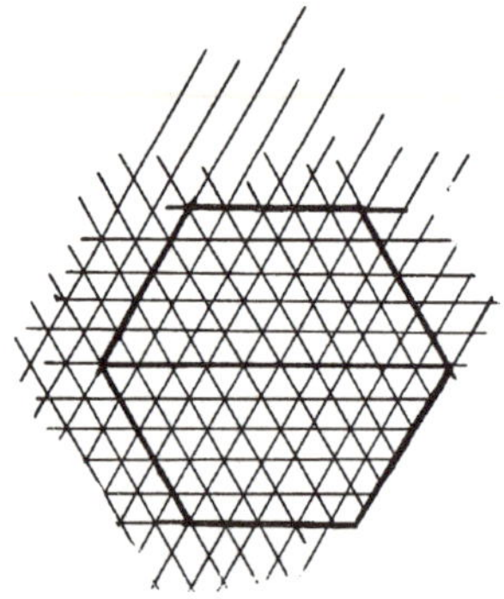

- Maak met dit model zoveel zeshoeken uit stevig tekenpapier als je nodig hebt voor je mandalapatroon.

- Snijd de gekozen stof in repen. De breedte is de afstand A–D plus 2 cm voor de naad.

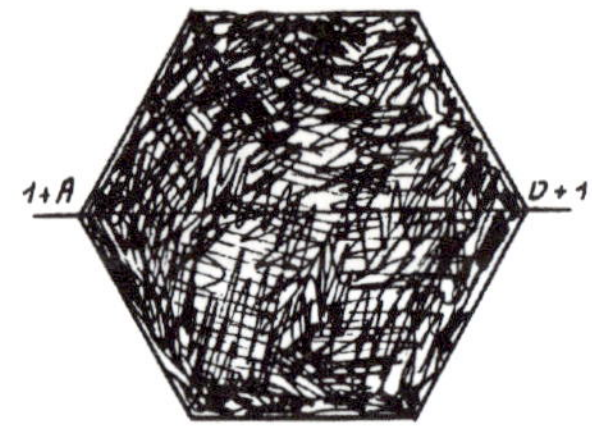

- Met de schuurpapieren mal snijd je zeshoeken uit de repen. Denk weer aan de naadtoegift: knip 1 cm extra aan alle zijden.

- Leg de zeshoek uit tekenpapier op het lapje, zet het geheel vast met een speld en rijg met grote rijgsteken de omgevouwen rand vast (door het papier en de stof heen).

- Strijk alle geregen zeshoeken op de goede zijde vlak.

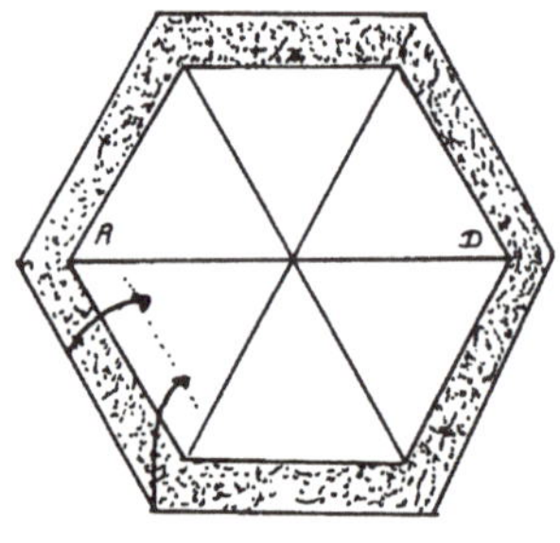

- Speld twee geregen delen met de goede kant op elkaar en naai ze met kleine overhandse steken zo gelijkmatig mogelijk aan elkaar.

- Verbind alle delen zo, dat een rozet ontstaat. Heb je voor een andere samenstelling gekozen, zet de delen dan volgens je werktekening aan elkaar.

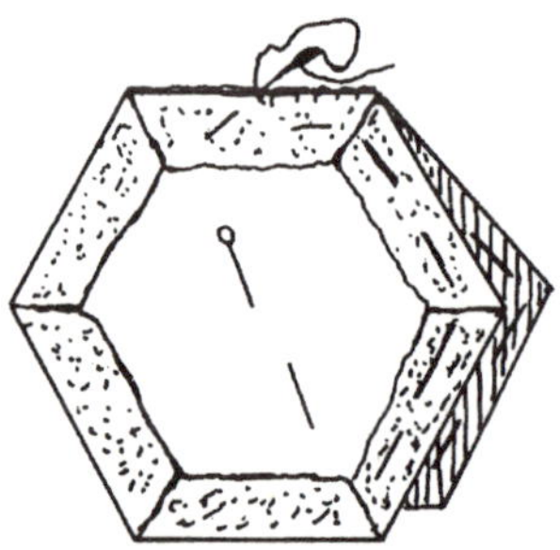

- Strijk nogmaals het gehele werkstuk, met de papieren mallen er nog in, goed glad, haal dan de rijgdraden eruit en verwijder de papieren mallen. De rozet kan nu als applicatie worden gebruikt.

15.4 Van patchwork naar quilt

Een patchworkmandala kan zonder tussenvulling op stof worden geappliceerd, maar je kunt er ook een quilt van maken. Quilten is het met de hand doorstikken van een toplaag, een tussenvulling en een onderlaag, waardoor deze drie lagen met elkaar verbonden worden. Het resultaat van de afgewerkte lap noemt men een quilt. Je kunt quilten op verschillende manieren.

Wat heb je nodig om een mini-quilt te maken?

- een patchworktoplaag of effen toplaag, van katoen of zijde;
- een achtergrondlap van gewassen katoen of zijde in een lichte kleur;
- een passende tussenvulling:
  - dik voor zichtbare reliëfwerking;
  - dun voor minder uitgesproken patronen.

  Tussenlagen variëren in kwaliteit. Ze zijn er in polyester, fiberfill, katoen en wol. Deze laatste twee kunnen klonteren en baarden (dat is: door de stof heendringen) en zijn dan ook niet aan te bevelen. Ook bestaat er speciaal voor zijden stoffen een dure maar mooie tussenvulling. Wil je toch gebruik maken van een katoenen of flanellen tussenlaag, neem dan een lichte kleur flanel of molton;
- een quiltring van hout – deze lijkt op een borduurraam maar heeft een hogere en sterkere rand – of een quiltraam van kunststof;
- quiltnaalden, quiltgaren in diverse kleuren en een goed passende vingerhoed. Eventueel katoenen of zijden borduurgaren. Een blokje bijenwas bewijst goede diensten om de draad gemakkelijker door de stof te laten glijden;
- naast een passende vingerhoed voor de rechterhand is een beschermhoesje voor de linkerhand ook aan te raden wanneer een groter werkstuk moet worden gequilt. Bij langdurig quilten krijg je onvermijdelijk te maken met doorprikken van de huid, omdat je steeds door meerdere lagen tegelijk moet werken.

Het ontwerpen van een quiltpatroon

Je kunt eenvoudig quilten door de blokken van je patchwork te volgen. Hierbij heb je geen ontwerp nodig, je patchwork is je uitgangspunt.

Je kunt ook een eigen mandala-ontwerp gebruiken om je quilt te versieren. Teken dan een kwart of een helft van een door jou gekozen vorm op een stuk papier en verdubbel dit patroon door het steeds weer opnieuw op de stof over te tekenen. Zie het voorbeeld hierna.

Je kunt ook een mandalamotief gebruiken als patroon voor een kleine ronde quilt. (Zie hiervoor de werkwijze bij de mola in paragraaf 15.2.)

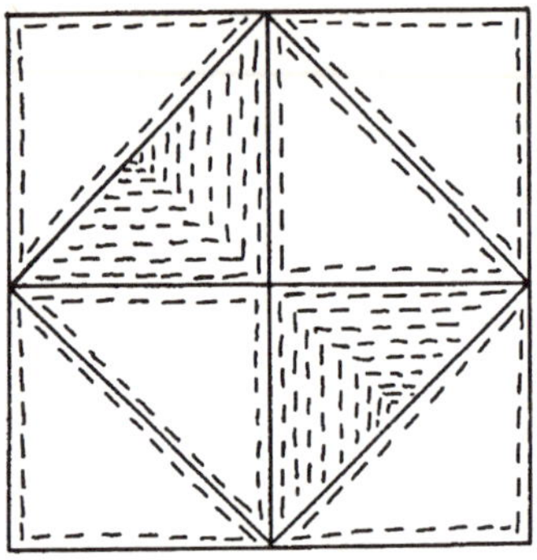 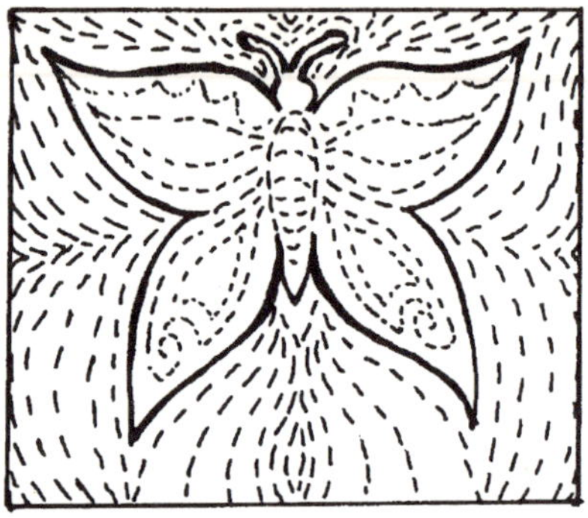

Nog een andere mogelijkheid is het quilten in 'the ditch'; dat is het quilten door de lagen heen in de naadjes. Hier is de steek bijna onzichtbaar en laat weinig reliëfwerking zien. Dit wordt gebruikt bij het quilten van patchworktops in ruiten, vierkanten of driehoeken. Dit is mooi wanneer je je patchwork direct op een andere stof wilt aanbrengen of hooguit een dunne tussenlaag gebruikt.

Ook kun je de patchworkblokken door en door bevestigen en daarbij een halve centimeter vanaf de naden van een blok werken. Er wordt dan een geometrische tekening in je werk zichtbaar.

Quilten doe je het mooiste met de hand. Het kan ook wel met de machine gedaan worden, maar het mist dan de charme van het reliëf, dat veel meer in een handgequilt werkstuk te zien is. Voor een heel groot werkstuk is er, alleen al vanwege de grootte, wel wat voor te zeggen, maar men moet dan wel enige ervaring in de quilttechniek hebben opgedaan en bovendien goed met de naaimachine overweg kunnen. Persoonlijk geef ik de voorkeur aan het handgequilte werkstuk (zie de tekeningen.)

 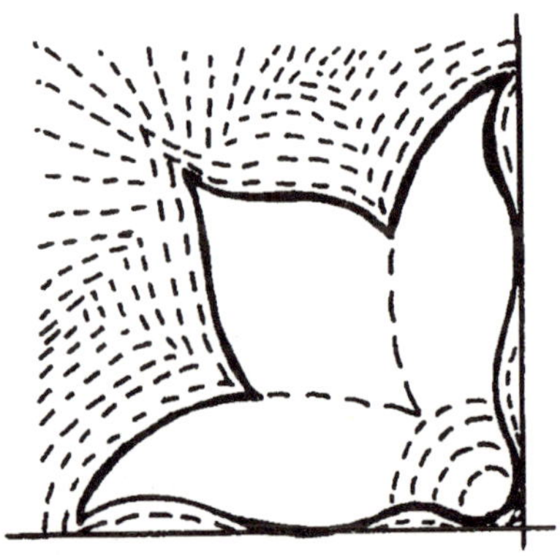

Probeer altijd voor je een ontwerp overneemt, of het potlood of het krijt dat je gebruikt, voldoende zichtbaar is en of het zich naderhand uit de stof laat verwijderen.

Voor zijden stoffen kun je het beste een zogenoemde 'verdwijnstift' gebruiken. De lijn die deze stift afgeeft, verdwijnt na verloop van tijd.

Wat heb je nodig voor het quilten?

- een liniaal met een duidelijke centimeter- en millimeterverdeling;
- een goede tekendriehoek, flexibele boogmal voor het overnemen van gebogen lijnen;
- afplakband voor het in banen afplakken van de stof, waarlangs rechte lijnen gequilt kunnen worden;
- een passer voor grote cirkelvormen en afstanden; en een gradenboog voor het tekenen van ronde vormen en het aftekenen van verdelingen binnen de cirkel;
- afplakband om de lagen op een gladde ondergrond te kunnen bevestigen.

Voordat je gaat quilten tref je de volgende voorbereidingen:

- Leg de onderlaag met de verkeerde kant naar boven op tafel, strijk deze met de handen glad en zet de hoeken met afplakband vast.

- Leg hieroverheen een even groot stuk tussenvulling, strijk ook dit weer met de handen glad en zet de hoeken opnieuw vast met afplakband.

- Leg nu de toplaag met de goede kant naar boven op deze twee lagen en strijk het geheel nogmaals met de handen glad. Het patroon dat je wilt gaan quilten, moet voor deze laatste handeling al op de toplaag zijn aangebracht. Zet het geheel weer vast met afplakband en speld de lagen door en door aan elkaar vast. Begin vanuit het midden en werk naar de randen toe. Rijg vervolgens deze lagen met een grote rijgsteek door en door aan elkaar. Begin telkens vanuit het midden te werken, waarbij je een voldoende lang stuk draad laat hangen om vanuit ditzelfde midden naar de andere kant te werken. Zie de tekening op de volgende pagina.

  Werk zo in alle richtingen.

Let op:
Neem alle stoflagen ruim, want door het quilten en de dikke tussenvulling wordt het werkstuk wat kleiner. Aan het einde van het quiltwerk wordt de buitenste rand op de juiste maat bijgeknipt of gesneden en afgewerkt.

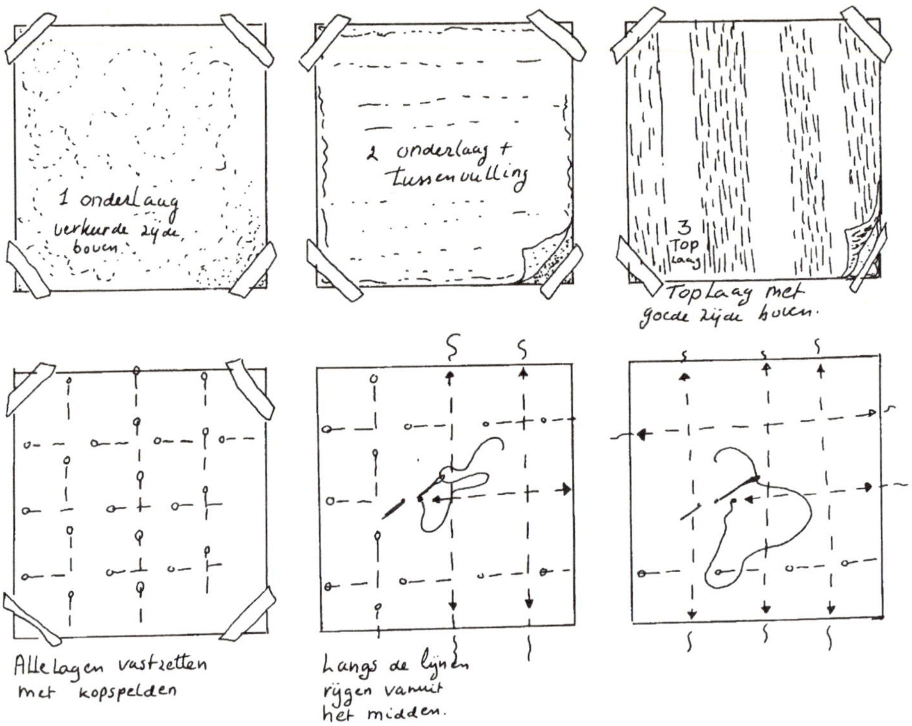

15.5 Draaien, knopen, vlechten en weven als basis voor een mandala

De oudste vondsten van door mensenhanden vervaardigd koord en tres treft men aan in Bulgarije. Men vond daar omstreeks 1400 voor Chr. beeldjes van kleine vrouwenfiguren waarin lijnen zijn ingekrast die sterk doen denken aan versieringen zoals ze ook nu nog te vinden zijn op diverse kledingstukken en in oude volksdrachten. Deze op kleding genaaide versieringen, die bestonden uit koord, band of tres, noemde men 'gaitan'.

De versiering doet hier dienst om de delen van kledingstukken te verbinden. Band kan geweven maar ook gevlochten zijn en is plat. Koord wordt meestal gedraaid of gevlochten en heeft een ronde doorsnede. Tres wordt gevlochten en kan plat of dik zijn; het varieert van rond tot vierkant of driehoekig, afhankelijk van het aantal draden waaruit ze bestaan. Het wordt in Bulgarije allemaal 'gaitan' genoemd, een naam die stamt uit de zestiende eeuw en van Arabische oorsprong is.

In Scandinavische landen worden kledingstukken op dezelfde manier verbonden als in Bulgarije en de techniek van het vlechten van tres wordt in beide landen op dezelfde manier toegepast.

Vlechtwerk kan in koord, band of zijden bandjes uitgevoerd worden. Denk eens aan de gevlochten haarstreng waar men tegenwoordig kralen en bandjes doorheen vlecht. In de borduur- en quilttechniek kun je een vlechtband toepassen om een reliëfwerking te creëren. In de oude Keltische patronen vinden we veel voorbeelden hiervan terug, maar ook in andere culturen zijn dit soort versieringen te vinden. Kijk maar eens naar de traditionele patronen in het Midden-Oosten en die van de islamitische volken. Vlechtwerk komt ook terug in breiwerk: het bekende kabelmotief is ook een vlecht. Er zijn dus tal van mogelijkheden om je met de kunst van het vlechten bezig te houden.

De vlecht kan ook benut worden in combinatie met andere werkvormen waardoor nieuwe en sterke weefsels ontstaan. In het werken met draad en pitriet is de vlecht een veel geziene werkvorm. Vlechten maken het werkstuk stevig en geven het houvast.

De kunst van het vlechten en weven kan op allerlei manieren beoefend en ervaren worden. De kwaliteit ervan is gelegen in het geestelijk willen 'meesteren' van het probleem in knoop of vlecht. Zo komt beweging van de geest tot uiting in de vorm en de ruimte van je mandala. Kijk maar eens naar enkele voorbeelden van de vlecht, de knoop en het weefsel bij dit thema. Probeer zelf ook nog eens wat uit...

Knopen, draaien en weven

Zoals je reeds in paragraaf 8.10 kon zien, is macramé de kunst van het knopen. Als weefwerk van het weefgetouw wordt genomen, blijven er aan beide uiteinden van het werkstuk lengtedraden over. De wever vond het een natuurlijke zaak om deze draden te knopen, in plaats van ze af te knippen; dit kreeg de naam Punto Gropo of Groposi (geknoopte punt). Een andere naam was: Arabaschi of Moreschi, hetgeen waarschijnlijk duidt op de oorsprong. Het woord macramé is pas later in zwang geraakt en schijnt afkomstig te zijn van het Turkse woord 'makrama' (servet dat werd afgewerkt met een open zoomsteek) of van het Arabische woord 'macrame' dat franje of knoop betekent.

Macramé verspreidde zich tenslotte naar het noorden en werd naar men zegt door Maria Stuart, de vrouw van Willem III van Oranje, omstreeks 1690 toen zij in Engeland ging wonen, meegebracht.

Als je een aantal draden aan beide uiteinden in elkaar draait en aan een oog van een schaar laat bungelen, waardoor de draden in elkaar draaien, ontstaat er een koord. Zo kun je op een zeer eenvoudige wijze zelf een koord maken. Leg wel in beide uiteinden een knoop, anders gaan de gedraaide draden weer los.

Je kunt ook koorden of tressen maken door te 'punniken'; misschien heb je dat vroeger als kind wel gedaan. Een eenvoudige manier is de volgende: neem een garenklosje en tik daar vier kopspijkertjes in. Sla een draad om de spijkers en begin op het klosje te 'breien': te punniken dus. Na verloop van tijd heb je een gebreid koord dat ruimtelijk - rond - van vorm is. Door deze koorden stevig in elkaar te draaien en vast te zetten, ontstaat er een gekleurde spiraal, die afhankelijk van de gebruikte kleuren uit verschillende tinten bestaat.

Deze manier van werken wordt ook nu nog met repen stof van oude lappen toegepast. Zo maakt men in Oostenrijk van in repen gesneden stofresten 'geweven' vloerkleedjes. Je vindt ze in allerlei soorten: van het eenvoudige slaapkamermatje tot de prachtigste ronde 'mandala-achtige' vormen en versierd met de mooiste motieven.

Op de foto op de achterzijde van dit boek zie je een voorbeeld van vlechten en knopen, evenals een weefsel. Hiervoor werd een kartonnen rand gesneden die van gaatjes werd voorzien en waardoor draden zijn geregen. Zo ontstond een soort spinnenweb dat ik met zijden band kon gaan 'inweven'. Ook paste ik hier en daar voor de stevigheid de festonknoop toe. Een vlecht die bestaat uit zijden band versiert het geheel.

Wat heb je nodig voor het maken van een koord?

- gekleurd borduurgaren of wol;
- twee scharen: één om de draden te laten draaien en een andere om de draad later van het oog van de schaar te knippen.

De werkwijze is als volgt:

- Bepaal de lengte van je benodigde 'koord' en verdubbel deze. Neem iets extra voor de knoop.

- Draai de totale lengte van de draden stevig in elkaar. Doe dit samen met iemand anders of maak je ene uiteinde vast aan een uitstekend punt.

- Houd tijdens het draaien je draden goed strak: als ze losschieten, draaien ze terug in hun oorspronkelijke stand.

- Als de draden strak genoeg in elkaar zijn gedraaid, schuif je de bundel door het oog van een schaar, waarbij je erop let dat de draden strak blijven staan.

- Laat de schaar - nog steeds met strak gespannen draden - langzaam zakken en laat haar uitdraaien.

- Knoop je uiteinden aan de open zijde vast en knoop ook de uiteinden van het koord waar de schaar aan hangt, na losknippen onmiddellijk vast. Je koord is nu klaar en je kunt het toepassen zoals je wenst.

Oefening voor een weefsel
Als kind leerde je vast wel vlechtmatjes maken. Daarvoor werden papieren matjes gebruikt, die doorgeweven konden worden met gekleurde sitspapieren vlechtrepen. Ook wij kunnen dit toepassen in ruimtelijke werkstukken.

Wat heb je voor een weefsel nodig?
- een stukje stevig zwart papier of stof;
- een snijmatje, liniaal en snijmes;
- stevig gekleurd papierband, vlechtrepen, lint of zijdeband.

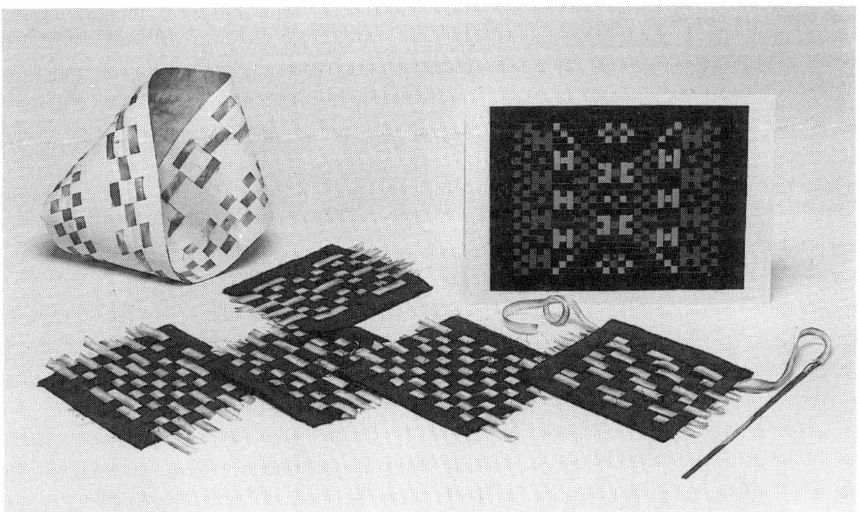

De werkwijze is als volgt:

- Snij in het zwarte papier of de stof inkepingen van gelijke lengten en breedten.

- Zorg ervoor dat aan alle zijden een reep papier of stof blijft staan.

- Neem een dikke stompe naald met een groot oog en rijg je papier, band of lint door het oog.

- 'Weef' nu, in een op en neer gaande beweging, door je papieren of stoffen matje; van rechts naar links. Dan van links naar rechts, waarbij je steeds een verspringing maakt.

- Ga zo door tot je gehele 'vlechtmat' van lint of band is voorzien.

- Zet de uiteinden met hobby- of textiellijm vast op het papieren of stoffen matje, knoop of naai ze vast en pas het toe in een door jou gekozen werkvorm.

Met deze geweven motieven kun je in een mandalavorm meerdere werkvormen tegelijk gebruiken. Probeer er eens enkele uit...

HOOFDSTUK 16

Speciale thema's voor de intuïtieve en meditatieve mandala

In dit laatste hoofdstuk wil ik je een aantal thema's aanreiken die kunnen helpen je nog meer te verdiepen in de mandala als kunstvorm. Deze thema's kunnen allen vanuit een intuïtieve en meditatieve sfeer worden benaderd, waardoor je ze tot in de diepste lagen kunt beleven. Inmiddels ben je nu geoefend in het tekenen op zwart papier en heb je mogelijk ervaring opgedaan met ruimtelijk werk. Je hebt gespeeld en geoefend met verschillende mogelijkheden om de mandala te beleven...

Dan is het nu tijd om de volgende stap te doen...

De mandala als groeiproces

Zoals je inmiddels wel hebt begrepen, is het werken met de mandala een vorm van zelfhulp en altijd een proces waaraan je kunt groeien. Hoe je dit proces ook instapt, het zal je altijd op weg helpen om bij je bron te komen. Dat vergt moed en vertrouwen in de weg die gegaan wordt en vasthoudendheid om er mee door te gaan. De mandala helpt je de diepte van je proces te ervaren, zodat je oude patronen kunt loslaten.

Je hoeft je niet altijd bewust te zijn van die oude patronen. Van belang is dat je blijft tekenen, dat je 'meestroomt' in de energie van je proces, zodat als vanzelf de verwerking en soms ook oplossingen in je tekeningen zichtbaar worden. Pas later wanneer je terugkijkt op de serie tekeningen, 'herken' je de dingen waarom het ging, krijg je inzicht in wat zich daar eigenlijk afspeelde. Maar altijd is het een helende ervaring voor je ziel.

Kijk nog eens op de pagina's 134 en 153 naar de tekeningen van Carma en Maria: dit zijn voorbeelden van opeenvolgende processen, zoals die zich bij de tekenaressen hebben ontwikkeld. Het belangrijkste is dat ze lange tijd achtereen hebben getekend waardoor duidelijk werd wat hen bezighield. Door steeds opnieuw te tekenen konden zij dat verwerken. Datzelfde proces speelde zich af bij Karin, die meer dan honderd mandala's tekende, waarvan er hier helaas slechts twee getoond kunnen worden (zie de kleurenafbeeldingen tegenover pagina 256).

De mandala bij verliesverwerking

Bij processen van scheiding of in tijden van verlies van een dierbaar persoon kun je de mandala gebruiken als een helende en beschermende vorm van zelfhulp. Je kunt dan leren welke drempels er zijn en hoe we deze obstakels kunnen 'nemen'. Voor deze processen gelden dezelfde regels als voor de groeiprocessen. De ervaring zal echter anders zijn, omdat er een andere beleving aan ten grondslag ligt. Maar ook hierbij kun je onderzoeken waarmee je eigenlijk moeite hebt en wat je in jezelf sterk wilt maken om de nieuwe situatie op een voor jou goede manier het hoofd te bieden.

Affirmaties kunnen je in deze tijden heel goed helpen om bij de kern van de zaak te komen. Ze laten je zien waaraan je, in deze tijd van verandering, behoefte hebt. Je kunt jezelf steunen door in je tekeningen deze behoefte een plaats te geven. Daar doe je jezelf veel goed mee en je beschadigt er niemand mee. Om je hierbij enige aanknopingspunten te geven volgt hierna een woordspel waarbij je een gebaar en symbool zoekt dat je kunt tekenen. Zo ontstaat je persoonlijke affirmatie waaruit je kracht kunt putten.

16.1 Woordspel als gebaar en teken: een helend symbool in je mandala

Naast symbolen kun je voor het beleven van een helende ervaring ook gebruik maken van een affirmatie in de vorm van beeldtaal; dit wordt een *helend symbool* genoemd.

Een *affirmatie* kun je beschouwen als een positieve overtuiging, bestaande uit enkele woordjes die je zelf uit een stel kaartjes hebt gekozen en die tot een zin of een enkel krachtig woord worden gevormd. Gebruik woorden van engelenkaartjes, inzichtskaartjes of symboolkaarten om de affirmatie in taal en gebaar gestalte te geven.

Deze zin of dat krachtige woord kan helend voor je werken als je haar vele malen hardop uitspreekt, tekent of schrijft. Hierdoor veranker je deze affirmatie in de cellen van je lichaam. Het is van belang te zoeken naar het helende aspect dat voor jou in deze taal verborgen ligt. Dit aspect wordt omgezet in een gebaar dat in een getekende gesloten vorm tot helend symbool wordt dat je later in je mandala kunt plaatsen. Zo kunnen we de combinatie van klank, taal en gebaar gebruiken om tot een helend symbool te komen.

Hoe vind je je helend symbool?

- Schep een veilige werkruimte zoals je al eerder hebt gedaan. Zorg voor zacht licht om je heen.

- Vraag om het helende woord en gebaar te mogen ontvangen.

- Mediteer op het vullen van je lichaam, je handen, je potloden en je papier met licht.

- Spreek zachtjes enkele malen het woord of de zin die je ontvangen hebt uit voor je helende ervaring.

- Vraag om een gebaar dat past bij deze helende ervaring; ontspan en laat het gebaar spontaan en op een meditatieve wijze aan je verschijnen.

- Plaats het gebaar in je hart en doordrenk het met onvoorwaardelijke liefde en stralend licht.

- Activeer het gebaar door driemaal de klank AUM luid te zingen.

AUM is de basis van alle geluid; het is ook de symbolische benaming van het goddelijke. Het AUM van de Indiase Vedas werd het gewijde woord HUM van de Tibetanen, het AMIN van de Moslims en het AMEN van de Egyptenaren, de Grieken, de Romeinen, joden en christenen.

Een voorbeeld van een affirmatie:

De zin *Ik wil ontdekken wie ik werkelijk ben...* is een affirmatie, die je kunt vangen in een beeld, een helend symbool, dat gestalte krijgt door een gebaar toe te voegen aan de zin.

Andere affirmaties zijn bijvoorbeeld:

- Ik word beschermd en krijg hulp.

- In mijzelf overwin ik angst en vrees.

- Ik vergeef mijzelf en de ander.

Met voorbeelden van een helend symbool erbij getekend:

Ik word beschermd en krijg hulp.

In mijzelf overwin ik angst en vrees.

Het tekenen van een helend symbool in je mandala

Om een helend symbool in je mandala te tekenen, kun je als volgt te werk gaan:

- Begin met het tekenen van een grote cirkel op je zwarte papier.

- Gebruik vervolgens een schetsje als hulp om het gebaar dat jij ontvangen hebt enkele malen te herhalen, zodat het symbool van het gebaar zich in je lichaam kan ankeren.

- Plaats nu het symbool van dit gebaar in je cirkel. Gebruik weinig druk, werk vanuit een innerlijke zekerheid met een zeer zachte lijnvoering. Geef alleen de buitenste lijnen van je helend symbool weer. Versterk je symbool of herhaal het op verschillende plaatsen in de cirkel. Misschien wil je er andere componenten aan toevoegen. Alles is goed, maar blijf bij je inspiratie, zodat je elementen die voor jou belangrijk zijn in je beeld kunt opnemen. Laat je intuïtie je steeds weer leiden...

- Na het voltooien van je lijntekening laat je het beeld van de mandala die je juist getekend hebt, even voor je geestesoog verschijnen. Stel je voor dat het lichtende en stralende kracht in zich draagt en van leven wordt doorstroomd.

- Breng dat mandalabeeld in je hart en visualiseer de heelheid ervan die zich uitspreidt naar je handen, in je potlood en in je papier. In je geestesoog zie je het beeld voor je alsof het al in al zijn volledigheid bestaat, volmaakt getekend en van stralende lichtkracht voorzien: een kunstwerk op je papier.

- Later kun je deze mandala van kleur voorzien zoals beschreven in paragraaf 11.7. Dit zal weer een andere vorm van helende kracht in je naar boven brengen. Wanneer je het gevoel hebt dat je klaar bent, hang je je tekening op en gebruik je haar als krachtendiagram voor meditaties.

16.2 Energiecentra als mandala

Nog een andere vorm van affirmaties is het tekenen van onze energiemandala's. In de Indiase leer noemt men deze energiecentra *chakra's*. Het woord 'chakra' heeft dezelfde betekenis als het woord 'mandala': beide betekenen ze 'magische cirkel' of 'sfeer'. Ze zijn een voorstelling van een energie die wij met onze ogen niet kunnen waarnemen, maar die van grote betekenis is voor ons welbevinden. We kunnen deze energie activeren door symbolische mandala's te maken.

Wanneer we ons willen bezinnen op de werking van de energiecentra, stuiten we onherroepelijk op verschillende leringen over dit onderwerp. De ideeën en meningen over deze energiecentra zijn legio. Voor dit boek heb ik mijn keuze laten vallen op de boeddhistische symbolen, die een eenvoudige structuur bezitten en zich goed laten omzetten in een mandala.

Het Tibetaans boeddhistische systeem gaat uit van de dynamische functie van de energiecentra en om dat wat er doorheen stroomt. Het gaat erom kosmische energieën om te zetten tot spiritualiteit. Men gaat uit van kanalen die door het menselijk lichaam stromen en die men *nadi's* noemt. Deze volgen de lichaamsstructuur zoals ook het zenuwstelsel dat doet; ze zijn echter niet hetzelfde.

Volgens de Yogi's worden de stromende krachten verzameld in energiecentra, die transformeren en verdelen. Men noemt deze centra, die als de spaken vanuit de naaf van een wiel of symbolisch gezien uit het hart van een lotus uitstralen, 'wielen', chakra's of energiecentra. Deze chakra's zorgen ervoor dat de psychische functies en de lichaamsfuncties elkaar wederkerig beïnvloeden. Dit totale proces is van een zo wonderlijke en magische strekking dat het in een kort bestek niet is uit te leggen. Voor de geïnteresseerde is hierover echter voldoende lectuur beschikbaar.

Om deze energiecentra als symbool in jezelf waar te nemen moet je een meditatieve houding ten opzichte van de beelden aannemen. Tijdens het tekenen van deze energiecentra zul je merken dat, wanneer een beeld niet is afgerond, je nog niet in staat bent het volgende beeld te tekenen. Dat is een heel proces waarin je als het ware steeds van het ene beeld naar het volgende geleid wordt. Slechts door rustig af te wachten en niets te forceren wordt het je mogelijk gemaakt stap voor stap de beheersing over de centra te verwerven... en daar zullen we het mee moeten doen.

In de Tibetaanse meditatiesystemen gaat men overigens niet uit van zeven energiecentra, zoals gebruikelijk, maar benoemt men er slechts vijf. Het eerste en het tweede chakra worden met elkaar geassocieerd. Hetzelfde geldt voor het zesde en zevende chakra. Wel kunnen we alle zeven energiecentra tekenen. We behoeven slechts te werken vanuit ons intuïtieve weten om tot inspiratie te komen. Het is goed om de eerste twee chakra's achter elkaar te tekenen. Doe dat ook met het zesde en zevende chakra.

16.3 Het afbeelden van de zeven energiecentra

Elk energiecentrum wordt afgebeeld in de vorm van een cirkel met een vastgesteld aantal lotusbladeren er omheen. Het hart van de lotus staat symbool voor het element dat de lotus beheerst en het klanksymbool dat daarbij hoort. Klanksymbool is een symbool dat uitdrukking geeft aan de klank van het bijbehorende woord, bijvoorbeeld LAM, VAM, enzovoort.

Als je deze energiecentra wilt tekenen, kun je het eenvoudig houden door alleen de cirkel met de lotusbladeren en het klanksymbool binnen de cirkel af te beelden, zoals op de volgende pagina's is te zien. Wanneer je het leuk vindt om er iets meer van te maken kun je het 'voertuig' – het diersymbool – dat bij dat specifieke element hoort en die de aard ervan tot uitdrukking brengt, in het hart erbij tekenen. Dat voegt nog iets extra's toe aan het geheel. Volg verder de aanwijzingen in de hierna volgende tekst. Zie ook de kleurenafbeeldingen tegenover pagina 257.

1 Wortellotus – moeladhara-chakra

Het eerste chakra wordt gesymboliseerd door een lotus met vier rode bladeren.

Het hart van de lotus heeft als symbool een goudgeel vierkant met het klanksymbool LAM: dit vierkant is het symbool voor het element *aarde*. Het 'voertuig' van dit chakra is Indra's symbool voor olifant: *airavati*, een dier met zeven slurven.

Heersende kracht: Ik heb... zwaartekracht.

2 Zesbladige lotus – svadhisthana-chakra

Het tweede chakra wordt gesymboliseerd door een lotus met zes oranjekleurige bladeren.

Het hart van de lotus heeft als symbool een witte maansikkel met klanksymbool VAM: de maansikkel is het symbool voor het element *water*. Het 'voertuig' is *makara*, een soort alligator met een vissestaart in plaats van poten.

Heersende kracht: Ik voel... aantrekking van tegenpolen.

3 Navellotus – manipoera-chakra

Het derde chakra wordt gesymboliseerd door een tienbladige gele lotus.

Het hart van de lotus heeft als symbool een bloedrode driehoek met omlaagwijzende punt en met klanksymbool RAM; deze driehoek is het symbool voor het element *vuur*. Haar 'voertuig' is de *ram*.

Heersende kracht: Ik kan... verwerken en verbranden.

4 *Hartcentrum – anahata-chakra*

Het vierde chakra wordt gesymboliseerd door de groenkleurige twaalfbladige lotus.

Het hart van de lotus heeft als symbool een blauwgrijze ster met zes punten, waarin als klanksymbool YAM: deze zespuntige ster is het symbool voor het element *lucht* in beweging. Het 'voertuig ' van dit element is de *gazelle* vanwege haar snelheid, beweeglijkheid en schuwheid.

Heersende kracht: Ik houd van... evenwicht.

Deze bovenstaande vier centra samen vormen de grove elementen waarin alle medeklinkers van het Sanskriet alfabet zijn opgenomen.

Daarna treedt toenemende differentiatie op met als gevolg een toenemend aantal bloembladeren. Dit duidt op een hogere trilling en graad van activiteit die correspondeert met een hoger bewustzijn.

5 *Keelcentrum – visoeddha-chakra*

Het vijfde chakra wordt gesymboliseerd in de helderblauwe zestienbladige lotus. De associatie: het subtiele element *ether* in de hoedanigheid van ruimte (*akasha*), de voedingsbodem voor klank en medium voor trillingen.

Hier zetelt de geboorte van het spraakvermogen en het vermogen tot voortbrengen van mantrische klanken.

Het hart van de lotus wordt gesymboliseerd door het klanksymbool HAM, die wordt afgebeeld op een witte druppel of schijf waarin een op zijn punt staande driehoek is getekend (volle maan); deze wordt gedragen door een witte olifant met zes slagtanden.

Heersende kracht: Ik spreek... zingend en meevoelend.

6 Derde oog – ajna-chakra

Het zesde chakra wordt gesymboliseerd door de kleur indigoblauw en twee witte bloembladeren rond een cirkel. Het hart van de lotus draagt als symbool in de cirkel een naar beneden gerichte gouden driehoek met het klanksymbool OM.

Heersende kracht: Ik zie… inzicht door naar binnen keren.

Volgens de Tibetaanse opvatting behoort dit chakra tot het domein van de duizendbladige lotus; om die reden wordt dit chakra niet als een zelfstandig centrum beschouwd. In de Tibetaanse traditie wordt het ajna-chakra daarom alleen gezien in samenhang met het kruinchakra.

7 Sahasrara-padma of kruincentrum

Het zevende chakra wordt gesymboliseerd door de kleur violet en stralend wit licht in de duizendvoudige lotus met OM als klanksymbool. De bloemblaadjes vertegenwoordigen de oneindige verscheidenheid en vormen een optelsom van alle klanken van de chakra's. De duizendvoudige lotus wordt om deze reden beschouwd als zijnde van een hogere orde dan de andere zes chakra's.

Het hart van de lotus draagt als symbool een schijf, open van boven en voorzien van het klanksymbool OM, omgeven met tien bloemblaadjes die achter elkaar opengaan in de duizendbladige lotus.

Heersende kracht: Ik weet… meditatie.

Associatie met goden en godinnen

Bijzonder aan deze chakra's is dat ze ook worden geassocieerd met goden en godinnen. Zo wordt voor het eerste chakra de godin Dakini, vergelijkbaar met Dèmèter en Ceridwen, genoemd en als god het kind Brahma en Boddhicitta.

De godin Dakini is de spirituele helpster die de kracht van de inspiratie leidt en de eenwording bevordert.

In het *tweede chakra* noemt men als godin Sakti Rakini en Indra, die te vergelijken zijn met Diana en Artemis, terwijl men als god Vishnoe noemt, die vergelijkbaar is met Dionysos en Pan.

Het *derde chakra* geeft plaats aan de godinnen Lakini en Agni; in andere culturen is dat Athena. Als god noemt men ook hier Vishnoe, die je kunt vergelijken met Apollo en Ra.

Het *vierde chakra* geeft plaats aan de godin Kakini, in onze cultuur vergelijkbaar met Aphrodite en Freya. Als god wordt Isa, Lakshmi en Krishna genoemd; in onze termen is dat Eros en je zou hier ook Christus een plaats kunnen geven.

In het *vijfde chakra* noemt men als godin Gauri - de eeuwige, Ganga en Sarasvati, voor ons vergelijkbaar met Brigit. Als god geeft men hier Sadasiva een plaats, die bij ons door Hermes en Apollo zou worden ingenomen.

Bij het *zesde chakra* worden de godinnen Shakti en Hakini genoemd, te vergelijken met Tara en Isis en de god Krishna, vergelijkbaar met Morpheus en Apollo.

Voor het *zevende chakra* gelden godheden (goden en godinnen) in algemene zin en noemt men Ama-kala, Shiva, Zeus, Allah, Nut, Inanna en Odin.

16.4 Goden en godinnen in de mandala

In de psyche van vrouwen heeft de archetypische indrukwekkende grote oergodin als moedergodin veel invloed gehad. We zien haar terug in de culturen en de mythologieën van de verschillende volkeren. Bij bestudering van de culturen vind je dan ook godinnen die dezelfde aspecten dragen als deze moedergodin. Door je via tekeningen met de aard van iedere godin afzonderlijk te verbinden krijg je zicht op de verschillende aspecten van deze godinnen. De moedergodinnen hebben ondanks alles hun plaats weten te behouden in de grote mythologieën van alle tijden. Zij vertegenwoordigen daarin de levenscyclus van conceptie, geboorte en dood.

Vaderschap speelde in die oude tijd nog geen rol in het religieuze denken en er waren nog geen mannelijke goden.

Vast staat echter dat mannen werden vereerd als 'brengers van Vrouwelijke Levenskracht', die nauw verweven was met vruchtbaarheid en natuur, maar ook als Bron van Leven en Dood. Daar komt verandering in wanneer het patriarchaat - de heerschappij van de man - ontstaat. Dan gaat veel van de indrukwekkende Grote Moeder uit de mythologie verloren en verandert de manier van denken ten opzichte van de oorspronkelijke matriarchale maatschappelijke orde. De mannelijke goden worden het belangrijkst in de zich ontwikkelende nieuwe structuur van de maatschappij, eerst bij de Grieken, later bij de Romeinen en dan ook bij de christelijke culturen.

Zoals je in het vorige thema hebt kunnen zien, valt in het laatste zevende chakra zelfs het onderscheid tussen mannelijke en vrouwelijke goden weg en wordt het symbool androgyn. Goden zijn hier 'mensen, die zowel het vrouwelijke als mannelijke element in zich verenigd hebben'.

Oorspronkelijk was er in de Griekse cultuur sprake van twaalf Olympische goden, bestaande uit zes goden: Zeus, Poseidon, Hades, Apollo, Ares en Hephaistos, en zes godinnen: Hestia, Demeter, Hera, Artemis, Athena en Aphrodite.

Volgens de geschiedenis is er in die tijd nog sprake van evenwicht tussen de mannelijke en vrouwelijke krachten.

De zes historische godinnen plus hun archetypen drukken dus allen één of meerdere aspecten van de grote oergodin uit als dragers van de 'bron van leven en dood'. Hierbij kun je denken aan vruchtbaarheid, maar ook aan het destructieve karakter van de natuur. Men beschouwde de grote godin als 'onsterfelijk, onveranderlijk en almachtig'. Veel hiervan is verloren gegaan sinds paardrijdende nomadische volkeren deze klasseloze maatschappij vernietigden, waarbij de kenmerken van macht haar werden afgenomen en aan de mannelijke goden werden toegekend. In ons collectieve onbewuste ligt dit gegeven echter, zowel bij mannen als bij vrouwen, nog opgeslagen. De onttroning van de godinnen werd in latere tijden voltooid door de hebreeuwse, islamitische en christelijke godsdiensten.

In de tekengroep werd in het kader van het thema Godinnen allereerst gekozen voor de uitwerking van de *godin van de liefde: Aphrodite*.

In het boek van Jean Shinoda Bolen wordt deze godin juist als laatste behandeld, omdat zij afwijkt van alle andere. De auteur noemt deze godin: de alchemistische godin, waarmee zij bedoelt dat deze in haar aard en uitstraling, haar liefdevolle natuur, eigenlijk alle andere godinnen in zich verenigd en verbonden heeft.

Wanneer ik de teksten hierover bestudeer, moet ik haar daarin gelijk geven, al moeten we er dan wel vanuit gaan dat deze godin geboren is uit de god Zeus en de zeenimf Dione.

Want er bestaat nog een andere versie van haar geboorte. Lees maar: 'Toen Kronos de geslachtsdelen van zijn vader Ouranos had afgesneden en deze in zee wierp, ging het water schuimen en verrees uit dat schuim Aphrodite als een volwassen godin... uit de diepten van de zee geboren, meegevoerd door een zachte wind en aan land gebracht op het eiland Cyprus. Zij dreef in een schelp van de kammossel naar het ondiepe water, naakt en glimlachend - weerloos zou men hebben gedacht... Maar zij bleek een van de sterkste onder de goden en godinnen te zijn.'

Dit beeld is door Botticelli vereeuwigd als: Venus die uit de zee verrijst. (Venus is de Romeinse versie van Aphrodite.)

Het lijkt dus een beetje tegenstrijdig om juist te beginnen met Aphrodite, omdat zij het sluitstuk schijnt te vormen van de weg die wij allen moeten gaan om ons 'godinnenbewustzijn' wakker te maken. Maar misschien is het juist daarom wel interessant de weg eens om te draaien en hier te beginnen: vanuit het begrip van Heelheid en Liefdevolle aandacht een beroep te doen op de andere delen van de godinnen in jezelf... Laten we maar eens gaan kijken...

We vinden bij de godinnen drie categorieën van kracht en potentie: de alchemistische, de maagdelijke en de kwetsbare aspecten die door verschillende godinnen worden vertegenwoordigd. In Aphrodite zijn deze drie krachten verenigd, waardoor zij heelheid uitstraalt; zij is de alchemistische godin.

Wanneer verschillende aspecten van godinnen in een vrouw strijd voeren, dient zij zich hiervan bewust te worden en te kiezen door welk aspect van welke godin in haarzelf zij zich zal laten leiden bij het nemen van haar beslissingen. Zij kan zelf kiezen welk aspect op welk moment in haar tot uiting komt, zodat zij niet langer een speelbal van om haar heen bewegende krachten zal zijn.

Deze potenties vertegenwoordigen instinctieve machten in de psyche van elke man en vrouw, die onweerstaanbaar zijn wanneer je er een beroep op doet. Wanneer je door de negatieve aspecten van deze potenties wordt beïnvloed, moet je je daarvan bewust worden en leren er weerstand aan te bieden; je moet ze dus niet blindelings blijven volgen.

Die negatieve invloeden spiegelen ons slechts de destructieve natuur van deze archetypische godinnen, die bij hun gedrag geen rekening houden met de belangen van sterfelijke vrouwen en mannen of met hun onderlinge relaties. Het is dus voor jezelf belangrijk een aantal 'gedragscodes' te ontwikkelen waardoor je binnen je eigen context zuiver met deze aspecten omgaat.

Om intens lief te kunnen hebben, zinvol te werken, sensueel en creatief te zijn moet een vrouw godinnen uit alle drie categorieën in haar leven tot uiting laten komen.

16.5 De godin Aphrodite: de alchimiste

'Een verzoek weigeren van u die in de armen van de koning des hemels slaapt, zou even onjuist als onmogelijk zijn,' antwoordde de graag lachende Aphrodite. Zij nam van haar boezem de met merkwaardige steken geborduurde gordel waarin haar tovermacht schuilt. Met deze 'tovermacht' kon zij liefde en begeerte opwekken en zoet-bekorende woorden spreken die van een wijs man een dwaas maken. 'Hier,' zei ze en overhandigde de gordel aan de godin Hera, 'neem deze gordel en bewaar hem aan uw boezem.' En wijzende op de merkwaardige steken voegde ze er aan toe: 'Heel mijn macht schuilt hierin en ik vrees niet dat u onverrichter zake zou terugkeren.'

Het domein en de attributen van Aphrodite

Het *domein* van Aphrodite is: lucht, aarde en zee, uit de hemel geboren via het water; het hele gebied van de geestelijke en lichamelijke liefde.

De *attributen* van Aphrodite zijn: machtsgordel aan haar boezem, dolfijn, duif, zwaan en granaatappel, mirte en linde.

In dit eerste tekenthema begeven we ons in de huid van de godin van liefde, schoonheid en vruchtbaarheid. Echtgenote van de hemelse god der smeedkunst: Hephaistos...

Wat maakt deze godin zo bijzonder?

- In de eerste plaats haar vermogen iedereen om haar heen het gevoel te geven dat zij van hen houdt, ongeacht hun aard, mannelijk of vrouwelijk, kind of vijand.

- In de tweede plaats haar vermogen alle krachten en kenmerken van de godin in zichzelf te verenigen.

- Als derde extraatje gold haar innerlijke schoonheid. Ik ben ervan overtuigd dat een Aphrodite-schoonheid geen uitgesproken aardse schoonheid is, maar dat zij een meer 'charismatische' uitstraling bezit.

Aphrodite in haar beste hoedanigheid is noch een maagdelijke godin, hoewel ze dat wel kan zijn, noch een kwetsbare godin zoals bijvoorbeeld Demeter. Zij is onafhankelijk en zelfstandig, zeer creatief en sensueel als vrouw, een echte transformerende godin. Zij is een vrouw die het vrouwelijke uitstekend kan verbinden met het ambachtelijke, verder warm en vriendelijk is voor iedereen en toegankelijk van aard. Minnares, echtgenote en een sterke bondgenoot van mannen.

Zij is ondeugend en maakt graag plezier, flirt graag en hoewel niet altijd opzettelijk bedoeld, roept zij het gevoel op dat zij op je gesteld is en wel meer van en met je zou willen... hetgeen wel eens verkeerde reacties ten gevolge heeft.

Eerste tekenthema: de spiegel van Aphrodite

- Stel je in op de kwaliteiten van de godin Aphrodite die je gaat tekenen.

- Stel je voor hoe zij zichzelf zou willen zien... Aphrodite beschikt daarvoor over een toverspiegel, die haar in haar mooiste aspecten laat zien...

- Stel je voor dat jij ook zo'n spiegel bezit... Zie de *achterzijde van de spiegel* in gedachten voor je: hoe ziet de mooie bewerkte achterzijde van jouw toverspiegel eruit?

- Teken de symbolen van de achterzijde van je spiegel met wit potlood op zwart papier en kleur haar daarna.

Tweede tekenthema: de godin Aphrodite

- Nadat je de spiegel hebt getekend, kun je in gedachten de spiegel omdraaien zodat je de spiegelzijde ziet.

- Deze toverspiegel is in staat om alle patronen die niet bij jou horen, te wissen en toont je je ware gelaat.

- Kijk goed naar de prachtige 'Aphrodite' die je in de spiegel ziet. Dat ben jij. Het is jouw spiegelbeeld dat je tegemoet straalt.

- Geniet even van dit heerlijke moment en houd het beeld van deze schitterende godin, die alle krachten optimaal in zich verenigd heeft, voor ogen.

- Sluit dit beeld in je hart en voed het met kracht, zodat je uit kunt groeien tot het wezen dat jij werkelijk bent.

- Teken dit innerlijke beeld op je zwarte papier met wit potlood. Laat het wit stralen en schijnen, geef het alle kracht en schoonheid mee waarover jij beschikt en geniet van jouw uitbeelding van Aphrodite...

- Vraag dat getekende beeld tenslotte welke kleuren zij graag in dit beeld wil zien en breng deze kleuren in je tekening aan (zie als voorbeeld de kleurenafbeelding op de achterzijde van het boek en die tegenover pagina 288).

16.6 De grote oergodin en haar archetypen

Uitgaande van het eerste thema, waar de alchemistische godin Aphrodite aan de orde was, zag je al dat de zes godinnen zich uiten in aspecten van de grote oergodin en haar archetypen. Van de Griekse godinnen hebben Aphrodite, Demeter en Hera de meeste macht om ons een bepaald gedrag op te leggen. Deze drie godinnen staan daardoor dichter bij de grote godin dan de andere vier.

Ter verduidelijking:

- *Aphrodite* is de minder machtige versie van de grote godin in haar functie van godin van de vruchtbaarheid.

- *Demeter* is de minder machtige versie van de grote godin in haar functie van de godin als Grote Moeder.

- *Hera* is de minder machtige versie van de grote godin in haar functie als koningin van de hemel.

We vinden het equivalent van de grote moedergodin in andere godinnen als: Astarte, Isis, Inanna, Noet, Isjtar, Asjtoret, Sjakti, Gea, Nina, Nammoe en Ningal. Ook de Iers-Keltische cultuur kende deze grote godin in de vorm van: Ana of Anu, Briga of Bridget. De priesteressen van Avalon vertegenwoordigden haar in de moeder, de vrouwe, de maagd en het oude wijf (de dood). In India vinden we haar terug als grote oermoeder Aditi of in de Oudindische versie bij de Tamils als oermoeder godin Ammavaru.

Bij de Navajo-indianen vinden we de oergodin terug in de Vrouwe van het Noorden en Zuiden, het Oosten en Westen. Men spreekt daar over twee soorten vrouwelijke energie in de vorm van Gekke Vrouw en extatische Regenboogmoeder als west-oost; en Grote Voedende Moeder en Moeder van de Dood als noord-zuid. Een vrouw zet in deze cultuur haar energie om in extatische Regenboogmoeder of in de vorm van Grote Voedende Moeder.

Tot slot is er de moedergodin van Egypte, Amaunet, die de verpersoonlijking is van de levenwekkende noordenwind en die wordt afgebeeld als slang met een slangenkop, waarop een Beneden-Egyptische kroon. Van haar wordt vermeld dat zij de moeder is die tevens vader is en in deze hoedanigheid geen echtgenoot nodig heeft.

16.7 De Godinnen Demeter, Perséphoné en Hera: de kwetsbaren

Wat zijn de potenties die de kwetsbare godinnen in staat stellen zich te handhaven? De moedergodin Demeter, haar dochter, de godin Perséphoné (als zevende godin hier toegevoegd), en de godin Hera als vrouw en echtgenote zijn kwetsbaar door hun afhankelijke opstelling in het leven en in hun relaties. Welke potenties bieden deze godinnen de mogelijkheid te 'leven' en 'overleven' in een patriarchale cultuur, zoals die ten tijde van de overlevering bestond?

In de belangrijkste mythe over Demeter, die de godin van het graan en de landbouw was, ligt de nadruk op haar rol als moeder van Perséphoné, de koningin van het dodenrijk, die ieder jaar als Korè (het Griekse woord voor meisje) de lente aankondigt. Perséphoné liet zich door de god Hades ontvoeren, at van de granaatpitten die hij haar aanbood en werd door haar relatie met hem verplicht een derde deel van het jaar in zijn onderwereld door te brengen. De rest van het jaar mocht zij bij haar moeder zijn, zo wil het verhaal.

Bij de kwetsbare godinnen vormen de belangrijkheid van hun relaties de bron van hun leven en dit bepaalt hun afhankelijkheid. Zij leven *door* en *voor* een ander. Demeter, als moeder van haar dochter, ziet haar dochter als een verlengstuk van zichzelf en is doodongelukkig als zij zich van haar afwendt. Perséphoné, als dochter van haar moeder en in haar relatie met haar echtgenoot, wordt heen en weer geslingerd tussen haar rol van ontvankelijke meegaande vrouw en gehoorzame dochter en is overgeleverd aan de beide aan haar trekkende krachten.

En dan de godin Hera, die in de personificatie van vrouw en echtgenote in haar relatie haar onafhankelijkheid opoffert aan het huwelijk, blijft onder alle omstandigheden trouw en ontleent aan die hoedanigheid haar belangrijkheid waarvoor zij wordt vereerd. Door deze levenshouding konden de kwetsbare godinnen dus 'leven' en 'overleven'.

Je weet inmiddels dat iedere vrouw, wil zij zich volledig kunnen ontplooien en 'heel' kunnen voelen, uiting moet geven aan aspecten van alle drie categorieën: de kwetsbare, de maagd en de alchemistische godinnen. Op het moment dat kwetsbare vrouwen zich bewust worden van hun afhankelijke staat en zij dit in positieve zin willen omzetten, moeten zij zich losmaken uit die afhankelijke rol. Pas dan kunnen aspecten van de andere godinnen zich in haar doen gelden en kan zij kiezen voor de manier waarop zij haar eigen leven gestalte wil geven.

Het domein en de attributen van de kwetsbare godinnen

Het *domein* van de 'kwetsbare' godinnen is te vinden op alle terreinen die later door de mannelijke goden werden overgenomen. Als vertegenwoordigers van de grote godin als moeder, dochter en echtgenote beschouwde men hen als: onsterfelijk, onveranderlijk en almachtig. Zij droegen de potentie en de kenmerken in zich om zich in positieve dan wel in negatieve zin uit te drukken en leven te geven aan... het scheppende principe.

De *attributen* van deze drie godinnen zijn: een krans van gevlochten korenaren, bloemen of een slangenkroon rond het hoofd. Zij gebruikten heilige symbolen zoals slangen, duiven, de maan en bomen. Deze godinnen bedienden zich van rituelen om hun identiteit gestalte te geven. Zij waren de beschermvrouwen van wilde dieren en mysteriën.

Tekenthema bij de kwetsbare godinnen

- Neem de kwaliteiten van de hierboven beschreven godinnen goed in je op.

- Met welk van deze godinnen voel je je verbonden?

- Welke attributen spreken je het meeste aan en welk domein zou je kiezen?

- Laat, al mediterend, een bundel licht door je heen stromen en voel die energie. Stuur deze energie door je gehele lichaam en door je voeten naar de aarde en laat haar met vernieuwde kracht terugstromen in je lichaam. Breng de energie naar je hart en laat haar zich daar in volle sterkte uitbreiden, zodat je je omgeven voelt door een sterke stralende lichtkracht...

- Vraag dan aan je bron om het innerlijke beeld te mogen ontvangen van jouw moedergodin, die aan jou haar scepter zal overdragen en je zal kronen met haar hoofdtooi, een krans van korenaren, een bloemenkrans of een slangenkroon...

- Wanneer je dit beeld innerlijk duidelijk voor ogen hebt, laat je het heel sterk worden en voorzie je het van lichtenergie.

- Keer dan terug naar je zwarte tekenpapier en teken dit beeld zo goed en zo sterk mogelijk met je witte potlood.

- Wanneer je helemaal tevreden bent, keer je weer terug naar dat innerlijke beeld van diepe meditatie en vraag je om de kleuren die je aan jouw godin mag meegeven.

- Kleur dan tenslotte je moedergodin in met de bij haar passende kleuren (zie als voorbeeld de kleurenafbeeldingen tegenover pagina 289).

16.8 De godinnen Athena, Artemis en Hestia: de maagdelijken

In dit derde thema onderzoeken we de maagdelijke godinnen en de aspecten waarin zij zich in het archetypische beeld van deze godin manifesteren.

Psychologisch gezien is de maagdelijke godin dat deel van een vrouw dat niet bepaald is door collectieve, sociale en culturele ideeën. Dit aspect van de vrouw wordt volledig bepaald door wie ze zelf is en wat ze zelf belangrijk vindt. Het is zuiver en ongerept.

Dit manifesteert zich onder meer in feminisme, ambitie om iets te worden wat voor een vrouw ongebruikelijk is. Dat kan ook een creatieve activiteit zijn die voortkomt uit de eigen ervaringen als vrouw. Regelmatig mediteren of belangstelling ontwikkelen voor verliesverwerking en hulpverlening zijn vormen waarin ze dit kan uiten. Zo ontstaan er typisch vrouwelijke vormen van praatgroepen, zelfhulpgroepen en creatief kunstzinnige groepen die allen uiting geven aan het maagdelijke archetype.

Welke kwaliteiten van de maagdelijke godinnen draag jij bij je? Herken je je in een van deze godinnen? Wat is de kenmerkende kracht van deze maagdelijke godinnen en wat kun je voor jezelf doen door ze in je bestaan te integreren?

Ben je als Athena, die geestelijk 'geharnast' en een koele denker is? Weet je het hoofd koel te houden in welke strijd dan ook?

Ben je als Artemis, die geestelijk 'onafhankelijk' is ten aanzien van de mening van mannen en is je reactie doorgaans intens en intuïtief?

Ben je als Hestia, die geestelijk 'zelfstandig en eenzelvig' is en voor wie gevoelens op de eerste plaats komen en die de zin van haar leven vindt in concentratie op haar dagelijks werk en in meditatie?

De godinnen Athena, Artemis en Hestia waren als enigen bestand tegen het vermogen van Aphrodite om hartstocht, erotisch verlangen en romantische gevoelens op te wekken. Zij waren ongevoelig voor liefde, verliefdheid en seksualiteit.

Een vrouw met deze instelling is zichzelf genoeg, hoort aan geen enkele man toe, gaat haar eigen gang en streeft er niet naar te behagen. Zij doet wat ze doet omdat ze dat juist vindt en wordt gemotiveerd door de behoefte om haar eigen innerlijke waarden te respecteren en alleen datgene te doen wat voor haar zinvol en bevredigend is. Ze laat zich nooit beïnvloeden door de mening van andere mensen.

Wat delen deze drie godinnen met elkaar?

Vanuit hun vrouwelijke psyche zijn ze alle drie onafhankelijk, actief en zelfstandig. Ze vertegenwoordigen de innerlijke drijfveren van vrouwen om hun talenten te ontwikkelen, zich bezig te houden met hun interesses en hun problemen op te lossen. Ze beoefenen de vrije expressie in allerlei kunstvormen, willen in hun omgeving orde scheppen en ontwikkelen een sterke behoefte om een contemplatief leven te leiden.

Voor alle drie is dit het deel in vrouwen dat geen behoefte heeft aan mannen of aan bevestiging door een man. Het is het deel van de vrouw dat volledig zelfstandig bestaat. Psychologisch gezien zijn deze godinnen allen maagdelijke typen, maar ze hoeven dat niet op lichamelijk gebied te zijn.

Wat is het gevaar voor te sterke aanwezigheid van deze kant in de vrouwelijke psyche?

Deze vrouwen kunnen het contact verliezen met hun eigen emotionele en instinctieve leven. Zij kunnen moeilijk banden ontwikkelen met andere mensen. Zij leiden een mogelijk eenzijdig bestaan dat ook vaak eenzaam is. De traditionele 'vrouwelijke' eigenschappen als zorgzaamheid, afhankelijkheid en ontvankelijkheid kunnen ontbreken.

Gelukkig echter zijn wij geen godinnen, maar vrouwen van vlees en bloed, die kunnen groeien en veranderen.

Zo kan een maagdelijk ingestelde vrouw van Hera leren hoe ze zich kan inzetten voor een hechte relatie; onder invloed van Demeter misschien tot moedergevoelens komen; van Perséphoné leren wat ontvankelijkheid betekent; door verliefd te worden onverwacht ervaren dat ook Aphrodite een deel van haar is.

Het domein en de attributen van de maagdelijke godinnen

Het domein van *Artemis* is de jacht en de maan. Ze is naar buiten gericht en vindt prestaties belangrijk, en ze is daarbij sterk geconcentreerd. Ze gaat volledig op in wat ze doet en sluit buiten wat niet van belang is. Haar doel of taak zoekt zij buiten zichzelf.

De attributen van Artemis zijn een zilveren pijl en boog en een zilveren pijlkoker. Ze draagt een fakkel in de hand en sterren rond haar hoofd. Zij draagt een kort gewaad tot de knie.

Hert, gans en hond zijn haar toegewijd, terwijl de leeuwin haar vaardigheden symboliseert. Zij is de schutspatroon van wilde dieren, onder andere van de beer. Het everzwijn stelt haar destructieve aspect voor, terwijl het wilde paard haar ongetemd zijn symboliseert.

Artemis, die bij de Romeinen Diana, Diviana - de lichtende, is, is ook verwant aan de godinnen Selene en Hekate. Zij leefde met haar nimfen in de wildernis en noemde deze 'zusters'; ze vermijdt mannen en hun invloed. Haar macht is een creatieve macht; ook is zij de godin van de dood. De 'zuster'groep bestaat uit 'stoere individualisten'.

Athena, de Romeinse krijgsgodin Minerva, is de godin van de vrede, wijsheid, welvaart en recht, kunsten en het handwerk. Ook zij is naar buiten gericht en gaat volledig op in wat ze doet. Wat volgens haar niet van belang is, sluit zij buiten; ze vindt haar doel of taak buiten haarzelf en wil presteren. In tegenstelling tot Artemis deed Athena juist mee met mannen als hun gelijke of meerdere. Zij was een stratege die het hoofd in de strijd koel wist te houden. Haar kracht ligt in haar identificatie met mannen en zij behoort tot de categorie carrièrevrouwen of vrouwen die kiezen voor mannenberoepen. Zij is ook de godin van de oorlog.

Athena's attributen zijn de helm, lans en schild; de dieren die haar begeleiden zijn de vogel en de slang.

Hestia, de Romeinse Vesta, was beschermster van de huiselijke haard in de particuliere Romeinse cultus. Later wordt zij ook de beschermster van het staatsvuur in de tempel als de Vestaalse maagd.

Hestia was zeer naar binnen gericht en bezat een geconcentreerd bewustzijn dat zij door langdurige meditatie naar een spiritueel centrum kon richten, zonder daarbij afgeleid te worden. Zij gaat volledig op in wat zij doet en sluit buiten wat niet van belang is.

Zij leeft kalm en onopvallend en concentreert zich op haar dagelijks werk en meditatie, waarin ze de zin van haar leven vindt. Door zich op tijd terug te trekken vermijdt ze concurrentie.

Hestia's attributen zijn de ezel en de scepter die zij in haar linkerhand draagt.

Tekenthema bij de maagdelijke godinnen

- Stel je opnieuw in op de krachten van deze godinnen. Ditmaal roep je vooral die krachten in je op die je herkent in de maagdelijke godinnen en dus bij jezelf.

- Ga vervolgens te werk zoals in de voorgaande thema's en geef alle lichtende energie een plaats in je hart, zodat je de kracht van de bij jou passende godin op je zwarte papier met je witte potlood vorm kunt geven.

- Keer dan opnieuw terug naar je innerlijke bron en vraag om de kleuren die deze maagdelijke godin voor jou mag dragen. Kleur je beeld en werk de tekening zo fraai mogelijk uit.

16.9 Het aanroepen van de godinnen

Tot slot van het verhaal rond de godinnen nog dit:

Dit verhaal is natuurlijk nooit af te ronden. Er zijn bovendien nog vele andere godinnen uit andere culturen die noemenswaardig zijn en samenvallen met deze Griekse en Romeinse godinnen. De bedoeling van onze inspanning is echter deze:

> *Wij allen, mannen en vrouwen, moeten opnieuw de creatieve godinnenkrachten in ons wakker roepen en helden en heldinnen worden...*
>
> *Assertiever zijn als...*
>
> *Perséphoné, de volgzame;*
> *Hera, die haar man het belangrijkst in haar leven vond;*
> *Demeter, die altijd voor anderen wilde zorgen...*

Dat kunnen we bereiken door de verschillende soorten van macht en creativiteit die de godinnen ons te bieden hebben, in ons leven toe te laten en met haar in gesprek te komen, zodat deze krachten als een positieve impuls in ons kan doorwerken.

Mocht dit alles nog niet voldoende zijn om je bewust te maken van de bron van kracht die door je heen vloeit, dan kun je iedere godin persoonlijk aanroepen en om hulp vragen:

- *Aphrodite*, help me om lief te hebben en van mijn lichaam te genieten.

- *Demeter*, leer me om geduldig en onzelfzuchtig te zijn; help me een goede moeder te zijn.

- *Perséphoné*, help me om open en ontvankelijk te blijven.

- *Hera*, help me om me te binden en trouw te zijn.

- *Athena*, help me om in deze situatie goed na te denken.

- *Artemis*, zorg ervoor dat ik op dat verre doel geconcentreerd blijf.

- *Hestia*, vereer me met je aanwezigheid, breng me vrede en sereniteit.

Wanneer je in moeilijke situaties, in diepe meditatie, deze aanroep tot de bewuste godin richt en je ervan overtuigd bent dat zij je hoort, dan zal dit voor je gaan werken. Je zult dan ervaren dat de kracht die door je heenstroomt onverbrekelijk verbonden is met de Bron van alle dingen of we die nu God of Godin noemen.

Zie de kleurenafbeeldingen tegenover pagina 320.

16.10 Het masker in het teken van de mandala

Nadat de tekengroep die een belangrijk deel van het plaatwerk voor dit boek heeft verzorgd, zich intens had bezig gehouden met de godinnen, ontstond er een dringende behoefte opnieuw in de spiegel te kijken. Dat was aanleiding voor de groep om als volgend thema te kiezen: het eigen gezichtsmasker.

Als je in de spiegel kijkt, zie je een tweedimensionaal beeld van je eigen gezicht. Om een gelaat in een driedimensionale vorm weer te geven, moet je de derde dimensie erbij betrekken, hetgeen je kunt doen door je ogen te sluiten en met je handen je gezicht zorgvuldig af te tasten. Hierdoor word je je bewust van hollingen en bollingen, zacht en hard, kortom: je ervaart nu drie dimensies.

Het gelaatsmasker ontstaat door het werken met die drie dimensies van je eigen gezicht. Dat is in een beeldhouwwerk gemakkelijker dan op het platte vlak. Immers: het beeld heeft al drie dimensies en bezit hoogte, breedte en... diepte. Daar kun je je dus gemakkelijker een ruimtelijke voorstelling in 'denken'. Of zoals kinderen zouden zeggen: 'hoc wist je dat er een mens zat in die steen?' Vandaar dat het heel natuurlijk is dat men in eerste instantie afbeeldingen in de vorm van een beeldhouwwerk, driedimensionaal dus, uitwerkte. Veel later pas bepaalde men de regels voor het uitbeelden van drie dimensies in het platte vlak.

Het eigen gelaatsmasker is voor mij het mooiste masker, maar tegelijkertijd realiseer ik mij dat veel mensen het griezelig vinden om hun eigen gezicht af te (laten) dekken met een laag gips. Toch is het heel goed mogelijk. Om een dergelijk masker te creëren moet je op zijn minst met zijn tweeën zijn, zorgvuldig werken en elkaar volledig vertrouwen.

16.11 De mooiste maskers vormen ons eigen gelaat!

Voor het maken van de gelaatsmaskers heb ik met de groep een eenvoudige werkwijze toegepast. We hebben gebruik gemaakt van voorbehandeld gipsverband dat in hobbyzaken en speelgoedzaken te verkrijgen is. Je kunt ook verband door een gipsbad halen, wat echter sneller werken en ervaring met het verwerken van gips vergt.

Om te beginnen hebben we ons de volgende vragen gesteld:

- Wat is het bijzondere van het maken van een gelaatsmasker voor mij?

- Is er genoeg wederzijds vertrouwen?

- Kunnen we liefdevolle aandacht voor elkaar opbrengen om samen zo'n masker te maken?

- Durf je jezelf over te geven aan de handen van een andere persoon, ook al is die persoon je vertrouwd?

- Wil je dit experiment wel aangaan? Of vind je het eng?

- Zijn er voorwaarden onder welke je het experiment wél aandurft?

Wanneer er teveel vragen ontkennend beantwoord worden, kun je beter niet aan een dergelijk experiment meedoen. Respecteer elkaars gevoelens en forceer deze niet. Door het zien van de uitwerking bij andere deelnemers kan iemand eerst zien hoe het proces in zijn werk gaat en er kan dan altijd nog voor gekozen worden om toch mee te doen. Mocht dat niet het geval zijn, dan kan de betreffende persoon het eigen gezicht in de spiegel bekijken, het daarna met gesloten ogen aftasten en proberen dit driedimensionaal te tekenen.

Er is dus liefdevolle aandacht en een vertrouwensband nodig tussen degene die het gelaat van de ander gaat afdekken en degene die dit ondergaat. Om alles prettig te laten verlopen moeten er enige voorzorgsmaatregelen worden genomen:

- Bereid je gipsverband voor door er vooraf stroken van te knippen die over de volle breedte van het gezicht passen.

- Zet een bak handwarm water klaar om de stroken in te dompelen.

- Houd een handdoek bij de hand om snel je handen te drogen of bij je model wat water/gips weg te deppen.

- Het haar van degene bij wie het masker wordt aangebracht, moet vooraf met een badmuts of huishoudfolie worden afgedekt, zodat het gips en water er niet in kan lopen.

- Breng ook vooraf een haarband aan over de oren.

- Het gezicht moet zorgvuldig tot aan de haargrens met zuurvrije vaseline worden ingevet, anders laat het masker niet goed los.

- Zorg voor een goede halfliggende houding; een stretcher of bed zijn hiervoor zeer geschikt. Dek deze wel af met een laken of doek.

- Laat je 'maskermaatje' plaatsnemen op de stretcher of het bed en zorg dat zij of hij een gemakkelijke houding heeft, want het gehele proces duurt al gauw twintig tot dertig minuten.

- Zorg dat je model het niet koud krijgt, leg eventueel een deken over hem of haar heen. Dek dan de ogen af met een oogmaskertje, dat verkrijgbaar is in de drogisterij. Doe een grote kapmantel om de schouders of gebruik een handdoek om de hals en schouders te beschermen. Een kussen met extra sloop onder het hoofd doet goede diensten: je model kan even lekker uitrusten.

Maak van tevoren wel afspraken wat mag en niet mag. Bijvoorbeeld: de proefpersoon is wat angstig en wil slechts een halfmasker. Zij of hij moet je kunnen vertrouwen, je mag dus niets forceren.

Wanneer je model het benauwd krijgt, stop je even en kijk je of ze zich herstelt. Vraag altijd of je verder mag gaan; zo ja, ga dan rustig door. Zo nee, stop dan en kijk of je het masker kunt afronden in plaats van verder te gaan.

Je zult bemerken dat wanneer de sfeer goed is, het ritueel subtiel en prettig aanvoelt. Het model kan zich dan ontspannen, kan alles horen, maar kan echter niets doen en is aan jou overgeleverd. Je zult elkaar dus rustig en liefdevol tegemoet moeten treden.

Het ritueel begint met een meditatie...

Het masker van jezelf – je zelf – jij

Hoe zag je gezicht eruit voordat je ouders geboren waren?
Hoe zag je gezicht eruit voordat jij geboren werd?
Hoe zag je eerste liefde eruit?
Wat is je ware gezicht, kijk heel aandachtig...
Bestond je al voordat je geboren werd?
Bestond je al voordat je ouders geboren waren?
Was er toen al een zelf?
Sinds wanneer heb je een zelf?...

Zelf bestaat uit niet-zelf-elementen, die je maken tot de mens die je in dit leven bent.
Kijk maar om je heen: je bestaat uit alles wat leeft op deze planeet en ook nog uit de elementen om je heen, die je ieder moment van de dag beïnvloeden... de kosmos, de planeten, de sterrenstelsels...
Maar ook: de mensen met wie je samenleeft, de samenleving.
Ook de aarde, de lucht, het water, het vuur, de dieren en planten om je heen, edelstenen en mineralen, leven en hebben een wezenlijke aard; dit alles is ook mij – jij – wij en maakt dus deel uit van de mens, die bestaat uit niet-mens-elementen...

Je kunt niet zeggen: Boeddha of Jezus is levend,
noch kun je zeggen: Boeddha of Jezus is dood...

De werkelijkheid overstijgt geboorte, dood, ontstaan en vergaan...

Hoe zag je gezicht eruit voordat je ouders geboren waren?

Dit is een uitnodiging om op zoek te gaan naar je ware zelf, het zelf dat niet onderhevig is aan geboorte en dood.
Er bestaat geen leven zonder vergankelijkheid...
Je bewust zijn van vergankelijkheid zal je positief, liefdevol en wijs maken...

De werkwijze voor het aanbrengen van een gezichtsmasker is nu als volgt:

- Ga vooraf met je vingertoppen langs het gezicht van je model en voel hoe de huid over de beenderen van het gelaat ligt. Volg de lijn van de wenkbrauwen en de rondingen van het gelaat. Durf met gesloten ogen te volgen en neem goed waar wat je vingertoppen je te vertellen hebben.

- Breng dan laag voor laag, te beginnen vanaf het voorhoofd, het gipsverband aan en laat telkens bij het aanbrengen van het volgende laagje het verband een beetje overlappen op de vorige laag.

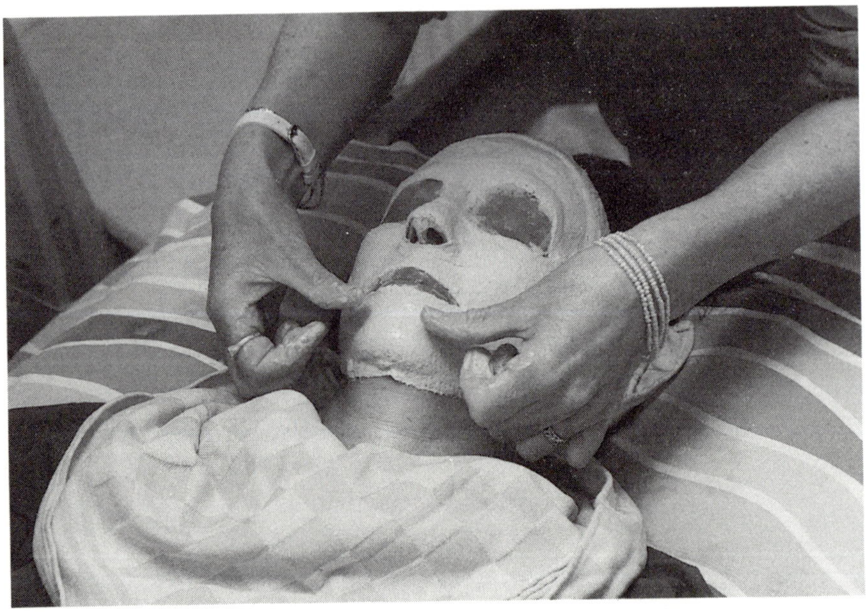

- Werk rustig en toch snel, raak niet in paniek en werk vanaf de haargrens, van boven naar beneden, in de richting van de kin. De vorm van het gezicht dicteert, dat wil zeggen: is bepalend voor de uiteindelijke vorm van het masker. De oogkassen (ogen) spelen daarbij een heel speciale rol, ze drukken de ziel, het wezen van de mens, uit; ook de neus en de mond hebben een belangrijke functie.

- Laat in eerste instantie de oogholten, de neusgaten en de mond vrij; ze worden niet met gaas bedekt.

- Werk zo door rondom het gezicht tot de kin. Vorm ondertussen met je vingertoppen het gipsverband over de rondingen en in de holtes; zachtjes wrijvende bewegingen helpen daarbij. Zorg voor een mooie lijn rond de ogen, de neusvleugels, de mond, terwijl je alsmaar open blijft staan voor de informatie die je van het gelaat van je model ontvangt. We volgen de voetsporen van het model zelf en hoeven dus niets toe te voegen.

- Op het laatste ogenblik dek je plaatsen rond de neus en mond met kleine driehoekige stukjes gaas af, waarbij je de neusgaten steeds vrij laat.

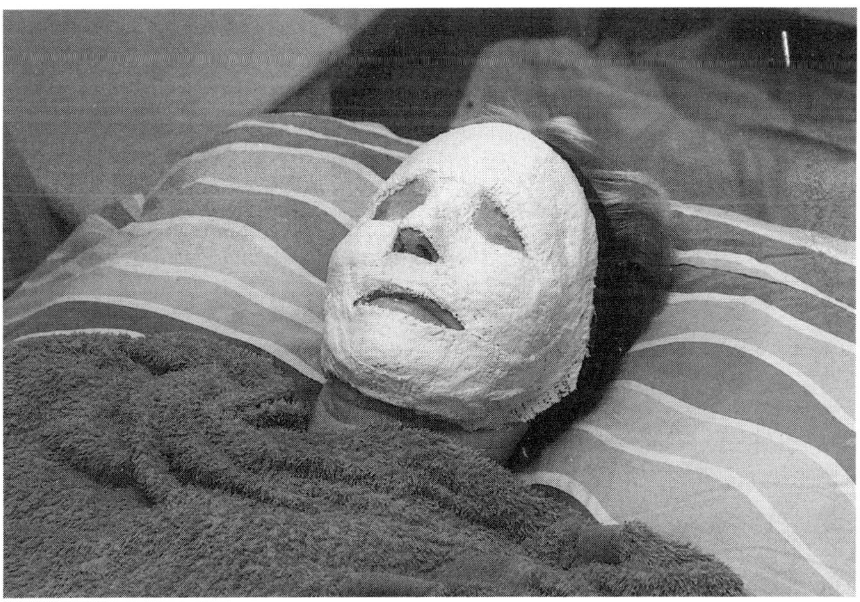

Spreek zachtjes tegen je model over wat je aan het doen bent. Vooral wanneer je de oog/neusbrug gaat afdekken en later de neusvleugels en de mond is het goed daar even melding van te maken. De gipslaag voelt al gauw heel koel aan en je kunt als model niet meer voelen waar de ander mee bezig is. Bovendien willen we dat het model 'er bij blijft' en niet wegzinkt of in slaap valt.

Het is een heel bijzonder moment wanneer alles gedaan is en je, samen met je model, wacht tot het masker voldoende is uitgehard om te worden afgenomen. Dat duurt ongeveer tien tot vijftien minuten. Je kunt samen ondertussen wat muziek luisteren, een verhaal vertellen of voorlezen. Alles wat je doet is een liefdevol ritueel, dus kies daarvoor het juiste medium. Denk er bij die keuze aan dat je model in de rol van de bosgodin 'Echo' is gestapt: zij kan haar stem niet doen gelden, dus doe dit zorgvuldig en liefdevol.

Als het masker voldoende is uitgehard, moet het verwijderd worden. Doe dit als volgt:

- Vraag je model rechtop te gaan zitten en trek haar daarvoor aan beide handen omhoog. Laat haar dan haar twee handen voor haar gezicht houden, terwijl jij voorzichtig het masker losmaakt van de haarband.

- Vraag je model ondertussen of ze binnen het masker gekke gezichten wil trekken: dat helpt het loskomen van het masker te bevorderen.

- Als er nog plekjes zijn die vast blijven zitten, help je je model om deze zo voorzichtig mogelijk los te maken, onderwijl uitsprekend wat je aan het doen bent. Overhaast niets, maak rustig aan los.

  Als het masker los is, leg je het op een veilige plaats en maak je zo snel mogelijk huid en handen schoon om resten gips te verwijderen. Mocht je ergens gips gemorst hebben, haal het dan direct weg voordat het uitgehard is. Anders laat het zich moeilijk verwijderen. Geef je model even de gelegenheid om tot zichzelf te komen. Het ondergaan van een gelaatsmasker is heel ingrijpend en maakt je wat 'los van jezelf'. Je zult bemerken dat je naderhand wat in jezelf gekeerd bent en even tijd nodig hebt om weer normaal te reageren.

Na dit eerste ritueel worden de rollen omgekeerd en legt de persoon die voorheen model was, een masker aan bij de maskermaker van het eerste uur. Volg daarbij opnieuw het hierboven geschetste ritueel.

Zodra alle maskers klaar zijn, wordt er rustig opgeruimd. Probeer zolang mogelijk de rituele stilte in acht te nemen, blijf vooral bij jezelf en laat dit verstillende ogenblik even in je rusten. Ga dan samen op een rustig plekje evalueren hoe je het aanbrengen van het masker hebt ondergaan en gevoeld en wat dit met je deed. Daarbij kun je jezelf weer vragen stellen:

- Was het prettiger om een masker aan te brengen (gevend) of om het ritueel te ontvangen van de ander?

- Hoe voelde het onder dat masker? Koud, warm, alleen, hulpeloos, enzovoort?

- Wat deed de rust tijdens dit ritueel je? Voelde dat op een bepaalde plaats in je lichaam anders aan?

- Vond je het prettig of griezelig?

- Waar deed het je het meest aan denken?

- Wat leerde je ervan?

- Wat gaf het je en wat kon jij erin geven?

Bedenk zelf eventueel nog meer vragen.

16.12 Mandala-aspecten in het werken met gelaatsmaskers

Wat zijn de mandala-aspecten in het werken met een masker naar het 'ware mensgelaat'?

Je zou kunnen zeggen dat je, wanneer je je bezighoudt met een gelaatsmasker, je bewust wordt van je eigenheid als mens. Je neemt afstand van de uiterlijkheden die je anders zo gemakkelijk ziet en die je afleiden van je innerlijke aard. Je leert voorbij een bepaald punt te kijken, door te tasten, te voelen, waar te nemen zonder te kijken en zonder taal in elkaar verdiept te zijn.

Je zult ervaren dat uiterlijkheden eigenlijk alleen maar bijkomstigheden zijn. Je leert ruimtelijk waar te nemen en daarna in de ruimte uit te beelden, als het ware te vormen aan de vorm zelf, waardoor je de relatie tussen hol en bol werkelijk onder je vingers voelt en dit dus 'in je vingers krijgt'. We spelen met rond en recht, hoekig en zacht, strak en los en leren deze begrippen, door af te tasten, te laten gelden in het uiteindelijke masker.

Deze manier van werken is wel degelijk verwant aan die van de mandala, waar we in het tweedimensionale vlak trachten al deze speciale gevoelens mee te laten wegen. Het is om deze reden dat het masker in dit boek een belangrijke plaats inneemt.

Op de kleurenafbeelding tegenover pagina 321 zie je een masker dat op de hier beschreven methode is ontstaan. Dit gelaatsmasker heeft een duidelijk andere uitstraling dan de maskers van de kleurenpagina tegenover pagina 193, die gevormd zijn op een plastic gezichtsvorm. De beide kleurenpagina's geven je wel een idee hoe je je masker zou kunnen afwerken.

Probeer bij de afwerking van je gelaatsmasker zoveel mogelijk bij jezelf te blijven. Werk op een meditatieve manier zoals je gewend bent, zodat dit masker je je 'ware zelf' toont.

16.13 Presentatie van de mandala

Na al die intense inspanningen die je je hebt getroost om te leren de mandala in al haar uitingen toe te passen en tot uitdrukking te brengen, is het van belang om je mandala ook op een zorgvuldige manier te presenteren. Het langdurig bewaren van tekeningen of schilderingen in een plastic map is niet aan te bevelen, omdat het plastic inwerkt op de bovenlaag en de tekening of de schildering zal beschadigen.

Je kunt je tekeningen wel enige tijd liggend in een plastic hoes in een lade bewaren, mits je tussen het plastic en het werkstuk een laag zijdevloeipapier legt. Later kun je dan eventueel nog beslissen of het wordt ingelijst.

In de handel zijn mooie presentatiemappen te koop die speciaal bedoeld zijn voor het bewaren van tekenwerk. Deze zijn echter wel kostbaar.

Het is niet de bedoeling om je mandala's in een tekenmap te bewaren en er verder niet naar om te kijken. Mandala's willen, om hun volle schoonheid en uitwerking aan de ziel kenbaar te maken, veel bekeken worden. Datzelfde geldt voor edelstenen, die je ook regelmatig moet bekijken en af en toe in de hand moet nemen.

Afhankelijk van de werkvorm die je hebt gebruikt, kun je de mandala presenteren. Vanzelfsprekend kan ruimtelijk werk worden opgesteld in de ruimte of tentoongesteld in een vitrinekast. Anders is het met het tweedimensionale werk. Daar zal, alvorens je het een plaats aan de muur kunt geven, meestal nog het een en ander aan vooraf moeten gaan.

Een passepartout maken en de tekeningen inlijsten

Je kunt je getekende mandala natuurlijk met punaises aan de muur prikken, maar dan is je mandala geen lang leven beschoren en dat kan toch niet de bedoeling zijn.

Als je een getekende of geschilderde mandala aan de muur wilt hangen, zul je deze in een lijst moeten zetten die voorzien is van een deugdelijke ophangmogelijkheid.

Een zijdeschildering, ei-tempera schilderij, tekening of collage vraagt in de meeste gevallen om een passepartout en een lijst die voorzien is van glas als bescherming. Dit brengt je kleuren meer tot leven en beschermt tegen licht en stof.

Papier moet op een zuurvrije onderlaag worden aangebracht. Mooi is de manier waarbij de tekening op een zuurvrije ondergrond wordt verlijmd. De tekening wordt daardoor strak en kan zonder problemen met een passepartout in een lijst worden geplaatst. Papier heeft de nare gewoonte om te gaan uitrekken en bobbelen wanneer het vochtigheidsgehalte van de ruimte waar het zich bevindt, toeneemt. Een opgeplakte tekening voorkomt deze problemen.

Het inlijsten van zijdeschilderingen

Zijde is een heel speciaal materiaal, dat zorgvuldig moet worden ingelijst. Dat kan op verschillende manieren. Een daarvan is het op een klevende ondergrond plakken van de zijde. Er is zelfklevend folie in de handel, de zogenoemde 'lampekapfolie' van Aslan, dat zeer stevig is en waarop de zijde, indien deze mooi strak is opgebracht, goed tot zijn recht komt.

De zo verwerkte zijde kan, samen met deze laag, in een passepartout worden gezet en achter glas worden ingelijst. Je hebt er dan verder geen omkijken meer naar.

Een andere methode is het verwerken van de zijde als wandkleed. Daarvoor moet je de zijde van een onderlaag voorzien en lussen aanbrengen voor het ophangen. Je kunt ook repen stof om de zijden van je werkstuk naaien, die dan dienen als passepartout. Het gehele werkstuk wordt dan met een tussenlaag van molton op een houten plaat of spieraam met nieten vastgezet en van een passende lijst voorzien.

Het in een passepartout en lijst zetten van een werkstuk is een heel nauwkeurig werkje. Laat dit werk liever over aan de lijstenmaker. Ben je al bedreven in dit werk, dan hoef ik je niet te vertellen hoe dit in zijn werk gaat, maar wens ik je veel succes bij het inlijsten van je werkstukken.

Bedenk dat een mooi ingelijste mandala met passepartout een lust voor het oog is en je werkstuk optimaal tot zijn recht laat komen.

BIJLAGE

Overzicht van de kleurenpagina's

De tekeningen zijn gemaakt door Danka Hüsken, tenzij anders vermeld. Alle tekeningen en materialen zijn gefotografeerd door Hans Hüsken.

Omslag

Voorzijde

Een tekening van Geertje Hozee-Jansma. Zijzelf zegt hierover: 'Ik heb getracht Diana (Artemis), die voor mij de godin van Hemel en Aarde is, in het groene lover te tekenen. Daaronder zijn de zon en twee vogels in zilveren maanvormen te zien. Het groen en de dieren - de vogels in zilver - stellen de combinatie van deze beide Rijken voor.'

Achterzijde, boven

Door knopen en vlechten schep je een beeld in de ruimte dat vorm houdt. De draden zijn en blijven met elkaar verbonden. De in elkaar gedraaide tak is op natuurlijke wijze 'vervlochten', maar niet geknoopt. Als je de tak uit elkaar draait, houd je twee delen over.

Achterzijde, onder

De godin Perséphoné. Getekend door Geertje Hozee-Jansma.

Tegenover pagina 96

Boven

Geborduurde intuïtieve mandala vanuit het kruis met vier wachters: noord-zuid en oost-west. Zie paragraaf 9.4.

Onder

Geborduurde persoonsmandala 'voor Danka' van Elly Boers. Zie paragraaf 9.3.

Tegenover pagina 97

Boven

Voorbeeld van kleurmenging in het hexagoon. Zie voor de kleuren het Kleurenschema van de primaire en secundaire kleuren in paragraaf 11.7.

Onder

Een vrije mandala in dezelfde kleurmenging met een kleurverloop van hoog wit naar zwart. Zie paragraaf 11.7.

Tegenover pagina 128

Boven

Afbeelding van de contouren van je handen en de gids in jezelf.
Zie paragraaf 11.6.

Midden

Een oefening voor het mengen van kleuren volgens de methode van het tekenen met wit potlood op zwart papier en dan met kleur. Tekening van Margriet Post. Zie paragraaf 11.7.

Onder

Vanuit caleidoscopische chaos ontstaat beweging en ordening.
Dynamische mandala van Shirley van der Ploeg-Sibbald.
Zie paragraaf 11.7.

Tegenover pagina 129

Vier ei-tempera schilderingen (zie paragraaf 12.7):

Linksboven

Innerlijke schoonheid

Rechtsboven

Transformatie - de weg naar het licht

Linksonder

De zeven poorten van wijsheid.

Rechtsonder

Huwelijksmandala. Uitgewerkt zijn de huwelijksdatum en geboortedata van beide echtgenoten plus bijzondere kwaliteiten van beiden.

Tegenover pagina 160

Boven

Enkele zandmandala's (zie paragraaf 12.6):
Links een verjaardagsmandala; in het midden ons huisnummer 37 dat als getal de tienster in zich draagt. Rechts een zandmandala zoals de indianen ze gestalte geven en waarin de vier windrichtingen in hun kleurenschema zijn geplaatst. Rechtsboven in dit beeld zie je een zijden sjaal die in de 'bindtechniek' werd gemaakt (zie paragraaf 12.8).

Onder

Enkele kaarten in mozaïek van zijde (zie de paragrafen 12.10 en 15.3):
De kaart aan de linkerzijde toont de geometrische verdeling van het plafond van een boeddhistische tempel, het zogenoemde 'baarmoederhuis'. De doek op de achtergrond is een patchworkapplicatie in een vrije benadering van een mandalamotief en samengevoegd tot een spiegelbeeld. (Zijde op een linnen ondergrond en gequilt langs de omtrek.)

Tegenover pagina 161

Een grote zijden sjaal werd door vouwen, draaien en binden zo bewerkt dat - na het verven en stomen in gevouwen toestand - een vorm ontstond die op zichzelf staat. Dit vormde op zichzelf een beeld dat de fotograaf op boeiende wijze tot uitdrukking heeft gebracht. De zijde is bewerkt door Danka Hüsken. Zie paragraaf 12.8.

Tegenover pagina 192

Boven

Een maskermandala die de vuurgodin Hestia uitbeeldt.
Tekening van Adrienne den Tex, wit op zwart en dan met kleur.
Zie paragraaf 14.2.

Onder

Ook deze tekening werd geïnspireerd door de mythe van Hestia, de godin van het vuur. 'Dit bracht mij tot het tekenen van 'een naar binnen gekeerde blik'. In mijn centrum vind ik het evenwicht; de pauwen (als wachters) waken hierover,' aldus de maker.
Tekening van Geertje Hozee-Jansma, wit op zwart en dan met kleur.
Zie paragraaf 14.2.

Tegenover pagina 193

Boven

Het 'gouden' masker van Corri Liesveld.
Zijde is over een gezichtsmasker gelijmd, daarna gemonteerd op karton, en beschilderd en versierd als ornament. Zie paragraaf 14.3.

Onder

Het 'schilderachtige' diermasker van Shirley van der Ploeg-Sibbald. Papier is over een gezichtsmaskervorm gelijmd. Nadat het masker beschilderd was, werd het op karton gelijmd, waarna de cirkel om het masker heen werd geschilderd. Zie paragraaf 14.3.

Tegenover pagina 224

Boven

Mandala-object 'Chaos': mandalaschaal van verlijmde zijdevezels met daarin handgeverfde wol, zijdevezels en zijdekoord.

Onder

Mandala-object 'Ordening' met dezelfde materialen als in de afbeelding boven.

Zie de paragrafen 14.6 en 12.9.

Tegenover pagina 225

Object 'Vulkaan uit zijde'. Door draaien, vouwen en knopen en meerdere verfhandelingen is de zijde tot een op zichzelf staand beeld geworden. Zie paragraaf 14.8.

Tegenover pagina 256

Twee procesmandala's uit een serie van honderd geven een beperkt maar toch indrukwekkend beeld van de tekeningen wit op zwart en dan met kleur, zoals Karin deze tekende tijdens haar laatste levensjaren. Haar groeiproces is hierin duidelijk te zien. Zie hoofdstuk 16.

Tegenover pagina 257

Ook energiecentra – chakra's – kunnen worden getekend als mandala's in wit op zwart en dan met kleur (zie paragraaf 16.3):

Linksboven
Hier is het energiecentrum 'het mandalaprincipe in de dans'.
Tekening van Geertje Hozee-Jansma. Zijzelf zegt hierover: 'Sacrale dans is niet onder één godsdienst onder te brengen. De meester van de dans komt binnen in de cirkel van alle religies, blijft *even* in het centrum en danst er vervolgens weer uit. Meesterschap is slechts een moment van de eeuwigheid.'

Rechtsboven
Het 'Sahasrara-Padma' (kruincentrum).
Getekend door Adrienne den Tex.

Linksonder
Het 'Svadhisthana-chakra' (buikcentrum).
Tekening van Shirley van der Ploeg-Sibbald.

Rechtsonder
Het 'Anahata-chakra' (hartcentrum) in de getekende versie van Corri Liesveld.

Tegenover pagina 288

Bij het thema Godinnen tekenden we als eerste de achterzijde van de toverspiegel van de godin Aphrodite. Ook dit thema werd getekend met wit potlood op zwart papier en dan met kleur (zie paragraaf 16.5):

Boven
Zo zag de achterzijde van de toverspiegel er uit volgens Geertje Hozee-Jansma.

Onder
De spiegel wordt omgedraaid en toont het beste dat in jou leeft...
Tekening van Geertje Hozee-Jansma.

Tegenover pagina 289

Twee versies van de grote moedergodin (zie paragraaf 16.7), beide getekend door Adrienne den Tex:

Boven

Als oergodin, de Grote Moeder. Haar levenskracht schuilt in haar lange haar.

Onder

Als godin van Moeder Aarde, Demeter.

Tegenover pagina 320

Nog een andere vorm van de Grote Moeder vinden we in de Egyptische cultuur (zie paragraaf 16.9):

Boven

De Oudegyptische hemelgodin Nut (Noet), die voorover gebogen staat en zo het firmament vormt voor de aarde en diens god Geb. Met haar rug schraagt zij de hemel. Tekening van Corri Liesveld.

Onder

De godin van de jacht en vruchtbaarheid, Artemis, draagt een 'kroon met sterren rond haar hoofd en de maan aan haar voeten...', zo zegt de mythe van deze godin. Tekening van Shirley van der Ploeg-Sibbald. Zijzelf zegt hierover: 'De kristallijnen kroon is een herscheppingssymbool. De lichtbol in de bloem vraagt om verlevendiging van de scheppingskracht door middel van visualisatie van de kroon.'

Tegenover pagina 321

'Mijn eigen gelaatsmasker, ben ik, ben jij... toont mij'. De eerste die het heeft gewaagd haar eigen gelaatsmasker uit te werken was Adrienne den Tex. Zij kreeg een schok van herkenning bij het afwerken ervan en wist zich gezien... Zie paragraaf 16.12.

BIJLAGE

Om verder te lezen...

- Giuseppe Tucci: Geheimnis des Mandala – Der asiatische Weg zur Meditation, ECON Taschenbuch Verlag, 1989

- Prof. Sir E.H. Gombrich, Eeuwige schoonheid – Inleiding tot de kunstgeschiedenis, De Haan, Bussum, 1975

- Jean Shinoda Bolen: Godinnen in elke vrouw – Een nieuwe psychologie van de vrouw, Lemniscaat, Rotterdam, 1995

- Thich Nhat Hanh: In de geest van liefde – Afdalen in de traditie van het mahayana-boeddhisme, Uitgeverij Ankh-Hermes bv, Deventer, 1977

- David. V. Villaseñor: Mandalas im Sand – Vom Wesen indianischer Sandmalerei, Iris Verlag, Obernhain, 1974

- Lama Anagarika Govinda: De mystiek van het Tibetaans boeddhisme, volgens de leer van de mantra, Karnak, Amsterdam, 1988

- Sun Bear en Wabun: Het medicijnwiel – Aarde-Astrologie, Mirananda, 1983

- C.G. Jung: Westers bewustzijn en oosters inzicht, Lemniscaat, Rotterdam, 1982

- Radmila Moacanin: De psychologie van Jung en het Tibetaans boeddhisme – Westerse en oosterse wegen naar het hart, Uitgeverij Karnak, 1989

- Louis A.M. van den Bercken: Hildegard von Bingen – haar leven, mystiek, muziek en geneeskunde, Uitgeverij Ankh-Hermes bv, Deventer, 1981

- Jan Bor, Errit Petersma en Jelle Kingma: De verbeelding van het denken – Geïllustreerde geschiedenis van de westerse en oosterse filosofie, Uitgeverij Contact, Amsterdam/Antwerpen, 1995

- Harry van Kruiningen: Vierentwintig etsen, geïnspireerd op een hypothese van 'Het ontstaan van het leven', De Driehoek, Amsterdam, 1977

- Inge Evers: Het Complete Papierboek - Geschiedenis, technieken, gereedsachap, materialen, Cantecleer, De Bilt, 1991

- Antje Schimpfle: Maskers als kunstvorm, Cantecleer, De Bilt, 1988

- J.L. Locher e.a.: De werelden van M.C. Escher, Meulenhoff, Amsterdam, 1971

- Hakuho Hirayama: Sumi-e Japans penseelschilderen - De traditionele basistechniek, Cantecleer, De Bilt, 1985

- Ria van Els-Dubelaar: Zijde: stof tot verven - Over vezels, garens, stoffen, verf, schildertechnieken en kunstenaars, Cantecleer, De Bilt, 1990

- Judith Cornell: Mandala - Luminous Symbols for Healing, Quest Books, The Theosophical Publishing House, Wheaton, Illinois, U.S.A., 1994

- José en Miriam Argüelles: Mandala, Uitgeverij Ankh-Hermes bv, Deventer, 1980

Op de laatste pagina van dit boek vind je een overzicht van andere mandala-uitgaven van Uitgeverij Akasha.

BIJLAGE

Waar vind je de benodigde materialen?

Veel van de in dit boek genoemde tekenmaterialen kun je kopen bij iedere goede kantoorboekwinkel of in de teken- en hobby-afdelingen van een warenhuis.

Voor speciale materialen op het gebied van tekenen en schilderen kun je terecht bij de goede teken- en schilderwinkel, die alles heeft op het gebied van kunstenaarsbenodigdheden. Dit is de beste plaats om je materialen aan te schaffen.

Naturelkleurige zijde om te beschilderen vind je in een goede hobbywinkel die gespecialiseerd is op het gebied van zijdeschilderen. Daar vind je ook de benodigde verfmaterialen, penselen, punaises, gutta en spanramen, zodat je kunt beginnen.

In de goede stoffen- en handwerkwinkel vind je alles op het gebied van de borduur- en naaldkunst en ook voor patchwork en quilten. Hier zijn vaak ook lapjes katoen en soms ook witte en gekleurde zijdestoffen te koop voor patchwork en de daarvoor benodigde andere materialen zoals snijmesjes en snijmatten voor het maken van mallen. Een goede snijliniaal mag dan natuurlijk niet ontbreken. Ook vind je hier stof- en papierscharen. Op het gebied van patchwork en quilten zijn er in het gehele land ook goede speciaalzaken te vinden.

Importeur voor textielhobbymaterialen op het gebied van zijde, zijdeverven en alle daarmee verwante artikelen is de Firma Zijdar, Kelvinstraat 7, 8801 NA Franeker, telefoon (0517) 39 12 40. Mocht het je niet lukken sommige artikelen te vinden, zoals bijvoorbeeld de water-soluble fabric, dan kun je daar je vraag stellen omtrent verkooppunten bij jou in de buurt.

Raadpleeg voor adressen eventueel ook de *Gouden Gids* van de regio waar je woont.

Trefwoordenregister

Afdekken van papier met vetkrijt *210*
Affirmatie *29, 306*
Akasha *22*
Alchimiste *317*
Ambachten in de mandala *203*
Aphrodite *39, 316, 317, 320, 328*
Applicatie-techniek *203, 225*
Arabesken *40*
Archetype *25, 64, 78, 320*
Art Deco *51*
Art Nouveau *51, 104*
Artemis *323, 325, 328*
Athena *323, 326, 328*
Auxerres, kathedraal van *137*
Azteken *15, 73, 111, 113*

Baby-boeddha *47*
Beeldtaal *254*
Beweging *245*
Bingen, Hildegard von *43, 44, 113, 136*
Blake, William *49*
Boddhicitta *47*
Boeddhisme en mandala *58*
Boeddhistische symbooltaal *28*
Boetseren *257*
Borduren *282*
Borduurkunst *126*
Borobudur *19, 20*
Bosch, Jeroen *43*
Boven en onder *238*

Cézanne *49*
Chakra-mandala *26, 73, 310*
Chakra's, goden en godinnen *314*
Collage *229, 337*
Contourlijnen van de handen *189*
Cymatica *62*
Cyprus *122, 316*

Demeter *318, 320, 321, 328*
Derde oog *313*
Diamanten pad *22, 67, 113, 135*
Dichtbij en veraf *238*
Diepte en plasticiteit *244*
Diepte, suggestie van *238*
Doolhof *40, 122*
Draaien *300*
Driedimensionale mandala *256, 282*
Dynamiek *100*
Dynamische mandala *67, 130, 133, 135*
Dynamische rozet *139, 141*

Ei-tempera techniek *53, 216, 337*
Energie in de mandalatekening *171, 245*
Energie van de lijn *247*
Energiecentra als mandala *309*
Escher, Maurits Cornelis *40, 54, 55, 97, 108, 111, 161, 248*
Ether-energie *172*
Expressionisme *49*

Figuren en vlakken *242*
Flüe, Klaus von *43, 45, 113*
Fractal geometrie *63*

Gaudi *52*
Gauguin *49, 52*
Geboortedatum *250*
Geboortemandala *143, 150*
Gelaatsmasker *329*
Geometrie *248*
Gereedschap *83*
Geschenkgetal *148*
Gestapelde vormen *243*
Gezichtsmasker *329*
Gezichtsvorm *263*

Gids *168*
Gipsverband *263*
Glaceermethode *216*
Goden en godinnen *314*
Gogh, Van *49, 52*
Golfbeweging *86*
Grafische kunst *55*
Grieken *36, 37, 97, 248, 258, 31*
Griekse kunststijlen *36*
Groeiproces *305*

Handen *174, 189*
Handvaardigheidsvormen *203*
Hartcentrum *312*
Helend beeld *70*
Helend symbool *306*
Helende ervaring *60*
Hera *317, 320, 321, 328*
Herinneren *164, 183*
Hestia *323, 326, 328*
Hildegard von Bingen *43, 44, 113, 136*
Hindoes *16*
Hol en bol *238*
Hopi-indianen *30, 74*
Hundertwasser *52, 111, 161, 255*

Impressionisme *49*
Inca's *15, 126*
Indiaanse zandmandala *32*
Inlijsten *337*
Intuïtief mandalatekenen *181, 251, 305*

Jenny, dr. Hans *62*
Jugendstil *51, 104*
Jung, dr. Carl G. *64, 65, 75, 78, 146, 179, 188*

Kalendersteen *15*
Keelcentrum *312*
Kelten *16, 74, 111, 113, 120, 144, 161*
Keltische vlechtmotieven *119*
Keulen, rozetten in *138*
Klangfiguren *62*
Klaus von Flüe *43, 45, 113*
Klee, Paul *51, 97, 255*
Kleuren van de mandala *200*
Kleurenspectrum *192*
Kleurpotlood *137*
Kleuterkrabbel *239*
Klimt, Gustav *52, 97, 111, 161, 255*
Knopen *116, 300*
Koord *302*
Kosmogram *25*
Kreta *36, 41, 113, 122*
Kruincentrum *313*
Kruiningen, Harry van *54, 108*
Kruispunt *113*
Kruissteekmotief *282*
Kwetsbare godinnen *321*

Labyrint *40, 46, 122*
Lemniscaat *97*
Levensweg *160, 161*
Levenswiel *73*
Lichtenergie *175*
Lichtkracht *181*
Lijn *100, 247*
Lotsbestemming *147*
Lotus *311*

Maagdelijke godinnen *323*
Maastricht, rozetten in *138*
Macramé *116, 301*
Magie in de volkskunst *14*
Magische cirkel *13*
Mahayana-boeddhisme *22, 47*
Mandala *13, 19, 25*
Mandalaheelbeeld *53*
Mandalatekenen *57, 76*
Mandelbrottheorie *63*
Mandorla *27*
Mantra *24, 29*
Masker *14, 38, 258, 328*

Materialen *83, 347*
Maya's *15, 73, 126, 193*
Medicijnwiel *30, 73*
Meditatief mandalatekenen *181, 251, 305*
Mercuriuszegel *64*
Metamorfose *108*
Möbiusband *97*
Modelleerpoeder *265*
Mola *282, 285*
Morandi, Giorgio *53*
Moreau, Gustave *52*
Mozaïek *17, 41, 46, 52, 122*
Mozaïek in papier *234*
Mozaïek in zijde *235*
Munch, Edvard *50*

Naaien met stiksteek *211*
Naaldkunst *282*
Nautilusschelp *111*
Navajo-indianen *30, 74*
Navellotus *311*
Newton, Isaac *192*
Nimbus *27*
Numerologische mandala *143, 152*

Oergodin *320*
Oervorm *92*
Ornamentkunst *39*

Pasmore, Victor *52*
Passepartout *337*
Patchwork *203, 225, 288, 297*
Pen en inkt *205*
Perséphoné *321, 328*
Persoonlijke beeldtaal *254*
Persoonsmandala *131*
Perspectief *238, 245*
Pima-indianen *30, 74, 161*
Planetenzegel *63*
Prana *172*
Presentatie van de mandala *336*
Primaire kleuren *194, 196, 198*
Procesmandala *131, 150*

Quilt *203, 282, 297*

Rechte en gebogen lijnen *242*
Ritme *100*
Ritueel gebruik *24*
Roosvenster *46*
Rozet *104, 106, 126, 136, 138*
Rozetmandala *126, 135, 136*
Ruimtemandala *15*

Schilderen met zand *214*
Schilderen op zijde *219*
Secundaire kleuren *194, 198*
Spiegelbeeld *104, 105*
Spiraal *161*
Spiraalornament *280*
Spiraalstelsel *110*
Statische rozet *139*
Statische mandala *67, 130, 133, 135*
Steiner, Rudolf *63, 108*
Sterrenkinderenfamilie *164*
Sterrenkindmandala *167*
Stiksteek *211*
Stowasser, Friedrich *52*
Streep en stip *241*
Stromingsbeeld *95*
Suggestie van diepte *238*
Sumi-e techniek *207*
Symbolen *25, 28*
Symbolisme *52*
Symmetrie *104*

Tekenen van mandala's *57, 76*
Tijdmandala *15*
Torensma, Pieter Dirk *53, 216*
Totem *14, 31, 104*
Toulouse-Lautrec, Henri de *51*

Uitleven *156*

Vaserely *247, 255*
Verliesverwerking *306*
Vetkrijt *210*
Vilt *268, 270*

Viltstift *205*
Vinci, Leonardo da *193*
Visualisatie *172*
Vlechtbanden *119*
Vlechten *116, 300*
Volkskunst, magie in de *14*
Vormverandering *108*
Vrij bewegen *156*
Vrij in de natuur gevonden
materialen *281*

Weefsel *303*
Wenskaart *225*
Werkplek *83*
Westerse visie versus boeddhisme *47*
Wetmatigheid van mandala *62*
Weven *300*
Wit op zwart *177*
Wollen draad *270*
Woordspel *306*
Wortellotus *311*
Wortelvormen *25*

Yantra *24, 26, 73*

Zanddollar *35*
Zandmandala *32, 214*
Zelfhardende klei *265*
Zelfhelend vermogen van mens *77*
Zelfontplooiing *76*
Zesbladige lotus *311*
Zeven stralen *170*
Zijde *219*
Zijdepapier *268*
Zijdeschilderen *219, 337*
Zijdevezel *277*
Zijdevilt *268*
Zwart papier *179*